Evangelisch in Europa

Protestant in Europe

**Leuenberger Texte / Leuenberg Documents**

**Nr. 15**

Im Auftrag des Rates der
Gemeinschaft Evangelischer Kirchen in Europa

Mandated by the Council of the
Community of Protestant Churches in Europe

Herausgegeben von / Edited by Michael Bünker

# Evangelisch in Europa

Sozialethische Beiträge

# Protestant in Europe

Social-ethical Contributions

Herausgegeben von / Edited by
Michael Bünker, Frank-Dieter Fischbach
und Dieter Heidtmann

EVANGELISCHE VERLAGSANSTALT
Leipzig

**Bibliographische Information der Deutschen Nationalbibliothek**
Die Deutsche Nationalbibliothek verzeichnet diese Publikation in der Deutschen Nationalbibliographie; detaillierte bibliographische Daten sind im Internet über http://dnb.dnb.de abrufbar.


Printed in Germany · H 7676



Das Buch wurde auf alterungsbeständigem Papier gedruckt.

Cover: Kai-Michael Gustmann, Leipzig
Innenlayout und Satz: Steffi Glauche, Leipzig
Druck und Binden: Hubert & Co., Göttingen

ISBN 978-3-374-03307-2
www.eva-leipzig.de

# Vorwort der Herausgeber

Als vor nunmehr 40 Jahren, am 16. März 1973, die Leuenberger Konkordie unterzeichnet wurde, stand zunächst die Überwindung der jahrhundertealten innerprotestantischen Spaltung aufgrund theologischer Lehrunterschiede im Zentrum der Wahrnehmung. Dabei betont bereits die Konkordie, dass zu der mit ihr begründeten Kirchengemeinschaft auch der Auftrag zu gemeinsamem Handeln und ethischer Reflexion gehört. »Die Bemühung um Gerechtigkeit und Frieden in der Welt verlangt von den Kirchen zunehmend die Übernahme gemeinsamer Verantwortung«, heißt es in Abschnitt 36. Zur Übernahme gemeinsamer Verantwortung gehört nach evangelischem Selbstverständnis aber zunächst die sozialethische Reflexion. Diese wurde seit 1973 sowohl durch die Veränderungen in Europa und den Fortgang des politischen europäischen Einigungsprozesses als auch durch die Entwicklungen in den Gesellschaften Europas immer wieder aufs Neue herausgefordert. Mit den Ergebnissen der 7. Vollversammlung der Gemeinschaft Evangelischer Kirchen in Europa (GEKE) vom September 2012 in Florenz im Rücken erscheint es an der Zeit, die zu unterschiedlichen Anlässen erarbeiteten und veröffentlichten Texte zusammenzustellen und gemeinsam zu publizieren, da sie geeignet sind, den bisherigen Weg der GEKE auf diesem Terrain zu dokumentieren und sie beanspruchen können, als Referenz für weitere Arbeit und Diskussionen zu dienen.

Dr. Dieter Heidtmann gibt einleitend einen Überblick über die Entstehung, die Geschichte und den Kontext der hier versammelten Texte. Landesbischof Prof. Dr. Heinrich Bedford-Strohm, Evangelisch-Lutherische Kirche in Bayern, zeichnet in seinem Beitrag die Bedeutung evangelischer Sozialethik für die Gemeinschaft Evangelischer Kirchen in Europa nach. Beiden sei für ihren gesonderten Beitrag zu diesem Band gedankt.

Zu danken ist den Mitgliedern des Fachkreises Ethik, der seit 2005 den Rat der GEKE zu sozialethischen Themen berät. Frank-Dieter Fischbach, Dr. Dieter Heidtmann und Dr. Bernd Jaeger haben sich um die Textzusammenstellung und die Vorbereitung der Drucklegung umsichtig gekümmert. Viele Übersetzerinnen und Übersetzer haben die Veröffentlichung der verschiedenen Texte ermöglicht. Ihnen sei ausdrücklich an dieser Stelle gedankt. Ebenfalls gilt der Dank auch dem Rat der GEKE, der diesen Band in Auftrag gegeben hat. Zu danken ist wiederum Dr. Annette Weidhas von der Evangelischen Verlagsanstalt in Leipzig, die auch diese Veröffentlichung der Gemeinschaft Evangelischer Kirchen in Europa von Beginn bis zum Abschluss mit Geduld und Umsicht begleitet hat.

Die Orientierungshilfe »Leben hat seine Zeit, Sterben hat seine Zeit«, 2011, die thematisch in diesen Band hineingehören würde, ist bereits separat publiziert worden. Nicht berücksichtigt wurden kürzere Presseerklärungen, die zwar sozialethischen Charakter tragen, sich aber ausschließlich einem sehr spezifischen Anlass verdanken. Sie sind zudem auf der Website der GEKE leicht zugänglich.

Dieser Band Leuenberger Texte Nr 15 belegt, dass die GEKE über die vergangenen Jahre an Stimme in der Sozialethik gewonnen hat. Angesichts der Entwicklungen in Europa steht außer Frage, dass dieser eingeschlagene Weg fortzusetzen ist.

Für die Herausgeber
Dr. Michael Bünker
Generalsekretär der Gemeinschaft Evangelischer Kirchen
in Europa

Wien, Juni 2013

# Editors' Foreword

When the Leuenberg Agreement was signed, forty years ago now, on 16th March 1973, what at first stood in the centre of attention was the overcoming of the centuries-old division of Protestantism because of differences in theological doctrine. At the same time the Agreement already emphasized that the church fellowship it established also involved the call to common action and ethical reflection, saying in art. 36: »The struggle for justice and peace in the world increasingly requires that the churches accept a common responsibility.« According to protestant self-understanding, however, the acceptance of common responsibility first of all requires social-ethical reflection. This has repeatedly been demanded anew since 1973, both by the changes in Europe with the advancing political process of European unification and by the development of European societies. With the results of the 7th General Assembly of the Community of Protestant Churches in Europe in September 2012 in Florence behind us, the time seems ripe to collect and publish together the texts developed and circulated on various themes, for they can suitably document the path of CPCE thus far in this terrain and may claim to serve as a reference for further work and discussion.

In his introduction Dr Dieter Heidtmann surveys the emergence, history and context of the texts gathered here. The Bishop of the Lutheran Church in Bavaria, Prof Heinrich Bedford-Strohm, of the Evangelical Lutheran Church, traces in his contribution the significance of protestant social ethics for the Community of Protestant Churches in Europe. We thank both for their special contribution to this volume.

Thanks are due to the members of the expert group on ethics which has been advising the CPCE Council on social-ethical themes since 2005. Frank-Dietrich Fischbach, Dr Dieter Heidtmann and Dr Bernd Jaeger have taken responsibility for carefully assembling the texts and preparing them for printing. Many translators have assisted the publication of the various texts; they too are to be expressly thanked here. Thanks are also due to the CPCE Council which commissioned this volume; and also to Dr Anette Weidhas of the Evangelische Verlagsanstalt in Leipzig, who from beginning to end has accompanied this CPCE publication too with patience and care.

The aid to orientation, »A Time to Live, and a Time to Die« (2011), which would have belonged thematically to this volume, has already been published separately. Not included were shorter press statements which do admittedly have a social-ethical character, but are exclusively related to very specific occasions. These are also readily accessible on the CPCE web-site.

This 15th volume of the Leuenberg Texts demonstrates that in recent years CPCE has gained a stronger voice in social ethics. In view of the developments in Europe it cannot be doubted that the path so begun should be continued.

For the Editors
Dr. Michael Bünker
General Secretary of the Community of Protestant Churches in Europe

Vienna, June 2013

# Inhalt

## Hinführung



## Texte

# Content

## Introduction



## Documents

# Hinführung
# Introduction

# Gemeinschaft in Zeugnis und Dienst an der Welt

*Dr. Dieter Heidtmann*

## 1 Der sozialethische Auftrag der Gemeinschaft Evangelischer Kirchen in Europa (GEKE)

In der Leuenberger Konkordie verpflichten sich die Signatarkirchen zu einer »*möglichst großen Gemeinschaft in Zeugnis und Dienst an der Welt*« (Art. 29). Im Bericht von 1970, der der Konkordie vorausging, hieß es sogar noch weitergehender: »*Diese geistliche Gemeinschaft drängt zu größtmöglicher Gemeinsamkeit im innerkirchlichen Leben und im Zeugnis und Dienst an der Welt.*«[1] Gleichwohl konzentrierte sich die Leuenberger Kirchengemeinschaft in den ersten Jahrzehnten vorwiegend auf die Klärung von dogmatischen Fragen. Das Selbstverständnis als evangelische Kirchen und die Bedeutung der Kirchengemeinschaft, die Frage der Sakramente, des Amtsverständnisses oder der gegenseitigen Anerkennung der Ordination standen im Vordergrund der Arbeit in den ersten Jahrzehnten der Gemeinschaft Evangelischer Kirchen in Europa.

Eine Ausnahme bildeten die Lehrgespräche zu einem gemeinsamen Verständnis der »Zwei-Reiche-Lehre« und der Lehre von der »Königsherrschaft Christi«, die im Kontext der Auseinandersetzungen um die Friedensverantwortung der Kirchen in den achtziger Jahren von zwei Regionalgruppen bearbeitet wurden. Wegweisend für die zukünftige sozialethische Arbeit der GEKE wurden dabei die Ergebnisse der Regionalgruppe »Am-

---

[1] Kirchengemeinschaft und Kirchentrennung. Bericht der lutherisch-reformierten Gespräche in Leuenberg (Schweiz) 1969/1970, Nr. 14 (in: *Auf dem Weg. II. Gemeinschaft der reformatorischen Kirchen. Berichte und Dokumente des lutherisch-reformierten Gespräches in Europa.* Hg. vom Sekretariat für Glauben und Kirchenverfassung, Zürich: TVZ 1971. 8–24, hier 15).

sterdam«, die nach der abschließenden Konsultation in Driebergen (NL) im Mai 1986 feststellte: »*Unterschiedliche kirchliche Stellungnahmen zu politischen und sozialen Fragen können nicht von der Zwei-Reiche-Lehre oder von der Lehre der Königsherrschaft Jesu Christi abgeleitet werden. Bei der Erörterung der Frage, wie dann die unterschiedlichen Stellungnahmen zu erklären seien, drängte sich die Problematik der sogenannten nichtlehrmäßigen Faktoren schon auf.*«[2]

In einem Lehrgespräch zu »Gesetz und Evangelium« vertiefte die Leuenberger Kirchengemeinschaft nach der Vollversammlung 1994 in Wien die Bearbeitung dieser Fragen. Dabei betont die Lehrgesprächsgruppe die Verantwortung der Kirchen gegenüber der Gesellschaft, beschreibt aber gleichzeitig die Komplexität der Herausforderungen, vor denen die evangelischen Kirchen angesichts ethischer Fragen stehen: »*In der Unübersichtlichkeit und in den Wertkonflikten moderner Gesellschaft bei Fragen wie z.B. der Personwürde des einzelnen Lebens oder der Art des mitmenschlichen Zusammenlebens oder der Problematik technologischer Eingriffe kommt der christlichen Kirche eine eigene Stimme zu, die sie in der Gesellschaft geltend zu machen hat. – Dabei gibt es unter uns unterschiedliche Konzepte für die ethisch-politische Urteilsbildung.*«[3] Die Ergebnisse des Lehrgesprächs konnten erst der Vollversammlung 2006 in Budapest vorgelegt werden, weil die Stellungnahmen der Kirchen bis zur Vollversammlung 2001 in Belfast nicht fertig bearbeitet werden konnten.

In der Zwischenzeit wurde die 5. Vollversammlung der Leuenberger Kirchengemeinschaft im Juni 2001 in Belfast durch

---

2 *Evangelische Texte zur ethischen Urteilsfindung.* Im Auftrag des Exekutivausschusses für die Leuenberger Kirchengemeinschaft hg. v. Wilhelm Hüffmeier. Frankfurt a.M.: Lembeck 1997, 39.

3 *Gesetz und Evangelium. Eine Studie, auch im Blick auf die Entscheidungsfindung in ethischen Fragen. Ergebnis eines Studienprozesses der Gemeinschaft Evangelischer Kirchen in Europa (GEKE).* Im Auftrag des Rates der GEKE hg. v. Michael Bünker u. Martin Friedrich. Frankfurt a.M.: Lembeck 2007, 124.

die Forderung nach einer »Evangelischen Europäischen Synode« geprägt, die die evangelischen Kirchen in die Lage versetzen sollte, auf europäischer Ebene zu gemeinsamen Positionen zu kommen. Eine solche Synode war aufgrund des unterschiedlichen rechtlichen und theologischen Verständnisses synodaler Gremien nicht durchsetzbar, gemeinsam hielt man im Abschlussbericht aber die Forderung nach einer »evangelischen Stimme in Europa« fest: »*Die Leuenberger Kirchengemeinschaft soll in die Lage versetzt werden, profilierter und zeitnaher als bisher in aktuellen wichtigen Fragen der Politik, der Gesellschaft und der Ökumene ein deutliches evangelisches Zeugnis abzulegen und insbesondere die Präsenz der evangelischen Kirchen auf europäischer Ebene auszubauen. Hierbei sind auch die bereits vorhandenen Strukturen und Kooperationen, insbesondere mit der Konferenz Europäischer Kirchen (KEK) zu nutzen und zu vertiefen.*«[4] Als Themenbeispiele für ein »deutliches evangelisches Zeugnis« auf europäischer Ebene werden im Abschlussbericht die Bioethik, die Friedensethik, die Situation ethnischer und religiöser Minderheiten sowie Bildung und Ausbildung aufgeführt.

Im Nachgang zur Belfaster Vollversammlung benannte sich die Leuenberger Kirchengemeinschaft in »Gemeinschaft Evangelischer Kirchen in Europa« um. Ein Beschluss, der unter den Mitgliedskirchen nicht unumstritten war, weil zur Leuenberger Kirchengemeinschaft auch eine Reihe von protestantischen Kirchen in Südamerika gehören, die sich aus früheren Einwandererkirchen entwickelt haben. Im Prinzip widerspricht diese Umbenennung auch dem Anspruch der evangelischen Kirchen, mit dem in der Leuenberger Konkordie entwickelten Konzept einer »Einheit in versöhnter Verschiedenheit« das grundsätzliche evangelische Modell für die kirchliche Einheit gefunden zu ha-

---

4 Abschlussbericht der 5. Vollversammlung der Leuenberger Kirchengemeinschaft. In: *Versöhnte Verschiedenheit – der Auftrag der evangelischen Kirchen in Europa. Texte der 5. Vollversammlung der Leuenberger Kirchengemeinschaft in Belfast, 19.–25. Juni 2001*. Hg. v. Wilhelm Hüffmeier u. Christine-Ruth Müller. Frankfurt a. M.: Lembeck 2007, 386.

ben. Dieser grundsätzliche Geltungsanspruch ist mit der Selbstbeschränkung auf einen Kontinent nicht wirklich vereinbar. Andererseits versetzte erst diese Selbstbeschränkung auf einen regionalen Bezugsrahmen die GEKE in die Lage, sich zu spezifisch europäischen Gesellschaftsfragen zu äußern und auch als politische Vertretung der evangelischen Kirchen in Europa wahrgenommen zu werden.

## 2 Die Schaffung handlungsfähiger Strukturen zur Vertretung evangelischer Positionen gegenüber den europäischen Institutionen

In der Umsetzung der Beschlüsse von Belfast beschloss die Evangelische Landeskirche in Württemberg, das Sekretariat der GEKE durch die Entsendung eines Pfarrers für die Bearbeitung sozialethischer Fragen zu unterstützen. In der Dienstanweisung für den Stelleninhaber wurde festgelegt: *»Der Stelleninhaber wird von der GEKE beauftragt, sozialethische Fragen auf europäischer Ebene zu bearbeiten. Aufgrund dieses Dienstauftrages vertritt er die GEKE in der Kommission Kirche und Gesellschaft (KKG) der Konferenz europäischer Kirchen (KEK) in Brüssel.*[5] *Dieser Dienstauftrag umfasst auch die Kontaktpflege zu Vertretern der EU-Institutionen sowie Vertretern von Kirchen in Brüssel durch die Kommission Kirche und Gesellschaft.«*[6]

---

5 In der Konferenz Europäischer Kirchen haben sich rund 125 Kirchen aus altkatholischer, anglikanischer, evangelischer (baptistisch, lutherisch, methodistisch, reformiert, uniert und vorreformatorisch) und orthodoxer Tradition zusammengeschlossen. Die römisch-katholische Kirche ist nicht Mitglied der KEK, arbeitet aber über die Kommission der Bischofskonferenzen der Europäischen Gemeinschaft (COMECE) mit der KEK im Dialog mit den europäischen Institutionen zusammen.

6 Dienstanweisung der Gemeinschaft Evangelischer Kirchen in Europa – Leuenberger Kirchengemeinschaft – (GEKE) für den Inhaber der Pfarrstelle in Brüssel zur Wahrnehmung eines Dienstauftrags der Ev. Landeskirche in Württemberg für die GEKE in der Kommission für Kirche

Es wurde bewusst darauf verzichtet, in Brüssel oder Straßburg eine eigene Vertretung der GEKE aufzubauen. Stattdessen sollte das evangelische Profil in der gemeinsamen Vertretung der Kirchen durch die Konferenz Europäischer Kirchen gestärkt werden. Damit galt es, die eigenständige Erarbeitung evangelischer Positionen zu ethischen und politischen Fragen auf europäischer Ebene mit der gemeinsamen Vertretung kirchlicher Positionen gegenüber den europäischen politischen Institutionen im Rahmen der KEK sinnvoll zu verbinden. Anders gesagt: Die »evangelische Stimme in Europa« sollte dadurch gestärkt werden, dass die evangelischen Kirchen ihre Anliegen konzentriert in die gemeinsamen Positionen der europäischen Kirchen einbringen. Mit der Kommission Kirche und Gesellschaft wurde deshalb eine Aufgabenteilung vereinbart, wonach die Vertretung der Kirchen gegenüber den politischen Institutionen in Europa so weit wie möglich weiterhin über die Kommission Kirche und Gesellschaft geschehen sollte, in der auch die Koordinierung mit den nicht-evangelischen Kirchen geschehen konnte, während sich die GEKE auf die grundsätzliche Erarbeitung gemeinsamer evangelischer Positionen konzentrieren würde.

Nach Aufnahme der Tätigkeit im September 2004 wurden vom Dienstinhaber in der GEKE und in enger Abstimmung mit der Kommission Kirche und Gesellschaft der KEK Strukturen aufgebaut, die die GEKE in die Lage versetzen sollten, sich fachlich kompetent und kohärent zu politischen und gesellschaftlichen Fragen auf europäischer Ebene zu äußern.

Als erstes wurde ein Informationsdienst »GEKE-Europa-Info« geschaffen, mit dem die Mitgliedskirchen der GEKE regelmäßig über aktuelle europäische Themen informiert werden, die für die Kirchen von Bedeutung sind.[7] Aufgabe des Newsletters war, die Kirchen frühzeitig über politische Entwicklungen in den eu-

---

und Gesellschaft der Konferenz Europäischer Kirchen (KKG) vom 1.9.2004.

[7] Dieser Informationsdienst wurde inzwischen in das European Protestant News Network (EPNN) der GEKE integriert.

ropäischen Institutionen zu informieren und sie damit in die Lage zu versetzen, sich rechtzeitig in europäische Entscheidungsprozesse einzubringen. Darüber hinaus erstellte die GEKE für ihre Mitgliedskirchen regelmäßig Hintergrundpapiere und Handreichungen mit vertiefenden Informationen über aktuelle Entwicklungen auf europäischer Ebene. Schließlich führt die GEKE regelmäßig Konsultationen und Tagungen zu ethischen Themen durch und informiert regelmäßig auf Veranstaltungen der Mitgliedskirchen oder bei ökumenischen Konsultationen über aktuelle ethische Fragen auf europäischer Ebene.[8]

Gleichzeitig wurden Konsultationsstrukturen zwischen den Mitgliedskirchen aufgebaut. Dazu mussten in vielen Fällen erst einmal Ansprechpartner für sozialethische Fragen in den einzelnen Kirchen identifiziert werden. An solchen Stellen zeigt sich die Vielfalt der evangelischen Kirchen in Europa. So darf z. B. in der Evangelisch-Lutherischen Kirche in Dänemark aufgrund ihres staatskirchlichen Rechtsstatus allein das (weltliche) dänische Parlament im Namen der Kirche sprechen, während in anderen Kirchen die Kompetenzen für die sozialethische Arbeit von der Kirchenleitung in eigenständige Institute ausgelagert oder der Diakonie übertragen wurden. In manchen Minderheitenkirchen gibt es überhaupt keine eigenständigen ethischen Arbeitsbereiche. Hier landen sämtliche ethischen Fragen auf dem Schreibtisch einer Gemeindepfarrerin oder eines Gemeindepfarrers, die, sozusagen nebenher, noch für die Bearbeitung europäischer Gesetzesvorhaben zuständig sind.

Für die GEKE war es jedoch von Anfang an wichtig, dass in eine gemeinsame Positionierung auf europäischer Ebene nicht nur die Stellungnahmen der »großen« evangelischen Kirchen einfließen, sondern auch die Erfahrungen und Kompetenzen der vielen »kleinen« Minderheits- und Diasporakirchen. Die

---

8 Vgl. das gemeinsame Symposium »Europäische Integration und Nachbarschaftspolitik in Südosteuropa« von GEKE und KEK am 8. 5. 2007 in Wien oder die Tagung der GEKE zum Thema Sterbehilfe vom 7.–9. 2. 2011 in der Ev. Akademie Tutzing.

GEKE hat deshalb in den vergangenen Jahren zu wichtigen Fragen »Vernehmlassungsverfahren«[9] mit den Mitgliedskirchen durchgeführt. Das Ziel solcher Anhörungsverfahren ist, das Fachwissen aller beteiligten Kirchen einzubinden und zu einer gemeinsamen Positionierung zusammen zu führen. Im kirchlichen Bereich ist eine solche breite demokratische Beteiligung eine Besonderheit der evangelischen Kirchen.

Die GEKE ist dabei, diese Beteiligungsprozesse auszuweiten. So wurde im Januar 2012 in der Evangelischen Akademie Bad Boll erstmalig eine Begegnungstagung der evangelischen Synoden in Europa durchgeführt. Diese Zusammenarbeit zwischen den synodalen Gremien auf europäischer Ebene soll weitergeführt und ausgeweitet werden.[10]

Im Jahr 2005 berief der Exekutivausschuss der GEKE einen »Fachkreis Ethik«. Diesem Fachkreis gehören Sozialethikerinnen und Sozialethiker aus unterschiedlichen europäischen Ländern an. Er erarbeitet auf der Grundlage der Stellungnahmen der Mitgliedskirchen die gemeinsamen Positionen der GEKE zu ethischen Fragen. Seine Arbeitsweise ist den Kammern der EKD oder dem Institut für Theologie und Ethik (ITE) des Schweizerischen Evangelischen Kirchenbunds vergleichbar. Die endgültige Beschlussfassung über Positionen der Evangelischen Kirchen erfolgt dann durch das Präsidium oder den Rat (früher: Exekutivausschuss) der GEKE, bei Lehrgesprächen oder grundsätzli-

---

[9] Vernehmlassungsverfahren sind die in der Schweizer Demokratie üblichen Anhörungsverfahren, bei denen zur Vorbereitung von Gesetzesbestimmungen alle interessierten Kreise und Verbände zur Stellungnahme eingeladen werden. Die GEKE veranstaltet solche Konsultationsprozesse meist auf der Grundlage des Vorentwurfs einer Stellungnahme.

[10] Vgl. die Abschlusserklärung der Ersten Begegnungstagung der evangelischen Synoden in Europa vom 20. bis 22. Januar 2012 in der Ev. Akademie Bad Boll und Texte der 7. Vollversammlung der Gemeinschaft Evangelischer Kirchen in Europa in Florenz, Italien, 20.–26. September 2012, hg. von Michael Bünker und Bernd Jaeger. Leipzig: Evangelische Verlagsanstalt 2013, 35.

chen Studien durch die alle sechs Jahre stattfindenden Vollversammlungen.

Parallel dazu wurde über die Kommission Kirche und Gesellschaft der KEK die Präsenz gegenüber den politischen Institutionen in Brüssel ausgebaut. Mit der Stärkung der Kommission Kirche und Gesellschaft erfolgte auch eine deutlich sichtbare Stärkung der Präsenz von Vertretern der GEKE auf europäischer Ebene, z. B. in den Dialogseminaren mit der Europäischen Kommission oder durch die Berufung von Vertretern der GEKE in Expertenkommissionen der Europäischen Union und des Europarats. Im September 2007 tagte der Rat der GEKE in Brüssel und traf dabei mit hochrangigen Vertreterinnen und Vertretern der europäischen Institutionen zusammen.

## 3 Inhaltliche Kriterien der sozialethischen Stellungnahmen der GEKE

Der Fachkreis Ethik entwickelte ein Konzept für ein »Evangelisches Profil in Zeugnis und Dienst an der Welt«, das im April 2006 vom Exekutivausschuss der GEKE angenommen wurde und seither die Grundlage der ethischen Arbeit in der GEKE bildet.[11]

Ausgangspunkt dieses Konzepts ist die Analyse der politischen und gesellschaftlichen Rahmenbedingungen in Europa: »*Die Idee eines gemeinsamen Europas und die aus ihr hervorgegangenen politischen Institutionen (Europarat, OSZE und EU) befinden sich gegenwärtig in einer Krise. Kennzeichen dieser Krise sind: mangelnde Verknüpfung der politischen Organe mit der Bürgerschaft, … wirtschaftlicher und sozialer Umbruch …, eine sich verändernde Sicherheitslage …, Unklarheit über die Fortführung des europäischen Integrationsprozesses …, kulturelle Umbrüche in Bildung und Medien …, fehlende europäische Identität ….*«[12]

[11] Evangelisches Profil in »Zeugnis und Dienst an der Welt«. Beschluss des Exekutivausschusses der GEKE am 6. 4. 2006 in Budapest.

Auf diesem Hintergrund wird auch die sich verändernde Rolle der Kirchen und Religionsgemeinschaften in Europa reflektiert.[13] Ein Kennzeichen ist dabei der Rückgang institutioneller Bindungen und damit auch der Bindungen an die traditionellen Kirchen in Europa. Gleichzeitig wächst die Wertschätzung der diakonischen Arbeit der Kirchen. Dies führt zu Veränderungen der kirchlichen Strukturen. *»Die Kirchen sind leer, aber die Krankenhäuser voll«*.[14] Aus Sicht des Fachkreises ist offen, wie sich dieses Profil einer »Dienstleistungskirche« weiter entwickeln wird. Gleichzeitig beobachtet man das Wachsen der Pfingstkirchen und der charismatischen Bewegungen sowie eine Zunahme eines religiösen Fundamentalismus. Aufgrund der demographischen Entwicklung rechnet der Fachkreis mit einem anhaltenden Mitgliederrückgang der traditionellen evangelischen Kirchen, auf dem Hintergrund der zunehmenden Mobilität verweist er auf die wachsende Bedeutung der Migrationskirchen auch im evangelischen Bereich.

Für die GEKE war es wichtig, sich im Rahmen der *»ökumenischen Rekonfiguration«*[15] neu zu positionieren. Als Gegenentwurf zu einer verstärkten Re-Konfessionalisierung sollte die Leuenberger Konkordie als evangelisches Modell einer sichtbaren Einheit der Kirchen gestärkt werden. In der Zusammenarbeit mit den anderen Kirchen in der KEK zeigte sich schnell, dass unterschiedliche Positionen zwischen den Kirchen in den meisten Fällen nicht konfessionell begründet sind, sondern eher durch die unterschiedlichen politischen, ethnischen oder kulturellen Rahmenbedingungen bedingt sind. Hier bestätigt sich die Beobachtung der Konsultation von Driebergen

---

[12] Ebd.

[13] Vgl. hierzu auch die Tagung des Fachkreises Ethik zur Verantwortung der evangelischen Kirchen für Staat und Gesellschaft in Debrecen/Ungarn am 9.–11. 2. 2009. »Die Kirchen müssen sich stärker in die öffentlichen Debatten einmischen!« (http://www.leuenberg.net/sites/default/files/doc-9235-2.pdf).

[14] Evangelisches Profil in »Zeugnis und Dienst an der Welt«.

[15] Ebd.

auch in der konfessionsübergreifenden Zusammenarbeit der Kirchen.[16]

Ein weiteres Kriterium für die ethische Positionierung der GEKE ist das innere Profil der Kirchengemeinschaft: »*Die Mitgliedskirchen der GEKE kommen aus (fast) allen europäischen Ländern, nicht nur aus den Ländern der EU. Hinzu kommen die lateinamerikanischen Mitgliedskirchen. D. h. der Horizont der GEKE beschränkt sich nicht auf Europa, erst recht nicht auf die Europäische Union, sondern hat die gesamte »Ökumene« als den bewohnten Erdkreis im Blick.*«[17] Ein besonderes Kennzeichen der GEKE ist in diesem Zusammenhang die große Anzahl von Mitgliedskirchen, die sich in ihren Ländern in einer Minderheiten- oder Diasporasituation befinden.

Die 6. Vollversammlung der GEKE in Budapest (2006) bestätigte die Richtlinien für die sozialethische Arbeit und empfahl den Mitgliedskirchen, ihre Aktivitäten in diesem Bereich noch stärker zu bündeln. »*Die Vollversammlung begrüßt, dass es in den vergangenen Jahren gelungen ist, das Profil der GEKE in diesem Bereich nachhaltig zu stärken. Die Fachkompetenz des GEKE-Fachkreises für ethische Fragen und die enge Verzahnung der sozialethischen Arbeit der GEKE mit der Kommission Kirche und Gesellschaft der Konferenz Europäischer Kirchen (KEK) gewährleisten dabei einerseits die Vertretung einer »evangelischen Stimme in Europa«, andererseits das geschlossene Auftreten der Kirchen gegenüber den politischen Institutionen in Europa. Die Diaspora- und Minderheitssituation vieler Mitgliedskirchen sind ein besonderes Kennzeichen der GEKE. Aber auch für die »großen« Kirchen gilt, dass sie ihre Interessen glaubwürdiger vertreten, wenn dies im Rahmen der Gemeinschaft mit den anderen Kirchen geschieht. Wenn immer möglich, sollten die Kirchen in Europa mit einer gemeinsamen Stimme sprechen. Damit erfüllen sie die Verpflichtung, die sie mit der Unterzeichnung der Charta Oecumenica eingegangen sind.*«[18]

---

16 Vgl. Anm. 2.

17 Evangelisches Profil in »Zeugnis und Dienst an der Welt«.

## 4 Grundlegende Kennzeichen der ethischen Beiträge der GEKE

Aus diesen Kriterien lassen sich drei grundlegende Kennzeichen der Beiträge der GEKE zu politischen und gesellschaftlichen Fragen ableiten:

**»Einheit in versöhnter Verschiedenheit« als Vorbild für den europäischen Einigungsprozess**
Die GEKE wird als Beispiel realisierter Kirchengemeinschaft auch als Modell für die politische und gesellschaftliche Vertiefung des europäischen Einigungsprozesses verstanden. Das Konzept einer »Einheit in versöhnter Verschiedenheit« stellt einen Ansatz dar, der auch den politischen Einigungsprozess in Europa voranbringen könnte. Gegenüber dem Konzept der EU einer »Einheit in Vielfalt« unterscheidet es sich dadurch, dass es für die Vielfalt der Gemeinschaft einen notwendigen gemeinsamen Grundkonsens voraussetzt. Umgekehrt unterscheidet es sich von zentralistisch orientierten Einigungskonzepten wie der Europakonzeption der römisch-katholischen Kirche, indem es Verschiedenheit nicht primär als Bedrohung, sondern als Bereicherung wahrnimmt.

Nach Auffassung der evangelischen Kirchen in Europa bilden die Menschenrechte, Demokratie und Rechtsstaatlichkeit die notwendige Voraussetzung für das Zusammenleben von Menschen unterschiedlicher Herkunft, Kultur oder Religion in einer Gesellschaft. Diese Überzeugung ist der tiefere Grund für die vielfältigen Stellungnahmen der GEKE zu Fragen der Menschenrechte und der Religionsfreiheit, zur Demokratisierung Europas

---

[18] *Freiheit verbindet. Schlussbericht der 6. Vollversammlung. In: Gemeinschaft gestalten – Evangelisches Profil in Europa. Texte der 6. Vollversammlung der Gemeinschaft Evangelischer Kirchen in Europa – Leuenberger Kirchengemeinschaft – in Budapest, 12.–18. September 2006.* Hg. v. Wilhelm Hüffmeier u. Martin Friedrich. Frankfurt a. M.: Lembeck 2007, 309.

und zum EU-Vertrag, aber auch zum interkulturellen Dialog in Europa.[19]

## Die evangelische Verhältnisbestimmung von Kirche, Staat und Gesellschaft

Das protestantische Profil der ethischen Stellungnahmen der GEKE kennzeichnet besonders im Bereich von sozialen und wirtschaftlichen Fragen eine Wahrnehmung öffentlicher Verantwortung, die sich vom katholischen oder orthodoxen Sozialmodell grundlegend unterscheidet. Es ist aus evangelischer Sicht Teil der staatlichen Verantwortung, den Menschen eine gleichberechtigte Teilhabe in der Gesellschaft zu ermöglichen.[20] In diesem Sinne hat sich die GEKE immer wieder zu sozialen und wirtschaftlichen Fragen auf europäischer Ebene geäußert. »*Aus evangelischer Sicht beschränkt sich die Bekämpfung der Armut*

---

[19] Vgl. neben den in diesem Band aufgenommenen Stellungnahmen auch die Stellungnahme des Rats der GEKE zum Weißbuch des Europarats über interkulturellen Dialog: Interkultureller Dialog: Nicht ohne die Religionen. Erklärung des Rats der GEKE vom 1. Juni 2008 (http://www.leuenberg.eu/sites/default/files/doc-8040-1.pdf).

[20] Dies ist der Bereich der protestantischen Sozialethik, in dem sich auf europäischer Ebene im Unterschied zu der oben getroffenen Feststellung tatsächlich konfessionelle Unterschiede zur Soziallehre der römisch-katholischen Lehre und der orthodoxen Kirchen nachweisen lassen. Vgl. DIETER HEIDTMANN: Europäische Sozialpolitik – Krise oder Chance zur Veränderung? In: *Jahrbuch Sozialer Protestantismus* 5 (2011), 246f. Dies hindert die europäischen Kirchen aber nicht an einer gemeinsamen Positionierung auf europäischer Ebene. Vgl. Verwehrt den Armen nicht die Gerechtigkeit. Vorschläge zur Bekämpfung von Armut und sozialer Ausgrenzung in der Europäischen Union im neuen Rahmen des Vertrages von Lissabon. Gemeinsame Empfehlungen von Caritas Europa, der Kommission Kirche und Gesellschaft der Konferenz Europäischer Kirchen (KKG der KEK), des Sekretariats der Kommission der Bischofskonferenzen der Europäischen Gemeinschaft (COMECE) und Eurodiaconia. Brüssel 2010 (http://csc.ceceurope.org/fileadmin/filer/csc/Social_Economic_Issues/report_poverty_DE_nov29_without_crops.pdf).

*nicht auf materielle Notlagen ... Armut und soziale Ausgrenzung ist überall dort erlebbar, wo Menschen die Möglichkeit genommen wird, am gesellschaftlichen Leben teilzunehmen.«*[21] Eine Umfrage unter den 105 GEKE-Mitgliedskirchen in 29 Ländern hat im Sommer 2008 die soziale Ausgrenzung als größte soziale Herausforderung für die evangelischen Kirchen in Europa hervorgehoben.

**Eine spezifisch evangelische Zuordnung von Freiheit und Verantwortung**

Die 5. Vollversammlung der GEKE in Belfast 2001 hatte im Hinblick auf die »*spezifisch evangelischen Voraussetzungen und Kriterien ethischer Urteilsbildung*«[22] festgestellt: »*Grundlegend sind der Begriff evangelischer Freiheit, die Zuordnung von Freiheit und Liebe im Sinne der Rechtfertigungslehre, der Begriff des Gewissens und die evangelische Gewissensbildung sowie ein evangelisches Verständnis für Verantwortung.*«[23] Freiheit ist »*nach evangelischem Verständnis niemals bindungslos, sondern mit Verantwortung und Liebe verbunden. Wie Martin Luther in seiner Schrift von der Freiheit eines Christenmenschen geschrieben hat, ist ein Christenmensch einerseits »ein freier Herr über alle Dinge und niemand untertan«, andererseits jedoch »ein dienstbarer Knecht aller Dinge und jedermann untertan«. Dieselbe Zuordnung von Freiheit und Verantwortung findet sich im Neuen Testament. »Alles ist erlaubt, aber nicht alles nützt«, schreibt der Apostel Paulus. Entscheidungskriterium ist die Frage, was dem Mitmenschen, dem Guten und dem Frieden dient (1. Kor 10,23ff).*«[24] Diese

---

[21] Ein Signal gegen Armut und soziale Ausgrenzung. GEKE-Präsident Thomas Wipf zum EU-Jahr gegen Armut und soziale Ausgrenzung. Pressemitteilung der GEKE v. 20. 1. 2010 (http://www.leuenberg.net/sites/default/files/doc-10900-1.pdf).

[22] Abschlussbericht der 5. Vollversammlung der Leuenberger Kirchengemeinschaft (s. Anm. 4). 386.

[23] Ebd.

[24] »Nicht mit Gewalt, sondern allein mit dem Wort ist für die Wahrheit zu streiten.« Stellungnahme des Exekutivausschusses der Gemeinschaft

Zuordnung von Freiheit und Verantwortung prägt die Stellungnahmen der GEKE in allen Gesellschaftsbereichen, seien es nun Fragen der Bioethik, der Friedensethik oder der Menschenrechte.

## 5 Ethische Fragen als Bekenntnisfragen

Im Rahmen der Entwicklung des ethischen Arbeitsbereichs in der GEKE zeigte sich die Notwendigkeit, die Verantwortung der evangelischen Kirchen gegenüber gesellschaftlichen und sozialen Fragen grundsätzlich zu klären. Anlass hierfür war die Erklärung der Generalversammlung des Reformierten Weltbundes in Accra 2004, in der die Frage der globalen wirtschaftlichen Gerechtigkeit zur Bekenntnisfrage (»confession of faith«) erläutert wird. »*Wir glauben, dass die Integrität unseres Glaubens auf dem Spiel steht, wenn wir uns gegenüber dem heute geltenden System der neoliberalen wirtschaftlichen Globalisierung ausschweigen oder untätig verhalten.*«[25] Innerhalb der GEKE löste dieser Beschluss eine Reihe von Fragen aus. Ist es überhaupt möglich, ethische Fragen zu Bekenntnisfragen zu erheben? Was bedeutetet es für die Kirchengemeinschaft, wenn ein Teil der Kirchen eine ethische Frage zu einer Bekenntnisfrage erklärt, andere Kirchen in dieser Frage aber eine abweichende Position einnehmen? Stellt das nicht das gemeinsame Verständnis des Evangeliums in Frage, das die Kirchengemeinschaft in der Leuenberger Konkordie begründet?

Die 6. Vollversammlung der GEKE in Budapest (2006) beauftragte daraufhin den Rat mit der Durchführung eines Lehrgesprächs zu den »spezifisch evangelischen Voraussetzungen

---

Evangelischer Kirchen in Europa zum Thema Religions- und Meinungsfreiheit v. 8. 4. 2006 (in diesem Band 349ff.).

[25] Reformierter Weltbund. Bund für wirtschaftliche und ökologische Gerechtigkeit (Covenanting for Justice in the Economy and the Earth). »Bekenntnis von Accra« (http://warc.jalb.de/warcajsp/side.jsp?news_id=1174&&navi=46).

und Kriterien ethischer Urteilsbildung« angesichts neuer Herausforderungen sozialer Gerechtigkeit.[26] Die daraufhin berufene Lehrgesprächsgruppe erarbeitete die grundlegende Studie »Tretet ein für Gerechtigkeit«, die auf der 7. Vollversammlung der GEKE in Florenz (2012) angenommen wurde.[27] Die Studie warnt die Kirchen vor einer leichtfertigen Ausrufung der Bekenntnisfrage, da hierbei die Einheit der Kirchen auf dem Spiel stehe. Sie betont die Notwendigkeit eines »processus confessionis«, auf dem unterschiedliche Positionen im Gespräch miteinander bleiben. Gleichzeitig hält die Studie fest, dass die evangelischen Kirchen darin übereinstimmen, »*dass es Situationen geben kann, in denen das Sein der Kirche als Kirche in Frage gestellt wird und in denen es folglich nicht ausreichend ist, wenn die Kirchen ihre prophetische Stimme erheben und für diejenigen, die in Not sind, sorgen, sondern in denen sie selbst dem Rad in die Speichen zu greifen haben, um es zu stoppen.*«[28]

## 6 Der Beitrag der evangelischen Kirchen für die Zukunft Europas

Die europäischen Kirchen haben sich in der *Charta Oecumenica* konfessionsübergreifend verpflichtet, die Einigung des europäischen Kontinents zu fördern. »*Wir sind überzeugt, dass das spirituelle Erbe des Christentums eine inspirierende Kraft zur Bereicherung Europas darstellt. Aufgrund unseres christlichen Glaubens setzen wir uns für ein humanes und soziales Europa ein, in dem die Menschenrechte und Grundwerte des Friedens, der Gerechtigkeit, der Freiheit, der Toleranz, der Partizipation und der Solidarität zur Geltung kommen. Wir betonen die Ehrfurcht vor dem Leben, den Wert von Ehe und Familie, den vorrangigen Ein-*

---

26 Freiheit verbindet. Schlussbericht der 6. Vollversammlung (s. Anm. 18), 308.

27 Tretet ein für Gerechtigkeit. Ethische Urteilsbildung und soziales Engagement der evangelischen Kirchen in Europa (in diesem Band 63ff.).

28 Ebd. 120 (mit Bezug auf D. Bonhoeffer).

*satz für die Armen, die Bereitschaft zur Vergebung und in allem die Barmherzigkeit.«*[29]

Die evangelischen Kirchen bringen in diese gemeinsamen Anstrengungen ihre besondere Orts- und Menschennähe ein. Dazu gehört die besondere Sorge für Minderheiten und sozial Ausgegrenzte. Sie bringen ihre kritische Kompetenz ein. »*Für die evangelischen Kirchen ist es Teil ihrer reformatorischen Kompetenz, an Institutionen Kritik zu üben, die sich zu weit von den Menschen entfernen.«*[30] Und sie bringen nicht zuletzt ihr evangelisches Modell einer »Einheit in versöhnter Verschiedenheit« ein. »*Aus einer Jahrhunderte langen Geschichte der Ablehnung und Verwerfung ist eine Gemeinschaft von Kirchen geworden, die zu Versöhnung gefunden hat. Mit den Erfahrungen aus diesem Weg der Versöhnung können und wollen die evangelischen Kirchen zur Zukunft Europas beitragen.«*[31]

---

[29] Charta Oecumenica. Leitlinien für die wachsende Zusammenarbeit unter den Kirchen in Europa. Strasbourg 2001. Art. 7 (http://www.ceceurope.org/fileadmin/filer/cec/CEC_Documents/ChartaOecumenicaDE.pdf).

[30] 5 Glück-Wünsche für die Zukunft Europas. Stellungnahme des Präsidiums der GEKE vom 20. März 2007 (in diesem Band 293ff.).

[31] Ebd.

# Öffentliche Theologie in Europa

*Heinrich Bedford-Strohm*

## Die Relevanz öffentlicher Theologie für Europa

Europa ist im öffentlichen Gespräch. Daran kann keinen Zweifel haben, wer die öffentlichen Diskussionen der letzten Jahre verfolgt. Kaum eine Nachrichtensendung gibt es, kaum eine Zeitungsausgabe, in der nicht an einer Stelle, oft an einer sehr prominenten Stelle, das Thema Europa vorkommt. Und das ist auch kein Wunder. Denn die auf europäischer Ebene diskutierten Themen gehen jeden an. Ob die europäische Bankenkrise, die zu einer Staatsschuldenkrise geworden ist, gelöst werden kann oder nicht, hat direkte Auswirkungen auf die Bürgerinnen und Bürger in den jeweiligen Ländern. Der Arbeitsplatz kann verlorengehen, wenn es nicht gelingt, die Euro-Krise in den Griff zu bekommen und damit das sensible wechselseitige Beziehungsgeflecht der europäischen Volkswirtschaften zu stabilisieren. Die jeweils gewählte Antwort auf die Frage, ob die europäischen Regierungen auf Sparprogramme setzen oder auf expansive Wachstumsstrategien, hat direkte Auswirkungen auf die soziale Stabilität der in die Krise geratenen Länder. Angesichts der Machtungleichgewichte innerhalb Europas staut sich ohnmächtiger Zorn an, der sich manchmal sogar in Hass entlädt. Arrogante Kommentare deutscher Politiker über »die Griechen« führen zu erbitterten Reaktionen. Meldungen über Angela Merkel mit Hitlerbart auf griechischen Demonstrationsplakaten oder tätliche Angriffe auf deutsche Regierungsbeamte sind Ausdruck zunehmender Spannungen zwischen den Völkern Europas.

Solche Meldungen sind nur die spektakulärsten Ausdrucksformen der Bedeutung, die Europa inzwischen für den politischen Alltag seiner Mitgliedsländer gewonnen hat. Weitere Beispiele ließen sich in nahezu beliebiger Menge hinzufügen. Ob Emissionshandel, Energiewende, ökologische Umorientierung der Landwirtschaft, die Frage einer fairen Welthandelsstrategie, der Umgang mit Flüchtlingen oder die sozialpolitischen Konsequenzen der Freizügigkeit in Europa – all diese Themen haben – je nachdem, wie sie entschieden werden – massive Auswirkungen auf die einzelnen Bürgerinnen und Bürger in Europa.

Und noch etwas zeichnet diese Themen aus: Sie haben alle miteinander ethische Tiefendimensionen. Hinter den oft hitzigen Sachdiskussionen verbergen sich Fragen, die eben nicht allein durch gewissenhafte Ermittlung empirischer Daten und durch möglichst verlässliche Faktenermittlung zu lösen sind. Die großen Themen der europäischen Politik sind nicht nur Steuerungsfragen, sie sind auch Orientierungsfragen. Welche Welthandelsstrategien gewählt werden, hängt auch davon ab, ob allein die eigenen Interessen leitend sind oder ob ein universales Menschenrechtsethos zur Grundlage gemacht wird. Wie mit den Schuldenkrisen anderer europäischer Länder umgegangen wird, hängt auch davon ab, ob die Not der dort von der Krise betroffenen Menschen wahrgenommen und solidarisch in die eigene Entscheidungsfindung einbezogen wird oder nicht. Die Entscheidung über eine Anhebung des Reduzierungszieles für $CO_2$-Emissionen in Europa auf 30% ist eng verknüpft mit der Frage, ob die eigenen Ansprüche zur Nutzung natürlicher Ressourcen mit den Ansprüchen der Menschen in anderen Teilen der Welt oder zukünftiger Generationen in einen fairen Ausgleich gebracht werden oder nicht. Wie wir mit Flüchtlingen umgehen, die in Europa Schutz suchen, ist eng verknüpft mit der Frage, wo wir die »Zumutbarkeitsgrenze« bei der Solidarität mit Menschen aus anderen Kontinenten ansetzen.

Es wird deutlich: Ethische Fragen sind von zentraler Bedeutung für die politischen Debatten in Europa. Umso mehr stellt sich die Frage, wo eigentlich die Orte der Reflexion über diese ethischen Fragen sind. Dass es solcher Orte bedarf, liegt auf der Hand, wenn wir den Anspruch Europas ernstnehmen, seine Zukunftsentscheidungen auf der Basis des Diskurses einer demokratischen Zivilgesellschaft zu treffen. Man könnte solche ethischen Diskurse dort verwurzelt sehen, wo sie auf der

Basis der Vernunft philosophisch reflektiert werden. Das ist in den universitären Diskursen der Philosophie der Fall. Aber welche Ausstrahlungskraft haben diese Diskurse? Man könnte Ausschau halten in den Zentralen der gesellschaftlichen Großorganisationen Europas wie den Gewerkschaften oder Arbeitgeberorganisationen. Und man würde vielleicht tatsächlich ein Schild an einer der Türen finden, an dem »Ethikreferent« steht. Aber die Wahrscheinlichkeit ist groß, dass die Tür in einem Nebenflügel des Gebäudes liegt und nicht direkt neben dem Chefbüro.

Es spricht vieles dafür, dass auch in einer pluralistischen Gesellschaft die Kirchen und Religionsgemeinschaften gleichsam natürliche Orte für den Diskurs über ethische Grundorientierungen sind. Dass etwa die Gemeinschaft Evangelischer Kirchen in Europa (GEKE) einen Fachkreis Ethik berufen hat, der die Aufgabe hat, gemeinsame Positionen zu öffentlich diskutierten Fragen wie Sterbehilfe, Menschenrechten oder sozialer Gerechtigkeit zu erarbeiten, ist kein Zufall. Es gehört zum Kern des Auftrags der Kirchen, sich Rechenschaft über die ethischen Konsequenzen des christlichen Glaubens zu geben. Dabei kommt sowohl die individualethische wie auch die sozialethische Seite in den Blick. Kirchen und Religionsgemeinschaften sind deswegen so wichtig für die Regeneration der Moralökologie einer Gesellschaft, weil sie nicht nur Kopf und Verstand, sondern auch Herz und Gemüt berühren. Ökologische Umorientierungen etwa funktionieren nicht nach Art eines Masterplans, der etwas für richtig Erkanntes von oben umzusetzen versucht. Sie beruhen auf Veränderungen im Denken und Fühlen, die die Menschen in den Tiefen ihres Daseins berühren.

Ob wir die Natur als bloße Sache sehen, die der beliebigen Nutzung durch den Menschen zur Verfügung steht oder ob wir in ihr den Schöpfergeist Gottes sehen, hat prägende Auswirkungen auf die Art, wie wir mit der Natur umgehen. Deswegen sind gerade von einer im Glaubensleben der Gemeinden gegründeten und auf sie zurückwirkenden öffentlichen Theologie wichtige Impulse für eine Veränderung der Sozialkultur zu erwarten. Ohne eine solche ökologische Neuorientierung der Sozialkultur sind auch politische Veränderungen zum Scheitern verurteilt.[1] Was aber ist öffentliche Theologie und welches sind ihre Merkmale?

## Sechs Charakteristika »Öffentlicher Theologie«

Im mittlerweile üblichen Sinne wurde der Begriff »Public Theology« zum ersten Mal von dem Chicagoer Theologen Martin Marty in den früher 70er Jahren verwendet und bekam im Zusammenhang mit der Debatte um Robert Bellahs Überlegungen zur »Civil Religion« besonderes Gewicht.[2] Später haben in den USA v. a. Ronald Thiemann[3] und Max Stackhouse[4] mit dem Begriff gearbeitet. In Deutschland wurde der Begriff neben Wolfgang Huber[5] auch von Jürgen Moltmann verwendet[6]. Besonders intensiv wurde der Diskussionszusammenhang der Public Theology im Kontext Südafrikas rezipiert und weiter entwickelt.[7]

---

1 Vgl. dazu näher: H. Bedford-Strohm, Public Theology of Ecology and Civil Society, in: C. Deane Drummond/H. Bedford-Strohm (eds.), Religion and Ecology in the Public Sphere, London 2011, 39–56.

2 Vgl. dazu Martin E. Marty, Two Kinds of Civil Religion, in: Richey, Russell E.; Jones, Donald G. (Hrsg.), American Civil Religion, New York 1974, 139–157.

3 Ronald F. Thiemann, Constructing a Public Theology. The Church in a Pluralistic Culture, Louisville Ky., 1991.

4 Max L. Stackhouse, Public Theology and Political Economy. Christian Stewardship in Modern Society, Grand Rapids 1987.

5 Wolfgang Huber, Vorwort, in: Bruce C. Birch,; Larry L. Rasmussen, Bibel und Ethik im christlichen Leben. (Öffentliche Theologie, 1), Gütersloh 1993, 9–12.

6 Vgl. Jürgen Moltmann, Gott im Projekt der modernen Welt. Beiträge zur öffentlichen Relevanz der Theologie. Gütersloh 1997.

7 Vgl dazu besonders Dirk J. Smit, Essays in Public Theology, Stellenbosch 2007, und John de Gruchy, From Political to Public Theologies. The Role of Theology in Public Life in South Africa, in: W. F. Storrar/A. R. Morton (eds), Public Theology for the 21st Century. Essays in Honour of Duncan Forrester, T&T Clark, London/New York 2004, 45–62.

Aber auch in anderen Transformationsgesellschaften wie Brasilien kommt der Public Theology zunehmende Aufmerksamkeit zu.[8] Inzwischen spricht vieles dafür, dass das Paradigma der Public Theology in Zukunft zentrale Bedeutung für den internationalen Diskurs, insbesondere zwischen den Ländern des Südens und des Nordens zu gewinnen verspricht. Das inhaltliche Profil öffentlicher Theologie ist Gegenstand eines internationalen Diskurses. Aus meiner Sicht kann dieses Profil anhand von sechs Charakteristika beschrieben werden.

Öffentliche Theologie will eine Antwort geben, die die Öffentlichkeit auch verstehen kann. Sie kann also weder allein in theologischer Binnenrhetorik formuliert werden noch kann sie in ihrem Eingehen auf die Situation der Moderne kritiklos alles nachsprechen, was die säkulare Debatte hervorbringt. Vielmehr muss öffentliche Theologie klares *theologisches Profil* (1) mit einer Sprache verbinden, die für die Öffentlichkeit – und damit für säkulare Diskurse – verständlich ist. »*Zweisprachigkeit*« (2), also die Fähigkeit, biblisch-theologische Sprache und die Sprache der säkularen Vernunft gleichzeitig einzuüben und zu pflegen, gehört daher ebenfalls zum Kern Öffentlicher Theologie. Außerdem gehört zur Öffentlichen Theologie ganz entscheidend die *Interdisziplinarität* (3): Public Theology ist auf das Gespräch mit der Wirtschaftswissenschaft, der Politologie, der Soziologie, den Naturwissenschaften und anderen Disziplinen angewiesen, will sie wirklich substantiell zur öffentlichen Debatte beitragen. Im interdisziplinären Gespräch kommt es nicht in jedem Falle darauf an, dass von Öffentlichen Theologen alles gewusst wird, das wäre eine heillose Überforderung. Schon die Kompetenz, auf der Basis ethischer Reflexion die richtigen Fragen zu stellen, kann als wichtiger Beitrag zur Erarbeitung von Antworten gesehen werden.

---

8 Vgl. dazu: Christine Lienemann-Perrin and Wolfgang Lienemann (eds.), Kirche und Öffentlichkeit in Transformationsgesellschaften, Stuttgart 2006. Zum Kontext Brasiliens vgl. Rudolf von Sinner, Churches and Democracy in Brazil. Towards a Public Theology Focused on Citizenship, Wipf & Stock, Eugene/Oregon 2012.

Öffentliche Theologie erhebt aber durchaus den Anspruch, über die distanzierte Grundsatzkritik an den gesellschaftlichen Verhältnissen hinaus Wegweisungen für die Politik zu geben, die auch tatsächlich Politik möglich machen. Man kann also durchaus von einer Dimension der »*Politikberatung*« (4) sprechen, so wenig Theologie und Kirche selbst die entsprechenden Konzepte entwickeln oder gar politisch propagieren können. Die Befreiungstheologie konnte den Exodus ins gelobte Land thematisieren, ohne das gelobte Land genau beschreiben zu müssen. Heute sind die Befreiungstheologen vielerorts selbst Verantwortungsträger: In Südafrika etwa sind die, die einst gegen Apartheid kämpften, heute in der Pflicht und Schwierigkeit, selbst Macht zu haben und gestalten zu können. Damit verändert sich die theologische Frage. Wie etwa ist die Option für die Armen theologisch verantwortet aus Machtpositionen heraus umzusetzen? In der Notwendigkeit, auf solche Fragen eine Antwort zu geben, liegt das Element der Politikberatung begründet. Indem öffentliche Theologie dieses Element mit einschließt, erweist sie sich als Befreiungstheologie für demokratische Gesellschaften.[9]

Öffentliche Theologie schließt indessen auch *prophetische Kritik* (5) ein. Wo das Element der Politikberatung zu stark betont wird, geht ein wesentliches Element biblischer Theologie verloren: die kritische Widerständigkeit, wie sie in der prophetischen Überlieferung so eindrucksvoll vor Augen tritt. Nicht jede Kritik muss gleich alternative Lösungswege vorweisen. Sie kann auch mit der Schärfe ihrer Worte zunächst nur das Ziel haben, zum Nachdenken anzuregen. Aber sie erhebt dieses prophetische Element nicht zum Prinzip. Sie spricht nicht jeder Macht die Legitimität ab, sondern leitet dazu an, auch im Hinblick auf die Ausübung von Macht die Geister zu unterscheiden. Auch prophetische Kritik muss also das Ziel haben, zu machbaren Lö-

9 Vgl. Heinrich Bedford-Strohm, Vorrang für die Armen. Öffentliche Theologie als Befreiungstheologie für eine demokratische Gesellschaft, in: F. Nüssel (Hrsg.), Theologische Ethik der Gegenwart. Ein Überblick über zentrale Ansätze und Themen, Tübingen 2009, 167–182.

sungen zu gelangen.[10] Prophetische Kritik und Politikberatung stehen daher nicht im Widerspruch zueinander, sondern brauchen einander, um weder im Bestehenden aufzugehen, noch das Bestehende zu ignorieren.

Schließlich ist die besondere internationale Qualität des public theology-Diskurses keine zufällige Dimension dieses sich entwickelnden theologischen Paradigmas. Vielmehr kommt darin ein Charakteristikum zum Ausdruck, das diese Theologie kennzeichnet: ihre ökumenische Ausrichtung. In verschiedenen Teilen der Welt haben sich public theologies entwickelt, deren Kontextualität ein prägendes Merkmal ist. Diese Kontextualität steht nicht im Widerspruch zur Universalität, sondern ist notwendigerweise mit *Interkontextualität* (6) verbunden. Das aus solcher Interkontextualität kommende Moment der Universalität trägt der Tatsache Rechnung, dass die zur Wahrnehmung und Berücksichtigung der jeweiligen Situation notwendige Kontextualität auf den Horizont des »einen Glaubens, der einen Taufe, des einen Gottes« (Eph 4,5 f) bezogen bleibt.[11]

## Die Kirchen in der europäischen Zivilgesellschaft

Den Kirchen und anderen Religionsgemeinschaften kommt im Hinblick auf die Zukunft Europas eine zentrale Bedeutung zu. Keine anderen vergleichbaren Großorganisationen sind so tief in den jeweiligen lokalen Kontexten verwurzelt und gleichzeitig so selbstverständlich überregional gemeinsam aktiv wie die Kirchen. Als engagierte Akteure in einer europäischen Zivilgesellschaft sind die Kirchen gerade im Hinblick auf die für das Leben

[10] Dazu Heinrich Bedford-Strohm »Prophetic Witness and Public Discourse in European Societies«, in: Heinrich Bedford-Strohm/Etienne de Villiers (Eds.), Prophetic Witness. An Appropriate Mode of Public Discourse?, Lit-Verlag, Berlin 2011.

[11] Vgl. dazu näher: Heinrich Bedford-Strohm/Florian Höhne/Tobias Reitmeier (Eds.), Contextuality and Intercontextuality in Public Theology, Lit Verlag, Berlin 2013.

der Einzelnen immer wichtiger werdenden Fragen europäischer Politik gefragt. Durch dieses Engagement wird sich von selbst erweisen, warum eine starke öffentliche Rolle von Religion auch und gerade im weltanschaulich neutralen Staat eine lebenswichtige Ressource darstellt.

# Community in Witness and Service to the World

*Dr Dieter Heidtmann*

## 1 The social and ethical Task of the Community of Protestant Churches in Europe (CPCE)

In the Leuenberg Agreement the signatory churches pledge themselves to the »*fullest possible cooperation in witness and service to the world*« (Art. 29). In the 1970 Report preceding the Agreement this was expressed even more comprehensively: »*This spiritual fellowship presses for the greatest possible community in the inner life of the church and in witness and service to the world.*«[1] In its early decades, however, the Leuenberg Church Fellowship concentrated mostly on clarifying dogmatic issues. Most prominent in the work of the Community of Protestant Churches in Europe in these first decades were their self-understanding as Protestant churches and the meaning of their church fellowship, the question of sacraments, the understanding of ministry or the mutual recognition of ordination.

An exception were the doctrinal conversations on a common understanding of the doctrines of the »Two Kingdoms« and the »Lordship of Jesus Christ« on which two regional groups worked in the context of the controversies in the eighties about the responsibility of the churches for peace. Pointers here for the future social and ethical work of CPCE were the conclusions reached by the regional group »Amsterdam«, which affirmed af-

[1] Kirchengemeinschaft und Kirchentrennung. Bericht der lutherisch-reformierten Gespräche in Leuenberg (Schweiz) 1969/1970, Nr. 14 (in: *Auf dem Weg. II. Gemeinschaft der reformatorischen Kirchen. Berichte und Dokumente des lutherisch-reformierten Gespräches in Europa.* Hg. vom Sekretariat für Glauben und Kirchenverfassung. Zürich: TVZ 1971. 8–24, here15).

ter its closing consultation in Driebergen (NL) in May 1986: »*Differing attitudes of the churches on political and social issues cannot be derived from the doctrine of the Two Kingdoms or the doctrine of the Lordship of Jesus Christ. The discussion on the question of how best to explain these differences led to raising the issue of so-called non-doctrinal factors.*«[2]

In a doctrinal conversation on »Law and Gospel« following the General Assembly of 1994 in Vienna the Leuenberg Church Fellowship deepened its study of these questions. Here the conversations emphasized the responsibility of the churches towards society, but described at the same time the complexity of the challenges facing the Protestant churches in the light of ethical issues: »*In the confusions of modern society and its conflict of values, on questions like the personal dignity of the individual's life, the way in which we should live together, or the problems of technological interventions, the Christian church has a voice of its own which it has to make felt in society. Here we have different programmes for forming ethical and political judgments.*«[3] The results of this doctrinal conversation could only be presented to the General Assembly of 2006 in Budapest because the responses of the churches could not be properly processed in time for the General Assembly in Belfast in 2001.

In the meantime the 5th General Assembly of the Leuenberg Church Fellowship in Belfast in June 2001 was marked by the wish for a »European Protestant Synod« to put the Protestant churches in a position to reach joint positions on a European level. Such a Synod could not be realized because of differing legal and theological conceptions of synodal assemblies, but the

---

2 *Evangelische Texte zur ethischen Urteilsfindung/Protestant Texts on Ethical Decision-Making* Im Auftrag des Exekutivausschusses für die Leuenberger Kirchengemeinschaft hg. v. Wilhelm Hüffmeier. Frankfurt a. M.: Lembeck 1997 (Leuenberger Texte 3), 49.

3 *Law and Gospel. A study, also with reference to decision-making in ethical questions. Result of a study process of the CPCE.* On behalf of the CPCE Council ed. by Michael Bünker u. Martin Friedrich. Frankfurt a. M.: Lembeck 2007, 261f.

final report held firmly to the call for a »Protestant voice in Europe«: *»The Leuenberg Church Fellowship should be put in a position of being able to give a clear Protestant witness on important current questions of politics, society and ecumenical matters, in a way which is more prominent and up-to-date than it has been previously. In particular it needs to build up the presence of the Protestant churches at an European level. Here use needs to be made of already existing structures of co-operation, especially the Conference of European Churches. These structures and forms of cooperation should be deepened.«*[4] As examples of themes needing a »clear Protestant witness« on the European level the final report mentioned bioethics, ethics of peace and the situation of ethnic and religious minorities as well as education and training.

Following the Belfast General Assembly the Leuenberg Church Fellowship changed its name to the »Community of Protestant Churches in Europe«. This decision was not undisputed in the member churches because a number of Protestant churches in South America which have grown from former immigrant churches also belong to the Leuenberg Church Fellowship. The renaming also strictly contradicts the claim of the Protestant churches to have found the essential Protestant model for church unity in the concept of »unity in reconciled diversity« developed in the Leuenberg Agreement, for this claim to general validity cannot really be reconciled with the restriction to just one continent. On the other hand this self-restriction to one regional framework is what permits the CPCE to address specifically European social questions and to be seen as the political representative of the Protestant churches in Europe.

---

4 Final Report of the 5th General Assembly of the Leuenberg Church Fellowship (19–25 June 2001 in Belfast) http://www.cpce-assembly.eu/media/pdf/Vollversammlung/2001/Final-report-Belfast.pdf., 1.

## 2 Establishing structures capable of acting to represent protestant positions vis-à-vis the European institutions

In following through the decisions of Belfast the Protestant Church of Württemberg decided to support the CPCE office by appointing a minister to work on social and ethical questions. The job description for this position specified: »*The holder of this position is commissioned by the CPCE to work on social-ethical questions on the European level. On the basis of this appointment he represents the CPCE in the Church and Society Commission (CSC) of the Conference of European Churches (CEC) in Brussels.*[5] *The job description also includes the cultivation of contacts with representatives of EU institutions as well as representatives of churches in Brussels through the Church and Society Commission.*«[6]

The decision not to set up a separate representation of CPCE in Brussels or Strasbourg was deliberate. Instead, the Protestant profile was to be strengthened in the joint representation of the churches through the Conference of European Churches. This meant meaningfully combining the independent working out of Protestant positions on ethical and political questions on the European level with the joint representation of church positions

---

5 The Conference of European Churches gathers around 125 churches from Old Catholic, Anglican, Protestant (Baptist, Lutheran, Methodist, Reformed, United and pre-Reformation) and Orthodox traditions. The Roman Catholic Church is not a member of CEC but works via the commissions of the Bishops' Conferences in the European Community (COMECE) together with CEC in the dialogue with the European institutions.

6 Dienstanweisung der Gemeinschaft Evangelischer Kirchen in Europa – Leuenberger Kirchengemeinschaft – (GEKE) für den Inhaber der Pfarrstelle in Brüssel zur Wahrnehmung eines Dienstauftrags der Ev. Landeskirche in Württemberg für die GEKE in der Kommission für Kirche und Gesellschaft der Konferenz Europäischer Kirchen (KKG) vom 1. 9. 2004.

vis-à-vis the European political institutions in the CEC framework. Put another way: The »Protestant voice in Europe« was to be strengthened by the Protestant churches contributing their concerns in a concentrated way to the common positions of the European churches. A division of labour was therefore agreed with the Commission on Church and Society whereby the representation of the churches before the European political institutions would continue to run as far as possible through the Commission on Church and Society, in which coordination with the non-protestant churches could also take place, while CPCE would concentrate on the fundamentals of working out joint Protestant positions.

After this work began in September 2004, the person appointed developed structures in CPCE and in close consultation with the Commission on Church and Society which were intended to put CPCE in a position to express itself with professional competence and coherence on political and social questions on the European level.

First of all an information service, »CPCE-Europe-Info«, was established to inform the CPCE member churches regularly on current European themes which are of importance for the churches.[7] The task of the newsletter was to inform the churches early about political developments in the European institutions and so put them in a position to contribute in good time to European decision-making processes. That apart, CPCE has regularly produced for its member churches background papers and submissions with deeper information on current developments on the European level. Finally CPCE regularly arranges consultations and conferences on ethical themes and supplies information at events conducted by member churches or ecumenical consultations about current ethical questions on the European level.[8]

---

[7] This information service has now been integrated in the European Protestant News Network (EPNN) of CPCE.

[8] Cf. the joint symposium of CPCE and CEC on »Europäische Integration und Nachbarschaftspolitik in Südosteuropa« on 8. 5. 2007 in Vienna

At the same time consultation structures were built up between the member churches. In many cases this first meant identifying the discussion partners for social-ethical questions in the individual churches. At points like this the variety of the Protestant churches in Europe becomes apparent. Thus, for example, in the Evangelical Lutheran Church in Denmark because of its legal status as a state church only the (worldly) Danish parliament may speak for the church, while in other churches the competence for social-ethical work has been assigned by the church leadership to the church's own specialized institutions or the diaconal service. In many minority churches there do not exist any distinct, independent areas of work at all. All the ethical questions here land on the desk of a congregational minister who, as it were on the side, is also responsible for working on planned European legislation.

For CPCE, however, it was important from the start that a shared positioning on the European level should not only take account of the stances adopted by the »big« Protestant churches but also of the experience and competence of the many »little« minority and diaspora churches. Thus in the past years CPCE has carried out »*Vernehmlassungsverfahren*«[9] with the member churches on important issues. The aim of such consultative procedures is to draw in the specialized knowledge of all the churches involved and lead together to their finding a common position. In the ecclesiastical area a broad democratic participation of this kind is a special mark of the Protestant churches.

CPCE is at present extending these participatory processes. Thus in January 2012 in the Protestant Academy in Bad Boll there took place for the first time a meeting between the Protes-

---

or the CPCE conference on assisted suicide from 7th-9th.2.2011 in the Ev. Akademie Tutzing.

[9] In the Swiss democratic system »Vernehmlassungsverfahren« are the normal hearing procedures in which all interested circles and associations are invited to take positions on the preparation of legal provisions. CPCE mostly organizes such hearings on the basis of preliminary drafts of a position.

tant synods in Europe. This cooperation between the synodal bodies on the European level is to be developed and extended.[10]

In 2005 the executive committee called into being an »expert group« on ethics, to which social ethicists from different European countries belong. On the basis of positions adopted by member churches it drafts a common CPCE statement on ethical questions. Its working method is comparable with those of the »chambers« of the Evangelical Church in Germany or the Institute for Theology and Ethics of the Federation of Swiss Protestant Churches. The final draft text on positions of the Protestant churches is formulated by the presidium or the council (formerly executive committee) of CPCE, in the case of doctrinal conversations or studies on principles by the General Assembly, which meets every six years. Parallel to this, the CPCE presence to the political institutions in Brussels was extended via the CEC Commission on Church and Society. Through the strengthening of this commission there also followed a clearly visible reinforcement of the representation of CPCE on the European level, for example in dialogue seminars with the European Commission or through the naming of CPCE representatives to expert commissions of the European Union and the Council of Europe. In September 2007 the CPCE Council sat in Brussels and met on that occasion with high-ranking representatives of the European institutions.

---

[10] Cf. the Abschlusserklärung der Ersten Begegnungstagung der evangelischen Synoden in Europa vom 20. bis 22. Januar 2012 in der Ev. Akademie Bad Boll and the Final Report of the 7th General Assembly of CPCE from 20.–26. 9. 2012 in Florence, Italy, edit. by Michael Bünker und Bernd Jaeger. Leipzig: Evangelische Verlagsanstalt 2013, 264.

## 3 Criteria of Content for the Social-Ethical Positions of the CPCE

The expert group on ethics worked out a concept for a »Protestant profile in witness and service to the world« which was approved by the executive committee of CPCE in April 2006 and since then has formed the basis for its ethical work.[11]

The starting point of this concept is an analysis of the political and social framework conditions in Europe: »*The idea of a shared Europe and the political institutions which have grown from it (Council of Europe, OSCE and EU) is at the moment in a crisis. Marks of this crisis are: a lack of connection between the political organs and the citizens, … economic and social upheaval, … a changing security situation …, unclarity about the continuing of the process of European integration …, cultural shifts in education and media …, a lack of European identity ….*«[12] Against this background the changing role of the churches and religious communities in Europe has also been thematized.[13] A typical characteristic here is the decline of institutional ties and with them those to the traditional churches in Europe. At the same time appreciation of the diaconal work of the churches is growing. This leads to changes in church structures. »*The churches are empty, but the hospitals are full.*«[14] From the perspective of the expert group it is an open question how this profile of a ›service-providing church‹ will further develop. At the same time the growth of the Pentecostal churches and charismatic movements is to be observed as well as the rise of a religious

---

[11] Evangelisches Profil in »Zeugnis und Dienst an der Welt«. Beschluss des Exekutivausschusses der GEKE am 6. 4. 2006 in Budapest.

[12] Ibid.

[13] Cf. the conference of the expert group on ethics on the responsibility of the protestant churches for state and society in Debrecen, Hungary on 9th-11th.2.2009. »The churches must participate more intensively in public debates!« (http://www.leuenberg.net/sites/default/files/doc-9235-2.pdf).

[14] Evangelisches Profil in »Zeugnis und Dienst an der Welt«.

fundamentalism. On the basis of the demographic trend the expert group reckons with a continuing decline in membership of the traditional protestant churches; against the background of increasing mobility it refers to the increasing significance of immigrant churches in the protestant area as well.

It was important for CPCE to position itself anew in the framework of the »ecumenical reconfiguration«.[15] As an alternative concept to a revived confessionalism the Leuenberg Agreement was to be strengthened as a Protestant model for a visible unity of the churches. In joint work with the other churches in CEC it quickly became apparent that their different positions in most cases are not based on confessions but rather conditioned by their different political, ethnic or cultural circumstances. This also confirmed the observation of the consultation of Driebergen in regard to the interconfessional cooperation of the churches.[16]

A further criterion for the ethical positioning of CPCE is the inner profile of the church fellowship: »*The member churches of CPCE come from (almost) all European countries, not just those of the EU. They also include the Latin American member churches. This means the horizon of CPCE is not limited to Europe, let alone the European Union, but has in view the whole ›oikoumene‹, the inhabited earth.*«[17] A particular mark of CPCE in this connection is the large number of member churches which find themselves in a minority or diaspora situation in their own countries.

The 6th General Assembly of CPCE in Budapest (2006) confirmed the guidelines for the work in social ethics and urged the member churches to coordinate their activities even more intensively in this area. »*The General Assembly welcomes the fact that in past years it has succeeded in a sustained strengthening of the profile of the CPCE in this area. Here the professional competence of the CPCE group of experts on ethical questions and the close dovetailing of CPCE work on social ethics with the Church*

---

15 Ibid.

16 Cf. footnote 2.

17 Protestant Profile in »Zeugnis und Dienst an der Welt«.

*and Society Commission of the Conference of European Churches (CEC) have guaranteed on the one hand the representation of a »Protestant voice in Europe« and on the other a consolidated stand of the churches over against the political institutions in Europe. The diaspora and minority situation of many member churches is a special characteristic of the CPCE. But it is also true that the »large« churches represent their interests more credibly when this happens in the framework of fellowship with the other churches. Whenever possible, the churches in Europe should speak with a common voice. In so doing they fulfill the obligation that they entered into by signing the Charta Oecumenica.«*[18]

## 4 Fundamental Marks of the Ethical Contributions of CPCE

From these criteria three fundamental marks of the CPCE contributions on political and social questions can be derived:

**»Unity in Reconciled Diversity« as a Model for the Process of European Unification**

CPCE as an example of realized church fellowship is also understood as a model for the political and social deepening of the process of European unification. The concept of a »unity in reconciled diversity« represents an approach which could also advance the political process of unification in Europe. It contrasts with the EU concept of a »unity in multiplicity« in that it presupposes a necessary shared fundamental consensus underlying the multiplicity in the community. Conversely it differs from centralist oriented conceptions of unity, such as the conception

[18] Freedom is binding. Final report of the 6th General Assembly of the Community of Protestant Churches in Europe (CPCE) – Leuenberg Church Fellowship – 12 to 18 September 2006 in Budapest. http://www.cpce-assembly.eu/media/pdf/Vollversammlung/2006/2006_final_report.pdf., 7.

of Europe in the Roman Catholic Church, because it does not regard difference primarily as a threat but as an enrichment.[19]

According to the understanding of the Protestant churches in Europe, human rights, democracy and the rule of law constitute the necessary conditions for people of different origin, culture or religion to live together. This conviction is the deeper ground for the many statements of CPCE on questions of human rights and religious freedom, on European democratization and the EU treaty, but also on intercultural dialogue in Europe.

## The Protestant View of the Relation between Church, State and Society

The Protestant profile of the ethical statements of CPCE is marked, especially in the area of social and economic questions, by a perception of public responsibility which is radically different from Roman Catholic or Orthodox social models. In the Protestant view it is part of the responsibility of the state to enable people to take an equal part in society.[20] It is in this sense

---

[19] Cf. also, along with the positions included in this book, the statement of the CPCE Council on the White Book of the Council of Europe on intercultural dialogue: Intercultural dialogue: not without the religions. Statement of the CPCE Council from 1st June 2008 (http://www.leuenberg.eu/sites/default/files/doc-8066-1.pdf).

[20] This is the area of protestant social ethics in which on the European level, in spite of what was said above, confessional differences from the social teaching of the Roman Catholic and Orthodox churches can indeed be demonstrated. Cf. DIETER HEIDTMANN: Europäische Sozialpolitik – Krise oder Chance zur Veränderung? In: *Jahrbuch Sozialer Protestantismus* 5 (2011), 246f. However, this does not prevent the European churches from adopting common positions on the European level. Cf. Do not deny justice to your poor people, Proposals for combating poverty and social exclusion in the EU in the new framework of the Lisbon Treaty, Joint recommendations of Caritas Europa, the Church and Society Commission of the Conference of European Churches (CSC of CEC), the Secretariat of the Commission of the Bishops' Conferences in the European Community (COMECE) and Eurodiaconia. Brussels 2010

that CPCE has ever and again spoken on social and economic questions on the European level. »*In the Protestant view the struggle against poverty is not limited to situations of material need*«, ... *Poverty and social exclusion can be felt everywhere where people are deprived of the chance to take part in social life.*«[21] A survey of the 105 member churches in 29 countries in the summer of 2008 emphasized social exclusion as the greatest social challenge facing the Protestant churches in Europe.

### A Specifically Protestant Relation of Freedom and Responsibility

The 5th General Assembly of CPCE in Belfast in 2001 affirmed concerning the »*specifically Protestant presuppositions and criteria for ethical decision-making*«[22]: »*The concept of the freedom of the gospel, the relationship of freedom and love as in the doctrine of justification, the concept of the conscience and the formation of a Protestant conscience in accordance with the gospel, together with a Protestant understanding of responsibility, are fundamental here.*«[23] Freedom is »*never without commitment; it is associated with responsibility and love. In the words of Martin Luther, a Christian is on the one hand »a free lord over all things and subject to nobody« and on the other »a ministering servant to all things and subject to everyone.« The same relationship between freedom and responsibility is found in the New Testament. The apostle Paul wrote: »all things are lawful but not all things are beneficial.« The criterion for discernment is the question: what serves the best interests of one's fellow human beings, goodness and peace?*

(http://csc.ceceurope.org/fileadmin/filer/csc/Social_Economic_Issues/Poverty_Report_Final.pdf).

[21] A signal against poverty and social exclusion. CPCE President Thomas Wipf on the EU Year against poverty and social exclusion. CPCE press release from 20. 1. 2010 (http://www.leuenberg.net/sites/default/files/doc-10903-1.pdf).

[22] Final Report of the 5th General Assembly of the Leuenberg Fellowship (see note 4), 2.

[23] Ibid.

*(1 Cor 10:23f.)*.«[24] This relation between freedom and responsibility informs the statements of CPCE in every area of society, be it questions of bioethics, ethics of peace or human rights.

## 5 Ethical Questions as Confessional Questions

In the development of the ethical working field of CPCE the need became apparent to clarify fundamentally the responsibility of Protestant churches in the face of communitarian and social questions. An occasion for this fundamental clarification was the declaration of the General Assembly of the World Alliance of Reformed Churches in Accra in 2004 in which the question of global economic justice was declared to be one of the confession of faith. »*We believe that the integrity of our faith is at stake if we remain silent or refuse to act in the face of the current system of neoliberal economic globalization* … .«[25] This affirmation unleashed a series of questions within CPCE. Is it possible at all to elevate ethical issues to confessional status? What does it mean for a community of churches when some of the churches declare an ethical question to be a matter of confession while other churches take a different position on the issue? Does this not call in question the common understanding of the Gospel which is the foundation of church fellowship in the Leuenberg Agreement?

The 6th General Assembly of CPCE in Budapest (2006) then commissioned the Council to conduct a doctrinal conversation on the »*the specifically Protestant presuppositions and criteria for*

24 »Defending truth, not with force, but with the power of the Word alone.« Statement of the CPCE Executive Committee on the issue of freedom of religion and freedom of expression from 8.4.2006 (in this volume 393ff.).

25 World Alliance of Reformed Churches, Covenanting for Justice in the Economy and the Earth (»Confession of Accra«) 16. http://www.rca.org/ page.aspx?pid=2985.

*the formation of ethical judgments*« in the face of new challenges of social justice.[26] The doctrinal conversation group that was then called into being worked out the fundamental study »Stand Up for Justice« which was accepted by the 7th General Assembly of CPCE in Florence (2012).[27] The study warns the churches against a careless declaration of the confessional issue which would put the unity of the churches at risk. It emphasizes the need for a »processus confessionis« in which differing positions remain in dialogue. At the same time the study firmly maintains that the Protestant churches agree »*that there might be situations when the being of a church as church is at stake and, consequently, when it is not enough for churches to raise their prophetic voice and to care for those in need – in those situations they must take drastic action.*«[28]

## 6 The Contribution of the Protestant Churches for the Future of Europe

In the *Charta Oecumenica* the European churches have committed themselves across confessional boundaries to further the unity of the European continent. »*We are convinced that the spiritual heritage of Christianity constitutes an empowering source of inspiration and enrichment for Europe. On the basis of our Christian faith, we work towards a humane, socially conscious Europe, in which human rights and the basic values of peace, justice, freedom, tolerance, participation and solidarity prevail. We likewise insist on the reverence for life, the value of marriage and the family, the preferential option for the poor, the readiness to forgive, and in all things compassion.*«[29]

---

[26] Freedom is binding. Final Report of the 6th General Assembly (see note 18), 6.

[27] Stand Up for Justice. Ethical Discernment and Social Commitment in the Protestant Churches of Europe (in this volume 179ff.).

[28] Ibid. 229 (with reference to D. Bonhoeffer).

The Protestant churches bring to these common endeavours their own particular closeness to places and people. This includes particular care for minorities and the socially excluded. They bring their critical competence to bear. »*For the Protestant churches it is part of their Reformation competence to criticize institutions which become too far removed from ordinary men and women.*«[30] And not least they bring their Protestant model of a »unity in reconciled diversity«. »*From a history of centuries of repudiation and rejection a community of churches has come into being which has found its way towards reconciliation. The Protestant churches can and want to contribute to the future of Europe with the experiences of this way of reconciliation.*«[31]

---

29 Charta Oecumenica. Guidelines for the growing cooperation among the Churches in Europe. Strasbourg 2001. art. 7 (http://www.ceceurope.org/introduction/charta-oecumenica).

30 Five good wishes for the future of Europe. Statement of the CPCE Presidium from 20 March 2007 (in this volume 322ff.).

31 Ibid.

# Public Theology in Europe

*Heinrich Bedford-Strohm*

## The Relevance of Public Theology for Europe

Europe is being publicly discussed. No-one who has followed the public discussions of recent years can have any doubt about that. There is hardly a news broadcast, hardly a newspaper edition in which Europe does not come up somewhere, often very prominently. And that is also hardly surprising. The themes being discussed at European level concern us all. Whether the European banking crisis – which has become a crisis of national debt – can be solved or not has direct consequences for the citizens in the various countries. They can lose their jobs if we do not succeed in getting the euro crisis under control and so stabilizing the sensitive network of interconnected relations between the European national economies. The answer given to the question whether the European governments should opt for savings programmes or expansive growth strategies has direct impact on the social stability of the countries which have run into the crisis. In view of the imbalance of power within Europe a helpless fury is building up which sometimes discharges itself in hatred. Arrogant remarks by German politicians about »the Greeks« lead to embittered reactions. Reports of Greek demonstration placards showing Angela Merkel with a Hitler moustache, or violent attacks on German government officials, reflect increasing tensions between the peoples of Europe.

Such reports are only the most spectacular expressions of the significance which Europe has come to take on for the everyday politics of its member countries. Further examples could be added more or less indefinitely. Whether it is emission credits, changing sources of energy, ecological reorientation of agriculture, the question of a fairer world trade strategy, how to deal with refugees or the social and political consequences of deregulation in Europe: all these issues have – depending on how they are decided – massive effects on the individual citizens of Europe.

Still something else characterizes these themes: they all share dimensions of ethical depth. Behind the often heated material discussions questions lie concealed which cannot only be solved through careful gathering of empirical data and the most reliable possible establishing of facts. The great themes of European politics are not just questions of navigation; they are also questions of orientation. The strategies chosen for world trade also depend on whether we are guided only by our own interests or make a universal ethos of human rights our foundation. How we deal with the debt crises of other European countries also depends on whether or not the needs of the people affected by the crisis there are recognized and drawn in solidarity into our decision-making process. The decision on raising the target for reducing $CO_2$ emissions in Europe to 30% is closely bound up with the question of whether or not our claims to the use of natural resources can be brought into a fair balance with the claims of people in other parts of the world – or of future generations. How we deal with refugees seeking protection in Europe is closely bound up with the question of where we draw the »reasonable limit« of solidarity with people from other continents.

As this makes clear, ethical questions are of central significance for the political debate in Europe. This poses even more sharply the question of where the places for reflection on these ethical issues are. It is obvious that such places are needed, if we take seriously the European claim that it reaches its decisions for the future on the basis of discourse within a democratic civil society. One might see such ethical discourse as rooted in the place where these decisions are reflected upon philosophically on the basis of reason. That is the case in university discourses about philosophy. Yet what radiant energy do these discussions have? One might look to the centres of the major social organizations in Europe like the trade unions or the employers' organizations. And one might indeed find a nameplate on one of the doors there labelled »Ethics Adviser«. But there is a good chance that the door would be in a side wing of the building and not directly beside the director's office.

Much suggests that even in a plural society churches and religious communities are the natural homes for discourse on fundamental ethical orientations. For instance, it is no accident that the Community of Protestant Churches in Europe (CPCE) has commissioned an expert group on ethics with the task of formulating common positions on such publicly debated questions as assisted suicide, human rights or social justice. It is an essential part of the calling of the churches to give an account of the ethical implications of the Christian faith. Here both the individual and social ethical sides come into view. Churches and religious communities are important for the regeneration of the moral ecology of a society because they touch not only head and understanding but also heart and feeling. Ecological reorientations, for instance, do not work according to a master plan aiming to put into effect »from above« something already recognized as right. They rest on changes in thought and feeling which touch people in the depths of their being.

Whether we see nature as a mere »thing« available for the arbitrary exploitation of humans or discern in it the creative Spirit of God, has crucial impact on the way we treat it. That is why real impulses for a change in social culture can be expected from a public theology based in the life of faith of the congregation and reflecting back upon it. Without such an ecological reorientation of social culture, political changes too are doomed to failure.[1] But what is public theology and what are its features?

---

[1] Cf. further on this: H. Bedford-Strohm, Public Theology of Ecology and Civil Society, in: C. Deane Drummond/H. Bedford-Strohm (eds.), Religion and Ecology in the Public Sphere, London 2011, 39-56.

## Six Characteristics of »Public Theology«

The concept of »public theology« was first used in the sense which has now become standard by the Chicago theologian Martin Marty in the early 1970s, and acquired particular weight in the debate around Robert Bellah's reflections on »civil religion«.[2] Later in the USA Ronald Thiemann[3] and Max Stackhouse[4] in particular worked with the idea. In Germany it was also used, alongside Wolfgang Huber[5], by Jürgen Moltmann[6]. The thematic field of public theology was particularly intensively taken up and further developed in the South African context.[7] But it has also received increasing attention in other rapidly transforming societies such as Brazil.[8] In the meantime much suggests that the paradigm of public theology promises to acquire central significance for international discourse, especially between the

---

2 Cf. here Martin E. Marty, Two Kinds of Civil Religion, in: Richey, Russell E.; Jones, Donald G. (eds.), American Civil Religion, New York 1974, 139–157.

3 Ronald F. Thiemann, Constructing a Public Theology. The Church in a Pluralistic Culture, Louisville Ky 1991.

4 Max L. Stackhouse, Public Theology and Political Economy. Christian Stewardship in Modern Society, Grand Rapids 1987.

5 Wolfgang Huber, Vorwort, in: Bruce C. Birch, Larry L. Rasmussen, Bibel und Ethik im christlichen Leben. (Öffentliche Theologie, 1), Gütersloh 1993, 9–12.

6 Cf. Jürgen Moltmann, Gott im Projekt der modernen Welt. Beiträge zur öffentlichen Relevanz der Theologie. Gütersloh 1997.

7 Cf. on this especially Dirk J. Smit, Essays in Public Theology, Stellenbosch 2007, und John de Gruchy, From Political to Public Theologies. The Role of Theology in Public Life in South Africa, in: W. F. Storrar/A. R. Morton (eds.), Public Theology for the 21st Century. Essays in Honour of Duncan Forrester, T&T Clark, London/New York 2004, 45–62.

8 Cf. on this: Christine Lienemann-Perrin and Wolfgang Lienemann (eds.), Kirche und Öffentlichkeit in Transformationsgesellschaften, Stuttgart 2006. On the Brazilian context cf. Rudolf von Sinner, Churches and Democracy in Brazil. Towards a Public Theology Focused on Citizenship, Wipf & Stock, Eugene/Oregon 2012.

countries of the South and the North. What makes up the profile of public theology is the subject of an international debate. In my view such a profile can be outlined by reference to six characteristics.

Public theology wants to give answers which the public can also understand. It can therefore neither be formulated purely in the language of internal theological rhetoric nor, when it addresses the modern situation, can it simply repeat whatever the secular discussion brings up. Instead, public theology must combine clear *theological profile* (1) with a language which is comprehensible for the public – and so for secular discussion. »*Bilingualism*« (2), that is, the ability to employ and cultivate biblical-theological language and the language of secular reason, thus also belongs to the core of public theology. Additionally, and quite decisively, public theology is *interdisciplinary* (3): it needs dialogue with economics, political science, sociology, natural science and other disciplines if it hopes to contribute significantly to the public debate. In interdisciplinary debate it is not required that public theologians always know everything: such a demand would be hopelessly impossible to meet. Being able to ask the right questions on the basis of ethical reflection can already be seen as a major contribution to the working-out of answers.

Public theology does however certainly make the claim, above and beyond its distanced fundamental criticism of social circumstances, to give a direction for politics which can actually make politics possible. We may therefore certainly speak of a dimension of »*political counselling*« (4), however little theology or church themselves can develop the corresponding concepts, let alone propagate them politically. Liberation theology could thematize the Exodus into the Promised Land without having to describe that Promised Land precisely. Today in many places the liberation theologians are themselves bearers of political responsibility; in South Africa, for instance, those who once struggled against Apartheid now are in the responsible and difficult situation that they themselves hold power and have to shape it. That changes the theological question. How, for instance, is the option for the poor to be exercised with theological responsibility from a position of power? The element of political counsel is anchored in the need to give answers to such questions. By including this element public theology can prove itself as liberation theology for democratic societies.[9]

At the same time public theology also includes *prophetic criticism* (5). If the element of political counselling is too one-sidedly emphasized, a significant element of biblical theology gets lost: the critical resistance so impressively represented in the prophetic tradition. Not every criticism must at once advance alternative solutions. With the sharpness of its words it may initially only have the goal of provoking rethinking. But it does not elevate this prophetic element to a principle. It does not deny the legitimacy of all power but points the way to the discrimination of spirits in the exercise of power as elsewhere. Prophetic criticism too must have the aim of reaching viable solutions.[10] So prophetic criticism and political counselling do not stand in contradiction to each other, but need each other in order neither to dissolve into the given nor to ignore it.

Finally the special international quality of the discourse of public theology is no accidental dimension of this developing theological paradigm. Rather it brings to light a characteristic that marks this theology: its ecumenical orientation. In various parts of the world public theologies have developed whose contextuality is a defining feature. This contextuality does not contradict universality but is necessarily bound up with *intercontextuality* (6). The moment of universality arising from such intercontextuality takes account of the fact that the contextuality

---

[9] Cf. Heinrich Bedford-Strohm, Vorrang für die Armen. Öffentliche Theologie als Befreiungstheologie für eine demokratische Gesellschaft, in: F. Nüssel (ed.), Theologische Ethik der Gegenwart. Ein Überblick über zentrale Ansätze und Themen, Tübingen 2009, 167–182.

[10] On this Heinrich Bedford-Strohm, »Prophetic Witness and Public Discourse in European Societies«, in: Heinrich Bedford-Strohm/Etienne de Villiers (eds.), Prophetic Witness. An Appropriate Mode of Public Discourse? Lit-Verlag, Berlin 2011.

necessary to recognize and take account of the respective situation remains related to the horizon of the »one faith, one baptism, one God« (Eph 4:5).[11]

## The Churches in European Civil Society

The churches and other religious communities have central significance for the future of Europe. No other comparable major organizations are so deeply rooted in their respective local contexts yet at the same time as naturally active together across the regions as the churches are. As engaged actors in a European civil society, the churches are called on precisely in regard to those issues of European politics which are becoming ever more important for the lives of individuals. This engagement will demonstrate why a strong public role of religion represents a necessary resource for living, even – indeed particularly – in a state that is neutral in regard to world-views.

[11] Cf. further on this: Heinrich Bedford-Strohm/Florian Höhne/Tobias Reitmeier (eds.), Contextuality and Intercontextuality in Public Theology, Lit Verlag, Berlin 2013.

# Texte
# Documents

# 1 Tretet ein für Gerechtigkeit

## Ethische Urteilsbildung und soziales Engagement der evangelischen Kirchen in Europa

*Endgültige Fassung 2012*

### Beschlüsse der 7. Vollversammlung der GEKE in Florenz, 20.–26. 9. 2012:

1. Die Vollversammlung nimmt die Studie »Tretet ein für Gerechtigkeit« entgegen und dankt der Studiengruppe für die Erarbeitung.
2. Die Vollversammlung begrüßt die breite Diskussion des Dokuments in den Mitgliedskirchen und dankt für die differenzierten Stellungnahmen, deren Auswertung Eingang in die Schlussfassung gefunden hat.
3. Die Vollversammlung betrachtet das Dokument als einen wegweisenden Beitrag für den Prozess der Reflexion, Kommentierung und Behandlung sozialethischer Fragen und empfiehlt es den Mitgliedskirchen als eine Bekräftigung von LK 11: »Die Christen … erkennen, daß Gottes fordernder und gebender Wille die ganze Welt umfaßt. Sie treten ein für irdische Gerechtigkeit und Frieden zwischen den einzelnen Menschen und unter den Völkern.«
4. Die Vollversammlung empfiehlt dem Rat, ein frei zugängliches digitales Archiv einzurichten, um sozialethische Stellungnahmen der Mitgliedskirchen verfügbar zu machen.

# Inhalt

# 1 Einleitung: Die Studie

In der Vergangenheit beschäftigten sich die Lehrgespräche der Gemeinschaft Evangelischer Kirchen in Europa (GEKE) – Leuenberger Kirchengemeinschaft – mit Fragestellungen, die sich aus den unterschiedlichen konfessionellen Bekenntnissen ergeben sowie mit dogmatischen Themen. Ursprünglich spielten ethische Fragestellungen eine untergeordnete Rolle in der Geschichte der Leuenberger Kirchengemeinschaft. Jedoch erklären die Unterzeichnerkirchen in der Leuenberger Konkordie (LK) 11, dass sie anerkennen, »daß Gottes fordernder und gebender Wille die ganze Welt umfaßt. Sie treten ein für irdische Gerechtigkeit und Frieden zwischen den einzelnen Menschen und unter den Völkern. Dies macht es notwendig, daß sie mit anderen Menschen nach vernünftigen, sachgemäßen Kriterien suchen und sich an ihrer Anwendung beteiligen. Sie tun dies im Vertrauen darauf, daß Gott die Welt erhält, und in Verantwortung vor seinem Gericht.« Die Leuenberger Konkordie verpflichtet die Unterzeichnerkirchen auch, »eine möglichst große Gemeinsamkeit in Zeugnis und Dienst an der Welt [zu] erstreben« (LK 29). Nach LK 36 umfasst die Verwirklichung der Kirchengemeinschaft, die Verkündigung der Kirchen in der Welt glaubhafter zu machen: »*Die Verkündigung der Kirchen gewinnt in der Welt an Glaubwürdigkeit, wenn sie das Evangelium in Einmütigkeit bezeugen. Das Evangelium befreit und verbindet die Kirchen zum gemeinsamen Dienst. Als Dienst der Liebe gilt er dem Menschen mit seinen Nöten und sucht deren Ursachen zu beheben. Die Bemühung um Gerechtigkeit und Frieden in der Welt verlangt von den Kirchen zunehmend die Übernahme gemeinsamer Verantwortung.*« LK 39 nennt bereits explizit das Thema »Kirche und Gesellschaft« und »Probleme […], die sich im Hinblick auf Zeugnis und Dienst, Ordnung und Praxis neu ergeben« als Themenfelder, welche weiterer Studien bedürfen und »die in und zwischen den beteiligten Kirchen bestehen, ohne als kirchentrennend zu gelten«

Die GEKE griff auf ihrer 5. Vollversammlung in Belfast (2001) die Prinzipien der Leuenberger Konkordie zum gemeinsamen

Zeugnis und Dienst an der Welt auf und setzte sich selbst das Ziel, »*profilierter und zeitnaher als bisher in aktuellen wichtigen Fragen der Politik, der Gesellschaft und der Ökumene ein deutliches evangelisches Zeugnis abzulegen …*«[1]. Die Versammlung beschloss, dass »in theologischen Lehrgesprächen die spezifisch evangelischen Voraussetzungen und Kriterien ethischer Urteilsbildung herausgearbeitet werden, die es im ökumenischen Gespräch und in der europäischen Öffentlichkeit deutlicher zu vertreten gilt. Grundlegend sind der Begriff evangelischer Freiheit, die Zuordnung von Freiheit und Liebe im Sinne der Rechtfertigungslehre, der Begriff des Gewissens und die evangelische Gewissensbildung sowie ein evangelisches Verständnis von Verantwortung.«[2]

In der GEKE wurden gegenwärtige soziale und wirtschaftliche Fragen diskutiert, als in den letzten Jahren eine Reihe von Kirchen wie auch konfessionelle Weltbünde und ökumenische Zusammenschlüsse grundlegende Stellungnahmen zu sozialen Fragen, z. B. zu wirtschaftlichen Fragestellungen und Globalisierung, erarbeitet haben. Innerhalb der GEKE führte dies zur Frage nach den Konsequenzen solcher Stellungnahmen für die Kirchengemeinschaft nach der Leuenberger Konkordie: Wo liegen die Möglichkeiten, Notwendigkeiten und Grenzen des evangelischen Urteilsvermögens in ethischen Fragen? Was bedeutet es für die einzelnen Unterzeichnerkirchen und ihre Beziehungen zueinander, wenn sozialethische Fragen zum Gegenstand der kirchlichen Lehre oder der Bekenntnisbildung gemacht werden? Wie steht es mit der gegenseitigen Anerkennung von Bekenntnissen? In welchen Bereichen muss es bindende Verpflichtungen innerhalb der GEKE geben und in welchen Bereichen sind Unterschiede akzeptabel? Die vorliegende Studie möchte

---

1 Abschlussbericht der 5. Vollversammlung der Leuenberger Kirchengemeinschaft, In: *Versöhnte Verschiedenheit – der Auftrag der evangelischen Kirchen in Europa, Texte der 5. Vollversammlung der Leuenberger Kirchengemeinschaft in Belfast, 19.–25. Juni 2001.*, hg. v. W. Hüffmeier u. C. Müller, Frankfurt a. M 2003, 386.

2 Ibid.

zu dieser Diskussion beitragen, indem sie die theologischen Grundlagen ethischer Urteilsfindung in den GEKE-Mitgliedskirchen im Zusammenhang aktueller sozialer Herausforderungen exemplarisch aufzeigt. Die Studie basiert vornehmlich auf Studien und Dokumenten evangelischer Kirchen und Institutionen. Sie anerkennt und berücksichtigt aber eine beachtliche Anzahl an Stellungnahmen, die von ökumenischen Institutionen erarbeitet wurden. Eine Auswahlbibliographie ökumenischer Stellungnahmen zu sozialen Fragen kann in Appendix 1 gefunden werden.

Die Studiengruppe ist bei ihrer Arbeit deduktiv vorgegangen und hat aus den vorliegenden Dokumenten deren gesellschaftspolitische, theologische und ethische Argumentationsstrukturen herausgearbeitet. Als Grenzfall, der die Kirchengemeinschaft in Frage stellen kann, kommt der Rolle des *status confessionis* im Zusammenhang ethischer Urteilsfindung hier eine besondere Bedeutung zu. Das Themenfeld sozialer Herausforderungen wurde dabei mit Blick auf die Empfehlung der 6. Vollversammlung in Budapest (2006) herausgegriffen, die dem Rat empfahl, *»nach geeigneten Wegen zur Bearbeitung des Themas ›Die evangelischen Kirchen vor neuen Herausforderungen sozialer Gerechtigkeit‹ zu suchen«.*[3] Diese Empfehlung aufnehmend war es der Studiengruppe ein Anliegen, auf Grundlage der Analyse Empfehlungen zu formulieren, die den Mitgliedskirchen mit Blick auf zukünftige Stellungnahmen hilfreich sein können. Auf diese Weise trägt die Studie zur künftigen Arbeit der Kirchen in der Gesellschaft bei.

Evangelische Kirchen haben eine lange und reiche Tradition der Soziallehre, die zurück zu den ersten evangelischen Kirchenordnungen reicht, die schon detaillierte Bestimmungen zu

---

[3] Freiheit verbindet. Schlussbericht der 6. Vollversammlung der GEKE in Budapest 2006, in: *Gemeinschaft gestalten – Evangelisches Profil in Europa. Texte der 6. Vollversammlung der Gemeinschaft Evangelischer Kirchen in Europa – Leuenberger Kirchengemeinschaft – in Budapest, 12.–18. September 2006*, hg. v. W. Hüffmeier u. M. Friedrich, Frankfurt a. M. 2007, 308.

wirtschaftlichen und sozialen Fragen enthielten.[4] Im 19. Jahrhundert reagierten die evangelischen Kirchen auf die sozialen Herausforderungen der Industrialisierung mit der Erweiterung ihrer diakonischen Arbeit. Für die Gründer der neuen diakonischen Organisationen bedeutete die soziale Gestaltung der Gesellschaft »die Teilnahme am Reich Gottes«[5]. Als eine Reaktion auf die wachsende Ungerechtigkeit in der Gesellschaft wurde 1908 das erste methodistische Sozialbekenntnis geschrieben, das »gleiche Rechte und völlige Gerechtigkeit für alle Menschen in allen Stadien ihres Lebens« fordert.[6] Diese Tradition aufnehmend hat die Studiengruppe eine »Soziale (Selbst-)Verpflichtung« entwickelt. Mit ihrem dezidiert liturgischen Charakter ist sie auch für den gottesdienstlichen Gebrauch in den Gemeinden der GEKE-Mitgliedskirchen gedacht.

In diesem Kontext muss auf die »Krise« bei der Formulierung endgültiger ethischer Urteile hingewiesen werden. Angesichts der zunehmenden Anzahl von Grenzfragen in verschiedenen Bereichen (wirtschaftliche Ungerechtigkeit, Medizin, usw.) findet sich die evangelische Ethik auf einem Markt, auf dem verschiedene Lösungen angeboten werden. Was ist hier die spezifische Aufgabe der evangelischen Kirchen: Die Formulierung von ethischen Theorien? Theologische Reflexion? Praktische Lebenshilfe? Gesellschaftskritisches Handeln? Auf diesem Hintergrund werden alte Fragen erneut gestellt: Gibt es eine spezifische evangelische Ethik? Wenn ja, was sind ihre charakteristischen Kennzeichen im Vergleich zu anderen ethischen Konzepten mit oder ohne religiöse Begründung oder im Vergleich zu verschiedenen Auffassungen philosophischer Ethik?

---

4 Vgl. Gottfried Seebaß, Die evangelischen Kirchenordnungen und ihre Bedeutung für das neuzeitlich-europäische Staatsverständnis, Vortrag Brüssel 9. 11. 2006.

5 Vgl. Johann Hinrich Wichern, Denkschrift über die Innere Mission (1849), in: Sämtliche Werke Bd. 1, hg. v. P. Meinhold, Berlin 1962, 179 ff.

6 Methodistisches Soziales Bekenntnis 1908. http://www.emk-kircheundgesellschaft.ch/uploads/media/sozialesbekenntnis1908_deutsch_englisch.pdf.

Vornehmliches Ziel dieser Studie ist nicht eine Stellungnahme zu Fragen der Materialethik zu verfassen, sondern die Grundstrukturen der Positionen der evangelischen Kirchen in Europa zu sozialethischen Fragen zu untersuchen. Aus dem zweifachen Auftrag an die Studiengruppe – Herausarbeitung von Kriterien ethischer Urteilsbildung und Suche nach geeigneten Wegen zur Bearbeitung des Themas »*Die evangelischen Kirchen vor neuen Herausforderungen sozialer Gerechtigkeit*« – ergibt sich diesbezüglich jedoch eine gewisse Spannung, die sich im Dokument niederschlägt.

In dieser Studie wurden zuerst ungefähr 80 Stellungnahmen unter formalen Gesichtspunkten analysiert, dann wurden diese Stellungnahmen mit Blick auf ihren sozio-politischen, theologischen und ethischen Inhalt untersucht. Um hierbei ein für die GEKE-Mitgliedskirchen möglichst repräsentatives Bild entwerfen zu können, hat die Geschäftsstelle der GEKE 2007 alle Mitgliedskirchen gebeten, der Studiengruppe zu diesem Zweck eine Auswahl maßgeblicher Studien und Stellungnahmen zur Verfügung zu stellen.[7]

Die Studie soll die Mitgliedskirchen der GEKE ermutigen, die Verpflichtung der Leuenberger Konkordie zu verwirklichen:

»*Das Evangelium befreit und verbindet die Kirchen zum gemeinsamen Dienst. Als Dienst der Liebe gilt er dem Menschen mit seinen Nöten und sucht deren Ursachen zu beheben. Die Bemühung um Gerechtigkeit und Frieden in der Welt verlangt von den Kirchen zunehmend die Übernahme gemeinsamer Verantwortung.*« (LK 36)

---

[7] Die Liste der für diese Studie ausgewerteten Dokumente findet sich in Appendix 1.

# 2 Bestandsaufnahme der Stellungnahmen der evangelischen Kirchen in Europa zu sozialen Fragen

Die analysierten Dokumente konzentrieren sich auf sozialethische Stellungnahmen und befassen sich mit verschiedenen Themen wie Globalisierung, Armut und soziale Ausgrenzung, Erwerbstätigkeit, soziale Dienste, demographischer Wandel, Familienpolitik und Migration, mit denen die Kirchen sehr unterschiedlich umgehen.[8]

Zusammenfassend lässt sich sagen, dass die Stellungnahmen der evangelischen Kirchen zu ethischen Fragen so unterschiedlich sind wie die ethischen Fragen, die in unseren Gesellschaften angesprochen werden und so vielfältig wie die evangelischen Kirchen, die über Jahrhunderte entstanden sind. Diese Unterschiede sind bereits auf den ersten Blick ersichtlich: In vielen Fällen hängt die Gestalt der Stellungnahmen von den unterschiedlichen Gruppen der Autoren und Herausgeber sowie von den unterschiedlichen Adressatenkreisen ab. Die

---

[8] Die Analyse dieser Studie gründet auf einem weitgefassten Verständnis von sozialen Themen und berücksichtigt die Ergebnisse einer Online Umfrage, welche die GEKE zwischen Januar und Juli 2008 organisierte. Dieses weitgefasste Verständnis zeigt sich in Kapitel 3.2. Obwohl Gerechtigkeit und Frieden eng verbunden sind (Psalm 85,11), stützt sich diese Studie nicht auf kirchliche Stellungnahmen zu Frieden und Versöhnung, da sich die GEKE mit diesen Themen bereits beschäftigte. Vgl. »Rechtmäßig Kriege führen?- CA 16 und unsere Verantwortung für den Frieden«, in: Evangelische Texte zur ethischen Urteilsfindung. Im Auftrag des Exekutivausschusses für die Leuenberger Kirchengemeinschaft hg. v. W. Hüffmeier, Leuenberger Texte 3, Frankfurt am Main 1997, 57–69, und »Neue Erwägungen zum Begriff »Rechtmäßig Kriege führen«. Stellungnahme des Präsidiums der Gemeinschaft Evangelischer Kirchen in Europa (GEKE) zum Thema Aufrechterhaltung des Friedens, menschliche Sicherheit und Anwendung von bewaffneter Gewalt«, 21.08.2006 (In diesem Band 355ff.).

Stellungnahmen stammen sowohl von der obersten Ebene der organisierten Kirche als auch von lokalen oder regionalen kirchlichen Institutionen, welche die lokale oder regionale Erfahrung der Gemeinden widerspiegeln. Es bestehen Unterschiede im Hinblick auf die Gattungen der Texte (Studie, Presseerklärung, Erklärung einer Synode, Bekenntnisse usw.) und im Hinblick auf die Funktionen, welche die Stellungnahmen erfüllen sollen. Obwohl dies auf den ersten Blick nur formale Aspekte sind, so haben diese doch auch eine Auswirkung auf die Rezeption der Dokumente. Daher ist es angebracht, einige dieser Einsichten hervorzuheben, bevor inhaltliche Fragen behandelt werden.

## 2.1 Wer spricht im Namen der Kirchen?

In Bezug auf die kirchlichen Institutionen, die Stellungnahmen zu ethischen Fragen herausgeben, können drei wesentliche Bereiche bestimmt werden, die für den Rahmen von Bedeutung sind: Dokumente, die von Personen oder Institutionen erstellt wurden, die auf nationaler Ebene eine führende Rolle in der Kirche innehaben; Dokumente, die von kirchlichen Institutionen erstellt wurden, die auf regionaler oder internationaler[9] Ebene arbeiten; Dokumente, die von Expertengruppen erstellt wurden, die eine spezifische Beratungsfunktion haben[10].

---

[9] Dies ist eine typische Besonderheit der Evangelisch-Methodistischen Kirche (United Methodist Church). Die meisten ihrer ethischen Texte sind nicht speziell für den europäischen Kontext verfasst, sondern durch und für eine weltweite Kirche formuliert. Sie werden alle vier Jahre durch die Generalkonferenz der EMK verbindlich für die ganze Kirche festgelegt.

[10] Vgl. Evangelische Kirche in Deutschland (EKD), Das rechte Wort zur rechten Zeit. Eine Denkschrift des Rates der Evangelischen Kirche in Deutschland zum Öffentlichkeitsauftrag der Kirche, 2008, 25 ff.

*Dokumente von Personen oder Institutionen in führender Position*
Synoden oder kollektive Führungsstrukturen (z. B. der Schweizerische Evangelische Kirchenbund) haben die Möglichkeit, in ihren Entscheidungsprozessen die umfassenderen Bedürfnisse der Kirchen zu berücksichtigen. Im Allgemeinen erarbeiten sie Dokumente, die sich auf ein bestimmtes Thema beziehen.[11] Bischöfe bzw. Personen in Leitungsfunktionen, die von ihren Kirchen beauftragt sind, in ihrem Namen zu sprechen, haben die Möglichkeit, schneller auf Entwicklungen in der Gesellschaft zu reagieren, indem sie öffentliche Stellungnahmen abgeben oder Dokumente, die aktuelle Themen betreffen, herausgeben.[12]

*Dokumente auf regionaler oder lokaler Ebene*
Viele Dokumente zu ethischen Themen wurden auf lokaler Ebene von Gemeinden, regionalen Kirchenkonferenzen oder anderen lokalen Institutionen verfasst; dies heißt nicht notwendigerweise, dass sie keine allgemeinen Themen ansprechen. Manche dieser Dokumente befassen sich mit Themen, die in der Synode der jeweiligen Kirche diskutiert werden oder die über eine bestimmte geographische Gegend hinaus von Interesse sind.[13] Andere Dokumente wiederum sind den Problemen, denen die Kirchen vor Ort begegnen, gewidmet.[14]

---

[11] Vgl. zum Beispiel die Stellungnahme des Synodalrats der Evangelischen Kirche der Böhmischen Brüder zur Globalisierung, 2004; Beschluss der 10. Synode der Evangelischen Kirche in Deutschland auf ihrer 5. Tagung zum Schwerpunktthema »Gerechtigkeit erhöht ein Volk. Armut muss bekämpft werden – Reichtum verpflichtet«, 2006; Erklärung der Waldensischen und Methodistischen Synode, Die Kirchen und Globalisierung, 2001; Stellungnahme des Schweizerischen Evangelischen Kirchenbundes, Globalance – Christliche Perspektiven für eine menschengerechte Globalisierung, 2005.

[12] Vgl. Evangelisch-Lutherische Kirche in Ungarn, Bishops' circular on entry into the EU, Budapest 2003.

[13] Vgl. zum Beispiel K. Eberl und J. Sannig (Hrsg.), Das Soziale neu denken? Der Paradigmenwechsel in der Sozialpolitik und die sozialethische Verantwortung der Kirche. Symposiums-Bericht, Jülich 2005.

*Dokumente von Kommissionen oder Institutionen mit beratender Funktion*

Die Kirchen ziehen in ihren Erörterungen oder Betrachtungen oft Beiträge von Expertengruppen oder bestimmten Institutionen heran. Diese Beiträge können zu Stellungnahmen führen, die von den Kirchen anerkannt werden. Sie stellen nicht notwendigerweise die einzige Sichtweise der Kirche dar, bieten jedoch eine mögliche Interpretation des jeweiligen Themas. Darüber hinaus können diese Beiträge einen Anfangspunkt für die weitere Betrachtung dieses Themas durch eine Synode oder einen kirchlichen Rat darstellen. Diese Art der Dokumente beinhaltet Texte von Expertengremien[15], Forschungseinrichtungen, die eine Verbindung zur Kirche haben[16], Akademien und Fakultäten bzw. Instituten an Universitäten, besonders von theologischen Fakultäten[17].

Dieser eher schematische Überblick soll nicht den Eindruck vermitteln, als hätten die erwähnten Ebenen keinen Bezug zueinander. Die Arbeitsgruppen, die diese Dokumente erarbeitet haben, setzen sich vielmehr aus Menschen aus verschiedenen Ebenen der Kirche, aus verschiedenen Bereichen der Gesellschaft mit unterschiedlichen Erfahrungen und Beteiligung an

---

[14] Vgl. zum Beispiel den Aufruf der Evangelischen Kirche der Böhmischen Brüder an den Prager Stadtrat hinsichtlich des Wohnheims für Asylbewerber in Prag: http://www.e-cirkev.cz.

[15] Vgl. zum Beispiel die Denkschrift des Rates der Evangelischen Kirche in Deutschland, Gerechte Teilhabe. Befähigung zu Eigenverantwortung und Solidarität. Eine Denkschrift des Rates der EKD zur Armut in Deutschland, Hannover 2006, oder die Stellungnahme »Die Globalisierung in Italien« (2002) der Kommission zu Globalisierung und Umwelt der Föderation evangelischer Kirchen in Italien.

[16] Zum Beispiel das Sozialwissenschaftliche Institut der Evangelischen Kirche in Deutschland oder das Lebens- und Friedensinstitut in Uppsala.

[17] Vgl. das Projekt »Gesellschaft, Religion und Technologie« der Kirche von Schottland.
http://www.churchofscotland.org.uk/speak_out/science_and_technology/articles/society_religion_and_technology_project.

den in den jeweiligen Stellungnahmen erwähnten Themen zusammen. Dieser partizipative Ansatz spiegelt eine besondere Art der Urteilsfindung wider. Die Reichweite einer Stellungnahme und sogar das Maß der Verbindlichkeit, mit der sie herausgegeben oder aufgenommen wird, verändern sich je nachdem, auf welcher Ebene die jeweilige Stellungnahme herausgegeben wird.

## 2.2 Gestalt und Funktion der Stellungnahmen

Im Blick auf die *Form* der Dokumente kann im Allgemeinen gesagt werden, dass es von dem behandelten Thema abhängt, wie lange und wie konkret das jeweilige Dokument ist. Manche konzentrieren sich auf grundlegende Fragen des ethischen und sozialen Urteilsvermögens.[18] Diese Dokumente enthalten allgemeine ethische Ansätze der Kirchen, die anhand biblischer Richtlinien oder theologischer Argumente entwickelt wurden. Andere diskutieren konkrete Probleme[19]. In diesem Fall kann auch der Rahmen sehr unterschiedlich aussehen. Manche Kirchen sehen soziale Probleme aus einer spezifisch europäischen Sichtweise.[20] Manche Kirchen beschäftigen sich mit sehr speziellen Themen, die lokal begrenzt sind und die entweder aus ihrer eigenen Region oder aus einer anderen Weltregion stammen.[21] Dies wiederum beeinflusst die Art und Weise, in der

---

18 Schweizerischer Evangelischer Kirchenbund, Grundwerte aus evangelischer Sicht, Bern 2007.

19 Vgl. z. B. die Texte der Ev.-Luther. Kirche Ungarns.

20 Vgl. die Stellungnahme der drei Konsistorien der evangelischen Kirchen in Polen zur Europäischen Integration, Warschau 2004.

21 Vgl. zum Beispiel Evangelische Kirche im Rheinland, Ökonomische, soziale und kulturelle Rechte in West-Papua. Eine Studie zur sozialen Realität und politischen Perspektiven, Düsseldorf 2005 oder die Stellungnahme der Synode der Evangelisch-reformierten Kirche von Polen, Aufruf an die polnischen Behörden angesichts des Genozides in Darfur, Warschau 2007.

sich die Stellungnahmen der Kirchen auf ihre Schwesterkirchen in und außerhalb Europas beziehen.

Aufgrund der modernen Kommunikationsmöglichkeiten müssen sich die Kirchen einer neuen und wichtigen Herausforderung stellen: Sie müssen nicht nur interessante Dokumente erarbeiten, sondern auch sicherstellen, dass diese Dokumente möglichst weit verbreitet werden.[22]

Dies ist der Grund, weshalb die Kirchen mehr und mehr versuchen, sich moderner Medien zu bedienen und mit den neuesten Mitteln zu kommunizieren. Ethische Themen haben auch hier besondere Aufmerksamkeit gefunden: Sie werden in Artikeln in kirchlichen Zeitungen oder theologischen Rundschauen diskutiert, sie werden auf den Internetseiten der Kirchen oder kirchlicher Organisationen veröffentlicht und sie stehen im Zentrum kirchlicher Aktionen.[23] Während viele Stellungnahmen das Ergebnis einer langfristigen Planung, Überlegung und eines Konsultationsprozesses sind, müssen Kirchen manchmal auch in andauernde politische Prozesse eingreifen und schnell auf aktuelle Diskussionen reagieren.[24] Darüber hinaus gibt es intensive ökumenische Zusammenarbeit bei ethischen Themen, die mit neuen sozialen Herausforderungen zu tun haben; daher versuchen ökumenische Organisationen, ihren Blickwinkel auf diese Fragen in gemeinsamen Dokumenten darzustellen.[25]

---

[22] Vgl. Evangelische Kirche in Deutschland, Das rechte Wort zur rechten Zeit, 2008, 49 ff.

[23] Vgl. Kammer für Arbeit und Wirtschaft in der Evangelisch-Lutherischen Kirche in Thüringen, Arbeitsfreier Sonntag, Handzettel, Erfurt (keine Jahreszahl).

[24] Vgl. Brief der GEKE an die Mitgliedskirchen am 5. Juni 2007 über die »Anliegen der europäischen Kirchen im Blick auf die Gestaltung Europas«; Presseerklärung des Reformierten Bundes in Deutschland am 9. Juni 2007.

[25] Vgl. als ein Beispiel auf nationaler Ebene: Ökumenischer Rat der Kirchen in Österreich (ÖRKÖ), Sozialwort, Wien 2003 (2006) oder die Stellungnahme des Slowakischen Ökumenischen Rates, World Day on Diminution of Poverty, Bratislava (keine Jahreszahl). Vgl. auf europäi-

Die meisten Stellungnahmen sehen ihr Ziel darin, die gemeinsame Urteilsbildung der Gläubigen zu unterstützen. Der Charakter mancher Stellungnahmen ist bindender als der Charakter anderer Stellungnahmen. Der Reformierte Weltbund formulierte auf seiner Vollversammlung in Accra (2004) ein »Bekenntnis des Glaubens (*confession of faith*) angesichts wirtschaftlicher Ungerechtigkeit und ökologischer Zerstörung«.[26] Dieses stellte fest, »dass die Integrität unseres Glaubens auf dem Spiel steht, wenn wir uns gegenüber dem heute geltenden System der neoliberalen wirtschaftlichen Globalisierung ausschweigen oder untätig verhalten.«[27] Zwischen den Mitgliedskirchen der GEKE führte dies zu einer kontroversen Debatte darüber, wie bindend die ethische Urteilsbildung der Kirchen ist. Dies spiegelt sich in der theologischen Analyse der Stellungnahmen wider.

Ein anderer Aspekt, der die Funktion der Dokumente widerspiegelt und beeinflusst, ist das evangelische Selbstverständnis in Bezug auf die Gesellschaft. Auch wenn dieses Thema nicht immer explizit angesprochen wird, so zeigen die analysierten Dokumente dennoch ein bestimmtes Verhältnis von Kirche und Gesellschaft. Die meisten Dokumente sehen die Kirchen als Teil der Gesellschaft. Diese Art und Weise der Identifikation erlaubt es den Kirchen, als gleichberechtigte Partner mit anderen Interessensvertretern in der Gesellschaft zu interagieren und konstruktiv mit ihnen zusammenzuarbeiten, um die Gesellschaft zu verbessern. In diesem Fall sehen die Kirchen ihre Rolle darin, als Handelnde aktiv die Gesellschaft mitzugestalten und nicht nur den Politikern und Ökonomen, sondern auch ihren eigenen kirchlichen Institutionen und Gemeinden Rat zu geben.[28] Nur

---

scher Ebene die Stellungnahme der Kommission für Kirche und Gesellschaft der Konferenz Europäischer Kirchen, Europäische Kirchen leben ihren Glauben im Kontext der Globalisierung, Brüssel 2006.

[26] Reformierter Weltbund, 24. Generalversammlung, Accra, Ghana, 30. Juli – 13. August 2004, Bund für wirtschaftliche und ökologische Gerechtigkeit (Accra Erklärung), »Bekenntnis von Accra«.

[27] Ibid., Art. 16.

wenige betrachten sich selbst als eine Gemeinschaft, die abseits bzw. der Gesellschaft gegenüber steht. Letzteres kann hilfreich sein, um die Probleme und Herausforderungen der Gesellschaft zu analysieren, kann aber auch die Vorstellung einer »Kirche über oder gegen die Gesellschaft« fördern. In diesem Fall denken die Kirchen nicht so sehr über ihre eigene Rolle und Verantwortung in den sozialen Konflikten nach, sondern stellen sich mehr als Berater der sozialen Entscheidungsträger und einflussreichen Institutionen dar.

## 2.3 Zusammenfassung

Da Vielfältigkeit immer ein Identitätskennzeichen des Protestantismus in Europa gewesen ist, sollte die große Vielfalt der Dokumente, die von den Mitgliedskirchen der GEKE zur ethischen und sozialen Urteilsbildung herausgegeben wurden, nicht überraschen. Diese Vielfältigkeit bezieht sich nicht nur auf die in den Dokumenten behandelten Themen, sondern auch auf die Institutionen oder Personen, welche die Dokumente herausgeben (Verfasserschaft), sowie auf die unterschiedlichen Adressatenkreise, welche die Dokumente ansprechen und auf die unterschiedliche Art und Weise der Veröffentlichung. Trotzdem zeigt die Analyse der Dokumente einen beträchtlichen gemeinsamen Nenner. Die Dokumente haben eine reflexive Ausrichtung. Sie beziehen sich auf die soziale Situation und auf die gegenwärtigen Diskussionen in der Gesellschaft. Die Kirchen als Herausgeber der Stellungnahmen sehen sich selbst als einen wesentlichen Teil der Gesellschaft an und versuchen so viel wie möglich zu tun, um die Gesellschaft zu Gunsten aller zu verbessern. Die Absicht fast aller analysierten Dokumente ist, Einzelpersonen und Gemeinschaften zu befähigen, Stellung zu bezie-

[28] Vgl. zum Beispiel Evangelische Kirche im Rheinland, »Wirtschaften für das Leben«. Stellungnahme zur wirtschaftlichen Globalisierung und ihren Herausforderungen für die Kirchen, 2008, 72ff. zu Dialog, Diskussion und Kooperation.

hen, indem sie im Prozess ihrer ethischen Urteilsbildung unterstützt werden.

Zuletzt ist zu konstatieren, dass konfessionelle Unterschiede in den Argumentationsmustern und Begründungen der Dokumente nicht festzustellen waren. Es gibt sehr selten Verweise auf die konfessionelle Tradition, zum Beispiel zu zentralen Texten aus der Reformationszeit. Für die Positionierung der evangelischen Kirchen zu ethischen Fragen ist offensichtlich der jeweilige kulturelle und gesellschaftliche Kontext entscheidender als die eigene konfessionelle Herkunft.

# 3 Gesellschaftspolitische Analyse der Stellungnahmen

## 3.1 Einleitung

Heute wird der Begriff »Europa« vor allem mit der EU und wirtschaftlicher Zusammenarbeit verbunden. Aber Europa ist mehr als die EU und nicht nur eine Wirtschaftsgemeinschaft. Aufgrund besonderer geschichtlicher Erfahrungen sowie kultureller, nationaler und religiöser Einflüsse bringen die verschiedenen Staaten in Europa eine Vielfalt von Perspektiven in den geographischen Raum ein, den wir heute Europa nennen. Einige geschichtliche Ereignisse bringen uns zusammen, jedoch erinnern sich nicht alle Völker an diese auf die gleiche Art und Weise. Nach dem Zweiten Weltkrieg wurde die europäische Integration in Westeuropa von der Notwendigkeit der Versöhnung und der Notwendigkeit, die Wunden des Krieges zu heilen und ein friedliches Europa zu bauen, angetrieben. Der zunächst westeuropäische Integrationsprozess setzte dabei vor allem auf wirtschaftliche Integration. Über den Auf- und Ausbau eines gemeinsamen Marktes wurde das Zusammenwachsen Europas gestaltet. In Osteuropa waren die Menschen durch den Eisernen Vorhang vom Westen getrennt; sie lebten bedroht durch die Unterdrückung totalitärer Regime in einer Zeit der Bedrängnis. Gleichzeitig haben Menschen inmitten dieser Situation geistigen Austausch, Verständigungsbemühungen über die Grenzen hinweg, Solidaritäts- und relative Freiheitserfahrungen erlebt.

Seit dem Fall des Eisernen Vorhangs vollzieht sich in den europäischen Gesellschaften ein tiefgreifender Wandlungsprozess.[29] Die Kirchen sehen dies als Einfluss weltweiter Entwick-

---

[29] Einige von ihnen wurden in dem Lehrgespräch der GEKE, Gestalt und Gestaltung protestantischer Kirchen in einem sich verändernden Europa (Kap. 3), und in der Studie der Regionalgruppe Südosteuropa, Kirche gestalten, Zukunft gewinnen – Gestalt und Gestaltung evangeli-

lungen.[30] Natürlich gibt es innerhalb wie auch zwischen den europäischen Gesellschaften eine große Vielfalt. Die Analyse der Studien zeigt, wie sehr die europäischen Länder und Kirchen immer noch durch die frühere Teilung in West und Ost und durch ihre unterschiedlichen Erfahrungen, die zu verschiedenen politischen Kulturen in der heutigen Zeit führen, beeinflusst sind.[31] Europäer und Europäerinnen müssen die verschiedenen Erinnerungen und Wahrnehmungen immer noch miteinander in Beziehung bringen und versöhnen sowie versuchen, eine Grundlage für eine weite europäische Tradition, die Seite an Seite mit nationalen, regionalen und lokalen Traditionen leben kann, zu entwickeln. In diesem Prozess der europäischen Integration spielen die Kirchen weiterhin eine wichtige Rolle.

Auf der Grundlage der für dieses Lehrgespräch erfassten Dokumente werden fünf soziale Themen, mit denen sich die Kirchen befassen, vorgestellt. Diese Themen sind: wirtschaftliche Globalisierung, Armut und soziale Ausgrenzung, Bildung, Migration und Integration sowie ökologische Gerechtigkeit. Dabei wird in vielen Dokumenten betont, dass diese Themen und ihre gegenwärtigen Krisenerscheinungen sich gegenseitig bedingen bzw. miteinander verwoben sind. Auch wird herausgestellt, dass Gewalt und kriegerische Auseinandersetzungen, die ein eigenes Thema darstellen, nur vor dem Hintergrund der Entwicklungen in diesen Themenfeldern angemessen zu verstehen sind.

---

scher Kirchen in einem sich verändernden Europa (Kap. 1) beschrieben (vgl. *Gemeinschaft gestalten – Evangelisches Profil in Europa. Texte der 6. Vollversammlung der Gemeinschaft Evangelischer Kirchen in Europa – Leuenberger Kirchengemeinschaft – in Budapest, 12.–18. September 2006*, hg. v. W. Hüffmeier u. M. Friedrich, Frankfurt a. M. 2007, 61–67 u. 86–101).

30 Vgl. ›Wieder Kirche in aller Öffentlichkeit‹, Bericht über das Treffen der Südosteuropagruppe der GEKE in Gallneukirchen, 11.–14. Mai 2009.

31 Vergleiche die verschiedenen Themen, von denen die Stellungnahmen handeln.

Darüber hinaus wird der strukturelle Zusammenhang von Kultur, Religion und Politik untersucht, um eine Einschätzung des Kontextes, in dem sich die Kirchen befinden und zu dem sie sprechen, vorzunehmen. Eine derartige Einschätzung ist wichtig, um die Rolle, welche die Kirchen im heutigen und zukünftigen Europa spielen können, vollständig zu verstehen.

Um diesen Studienprozess so gut wie möglich mit den täglichen sozialen Herausforderungen der Menschen in Europa zu verbinden, wurde auf der Internetseite der GEKE eine Umfrage darüber durchgeführt, was die Menschen als die größte soziale Herausforderung ansehen. Diese Umfrage fand von Februar bis Juli 2008 statt.[32] Eine zusätzliche Umfrage wurde unter den Teilnehmerinnen und Teilnehmern des Deutschen Evangelischen Kirchentags in Bremen im Frühjahr 2009 durchgeführt.[33]

---

32 106 Personen nahmen an der Umfrage »Was sind die dringendsten sozialen Herausforderungen in Europa?« teil. Sie konnten entweder aus 11 Herausforderungen, die kurz beschrieben wurden, auswählen oder eine andere Herausforderung in einem leeren Feld nennen. Zusätzlich zu dieser Wahl konnten die Teilnehmerinnen und Teilnehmer ihre persönlichen Kommentare zu der Umfrage geben. Die Herausforderungen, welche die meisten Stimmen erhielten, waren die Folgenden: Die soziale Ausgrenzung durch die größer werdende Lücke zwischen Arm und Reich (24%); die Werteindividualisierung, die zu mehr Einzelpersonenhaushalten, zu weniger Kindern und zu mehr allein lebenden Senioren führt (16%); die Integration von Migranten, das Fehlen eines interkulturellen Dialogs und das Problem der Xenophobie (11%); die Effekte der wirtschaftlichen Globalisierung, zum Beispiel die Verlagerung von Produktionsstätten aus Europa heraus (8%); die sozialen Auswirkungen der Umweltproblematik, z. B. der Klimawandel oder die steigenden Energiekosten (8%). Die Herausforderungen, die zu den 11 genannten Themen, aus denen zu wählen war, hinzugefügt wurden, waren zum Beispiel: unangemessene Ausbildung, Abwanderung hochqualifizierter Arbeitskräfte, Massenauswanderung und Mangel an Möglichkeiten.

33 Auf dem Kirchentag drückten 62% der 72 Teilnehmerinnen und Teilnehmer der Umfrage ihre Überzeugung aus, dass die soziale Ausgrenzung durch die größer werdende Lücke zwischen Arm und Reich eine Herausforderung ist, die einer Antwort auch durch die Kirchen be-

Diese Umfragen stellen natürlich keine Erhebungen dar, die repräsentative Erkenntnisse, die auf einer großen Auswahl von Menschen aus unterschiedlichen Zielgruppen beruhen, aufweisen können. Sie zeigen jedoch, dass denen, die an dieser Umfrage teilgenommen haben, Europas soziale Situation ein wichtiges Anliegen ist. Zudem zeigen die Umfragen, dass die Themen, die in den sozialen Stellungnahmen der evangelischen Kirchen in Europa behandelt werden (s. Kap. 2) mit den Themen, die in den Umfragen am häufigsten genannt wurden, weitgehend übereinstimmen. Dies heißt, dass die evangelischen Kirchen in Europa, indem sie sich genau mit den Themen beschäftigen, die den Menschen am meisten Sorgen bereiten, nahe an den Anliegen der Menschen sind.[34] Es sollte aber auch ein Kommentar von einem der Teilnehmenden ernst genommen werden, in dem dieser Themen von äußerster Brisanz vermisste, die in Osteuropa wichtig sind, wie z. B. die Abwanderung hochqualifizierter Arbeitskräfte, die Massenauswanderung und einen allgemeinen Mangel an Möglichkeiten.

Schließlich verdeutlichen die Ergebnisse der Umfrage, dass die Aufgabe dieses Lehrgesprächs, sich mit »neuen Herausfor-

---

darf. Mit 39% der Stimmen – Mehrfachnennungen waren möglich – folgten die Integration von Migranten, das Fehlen eines interkulturellen Dialoges und das Problem der Xenophobie. Mit jeweils 27% wurde die Gewaltzunahme in der Öffentlichkeit ebenso genannt wie die sozialen Auswirkungen der Umweltproblematik, darunter die steigenden Energiekosten. 25% führten den wachsenden Bedarf an Betreuung und Pflege alter Menschen in einer alternden Gesellschaft an. Weiter folgten die Werteindividualisierung mit mehr Einzelhaushalten, weniger Kindern und mehr allein lebenden Senioren (19%), der demographische Wandel (18%), das Fortdauern der Massenarbeitslosigkeit und die Effekte der wirtschaftlichen Globalisierung (jeweils 14%) sowie die wachsenden Kosten des Sozialversicherungssystems (13%). Vgl. CPCE Focus 6/2009, 6.

[34] Vgl. den Konsultationsprozess der EU zur sozialen Realität Europas. http://ec.europa.eu/citizens_agenda/social_reality_stocktaking/index_en.htm.

derungen sozialer Gerechtigkeit« zu befassen[35], in Bezug auf die Bedeutung des Wortes »neu« nicht ganz klar ist. Es ist nicht so, dass die Themen, die in der Umfrage am häufigsten genannt wurden, nur »neue« Herausforderungen darstellen. Es sieht so aus, als bliebe die Art der Probleme und Konflikte dieselbe. Diese haben mit der Verteilung von sozialer Unterstützung und öffentlichen Gütern, der Teilhabe an der Gesellschaft und Demokratie und den kulturellen Fragen unserer Gesellschaften zu tun. Zur gleichen Zeit aber, in der sich Europa aufgrund der sozialen, wirtschaftlichen und kulturellen Globalisierung verändert, erkennen wir, dass wir auf eine neue Art und Weise miteinander in Beziehung stehen und voneinander abhängig geworden sind. Die Handlungsfelder, die früher nach Nation, Klasse, Religion oder anderen trennenden Faktoren aufgeteilt waren, prägen nun einen gemeinsamen Lebensbereich. Im Laufe einiger Jahrzehnte haben sich die Vorzeichen für die charakteristischen Merkmale des traditionellen Nationalstaates radikal verändert und politische Führung, Wirtschaft und Rechtssprechung überqueren Staatsgrenzen. Die Komplexität der Themen und die Ebene des Konfliktmanagements haben sich vergrößert. Daher kann gesagt werden, dass sich die Erwartungen an Politiker und Politikerinnen und zivilgesellschaftliche Organisationen, zur Lösung dieser Probleme beizutragen, grundsätzlich verändert haben, obwohl viele der Probleme in Europa dieselben geblieben sind.

Dies scheint auch im Blick auf die aktuelle Wirtschafts- und Finanzkrise der Fall zu sein, die erst begann, als die Studiengruppe dabei war, ihre Arbeit zu beenden. In einem offenen Brief an die Präsidenten der Institutionen der EU vom Mai 2009 drückten Vertreter und Vertreterinnen der europäischen Kirchen ihre Sorge aus, dass »die Krise viel tiefer reicht, als die

---

[35] So formulierte und beschloss die Vollversammlung der GEKE in Budapest 2006: »Die Vollversammlung empfiehlt dem Rat, nach geeigneten Wegen zur Bearbeitung des Themas ›Die evangelischen Kirchen vor neuen Herausforderungen sozialer Gerechtigkeit‹ zu suchen« (Hüffmeier [Hrsg.], Gemeinschaft, 308).

Analyse der Institutionen der EU dies bisher aufgezeigt hat. Die Krise stellt einige der Grundlagen infrage, die die Wirtschaftspolitik der EU in den letzten Jahrzehnten bestimmt haben, wie Deregulierung, den Vorrang ökonomischer Kriterien in allen Lebensbereichen sowie eine Überbetonung von Profit und Wachstum. Die gegenwärtige Krise ist weitgehend eine Krise des Vertrauens gegenüber den finanziellen und politischen Institutionen und gegenüber dem System, das diese Krise hervorgerufen hat.«[36] Wenn diese Analyse stimmt, wirft die Wirtschaftskrise keine neuen Fragen auf, sondern verschärft die bestehenden Fragen an die Anwendung von Regeln des Marktes in allen Bereichen des Lebens um Zugang und Teilnahme an der Gesellschaft, Gerechtigkeit und den Kampf gegen Armut und soziale Ausgrenzung. Sie fordert heraus, wieder verstärkt und eindeutiger nach der Lebensdienlichkeit eines sach- und menschengerechten Wirtschaftens[37] zu fragen.

Die Krise zeigt auch, dass Antworten nicht mehr allein auf nationaler Ebene gefunden werden können. Sie zeigt die heutige Bedeutung der Kooperation und Solidarität zwischen Staaten und Menschen. Sie verweist schließlich aber auch auf den für die europäischen Staaten und Gesellschaften grundlegenden demokratischen Impetus, in Alternativen zu denken und um sie zu streiten.

---

[36] Die Wirtschaftskrise ist ein Ruf nach grundlegendem Wandel. Offener Brief an die Präsidenten der EU Institutionen, Brüssel, 6. Mai 2009. http://assembly.ceceurope.org/uploads/media/Open_letter_to_the_Presidents_of_the_EU_insti.pdf.

[37] In Anlehnung an Arthur Richs *Wirtschaftsethik. Grundlagen in theologischer Perspektive*, Gütersloh 1984.

## 3.2 Beschreibung des Kontexts: Soziale Schlüsselfragen im heutigen Europa

### 3.2.1 Wirtschaftliche Globalisierung

Einige Dokumente nehmen auf die wirtschaftliche Globalisierung Bezug.[38] Die gegenwärtige wirtschaftliche Globalisierung ist ein globaler Umwandlungsprozess. Dieser führte zu Wirtschaftswachstum und Reichtum für manche Leute und manche Regionen, aber das Gefälle zwischen Arm und Reich hat sich vergrößert und hat Leiden und Elend für viele andere gebracht. Europa ist ein Kontinent, in dem viele Länder Wohlstand und Reichtum erfahren haben, aber sie haben auch miterlebt, wie ein System des freien Marktes, das ohne wirksame und demokratische Mechanismen zur Gewährleistung von sozialen und ökologischen Zielen funktioniert, große Ungerechtigkeit und Unsicherheit hervorruft. Eine der Folgen der Globalisierung für Europa ist, dass während der letzten zwei Jahrzehnte Produktionsstandorte in andere Teile der Welt verlagert wurden. Dies führte dazu, dass viele Europäerinnen und Europäer nach neuen Arbeitsstellen suchen mussten oder langzeitarbeitslos wurden. Eine andere Folge ist die Vermarktung von Wissen und der Aufbau regionaler Ballungszentren, welche die Verstärkung des Gegensatzes zwischen Ballungsgebieten und dem ländlichen Raum innerhalb der europäischen Länder vergrößerten: Wenn Menschen wegen ihrer Arbeitsstelle in regionale Ballungszentren umziehen, führt dies wiederum zu Problemen für die wirtschaftliche und soziale Entwicklung in den Randgebieten.

Der globale Charakter der Herausforderungen der ökonomischen Globalisierung macht es notwendig, über Europa hinaus zu schauen. In einigen Teilen der Welt hat sich die Lebens-

[38] Vgl. zum Beispiel Norwegische Kirche, The Church and Economic Globalisation, 2007; Evangelische Kirche von Westfalen, Globalisierung – es geht auch anders, 2003; Waldensische und Methodistische Synode, The Churches and Globalisation, 2001; Schweizerischer Evangelischer Kirchenbund, Globalance, 2005; Reformierte Kirche Frankreichs, L' Eglise Réformée et la mondialisation, 2005.

situation der Menschen dramatisch verschlechtert. In vielen Regionen der Welt sind die Menschen weiterhin mit einer andauernden Wirtschaftskrise, mit dem Zusammenbrechen der politischen Ordnung und der Gefahr durch Gewalt, Krieg und Umweltzerstörung konfrontiert. Besonders unsere Schwesterkirchen aus dem Süden erinnern uns daran, unsere Augen nicht vor Armut und Ungerechtigkeit zu verschließen.[39]

Einige europäische Länder und Kirchen sind mitschuldig an der politischen und wirtschaftlichen Entwicklung, die auf der beträchtlichen Ausbeutung von Menschen und Bodenschätzen im Süden gründete.[40] Die gegenwärtige weltwirtschaftliche Ordnung muss in Beziehung zu den schwerwiegenden Vergehen, die über hunderte von Jahren gegen Völker und Einwohner des Südens im Namen Gottes, der Aufklärung und des Fortschritts ausgeübt wurden, gesehen werden. Die politische Befreiung der Länder des Südens wurde dadurch eingeschränkt, dass die ungleiche wirtschaftliche Verteilung und die Abhängigkeit zwischen dem Norden und dem Süden in großem Maße aufrechterhalten wurden. Durch Zinsen auf Kredite, die Schaffung von Steuerparadiesen, die Ausbeutung von Rohstoffen, billige Arbeitskräfte usw. fließt das Kapital immer noch vom Süden in den Norden.[41] Die Geldströme, die in Form von Entwicklungs- und Katastrophenhilfe zurückfließen, helfen kaum, den schlimmsten Schaden, der durch diese Ungerechtigkeit verursacht wird, zu beheben.[42]

---

[39] Lateinamerikanischer Rat der Kirchen (CLAI), Buscando Salidas, Caminando Hacia Adelante. Pronunciamento Público de las Iglesias E Evangélicas de Americalatina y el Caribe, Juni 2003.
Message to the churches by CLAI, Faith, Economy and Society Program Advisory Group, 21. Januar 2002. Vgl. den Vortrag von Silfredo Dalferth, Lutherische Kirche Brasiliens, auf der Konsultation der Studiengruppe in Bad Godesberg im März 2008.

[40] Vgl. Norwegische Kirche, General Synod issue 2007: Economic globalisation as a challenge to churches, 1.

[41] Vgl. Norwegische Kirche, The Church and economic globalisation, 2007, 21.

### 3.2.2 Armut und soziale Ausgrenzung[43]

Obwohl die europäischen Länder an der Spitze der Liste der reichsten Länder der Welt stehen, leben ungefähr 18% der Einwohner Europas in Armut und verdienen weniger als 2$ pro Tag. 5% sind von Lebensmittelknappheit betroffen.[44] Es besteht ein Gefälle zwischen Reichen und Armen und die Ungleichheit innerhalb der europäischen Gesellschaften wird größer. Die Europäische Kommission hat Armut folgendermaßen definiert: »Menschen leben in Armut, wenn ihr Einkommen und ihre Ressourcen so unzureichend sind, dass diese sie davon ausschließen, einen Lebensstandard zu haben, der in der Gesellschaft, in der sie leben, als akzeptabel angesehen wird.«[45] Aufgrund ihrer Armut können sie zahlreiche Nachteile durch Arbeitslosigkeit, niedriges Einkommen, schlechte Unterkunft, unzulängliche medizinische Versorgung und Hürden zu lebenslangem Lernen, Kultur, Sport und Erholung erfahren. Die ansteigenden Kosten des Krankenversicherungssystems verur-

---

[42] Vgl. Evangelische Kirche im Rheinland, Wirtschaften für das Leben, 2008, 25ff.

[43] Vgl. zum Beispiel EKD, Gerechte Teilhabe, 2006; den Jahresbericht des Rates für Kirche und Gesellschaft der Kirche von Schottland, 2008; Evangelisch-Lutherische Kirche Finnlands, Towards the common good, 1999; Churches together in Britain and Ireland, Prosperity and Purpose. www.evl.fi/english/towardscg.htm;
Antwort der Kommission für Kirche und Gesellschaft der Konferenz Europäischer Kirchen und der Kommission der Kirchen für Migranten in Europa auf die Konsultation der Europäischen Kommission zu »Modernising social protection for greater social justice and economic cohesion: taking forward the active inclusion of people furthest from the labour market (COM (2007) 620)«.

[44] Die Ernährungs- und Landwirtschaftsorganisation der Vereinten Nationen (FAO) (2004). http://in.rediff.com/news/2004/may/06euro.htm.

[45] Europäische Kommission, Gemeinsamer Bericht über Sozialschutz und soziale Eingliederung, Luxemburg 2008, 8f. http://ec.europa.eu/social/main.jsp?langId=en&catId=750.

sachen eine ungleiche Behandlung von reichen und armen Patientinnen und Patienten.

Arme werden oft an den Rand gedrängt und von der Teilnahme an (wirtschaftlichen, sozialen und kulturellen) Aktivitäten, die für andere Menschen die Norm darstellen, ausgegrenzt und sie haben nur einen eingeschränkten Zugang zu Grundrechten.[46] Dies kann als strukturelle Armut bezeichnet werden. Armut betrifft besonders und unverhältnismäßig Kinder, junge Menschen und ihre Eltern.[47] Materielle Armut ist besonders für junge Menschen, die mit mehreren Nachteilen wie biographischen Risiken (zum Beispiel niedere Bildungsebene, berufliche Positionen und Arbeitslosigkeit) konfrontiert sind, mit einem Gefühl der Unsicherheit und Perspektivlosigkeit verbunden.[48]

Die anhaltend hohe Arbeitslosenrate stellt eine weitere wesentliche Herausforderung an das Funktionieren der Sozialsysteme in vielen europäischen Ländern dar.[49] Diese ist nicht nur einer der Hauptgründe für Armut und soziale Ausgrenzung, sondern bietet auch einen fruchtbaren Boden für Extremismus und Intoleranz in der Gesellschaft.

Der demographische Wandel führt zu alternden Gesellschaften und zu einer angespannten finanziellen Lage der Sozialversicherungssysteme. Diese Entwicklung hat es in den letzten Jahren notwendig gemacht, dass in einer älter werdenden Gesellschaft älteren Menschen mehr Aufmerksamkeit geschenkt wird, um besser für sie zu sorgen. Allerdings führte diese Entwicklung gegenläufig ebenso zu gekürzten Renten und vergrößerter Armut unter älteren Menschen. Armut, Arbeitslosigkeit

---

[46] Vgl. zum Beispiel, Faithful Cities. A call for celebration, vision and justice. The report from the Commission on Urban Life and Faith, Methodist Publishing House, Peterborough 2006, Kapitel 4.

[47] Vgl. Europäische Kommission, Sozialschutz, 35.

[48] Arbeitsgemeinschaft der Evangelischen Jugend in Deutschland e. V., Mitgliederversammlung, Beschluss 1/2004. Gerechtigkeit schaffen: Kindern und Jugendlichen die Zukunft sichern!

[49] Vgl. Britische Methodistenkirche, Let Your Light Shine, 6–8.

und die Ungleichheiten zwischen Reich und Arm haben oft soziale Ausgrenzung zur Folge. Soziale Ausgrenzung ist ein Prozess, in dem bestimmte Einzelpersonen an den Rand der Gesellschaft gedrängt werden und aufgrund ihrer Armut, dem Mangel an grundlegenden Fähigkeiten und an Möglichkeiten des lebenslangen Lernens oder als eine Folge von Diskriminierung, daran gehindert werden, voll am Leben der Gesellschaft teilzunehmen.

Dies rückt Beruf, Einkommen und Bildungschancen sowie soziale Netzwerke und Aktivitäten in einer Gemeinschaft aus ihrer Reichweite. Sie haben kaum Zugang zu einflussreichen Institutionen, die Entscheidungen fällen und fühlen sich daher oft machtlos und unfähig, die Entscheidungsgewalt über Entscheidungen, die ihr alltägliches Leben beeinflussen, zu übernehmen.

### 3.2.3 Bildung

Bildung[50] ist in Europa eine soziale Frage, die mit dem Problem der sozialen Ausgrenzung eng verbunden ist. Bildung ist zudem wichtig, um die Identitätskrise, die viele Menschen in einer globalisierten Welt erfahren, zu meistern. Der Zugang zu Bildung ist eine der wichtigsten Voraussetzungen für eine gerechte Teilhabe an den europäischen Gesellschaften. Die neuen Herausforderungen in der heutigen und zukünftigen Berufswelt in Europa machen lebenslanges Lernen notwendig, um die Lebensmöglichkeiten in hohem Maße nutzen zu können. Dies bedeutet nicht, dass die Wettbewerbsfähigkeit auf dem Arbeitsmarkt der erste oder wichtigste Aspekt des Lernens und des Zugangs zu Bildung ist, sondern eher, dass das Individuum als ein Mensch mit einer eigenen Persönlichkeit im Mittelpunkt der Bildungs-

[50] Vgl. zum Beispiel Comenius Institut, Europäisierung und Citizenship; »Religion gehört zum schulischen Bildungsauftrag.« Der Präsident der Gemeinschaft Evangelischer Kirchen in Europa (GEKE), Pfarrer Dr. Thomas Wipf, unterstützte im Europarat das aktive Einbeziehen der Religion in öffentlichen Schulen, Straßburg/Bern, 9. April 2008.

bemühungen stehen muss. Daher ist die Förderung von ganzheitlicher Bildung und nicht nur schulischer Bildung eine bedeutende soziale Herausforderung im heutigen Europa.

Jedoch ist der Zugang zu Bildung weder innerhalb der einzelnen europäischen Gesellschaften noch zwischen den europäischen Gesellschaften gleichmäßig verteilt. Alle relevanten Studien über die europäischen Bildungssysteme zeigen große Unterschiede hinsichtlich des Bildungsgrads junger Menschen in verschiedenen europäischen Ländern sowie sehr problematische Unterschiede in der Qualität der Bildungssysteme in Europa auf.[51] Dies hat zwei alarmierende Tendenzen zur Folge: Erstens erwerben Kinder aus armen Familien seltener eine weiterführende Bildung. Soziale Nachteile werden aufrechterhalten und Menschen sind in dem Teufelskreis von Armut und Mangel an Bildung gefangen. Zweitens schränken die Unterschiede zwischen den Bildungssystemen in verschiedenen europäischen Ländern die Bewegungsfreiheit und die Möglichkeit, die Ausbildung in anderen Ländern weiterzuführen, ein. Diese Tendenzen schließen Angehörige aller Altersgruppen davon aus, ihre Möglichkeiten zu verwirklichen und voll am gesellschaftlichen Leben teilzunehmen. Da Bildungseinrichtungen Orte sind, an denen sich Menschen aus vielen verschiedenen Kulturen treffen, ist es wichtig, dass interkultureller Dialog einen integralen Bestandteil der Lehrpläne und des Unterrichts bildet.

Im Bereich der schulischen Bildung ist die Qualität der Bildung ein wesentliches Problem. Oft fehlt in den Lehrplänen ein pädagogischer Schwerpunkt auf sozialen Fähigkeiten. Dies hat Folgen für die persönliche wie berufliche Entwicklung, in der diese eine zunehmende Bedeutung erlangt haben. Oft liegt der Schwerpunkt auf dem Lernen von Fakten. Dies liefert nicht die notwendigen Kommunikationskenntnisse für die heutigen Wissensgesellschaften.

In vielen europäischen Ländern sind die evangelischen Kirchen mit einem Mangel an Religionsunterricht in den offiziellen

---

51 Vgl. die Pisa Studien der OECD.

schulischen Lehrplänen konfrontiert. Evangelische Kirchen machen geltend, dass es für sie sehr wichtig ist, dass Religionsunterricht Teil des Lehrplans ist, nicht nur, um Kindern genügend Wissen über Glauben und Religion zu vermitteln, sondern auch, weil die Bildung einer christlichen Identität wichtig ist, um anderen Menschen mit einem anderen Glauben zu begegnen.[52] Dies befördert zudem die Beachtung der Religionsfreiheit.

Jedoch lernen Menschen aller Generationen, besonders junge Menschen und Kinder, nicht nur in der Schule, sondern auch in den Kirchen. Die außerschulische Bildung von Kindern und jungen Menschen wird von den evangelischen Kirchen, kirchlichen Jugendgruppen und Jugendverbänden, die diese mit sehr wichtigen, für das Leben in einer Gesellschaft notwendigen sozialen Fähigkeiten ausrüsten, wahrgenommen. Evangelische Kinder- und Jugendarbeit hilft und sollte eigenständig helfen, soziale Nachteile auszugleichen und jungen Menschen aus bildungsfernen Schichten angemessene Möglichkeiten zur Bildung bieten. Zudem ist es wichtig, dass die Kirchen für die Bildung der Menschen im Bereich des interreligiösen Dialogs sorgen, so dass sie die Menschen befähigen, sich am interreligiösen Dialog zu beteiligen, um eine Gesellschaft zu schaffen, die stärker zusammenhält und inklusiver ist.[53]

### 3.2.4 Migration und Integration[54]

Die Integration von Migrantinnen und Migranten in die Gesellschaft, die Notwendigkeit des hilfreichen interkulturellen Dialogs und der Kampf gegen Fremdenhass stellen weitere Heraus-

---

[52] Vgl. Beitrag der GEKE zum Konsultationsprozess »Weißbuch zum interkulturellen Dialog« des Europarates. Stellungnahme des Präsidiums der GEKE. Wien, 30 May 2007. und: Interkultureller Dialog: Nicht ohne die Religionen. Der Rat der Gemeinschaft Evangelischer Kirchen in Europa (GEKE) begrüßt das jüngst vom Europarat angenommene »Weißbuch über interkulturellen Dialog«. Paris, 1 June 2008.

[53] Ibid.

[54] Vgl. zum Beispiel die Stellungnahme der drei Konsistorien der evangelischen Kirchen in Polen, Asylum seekers from Kosovo, 1999; Kom-

forderungen dar, die von den Kirchen ermittelt wurden. Migration ist keine neue Herausforderung – sie ist ein wesentlicher Teil der Geschichte Europas und eine wichtige Dimension der gegenwärtigen Realität Europas. Europäische Bürger und Bürgerinnen wandern weiterhin aus oder ziehen innerhalb Europas um, während Migranten und Flüchtlinge aus anderen Teilen der Welt nach Europa kommen, um hier ein neues Leben zu beginnen. Innerhalb dieser letzten Gruppe wird zwischen Flüchtlingen und Asylsuchenden, die aufgrund sozialer Notlagen oder politischer Verfolgung nach Europa kommen und der Migration aufgrund von Arbeitsnachfrage unterschieden.

Für die Kirchen in Europa ist die Frage, wie mit den Folgen der Migration in Europa umzugehen ist, ein sehr aktuelles Thema. Viele der evangelischen Kirchen mischen sich in die gesellschaftliche und öffentliche Debatte um eine verantwortliche Migrations- und Integrationspolitik ein und zeigen mit ihrer diakonischen Arbeit, dass sie sich um Migranten und Migrantinnen kümmern. Sie treten gegen verschiedene und oft unterschwellige Diskriminierung und gegen Tendenzen der Absonderung von der Gesellschaft ein.[55] Eine Herausforderung, derer sich die evangelischen Kirchen zunehmend bewusst geworden sind, ist die Frage, wie sie sich zu Migrationsgemeinden verhalten. Einige Beispiele zeigen, wie Kirchen es schaffen, den Austausch zwischen Christen aus verschiedenen Kontinenten zu verstärken und dabei den interkonfessionellen Dialog einzubeziehen und das Bewusstsein für verschiedene religiöse Traditionen zu schärfen.[56]

---

mission der Kirchen für Migranten in Europa (CCME), Churches' assistance vital for refugees, Bratislava 23. März 2007. http://www.ccme.be.

[55] GEKE/Konferenz der Kirchen am Rhein, Liebfrauenberg-Erklärung. Konsultation zu den Herausforderungen von Migration und Flucht, 2004 (in diesem Band, 367–381), s. a. die Arbeit der Kommission der Kirchen für Migranten in Europa, CCME, Brüssel.

[56] Vgl. Mission Eine Welt. Zentrum für Partnerschaft, Entwicklung und

Neben der Herausforderung, neue Migrantinnen und Migranten zu integrieren, haben es manche europäischen Gesellschaften bisher nicht geschafft, Minderheiten, wie z. B. die Roma oder andere ethnische Minderheiten in vielen Ländern Osteuropas oder die ursprünglichen Einwohner in Nordeuropa, zu integrieren.[57] In vielen europäischen Ländern haben jahrhundertelang Minderheiten gelebt. Dennoch erschweren Fremdenhass und Vorurteile immer noch das Leben und die Entwicklung vieler Menschen, obwohl sie Einwohner des gleichen Mutterlandes sind und die gleiche Staatsangehörigkeit besitzen.

Rassismus, Fremdenfeindlichkeit und Antisemitismus bedrohen in vielen europäischen Gesellschaften das Zusammenleben und fordern die Kirchen heraus, einen konstruktiven, integrierenden Beitrag zu leisten. Angesichts der Zunahme rechtspopulistischer Parteien und Positionen in Europa stellt diese Bedrohung keine bloße Randerscheinung dar, sondern wird als große Herausforderung an die Kirchen und Gesellschaften in Europa gesehen.[58]

### 3.2.5 Ökologische Gerechtigkeit

Die sozialen Auswirkungen der Umweltprobleme, z. B. der Klimawandel und die steigenden Energiepreise, sollten nicht unterschätzt werden.[59] Der Zusammenhang zwischen Umwelt und

---

Mission der Evangelisch-Lutherischen Kirche in Bayern, und Samen Kerk in Nederland (SKIN). Together Church in the Netherlands, http://csc.ceceurope.org/issues/intercultural/islam-christianity-and-europe/responses-white-paper.

[57] Vgl. Abschlussbotschaft der 3. Europäischen Ökumenischen Versammlung in Sibiu, September 2007, Empfehlung 5.

[58] GEKE zu Europawahl 2009.

[59] Vgl. zum Beispiel Norwegische Kirche, Globalisation, 2007; Föderation evangelischer Kirchen in Italien, Commission on Globalisation and Environment, Economic and Ecological Justice, 1–4; Evangelisch-Lutherische Kirche Finnlands, Towards the Common Good. Statement on the Future of the Welfare Society by the Bishops of the Evangelical Lutheran Church of Finland, 1999.

Armut ist eine Schlüsselfrage.[60] Die Weltkommission für Umwelt und Entwicklung hat nachhaltige Entwicklung als Entwicklung, welche die grundsätzlichen menschlichen Bedürfnisse erfüllt, definiert.[61] Damit zukünftige Generationen jedoch ihre grundsätzlichen Bedürfnisse erfüllen können, ist es notwendig, dass die Menschen heute ihre Eingriffe in die natürliche Umwelt und ihren Verbrauch von nicht erneuerbaren Rohstoffen begrenzen. Deren zunehmender Verbrauch in armen Ländern ist notwendig, wobei zur gleichen Zeit der Verbrauch in den reichen Ländern reduziert werden muss.

Das Klimaproblem ist das größte Umweltproblem der Welt. In einem Brief[62], der am 7. Dezember 2007 an die Präsidenten der Europäischen Institutionen geschickt wurde, stellten drei führende Verantwortliche verschiedener europäischer Kirchen fest: »Aufgrund des verfügbaren wissenschaftlichen Erkenntnisstandes sollten alle Länder sich gemeinsam dazu verpflichten, die Emissionen weltweit bis zum Jahr 2050 mindestens um 80 Prozent zu senken.« Die europäischen Länder sind unter den Ländern mit dem größten $CO_2$-Ausstoß – der Ursache des Klimawandels. Da die Länder, die derzeit den geringsten Ausstoß von klimaschädlichen Gasen haben, diejenigen sind, die am stärksten vom Klimawandel betroffen sein werden, stellt der Klimawandel ein ethisches Problem dar. In dem oben genannten Brief fordern die führenden Verantwortlichen der Kirchen, dass »alle Regierungen die notwendigen Schritte unternehmen, um das Vertrauen in der internationalen Gemeinschaft wieder herzustellen, das zwischen den Ländern des Nordens und des

---

60 Vgl. Evangelische Kirche im Rheinland, Wirtschaften für das Leben, 2008, 61–64, s. a. die Arbeit des Europäischen Kirchlichen Umweltnetzwerkes (ECEN) der Kommission für Kirche und Gesellschaft der KEK.

61 Brundtland-Bericht. Bericht der Weltkommission für Umwelt und Entwicklung, Our Common Future, 1987.

62 Dieser Brief wurde vom Erzbischof von Canterbury, Rowan Williams, vom Erzbischof der Kirche von Schweden, Anders Wejryd und vom Vorsitzenden des Rates der EKD, Bischof Wolfgang Huber verfasst. http://www.ekd.de/presse/pm264_2007_brief_klimaschutz.html.

Südens derzeit geschwunden ist« und dass »die Regierungen ein neues Verständnis des Begriffs der Gerechtigkeit entwickeln [müssen], einen Begriff, der über ihre eigenen nationalen Interessen hinausgeht und Klima als ein globales öffentliches Gut in den Blick nimmt.« Es scheint eindeutig zu sein, dass die europäischen Länder eine größere Verantwortung haben, das Klimaproblem zu lösen als die meisten anderen Länder der Welt.[63]

### 3.2.6 Werte, Einstellungen und Verhaltensmuster in der Gesellschaft

Viele Kirchen weisen auf einen Paradigmenwechsel in den europäischen Gesellschaften hin: Die tiefgreifende Veränderung der Grundwerte, Einstellungen und Verhaltensmuster der Einzelnen und unserer Gesellschaft.[64] Die Auswirkungen der modernen Gesellschaften wurden als eine letztlich unbefriedigende »Tretmühle des Glücks« beschrieben, die für diejenigen, die den Konsumrausch nicht durchhalten können, eine Ursache für Belastungen zu sein scheint, die das Problem des Selbstwertgefühls und Gefühle des persönlichen Versagens verschärft. Risiken und Entwicklungen, die als Risiken wahrgenommen werden, beeinflussen das Wohl der Einzelnen in der Gesellschaft sehr und setzen Männer und Frauen unter Druck.

In dieser Zeit, in der die Länder der Europäischen Union und der Europäische Rat sich in einem politischen Prozess befinden, in dem die Wertegrundlage der europäischen Integration über-

---

[63] Vgl. Keine Finanzspekulationen mit Grundnahrungsmitteln. Wien, 5. Mai 2008. http://www.leuenberg.eu/daten/File/Upload/doc-7947-1.pdf.

[64] Vgl. die Antwort der Kommission für Kirche und Gesellschaft der Konferenz Europäischer Kirchen, der Kommission der Kirchen für Migranten in Europa und Eurodiaconia auf das Konsultationspapier des Bureau of European Policy Advisers zu »Europe's Social Reality« und die Kommunikation »Towards a new social vision«. http://csc.ceceurope.org/fileadmin/filer/csc/Social_Economic_Issues/CSC_CCMEresponseEuropesSocialReality.pdf.

dacht wird – am deutlichsten[65] in der Debatte um die Verfassung der EU und im interkulturellen Dialog des Europarates – haben die Kirchen den Auftrag, bei der positiven Gestaltung dieser Grundlagen mit ihren christlichen Werten mitzuarbeiten. Mit den Worten des Präsidenten der Europäischen Kommission José Manuel Barroso: »Die Kirchengemeinschaften können und sollen zu einem besseren Verständnis zwischen den Menschen durch die Förderung der gegenseitigen Achtung innerhalb unserer gemeinsamen Grundwerte beitragen.«[66] Einer der Wege, wie die Kirchen hierzu beitragen, besteht darin, dass sie Widerstand gegen die Konsumkultur leisten und stattdessen eine andere Kultur, die einen einfacheren und nachhaltigeren Lebensstil betont, fördern.[67]

## 3.3 Evangelische Kirchen in der Öffentlichkeit

Die Kirchen betonen, dass sie einen Beitrag in den europäischen Gesellschaften und in Europa leisten wollen, damit die beschriebenen Herausforderungen gemeistert werden können. Es ist daher sinnvoll, auch zu fragen, wie die Kirchen in Staat und Gesellschaft verankert sind und welchen Stellenwert ihre Überzeugungen im heutigen Europa haben.

---

[65] GEKE Stellungnahme: 5 Glückwünsche für die Zukunft Europas, Zum 50. Jahrestag der Römischen Verträge, 2007 http://www.leuenberg.eu/node/1298.

[66] José Manuel Barroso, Die versöhnte Vielfalt in einem vereinten Europa. Ansprache auf der 3. Europäischen Ökumenischen Versammlung in Sibiu, Rumänien, 6. 9. 2007, http://www.eea3.org/documenti/fourth/BarrosoFr.pdf.

[67] Vgl. die Erklärung von Bischof Huber, dem schwedischen Erzbischof Wejryd und Letizia Tomassone, Vizepräsidentin der Föderation Evangelischer Kirchen in Italien, auf dem Treffen mit den Präsidenten der Europäischen Institutionen am 5. Mai 2008.

### 3.3.1 Kirche und Staat

Die Beziehung zwischen Staat und Kirche war in der Geschichte durchweg ein umstrittenes Thema. Es gab immer Menschen, die der Beteiligung der Kirche an politischen Angelegenheiten kritisch bis ablehnend gegenüber standen. Jedoch gibt es heute den zunehmenden Konsens, dass die Kirche die Politik nicht ignorieren kann. Daher besteht die Notwendigkeit, klare Aussagen über die unterschiedlichen Aufgaben, welche der Staat und welche die Kirche haben, zu machen. Die fünfte These der Barmer Theologischen Erklärung (1934) erkennt die Aufgaben des Staates an, der »nach göttlicher Anordnung die Aufgabe hat in der noch nicht erlösten Welt, in der auch die Kirche steht, nach dem Maß menschlicher Einsicht und menschlichen Vermögens unter Androhung und Ausübung von Gewalt für Recht und Frieden zu sorgen«. Aber sie verdeutlicht auch die Grenzen des Staates, indem sie »die falsche Lehre, als solle und könne der Staat über seinen besonderen Auftrag hinaus die einzige und totale Ordnung menschlichen Lebens werden und also auch die Bestimmung der Kirche erfüllen«[68], verwirft.

Diese Abgrenzung und Zuordnung von Staat und Kirche hat sich besonders in Konfliktsituationen zwischen Kirche und Staat als wichtig erwiesen, sei es im Blick auf die Auseinandersetzung mit dem Nationalsozialismus, sei es gegenüber dem totalitären Anspruch des Kommunismus bzw. des real existierenden Sozialismus.

Mit Blick auf die Beziehung zwischen Kirche und Staat gibt es verschiedene Traditionen in den Mitgliedskirchen der GEKE.[69] Zwei Konzepte haben traditionell besondere Bedeutung, die »Zwei-Reiche-Lehre« und die Lehre von der »Königsherr-

---

[68] Die Barmer Theologische Erklärung, 1934.

[69] Eine detaillierte Analyse würde eine enorme differenzierte Vielfalt in den vorhandenen Staat-Kirche-Verhältnissen in Europa aufzeigen, die zudem auch gegenwärtig Veränderungen und Diskussionen unterliegen. So tritt z. B. die Evangelisch-Methodistische Kirche für eine klarere Trenung von Staat und Kirche ein: http://www.emk-kircheundgesellschaft.ch/de/soziale-grundsaetze.html.

schaft Christi«. In dem früheren Lehrgespräch diskutierten die Mitgliedskirchen der GEKE die Bedeutung dieser Konzeptionen für die Bekenntnisbildung in ethischen Fragen. Die Ergebnisse der beiden Konsultationen in Driebergen (1978) und Rastede (1979) wurden wie folgt zusammengefasst: »Unterschiedliche kirchliche Stellungnahmen zu politischen und sozialen Fragen können nicht von der Zwei-Reiche-Lehre oder von der Lehre der Königsherrschaft Jesu Christi abgeleitet werden. Bei der Erörterung der Frage, wie dann die unterschiedlichen Stellungnahmen zu erklären seien, drängte sich die Problematik der sogenannten nichtlehrmäßigen Faktoren schon auf.«[70] Dieses Lehrgespräch führte zu dem Ergebnis, dass unter den Unterzeichnerkirchen der Leuenberger Konkordie »für die evangelische Weltverantwortung ein theologischer Grundkonsens besteht« und dass die unterschiedlichen ethischen Konzeptionen »in einem kritischen Ergänzungsverhältnis« stehen.[71] Die Auswertung der Stellungnahmen der evangelischen Kirchen in Europa zu sozialen Themen kann 30 Jahre später die Ergebnisse dieses früheren Lehrgesprächs nur bestätigen. Die Stellungnahmen zeichnen sich durch eine positive Beziehung zwischen Kirche und Staat mit einer klaren Unterscheidung zwischen den Aufgaben der Kirche und den Aufgaben des Staates und eine genaue Abgrenzung ihrer Verantwortung aus. Diese Ergebnisse bestätigen die Voraussetzungen der Leuenberger Konkordie, dass die evangelischen Kirchen in Europa so eng verbunden sind, dass dies sie befähigt, die gemeinsamen Elemente im Zeugnis der Kirchen zu erkennen und gemeinsam Dienst zu leisten.

### 3.3.2 Christentum und Säkularisierung

Die europäischen Gesellschaften haben sich von einem Zustand, in dem sich die Menschen sehr mit religiösen Institutionen identifizierten, zu einem Zustand, in dem die Menschen eine dif-

---

[70] *Evangelische Texte zur ethischen Urteilsfindung*, hg. v. W. Hüffmeier, Leuenberger Texte 3, Frankfurt a. M. 1997, 39.

[71] Ibid., 5.

ferenziertere Beziehung zu religiösen Institutionen haben, gewandelt. Dies wurde als Prozess der Säkularisierung beschrieben.[72] Andere betonen die Bedeutung des zunehmenden Pluralismus in den europäischen Gesellschaften.[73] Unzweifelhaft bieten Säkularisierung und Pluralismus einer erheblichen Anzahl von europäischen Bürgern weiterhin einen Rahmen, um ethische Entscheidungen, Prioritäten, Handeln, Weltanschauungen, »Überzeugungen« und Einstellungen gegenüber anderen Einzelpersonen, sozialen Gruppen und Institutionen, einschließlich der Kirchen, zu formulieren.[74] Darüber hinaus haben die

---

[72] Vgl. GEKE Regionalgruppe Südosteuropa, Kirche gestalten, 92–94.

[73] Die Säkularisierung in Europa wird unterschiedlich bewertet: Vgl. die positive Wahrnehmung der Säkularisierung durch U. H. J. Körtner, Wiederkehr der Religion? Das Christentum zwischen neuer Spiritualität und Gottvergessenheit, Gütersloh 2006. Die englische Soziologin Grace Davie bezweifelt die These der Säkularisierung Europas. Sie bemerkt, dass das Niveau der subjektiven Religiosität in Bezug auf die Realität der grundlegenden religiösen Referenzen hoch bleibt, wenn auch nicht so sehr in Bezug auf die Wahrheit der »Bekenntnislehren«. Was Säkularisierung angeht, so ist Europa die Ausnahme: www.faithineurope.org.uk/davie.pdf.

[74] Trotzdem ist Europa eine Region mit einer starken christlichen Präsenz. Der Religionsmonitor der Bertelsmann Stiftung (2008) kommt zu der Schlussfolgerung, »Europa wird nach wie vor sehr stark vom christlichen Glauben geprägt. Drei Viertel aller Europäer (74 Prozent) in den erhobenen Ländern sind religiös, ein Viertel (25 Prozent) sogar hochreligiös. … Der Glaube ist den Europäern so wichtig, dass sie ihn auch mit Leben füllen. Mehr als die Hälfte (57 Prozent) nehmen mehr oder weniger regelmäßig an Gottesdiensten teil, 61 Prozent bekennen sich zum persönlichen Gebet. 68 Prozent stimmen der Überzeugung zu, dass es einen Gott oder etwas Göttliches gibt, und sie erwarten in irgendeiner Form ein Weiterleben nach dem Tode.« Der Religionsmonitor bemerkt »[z]wischen einzelnen europäischen Ländern [gibt es] ein ausgeprägtes religiöses Gefälle, das sehr stark von nationalen Traditionen beeinflusst wird. Am stärksten sind Glaube und Religion in Polen und Italien verwurzelt, am schwächsten im laizistischen Frankreich.« Der Religionsmonitor stellt heraus, dass Religiosität »eine wichtige Klammer für das

Kirchen in Europa nicht länger die Vorherrschaft im Bereich des Glaubens; dies ist auch eine Folge der Massenimmigration in den letzten 30–40 Jahren, die auch zur Zunahme anderer Religionen in Europa führte. Hierfür ist der Islam das markanteste Beispiel.[75]

Die Säkularisierung bedeutete auch das Ende einiger Staatskirchen in Europa, die unabhängige Kirchen wurden. Dieses Ende der Staatskirchen kennzeichnet auch die Übertragung von Aktivitäten der religiösen auf säkulare Institutionen, wie die Verlagerung von sozialen Dienstleistungen der Kirchen in den staatlichen oder privaten Sektor. Gleichzeitig gibt es Ausnahmen wie Deutschland, wo es immer noch ungefähr 100.000 kirchliche Wohlfahrtseinrichtungen gibt.[76] Dies macht die beiden großen Kirchen zum zweitgrößten Arbeitgeber nach dem Staat.

Dennoch scheint es offensichtlich so zu sein, dass die Kirchen einiges von ihrer institutionellen Kraft verloren haben und dass viele Kirchen dies als einen Verlust ihres Einflusses in der Gesellschaft betrachten. Der Fall Norwegens kann als Beispiel dienen. Dort war das Jahr 2008 ein Jahr großer Veränderungen im Staat-Kirche-Verhältnis. Im letzten Jahrzehnt veränderte sich Norwegen von einem Land, in dem das Christentum in den Grundschulen unterrichtet wurde, zu einem Land, in dem dieses Fach »Religion, Ethik und Weltanschauungen« genannt wird und in dem die christliche Erziehung nicht mehr zum Auftrag

---

europäische Zusammenwachsen [bildet]. Sie beeinflusst das persönliche und soziale Leben in allen Ländern, wenn auch in unterschiedlicher Intensität. Europa kann aus einem gemeinsamen Wertekanon schöpfen, zum Beispiel im Umgang mit wichtigen Lebensereignissen wie Geburt, Partnerschaft, Tod oder bei Fragen nach dem Sinn des Lebens.« Bertelsmann Stiftung (Hrsg.), Religionsmonitor 2008. Europa. Überblick zu religiösen Einstellungen und Praktiken, Gütersloh 2008, 4.

[75] Vgl. EKD, Das rechte Wort zur rechten Zeit, 2008, § 57.

[76] Die diakonischen Einrichtungen bieten Dienste von der Vorschule bis zur Gesundheitsfürsorge für ältere Menschen an. Sie werden teilweise von den Kirchen durch ihre eigenen Einkünfte finanziert, wobei die finanziellen Mittel aus allgemeinen Steuereinnahmen kommen.

der Schulen und Kindergärten gehört. Das Jahr 2008 war auch der Beginn des Endes der norwegischen Staatskirche, eingeleitet durch einen Beschluss des Parlaments, der feststellt, dass die Kirche sich mit der Zeit selbst leiten sollte, und mit der Abschaffung des Paragraphen in der Verfassung, der festlegte, dass »die evangelisch-lutherische Religion die offizielle Staatsreligion ist«.

All dies hat Konsequenzen für die Kirchen. Viele betrachten diese Entwicklung als eine Entchristlichung der europäischen Gesellschaften. Sie haben den Eindruck, dass sie etwas verloren haben, das die europäischen Gesellschaften für 2000 Jahre prägte. Die Säkularisierung wird als eine Gefahr für religiöse Werte betrachtet, welche die europäischen Gesellschaften zu materialistischen Gemeinschaften ohne Geist und Seele macht. Andere betonen die neuen Möglichkeiten für die Kirchen in den sich wandelnden Gesellschaften. Die genaue Unterscheidung zwischen der Rolle des Staates und der Rolle der religiösen Gemeinschaften wird als eine Befreiung der Kirchen von dem Versuch, als eine öffentliche Institution zu handeln, angesehen. Die Kirchen können nun in größerem Maße als unabhängige Institutionen handeln – nicht zuletzt wenn es darum geht, Antworten auf die ethischen Herausforderungen in der Gesellschaft zu geben. Für viele Minderheitskirchen führte das Ende der Beziehungen zwischen dem Staat und einer bestimmten Mehrheitskirche zu besseren rechtlichen Rahmenbedingungen, die die Werte und Rechte verschiedener religiöser Gemeinschaften auf gleichwertige und gerechte Art und Weise wahrt. In jedem Fall finden sich die Kirchen zunehmend in einer Situation, in der ihre Beiträge nur eine Möglichkeit auf dem »Markt« der verschiedenen Möglichkeiten darstellen. Dementsprechend sind sie dazu berufen, auf der Grundlage des Evangeliums und ihrer Traditionen, Werte, Praktiken und Anliegen ihren Beitrag zur Gestaltung der europäischen Gesellschaften zu leisten – und die Herausforderung besteht darin, diese Beiträge verständlich und hilfreich für andere Interessenvertreter in der Gesellschaft, die nicht den gleichen Glauben oder die gleiche Überzeugung teilen, zu formulieren.

# 4 Theologische Analyse der Stellungnahmen

## 4.1 Einleitung

In der evangelischen Theologie ist es notwendig, dass die Soziallehre auf dem biblischen Zeugnis gründet, das als *norma normans*, die »normgebende Norm«, verstanden wird und die Bekenntnisse als *norma normata*, als »normierte Norm«, in Betracht zieht. Dieses Kapitel stellt die biblischen und theologischen Grundsätze sowie die ethische Argumentation, die explizit oder implizit in den Dokumenten vorkommen und angewendet werden, vor.[77]

Die Dokumente gehen auf eine Vielzahl von sozialethischen Fragen und Herausforderungen ein. Nicht alle sprechen biblische und systematisch-theologische Themen explizit an. Jedoch finden die Kirchen im biblischen Zeugnis einen Handlungsauftrag in Wort und Tat. Die ethische Verpflichtung, die aus dieser Berufung hervorgeht, ist ein konstitutiver Teil des Auftrags der Kirche. Der Stellenwert der systematisch-theologischen Dimension ist dabei weniger offensichtlich als die Bedeutung des biblischen Zeugnisses. Obwohl bei der Analyse und Evaluation ethischer Stellungnahmen die biblische und systematisch-theologische Dimension nicht allen als vorrangig erscheinen mag, ist es für eine Soziallehre, die im biblischen Zeugnis und im Wesen der Kirche gründet, notwendig zu prüfen, ob diese beiden Aspekte in den Stellungnahmen implizit oder explizit vorhanden sind.

Die Analyse führte dazu, dass drei Kategorien ins Zentrum rücken:

1. Die *biblische Grundlage* des Engagements der Kirchen
   Eine Anzahl von Dokumenten spricht von Leben und Liebe als grundlegend und als Bedingungen für den ethischen Auf-

[77] Für den unterschiedlichen Gebrauch der Schrift in den Dokumenten vgl. das Lehrgespräch der GEKE, Schrift – Bekenntnis – Kirche. Scripture – Confession – Church, Leuenberger Texte 14, hg. von Michael Bünker. Evangelische Verlagsanstalt, Leipzig 2013.

trag der Kirchen.[78] Diese Einsicht, wenn auch in anderen Worten formuliert, findet sich in vielen Dokumenten.[79] Auch wenn Leben und Liebe wesentlich sind, so sind sie durch den Glauben an Gott, den Schöpfer, der, wie in vielen Dokumenten bezeugt, die Quelle und das Ziel der ethischen Verpflichtung und des ethischen Engagements ist, bedingt. Diese Worte drücken die grundlegende Überzeugung aus, dass der ethische Imperativ den Glauben an einen liebenden, fürsorglichen und allmächtigen Gott sowie an seinen Bund mit der Menschheit widerspiegelt.

2. Die *ekklesiologische Grundlage* des Engagements der Kirchen
   Viele Kirchen verstehen ethisches Engagement als Teil des kirchlichen Auftrags. Dieser Abschnitt untersucht, wie dieses Verständnis begründet wird.
3. Die *ethische Reflexion* des Engagements der Kirchen
   Dieser Abschnitt untersucht die Stellungnahmen im Blick auf die Prozesse der Urteilsfindung der Kirchen sowie die Kriterien und die ethischen Prinzipien, die zur ethischen Urteilsbildung beitragen.

## 4.2 Die biblische Grundlage des Engagements der Kirchen

### 4.2.1 Die Welt als Schöpfung

In den Dokumenten bietet das biblische Zeugnis Anleitung und Grundsätze für die ethische Verpflichtung der Kirchen. Die Grundlage für die ethische Verpflichtung ist der beständige Glaube an Gott, den Schöpfer. Das biblische Thema der Schöp-

---

[78] Vgl. z. B. Evangelische Kirche im Rheinland, »Wirtschaften für das Leben«, Stellungnahme zur wirtschaftlichen Globalisierung und ihren Herausforderungen für die Kirchen, Ergebnisse der Landessynode 2008, Mai 2008.

[79] Vgl. z. B. Schweizerischer Evangelischer Kirchenbund, Grundwerte aus evangelischer Sicht, 2007, 11–15.

fung ist in den Dokumenten von außerordentlicher Bedeutung. Die meisten Dokumente beziehen sich auf Gen. 1–2. Viele Dokumente betonen die Souveränität Gottes über seine Schöpfung, wie sie in Ps. 24,1 ausgedrückt ist: »*Die Erde ist des Herrn und was darinnen ist.*«[80] Die grundsätzliche Gleichheit aller Menschen sowie die Bedeutung der Schöpfung und ihrer Bewahrung werden damit begründet, dass alles von Gott geschaffen wurde.[81] Es ist auffällig, dass die Menschenwürde in der Regel nur schöpfungstheologisch begründet wird. Christologische und rechtfertigungstheologische Begründungsmuster fehlen weitgehend.

Ihre Geschöpflichkeit erinnert die Menschheit daran, dass sie selbst und mit all ihrem Tun vor Gott verantwortlich ist.[82] Dies wird in den Worten der Haushalterschaft beschrieben.[83] Viele Stellungnahmen der Kirchen betonen, dass sich Gott um seine ganze Schöpfung sorgt.[84] So bezeugt das Buch Exodus, Gott als einen Gott, der die Unterdrückung und das Elend des Volkes Israel in Ägypten gesehen und seine Hilfeschreie gehört hat. Die Lebenssituation der Armen, Entrechteten und Opfer ist in den Augen Gottes Unrecht, das nicht sein darf. Hierfür

---

[80] Vgl. zum Beispiel Reformierter Weltbund (RWB), Bund für wirtschaftliche und ökologische Gerechtigkeit. »Bekenntnis von Accra«, 2004, Par. 18; Landessynode der Evangelischen Kirche von Westfalen, Stellungnahme zum Soesterberg-Brief »Wirtschaft im Dienst des Lebens«, 2004, 25f.

[81] Vgl. zum Beispiel Norwegische Kirche, The Church and Economic Globalisation, 2007, 12; Churches together in Britain and Ireland, Prosperity with a purpose. Exploring of ethics of affluence, 2005, 41–46; Soziale Grundsätze der Methodistischen Kirche 2008.
http://www.emk-kircheundgesellschaft.ch/de/soziale-grundsaetze.html.

[82] Evangelisch-methodistische Kirche (United Methodist Church), Social Principles, http://www.emk-kircheundgesellschaft.ch/uploads/media/social_principles_2008.pdf.

[83] RWB, Bund für wirtschaftliche und ökologische Gerechtigkeit, 3.

[84] Landessynode der Evangelischen Kirche von Westfalen, Stellungnahme zum Soesterberg-Brief, 2004, 25.

wird der Dekalog (Ex. 20,2 par Dtn. 5,6), begründet in der Befreiung aus der Sklaverei, als zentrales biblisches Zeugnis angeführt.[85]

Nur wenige Dokumente weisen eine eschatologische Dimension, die Dimension der neuen Schöpfung, auf. Diese betonen die Beziehung zwischen dem Reich Gottes, der Kirche und ihrer ethischen Verpflichtung.[86] Das Reich Gottes wird als eine Realität in der Spannung von »schon jetzt« und »noch nicht« charakterisiert; es ist im Sichtbaren unsichtbar gegenwärtig. Es hat im Kommen Jesu Christi begonnen, aber es hat seine Vollendung noch nicht erreicht. Einige wenige Dokumente erinnern die Kirchen daran, dass, wenn sie das »noch nicht« zu sehr betonen, sie die Forderung nach Gerechtigkeit ins Eschaton aufschieben; »auf diese Art und Weise [würde] sich die Kirche selbst zu sehr aus dem Bereich der Politik ausgrenz[en]«[87]. Jedoch birgt eine Betonung des »schon« die inhärente Gefahr, dass die Kirche sich selbst als die Verkörperung des Reiches Gottes ansieht, also als der Gesellschaft und der Welt entgegengesetzt. Diese Sichtweise stünde im Gegensatz zu vielen Dokumenten, die betonen, dass die Kirchen Teil der Welt und der Gesellschaft sind und dass ihr Auftrag innerhalb des universalen Rahmens der Verheißung Gottes an die Welt gerichtet ist.[88]

---

[85] Vgl. Evangelische Kirche im Rheinland, »Wirtschaften für das Leben«, Stellungnahme zur wirtschaftlichen Globalisierung und ihren Herausforderungen für die Kirchen, 2008, 23.

[86] Norwegische Kirche, The Church and Economic Globalisation, 2007, 19–20.

[87] Norwegische Kirche, The Church and Economic Globalisation, 20.

[88] Vgl. GEKE Regionalgruppe Südosteuropa, Kirche gestalten (s. o. Anm. 35), 107 f.

### 4.2.2 Leben

Das Leben wird in erster Linie als kostbares Geschenk Gottes, das »Ursprung, Weg und Ziel für sämtliche Bereiche des Lebens«[89] ist, verstanden. Das »*Leben gestalten, schützen und weitergeben ist Antwort an Gott als Quelle des Lebens.*«[90]

Eine Reihe von Stellungnahmen betont, dass Jesus ein Leben in Fülle verheißt. Diese Stellungnahmen beziehen sich auf Joh. 10,10: »*Ich bin gekommen, damit sie das Leben und volle Genüge haben sollen.*«[91] Das »Leben in Fülle« wird als Gottes Geschenk an die Menschheit verstanden, das durch Jesus Christus in die Welt gekommen ist. Hier ist der christologische Bezug der Dokumente offensichtlich. Gleichzeitig wird die johanneische Verheißung aber auch als Mahnung vor Selbstzufriedenheit und Gleichgültigkeit verstanden. Das Streben nach der Fülle des Lebens wird als Aufgabe und Herausforderung der Kirchen angesehen, sowie als Aufruf, nicht stillzustehen, sondern sich vorwärts zu bewegen. In der Gegenwart und mit der Unterstützung des Heiligen Geistes führen die Kirchen ihr ethisches Engagement aus. Dadurch erlangen sie ein tieferes Verständnis des Lebens in Fülle, das für die ganze Schöpfung gedacht ist.

---

[89] Schweizerischer Evangelischer Kirchenbund, Bund zur Globalisierung und Gerechtigkeit. Stellungnahme des Rates des SEK zum Processus Confessionis und zum Entwurf einer Glaubenshaltung des Reformierten Weltbundes RWB (Glaubenserklärung »Die Zeit ist gekommen« von London Colney, Februar 2004), 1.

[90] Schweizerischer Evangelischer Kirchenbund, Grundwerte aus evangelischer Sicht, 2007, 12.

[91] Z.B. Landessynode der Evangelischen Kirche von Westfalen, Stellungnahme zum Soesterberg-Brief, 2004, 22; RWB, Bund für wirtschaftliche und ökologische Gerechtigkeit. »Bekenntnis von Accra«, 2004, Par. 17; 19; 28; Schweizerischer Evangelischer Kirchenbund, Grundwerte aus evangelischer Sicht, 2007, 12; Evangelische Kirche im Rheinland, »Wirtschaften für das Leben«, Stellungnahme zur wirtschaftlichen Globalisierung und ihren Herausforderungen für die Kirchen, 2008, 23.

Wenn die Dokumente über das Leben als Gabe sprechen, betonen sie, dass Menschen nach dem Bild Gottes geschaffen sind. Diese aus Gen 1–2 gewonnene anthropologische Einsicht dient dann als Grundlage für die Begründung der Menschenwürde aus christlicher Sicht.

Viele Dokumente machen in diesem Kontext deutlich, dass die Menschheit zur Haushalterschaft über die Schöpfung berufen ist. Dabei beziehen sie sich auf den Auftrag, die Erde zu »bebauen und bewahren«. Obwohl dieser Auftrag die Menschheit vom Rest der Schöpfung abhebt, wird dieser Auftrag doch immer in dem Verständnis ausgeübt, dass die Menschheit nicht über der Schöpfung steht, sondern Teil der Schöpfung ist. Dies begründet eine besondere Verantwortung für die gesamte Schöpfung.[92]

Für viele Dokumente begründet die Bibelstelle Gal 3,26–28, die unveräußerliche Würde des Menschen, da sie betont, dass durch den Glauben an Jesus Christus und die Taufe auf den Namen Christi, »*hier [...] nicht Jude noch Grieche, [...] nicht Sklave noch Freier, [...] nicht Mann noch Frau*« sei. Auf der Grundlage von Gal 3,26–28 betonen diese Stellungnahmen, dass niemand diese unveräußerliche Menschenwürde wegnehmen könne. Diese wird als grundlegend für die Auffassung, dass alle die gleichen Grundrechte haben, verstanden. Gal 3,26–28 wird als radikale Herausforderung im Blick auf die alltäglichen Antworten darauf, was unser Leben bestimmt, verstanden. Die Dokumente betonen, dass für Christen in der Taufe die bestimmenden

---

[92] Z. B. GEKE/Konferenz der Kirchen am Rhein, Liebfrauenberg-Erklärung. Konsultation zu den Herausforderungen von Migration und Flucht, 2004, § 10; EKD, Gerechte Teilhabe, 2006, § 69; Landessynode der Evangelischen Kirche von Westfalen, Stellungnahme zum Soesterberg-Brief, 2004, 23. Vgl. ökumenische Stellungnahmen wie Evangelische Kirche in Deutschland/Deutsche Bischofskonferenz, Für eine Zukunft in Solidarität und Gerechtigkeit, 1997, § 123; Kommission für Kirche und Gesellschaft der KEK/Eurodiaconia, Eine gemeinsame Vision für ein soziales Europa: »Hin zu Lebensqualität für alle«, Tagungsbotschaft, 2005.

Faktoren wie Geschlecht, Kultur, sozialer Status oder ethnische Herkunft verwandelt werden. Da Christen in Christus eins sind, trennen diese Unterschiede nicht mehr, sondern tragen zu der reichen Vielfalt im Leib Christi bei. Dieser Text wird auch als Auftrag zur Versöhnung in und durch Christus und als Erinnerung, dass die Solidarität der Kirchen keine Grenzen kennen darf, verstanden.[93]

### 4.2.3 Liebe

Nicht nur das Leben Jesu Christi, sondern auch seine in seinen Worten und Taten ausgedrückte Liebe ist der Maßstab für die Kirchen. Sein Eintreten für die Benachteiligten, Armen, sein Gebot, die eigenen Feinde zu lieben und Liebe als höchster Maßstab sind die beständigen Kennzeichen der christlichen Ethik. Wenn die Stellungnahmen über Liebe sprechen, beziehen sich die meisten auf Mt 5,38–48, die Feindesliebe. Diese Verse sprechen darüber, wie man antworten sollte, wenn man selbst ein Opfer von Ungerechtigkeit geworden ist. Sie bieten den Kirchen Orientierung in Fragen der sozialen Ungerechtigkeit, sich um diejenigen, die ausgeschlossen sind, zu kümmern. Dieser Abschnitt weitet den Blick von der Tat der Ungerechtigkeit zu einem größeren Rahmen, indem er aufzeigt, wie einfach es wäre, die Welt in Gerechte und Ungerechte zu teilen und wie man auf diese Weise, um eine Art der Ausgrenzung zu mindern, gleichzeitig eine neue Art der Ausgrenzung schaffen würde. Die Stellungnahmen gebrauchen das Gebot der Feindesliebe in diesem Sinn als Ausdruck eines lang anhaltenden und nachhaltigen Friedenswillens.

In vielen Dokumenten wird das Gebot der Nächstenliebe als untrennbar von dem Gebot der Gottesliebe betrachtet. Nach diesen Dokumenten nimmt die Gottesliebe in der Nächstenliebe aktive Gestalt an und die Nächstenliebe führt zur Gottesliebe.

---

[93] Landessynode der Evangelischen Kirche von Westfalen, Stellungnahme zum Soesterberg-Brief, 2006, 24; GEKE/Konferenz der Kirchen am Rhein, Liebfrauenberg-Erklärung, 2004, § 10 (in diesem Band, 371).

Die Liebe Gottes, die keine Grenzen kennt, geht jeglicher menschlichen Liebe voraus. Sie ist das voraussetzungslose Geschenk Gottes, der selbst Liebe ist. Der christliche Begriff der Liebe hat zur Konsequenz, dass zum Beispiel ein christliches Verständnis von Gerechtigkeit über eine rein distributive Gerechtigkeit hinausgeht.[94] Einige Dokumente betrachten »die vorrangige Option für die Armen« als eine Konkretisierung der Gottesliebe und der Nächstenliebe.[95] In diesem Zusammenhang wird auch die folgende Bibelstelle als eine kritische Frage an die ethische Verpflichtung der Kirchen verwendet: »Wenn aber jemand dieser Welt Güter hat und sieht seinen Bruder darben und schließt sein Herz vor ihm zu, wie bleibt dann die Liebe Gottes in ihm? (1Joh 3,17)«[96]

In der Sozialkritik der Propheten, besonders des Jesaja (Jes 58,3–9), finden die evangelischen Kirchen eine Fülle von Texten, die nicht nur soziale Ungerechtigkeit kritisieren, vielmehr aber die Vision einer Gesellschaft hervorrufen, in der keiner zurückgelassen wird.[97] Dies ist eine Gesellschaft, die die Benachteiligten und diejenigen, die am Rande der Gesellschaft stehen, einschließt. In diesem Abschnitt (Jes 58,3–9) werden die Leidenden und die Ausgeschlossenen nicht als aus der Ge-

---

[94] Z. B. Landessynode der Evangelischen Kirche von Westfalen, Stellungnahme zum Soesterberg-Brief, 24.

[95] Z. B. Entschließung der Württembergischen Evangelischen Landessynode »Reichtum braucht ein Maß, Armut eine Grenze« vom 16. Juli 2010. http://www.elk-ue.de/fileadmin/mediapool/elkwue/dokumente/landessynode/10_sommertagung/Erklaerung_ArmundReich_layoutet_2010.pdf.

[96] Z. B. Norwegische Kirche, The Church and Economic Globalisation, 2007, Preface.

[97] Z.B. Evangelical Lutheran Church of Finland, Towards the common good. Statement on the Future of the Welfare Society by the Bishops of the Evangelical Lutheran Church of Finland, Introduction, 1999; EKD, Gerechte Teilhabe, 2006, 24; RWB, Bund für wirtschaftliche und ökologische Gerechtigkeit, 2004, 1; EKD, Schritte zu einer nachhaltigen Entwicklung, 2005, 8.

meinschaft ausgeschlossen angesehen, sondern sie gehören zu ihr. Es ist eine Frage der Gerechtigkeit, wie eine Gesellschaft sich um sie sorgt. Dieser Abschnitt setzt Maßstäbe für ethisches Verhalten, z. B. die vorrangige Option für die Armen, die nichts an ihrer Bedeutung verloren haben.

Es ist anzumerken, dass die Mehrheit der Dokumente eine starke Betonung der Schöpfungstheologie aufweist. Dahinter treten Christologie und Rechtfertigungslehre auffällig zurück. Das für die evangelischen Kirchen konstitutive Zusammenspiel der christologischen, rechtfertigungstheologischen und eschatologischen Perspektive wird oft nicht explizit verdeutlicht. Dies mag durch den Sitz im Leben der Texte und durch deren Gattung bedingt sein: Die Dokumente versuchen, christliche Lehren säkular zu formulieren. In diesem Bemühen ist der Bezug auf die Schöpfung offensichtlich einfacher vermittelbar. Christologie und Rechtfertigungstheologie stehen eher implizit im Hintergrund von Themen wie »Liebe« und »Leben«.

## 4.3 Die ekklesiologische Grundlage des Engagements der Kirchen

### 4.3.1 Das ethische Engagement als Teil des kirchlichen Auftrags

Alle Stellungnahmen betonen, dass das ethische Engagement Teil des kirchlichen Auftrags ist. Daher steht das ethische Engagement der Kirche in Beziehung zu ihrem Selbstverständnis, nämlich dazu, wozu die Kirchen *als Kirchen* berufen sind. Manche Dokumente verbinden die ethische Verpflichtung mit den Kennzeichen der Kirche, zum Beispiel mit ihrer Heiligkeit: Die Heiligkeit der Kirche ist *»im tatkräftigen Eintreten für das Lebensrecht und die Würde jedes Menschen und in ihrem Einsatz für Frieden, Gerechtigkeit und die Bewahrung der Schöpfung zu bewähren.«*[98] Das ethische Engagement ist Teil der Antwort der

[98] GEKE Regionalgruppe Südosteuropa, Kirche gestalten, 110. Dieses

Kirchen auf ihre Bestimmung, »Instrument Gottes zur Verwirklichung seines universalen Heilswillens zu sein«[99]. Die darin implizierte Einstellung wird in dem Dokument »Kirche gestalten, Zukunft gewinnen« der Regionalgruppe Südosteuropa der GEKE beschrieben: »Die Kirche ist Zeugin und Mittlerin, aber nicht Macherin oder Managerin des Heils. Sie ist also kein Selbstzweck, sondern Gottes Instrument.«[100] Ethisches Handeln und Engagement wird als ein integraler Teil des Auftrags der Kirche verstanden. Der Auftrag der Kirche in der Welt wird mit den Begriffen »Zeugnis« und »Dienst« beschrieben; beide sind Schlüsselbegriffe und Wesensmerkmale des Auftrags der Kirche in der Welt. Die Leuenberger Konkordie spricht davon, dass »[d]ie Verkündigung der Kirchen […] in der Welt an Glaubwürdigkeit [gewinnt], wenn sie das Evangelium in Einmütigkeit bezeugen« und betont, dass »[d]as Evangelium […] die Kirchen zum gemeinsamen Dienst«, dem »Dienst der Liebe« befreit und verbindet[101]. Das Bekenntnis der Kirchen umfasst Worte und Taten. So verkündigen sie die Liebe Gottes und das kommende Reich Gottes auch durch ihre Taten in der Welt.[102] Daher ist das ethische Engagement weder nur ein weiteres Thema auf der Agenda der Kirchen, noch ihr »Hobby«, sondern ihre »öffentliche Aufgabe« und ihre Verantwortung.

---

Dokument spricht auch von der 2. Tafel der 10 Gebote als den Kennzeichen der Kirche.

[99] GEKE, Die Kirche Jesu Christi. Der reformatorische Beitrag zum ökumenischen Dialog über die kirchliche Einheit, Leuenberger Texte 1, Frankfurt am Main $^{3}$2001, 37 f.

[100] GEKE Regionalgruppe Südosteuropa, Kirche gestalten, 138 f.

[101] Leuenberger Konkordie, Art. 36.

[102] Vgl. besonders die Estnische Evangelisch-lutherische Kirche, Diaconia Development Plan 2005–2012, 2: »Diaconia is the impact of the coming kingdom of God, revealed and present in Christ. God in His Son Jesus Christ has come very near to us humans, and served us through his incarnation, life, death, and resurrection. The fact that God serves human beings in His love is the foundation and the characteristics of the Church and the source of the Christian love and diaconia as well.«

Nur wenige Dokumente gebrauchen ekklesiologische Bilder. Werden jedoch ekklesiologische Bilder verwendet, dann wird meistens das Bild der organischen Einheit des Leibes Christi (1. Kor. 12) verwendet, um die Kirche zu beschreiben. Laut dieser Dokumente bietet dieses Bild die Grundlage für viele Aspekte der Sozialethik. Es wird als grundlegend angesehen, da es die Würde jedes Menschen bestätigt. Jeder und jede trägt in einer einzigartigen Weise zur Gesellschaft oder Kirche bei. Viele Dokumente sehen in diesem Bild einen Auftrag, Verschiedenheit als von Gott gegebenen Segen zu verstehen. Organische Einheit wird auch in der Hinsicht verstanden, dass sie die grundlegende Abhängigkeit der Menschheit ausdrückt: Das Leiden des Einen beeinflusst die Vielen. Dieses Bild drückt die christozentrische Grundlage der christlichen Ethik aus, da die Kirchen in Christus eine Einheit finden, die alle menschlichen Grenzen überschreitet und daher die Kirchen beauftragt, ihre Einheit entgegen aller Widerstände zu verwirklichen. Es ist eine Einheit, welche die ganze Schöpfung einschließt; sie kann ein Modell für Nachhaltigkeit bieten. Diese organische Einheit hat grundlegende ethische Bedeutung. Das Bild des Organismus zeigt aber auch, dass individualethische Ansätze im Zusammenhang der Gemeinschaft nicht in Beliebigkeit abdriften dürfen, sondern viel mehr eine deutliche Rückbindung und Verwurzelung im größeren Zusammenhang brauchen.[103]

Ein Charakteristikum, das die evangelischen Kirchen mit anderen Kirchen gemeinsam haben, ist die geistliche Dimension ihres ethischen Engagements. Dies unterscheidet sie von nichtreligiösen Organisationen[104]. Für die evangelischen Kirchen ge-

---

[103] Wenn auch mit unterschiedlichen Schwerpunkten: EKD, Gerechte Teilhabe, 2006, § 11; GEKE Regionalgruppe Südosteuropa, Kirche gestalten, 2005, 110; Schweizerischer Evangelischer Kirchenbund, Grundwerte aus evangelischer Sicht, 2007, 37; Landessynode der Evangelischen Kirche von Westfalen, Stellungnahme zum Soesterberg-Brief, 2004, 6.

[104] Im Tagungsbericht »Eine gemeinsame Vision für ein soziales Europa:

hören Gottesdienst und der Dienst in der Welt untrennbar zusammen (vgl. Röm. 12, 1–2). In der gemeinsamen Feier des Abendmahls kommen diese beiden Seiten zusammen. Das Abendmahl ist Ausweis und Zeugnis für die Welt, wie Gott sie will. Damit fungiert das Abendmahl als Aufruf und Herausforderung gegenüber den Brüchen und Spannungen in der Gesellschaft. Der Gottesdienst findet seine Fortsetzung im Alltag der Welt. Obwohl die geistliche Dimension ein gemeinsames Element des ethischen Engagements der evangelischen Kirchen darstellt, drücken die Dokumente diese geistliche Dimension auf verschiedene Art und Weise aus. Der Gebrauch von expliziten geistlichen Elementen hängt von dem Adressatenkreis der Dokumente ab. In der Mehrheit der Dokumente ist die geistliche Dimension nur implizit gegenwärtig. Eine kleine Anzahl von Dokumenten beinhaltet explizite liturgische Elemente wie Gebete. Die methodistische Tradition der sozialen Bekenntnisse ist ein sehr gutes Beispiel, die ethische Verpflichtung der Kirche mit Spiritualität zu verbinden.[105]

In den evangelischen Kirchen werden führende Personen und Institutionen von den Kirchenmitgliedern demokratisch legitimiert. Personen in Leitungsfunktionen und Institutionen werden offiziell beauftragt, Stellungnahmen zu erarbeiten. Die Wertigkeit und die Legitimation der Stellungnahmen sowie deren Einfluss hängen jedoch nicht nur an der Autorität der herausgebenden Institution oder Person, sondern vor allem an der Qualität des Inhaltes. Obwohl den Stellungnahmen der evange-

---

Hin zu Lebensqualität für alle«, 2005, wenden die Kommission für Kirche und Gesellschaft der KEK und Eurodiaconia einen ganzen Abschnitt mit der Überschrift »Specific approach of churches and diaconal organisations« auf, um diesen Unterschied zwischen den Kirchen und säkularen Organisationen hervorzuheben.

[105] Evangelisch-methodistische Kirche (United Methodist Church), Methodist Social Creed und Social Principles. 2008 hat die Vollversammlung der UMC eine überarbeitete Fassung des Sozialen Bekenntnisses als eine Begleitliturgie zu dem Text des Bekenntnisses von 1972 angenommen.

lischen Kirchen eine große grundsätzliche Bedeutung zukommt, sind sie immer an den Kontext gebunden. Jede und jeder einzelne steht in der Verantwortung mit ihrem und seinem Glauben und Gewissen. Stellungnahmen evangelischer Kirchen zielen darauf, den Einzelnen zu befähigen, begründete Gewissensentscheidungen zu fällen. Sie haben also immer den Einzelnen und seine Gewissensentscheidung im Blick. Gleichzeitig muss eine Kirche jedoch als Ganzes Stellung zu ethischen Fragestellungen nehmen. Daher muss eine gewisse Spannung zwischen der Gewissensfreiheit des Einzelnen und der Kirchengemeinschaft als Ganzer ausgehalten werden.

### 4.3.2 Status confessionis

Die Frage des status confessionis wurde in den vergangenen Jahren thematisiert, da der Reformierte Weltbund auf seiner Vollversammlung in Accra (2004) Themen der wirtschaftlichen Ungerechtigkeit und der ökologischen Zerstörung zu Fragen des Bekenntnisses erklärt hat.[106]

Wörtlich bedeutet status confessionis eine Situation, in der das Bekenntnis zu Jesus Christus auf dem Spiel steht. Die Ottawa Erklärung des Reformierten Weltbundes (1982) stellte mit Blick auf die Apartheid in Südafrika fest: »Den status confessionis in einer Situation zu erklären bedeutet, ›dass wir dieses als ein Thema betrachten, bei dem es nicht möglich

[106] Vgl. RWB, Bund für wirtschaftliche und ökologische Gerechtigkeit. Die Accra Erklärung versteht sich selbst als ein Bekenntnis und fordert die Mitgliedskirchen des RWB auf, in einen *processus confessionis*, »einen Prozess des ›Erkennens, der Aufklärung und des Bekennens‹« (Art. 1) bezüglich wirtschaftlicher Ungerechtigkeit und ökologischer Zerstörung einzusteigen. Der *processus confessionis* wird als die moderne Variante des *status confessionis* verstanden. Der Begriff *status confessionis* wurde verwendet, »um auf die Notwendigkeit und Dringlichkeit einer aktiven Antwort auf die Herausforderungen unserer Zeit« hinzuweisen (Art. 15). Die Accra Erklärung unterscheidet deutlich den Begriff *status confessionis* von dem, was klassisch als ein Lehrbekenntnis (*confessio*) verstanden wird.

ist, verschiedene Positionen zu vertreten, ohne die Integrität unseres gemeinsamen Bekenntnisses auf das Spiel zu setzen‹.«[107] Historisch wurde die Frage, ob es einen status confessionis in ethischen Fragen geben könne, von den evangelischen Konfessionen verschieden beantwortet. Diese Unterscheidung geht zurück auf die Reformationszeit. Die Frage des status confessionis war verbunden mit dem Thema des Widerstandes gegen weltliche Autoritäten. Bereits Luther hatte die Verpflichtung zum Widerstand als Teil des weltlichen Rechts der cura religionis des Fürsten anerkannt.[108] Wie Luther hat Calvin das Recht zum Widerstand nur für Vertreter in der Öffentlichkeit und nicht für Individuen anerkannt. Nichtsdestotrotz hat Beza das Recht zum Widerstand individualisiert[109].

Die Frage des *status confessionis* erlangte wieder Bedeutung in Deutschland in den 1930er Jahren. Nach Dietrich Bonhoeffer, in »Die Kirche vor der Judenfrage« (1933), kann »[d]ie Kirche

---

[107] Vgl. http://www.warc.ch/dcw/bs25/03.html.

[108] Daher gilt für ihn das Recht zum Widerstand nicht den Individuen, sondern nur den Fürsten gegenüber dem Kaiser. Vgl. Frank Mathwig, Wie entwickeln die Kirchen ihre Soziallehre? Ein historischer Überblick von der Reformation bis Dietrich Bonhoeffer, Vortrag während der GEKE-Jugendkonsultation »Die evangelischen Kirchen vor neuen Herausforderungen sozialer Gerechtigkeit«, Evangelische Akademie im Rheinland, Bonn, 18.–20. April 2007, 10.

[109] Man könnte fragen, ob im sogenannten »Adiaphoristischen Streit« (1548–1552) und in der Konkordienformel X (1577) ethische Fragestellungen zu den Adiaphora gehören oder ob sie Bekenntnischarakter haben. Der frühere Gnesiolutheraner Matthias Flacius Illyricus betonte: »In statu confessionis nihil est adiaphoron« (»In der Situation des Bekenntnisses gibt es kein Adiaphoron.«) Die Konkordienformel formuliert auf ähnliche Weise: »Wir glauben, lehren und bekennen, dass zur Zeit der Verfolgung, wann ein runde Bekenntnis des Glaubens von uns gefordert, in solchen Mitteldingen den Feinden nicht zu weichen, wie der Apostel geschrieben: ›So bestehet nun in der Freiheit, damit uns Christus befreiet hat, und lasst euch nicht wiederumb in das knechtische Joch fangen.‹ [Gal 5,1].« Konkordienformel, X, 10 (BSLK 815).

[…] primär nicht *unmittelbar* politisch handeln«[110]. Aber in Fällen, in denen »[s]owohl ein *Zuwenig* an Ordnung und Recht als auch ein *Zuviel* an Ordnung und Recht« vorhanden ist, »befände sich die christliche Kirche in *statu confessionis*«. Jedoch fährt Bonhoeffer mit einer Bedingung fort: »Die Notwendigkeit des unmittelbar politischen Handelns der Kirche hingegen ist jeweils von einem ›evangelischen Konzil‹ zu entscheiden und kann mithin nie vorher kasuistisch konstruiert werden.«[111] Bonhoeffers Gedanken können als Hintergrund der Barmer Theologischen Erklärung (1934) betrachtet werden, die in vielerlei Hinsicht paradigmatisch ist, obwohl sie den Ausdruck *status confessionis* nicht benutzt. Nach These 3 ist »[d]ie christliche Kirche […] die Gemeinde von Brüdern, in der Jesus Christus in Wort und Sakrament durch den Heiligen Geist als der Herr gegenwärtig handelt. Sie hat mit ihrem Glauben wie mit ihrem Gehorsam, mit ihrer Botschaft wie mit ihrer Ordnung mitten in der Welt der Sünde als die Kirche der begnadigten Sünder zu bezeugen, dass sie allein sein Eigentum ist, allein von seinem Trost und von seiner Weisung in Erwartung seiner Erscheinung lebt und leben möchte.«[112] In These 2 erläutert die Barmer Theologische Erklärung: »Wir verwerfen die falsche Lehre, als gebe es Bereiche unseres Lebens, in denen wir nicht Jesus Christus, sondern anderen Herren zu eigen wären, Bereiche, in denen wir nicht der Rechtfertigung und Heiligung durch ihn bedürften.«[113]

Obwohl die Erklärung des *status confessionis* nicht in neueren lutherischen Dokumenten gefunden werden kann, stellte die Vollversammlung des Lutherischen Weltbundes in Dar Es-Salaam (1977) fest, »dass die Situation in Südafrika einen *status confessionis* darstellt«, da »politische und soziale Systeme pervertieren und unterdrücken können, so dass es mit dem Be-

[110] D. Bonhoeffer, Die Kirche vor der Judenfrage, in: Ders., DBW 12, Gütersloh 1997, 349–358, hier 351ff.

[111] Ibid., 351ff.

[112] Barmer Theologische Erklärung III.

[113] Barmer Theologische Erklärung II.

kenntnis in Einklang steht, wenn man sich ihnen widersetzt und für Veränderung sorgt«[114]. In ähnlicher Weise erklärte das Belhar-Bekenntnis, Südafrika, 1986, der Nederduitse Gereformeerde Sendingskerk den *status confessionis* angesichts der Apartheid. Der *status confessionis* wurde auch von den reformierten Kirchen wie dem Reformierten Bund in Deutschland angesichts der Atomwaffen erklärt.[115]

Die Sozialen Bekenntnisse der methodistischen Kirchen zeigen eine andere Tradition auf, ethische Fragen anzusprechen. Das ursprüngliche methodistische »Soziale Bekenntnis« wurde 1908 geschrieben. Es begann als eine kurze Erklärung, die sich »[f]ür Gleichheit des Rechtes und volle Gerechtigkeit gegen alle Menschen in allen Lebensstellungen«[116] aussprach und hauptsächlich arbeitsbezogene Themen ansprach. Seither wurde das »Soziale Bekenntnis« mehrmals überarbeitet. Dem »Sozialen Bekenntnis« folgte eine Stellungnahme zu »Sozialen Grundsätze« (1972). Diese werden von jeder Vollversammlung überarbeitet. Die »Sozialen Grundsätze« der methodistischen Kirche stellen eine Interpretation ihres »Sozialen Bekenntnisses« dar, die »zu einer vom Glauben geprägten Lebenspraxis [rufen]«[117]. Sie richten sich an Kirchenmitglieder, die sie zu einem Dialog des Glau-

---

[114] EPD-Dokumentation 18, Dar Es-Salaam 1977, hg. v. H.-W. Hessler und G. Thomas, Frankfurt am Main 1977. Während seiner Vollversammlung in Budapest 1984 suspendierte der Lutherische Weltbund die Mitgliedschaft zweier Kirchen aus dem südlichen Afrika aufgrund ihrer Unterstützung der Apartheid und mangelnder Bereitschaft, der Rassentrennung in ihren Kirchen ein Ende zu setzen, vgl. http://www.lutheranworld.org/Wir_ueber_uns/LWB-Vollversammlung_History.html#1984-Budapest.

[115] Vgl. »Das Bekenntnis zu Jesus Christus und die Friedensverantwortung der Kirche«. Eine Erklärung des Moderamens des Reformierten Bundes, Gütersloh 1982.

[116] Soziales Bekenntnis der Bischöflichen Methodistenkirche (1908).

[117] Social Principles der Evangelisch-methodistischen Kirche (United Methodist Church). http://www.umcsc.org/PDF/boards/SocialPrinciples.pdf.

bens und der Praxis aufrufen wollen. Im Jahr 2008 nahm die Vollversammlung der Evangelisch-methodistischen Kirche (United Methodist Church) eine revidierte Fassung des »Sozialen Bekenntnisses« als eine Begleitliturgie zu dem Bekenntnistext von 1972 an.

Die Erklärung des *status confessionis* durch die Vollversammlung des Reformierten Weltbundes im Jahr 2004 hat verschiedene Reaktionen hervorgerufen. Manche dieser Reaktionen haben sich in den Stellungnahmen zu ethischen Themen niedergeschlagen, so zum Beispiel in der Stellungnahme des Schweizerischen Evangelischen Kirchenbundes[118] oder der Norwegischen Kirche[119]. Im Blick auf die Dokumente, die den *status confessionis* erwähnen, kann gefolgert werden, dass es verschiedene Verständnisse des Begriffes *status confessionis* in den Konfessionsfamilien gibt. Die Gefahr der Äquivokation ist offensichtlich. Dies führte und führt immer noch zu vielen Missverständnissen. Daher ist die Frage, ob die evangelischen Kirchen den *status confessionis* angesichts ethischer Fragestellungen ausrufen können, irreführend. Es scheint, als sei die Wortwahl und nicht die Sache selbst das Problem. Dies geht zurück auf ein unterschiedliches Verständnis des Bekenntnisses in jeder Tradition. Jedoch stimmen die evangelischen Kirchen darin überein, dass es Situationen geben kann, in denen das Sein der Kirche als Kirche in Frage gestellt wird und in denen es folglich nicht ausreichend ist, wenn die Kirchen ihre prophetische Stimme erheben und für diejenigen, die in Not sind, sorgen, sondern in denen sie selbst dem Rad in die Speichen zu greifen haben, um es zu stoppen.[120]

---

[118] Vgl. Schweizerischer Evangelischer Kirchenbund, Bund zur Globalisierung und Gerechtigkeit, 2004.

[119] Norwegische Kirche, The Church and Economic Globalisation, 2007, 63–65. Jedoch kommen diese Unterschiede bezüglich des Verständnisses und des Gebrauchs des *status confessionis* nicht oft vor und werden in der Mehrheit der Dokumente nicht deutlich.

[120] D. Bonhoeffer, Die Kirche vor der Judenfrage, 351ff.

Die Diskussion des *status confessionis* hat innerhalb der GEKE die Frage hervorgerufen, was es für die Kirchengemeinschaft und für andere Mitgliedskirchen bedeutet, wenn eine oder mehrere Mitgliedskirchen den *status confessionis* erklären.[121] An dieser Stelle tritt auch die Frage auf, wie bindend solch eine Stellungnahme für die Mitgliedskirchen ist und wie andere Kirchen zu dieser in Beziehung stehen. Diese Diskussion wird noch fortgesetzt und diese Studie kann als ein Beitrag zu dieser Diskussion betrachtet werden.[122] Die Erklärung des *status confessionis* in ethischen Fragestellungen durch eine Mitgliedskirche hat Konsequenzen für die Kirchengemeinschaft, da deren Grundlage ein gemeinsames Verständnis des Evangeliums ist und ethisches Handeln das Evangelium zur Grundlage hat. Die Kirchen sollten sich des Risikos bewusst sein und es wird ihnen geraten, in dieser Hinsicht vorsichtig zu sein, da die Einheit der Kirchen auf dem Spiel steht. Den status confessionis auszurufen, um die Aufmerksamkeit auf die eigene Position zu lenken, ist theologisch unangemessen.

In diesem Zusammenhang kommt den Konzepten eines »processus confessionis«[123] Bedeutung zu. Sie bieten eine Möglichkeit, ethische Fragen, in denen das Kirche-Sein in Frage gestellt wird, aufzunehmen und gleichzeitig als Kirchengemeinschaft beieinander zu bleiben. Der Charakter eines verbindlichen Prozesses macht den glaubensrelevanten Ernst der Lage und die

---

[121] Vgl. Fachkreis Ethik der GEKE, Die Gemeinschaft der evangelischen Kirchen in Europa und die Fragen der Globalisierung, Budapest 2005.

[122] Vgl. Reformierte Kirchen in Deutschland, Angemessen und Erkenntnis fördernd, 2007; auch Schweizerischer Evangelischer Kirchenbund, Globalance, 2005; vgl. auch Kapitel 3.2.2.

[123] Während der 23. Generalversammlung des Reformierten Weltbundes in Debrecen 1997 riefen die 400 Delegierten einstimmig die Mitgliedskirchen des Reformierten Weltbundes auf, »auf allen Ebenen zu einem verbindlichen Prozess der wachsenden Erkenntnis, der Aufklärung und des Bekennens (processus confessionis) bezüglich wirtschaftlicher Ungerechtigkeit und ökologischer Zerstörung« zu gelangen (RWB, Bund für wirtschaftliche und ökologische Gerechtigkeit).

Verpflichtung deutlich, sich damit unter dem Gesichtspunkt des Kircheseins der Kirche auseinanderzusetzen, ohne leichtfertig die Einheit der Kirche zu gefährden. Er geht nicht von einem festem Punkt (status confessionis) aus, der andere Positionen ausschließt, sondern von einem Weg (processus confessionis), auf dem unterschiedliche Positionen im Gespräch miteinander bleiben. Allerdings ist deutlich, dass am Ende eines solchen Prozesses durchaus die Erklärung des status confessionis stehen kann.

Die Vollversammlung der GEKE in Budapest, 2006, erinnerte die Kirchen an ihre Verpflichtung, sich gegenseitig zu Rate zu ziehen, bevor sie Entscheidungen fällen, die Lehr- und Bekenntnisfragen betreffen.[124]

## 4.4 Die ethische Reflexion des Engagements der Kirchen

Unsere europäischen Gesellschaften müssen sich einer zunehmenden Anzahl von Konflikten in verschiedenen Bereichen stellen: ökonomische oder ökologische Ungerechtigkeit, soziale Ausgrenzung, usw. In diesen Situationen haben evangelische Kirchen zwei ethische Aufgaben: Sie müssen die Konflikte analysieren und Orientierung geben, wie mit dem Problem umzugehen ist. Evangelische Kirchen versuchen immer, ihr ethisches Urteilsvermögen so konkret wie möglich und so allgemein wie nötig zu gestalten. Grundlage der evangelischen Kirchen in Europa ist dabei ein gemeinsames Verständnis des Evangeliums und das Streben nach einer größtmöglichen Gemeinsamkeit in Zeugnis und Dienst (LK 6; 29). Die gemeinsamen Werte und Prinzipien müssen jedoch in jedem Prozess der Entscheidungsfindung neu angewendet und in jede Konfliktsituation neu übersetzt werden.

---

[124] Vgl. Freiheit verbindet, Schlussbericht der 6. Vollversammlung der GEKE, Kapitel 4.2.1; 2.2.2.1, 309.

Da unsere Gesellschaften heute nicht mehr selbstverständlich den christlichen Glauben teilen, müssen sich evangelische Kirchen verständlich machen und sich Gehör verschaffen. Daher beziehen sich die evangelischen Kirchen, wie diese Studie zeigte, meistens auf christliche Wert und Prinzipien, die sich in ein pluralistisches Umfeld übersetzen lassen.[125] Manchmal gebrauchen sie gemeinsame philosophische Werte, die einen gewissen christlichen Hintergrund oder eine gewisse christliche Bedeutung haben.[126]

Viele Dokumente beziehen sich explizit auf einen oder zwei Aspekte als ihre hauptsächlichen ethischen Kriterien, z. B. auf »Partizipation« oder auf »die goldene Regel«.[127] Dennoch zeigt diese Analyse, dass die evangelischen Stellungnahmen immer eine Reihe von verschiedenen Aspekten und Argumenten berücksichtigen, die sie im Verlauf ihrer ethischen Entscheidungsfindung abzuwägen versuchen. Das folgende Kapitel wird diese relevanten Aspekte darstellen, bevor die evangelischen Charakteristika bei der Entwicklung eines ethischen Urteils aufgezeigt werden.

### 4.4.1 Kriterien

#### *4.4.1.1 Situationsanalyse*

Wie in dieser Studie betont wird, ziehen evangelische Kirchen in ihrer Ethik gewöhnlich wissenschaftliche Ergebnisse in Be-

[125] Z. B. kann die biblische »Goldene Regel« (Mt 7,12) von ihrem philosophischen Gegenüber her, Kants kategorischem Imperativ, verstanden werden.

[126] Z. B. kann der gemeinsame Begriff »Solidarität« auch von einer christlichen Anthropologie aus unterstützt werden, welche die Beziehung betont.

[127] Vgl. zum Beispiel die EKD, die den Akzent auf Teilhabe legt (EKD, Gerechte Teilhabe, 2006); die Evangelisch-lutherische Kirche Finnlands, die ihre Überlegungen auf die Goldene Regel gründet (Bischöfe der Evangelisch-lutherischen Kirche Finnlands, Towards the Common Good, Kapitel zu Moral Values and The Golden Rule, 1999).

tracht. Die Dokumente zu den sozialen Herausforderungen beziehen sich besonders auf wirtschaftliche Zahlen oder historische Erkenntnisse.[128] Im Blick auf den Diskurs sprechen sich die Dokumente für alle Ansätze aus, die Partizipation unterstützen. Dies trägt der Erkenntnis Rechnung, dass Entscheidungen von Vertreterinnen und Vertretern aller Mitglieder getroffen werden sollten und dass vor allem denjenigen zugehört und denjenigen eine Stimme gegeben werden sollte, die als die schwächeren Mitglieder der Gesellschaft erscheinen. Dies entspricht der theologisch bevorzugten Option für die Benachteiligten. Die Estnische Evangelisch-lutherische Kirche ruft ausdrücklich dazu auf, »den Schwachen, Ausgeschlossenen und Vergessenen eine Stimme zu geben«[129].

#### *4.4.1.2 Wahrnehmungen der Realität*

Die ethische Entscheidungsfindung wird immer dadurch beeinflusst, wie die Realität wahrgenommen wird: Welche Vorstellungen hat man von der Gesellschaft, der Menschheit oder vom Leben? Diese Wahrnehmungen sind durch den jeweiligen kulturellen, religiösen oder historischen Hintergrund gekennzeichnet. Die evangelischen Stellungnahmen zeigen auch manche dieser zugrundeliegenden Auffassungen:

Sehr häufig verweisen evangelische Antworten auf soziale Herausforderungen, auf ihr spezifisches christliches Menschenbild, ihre Anthropologie. Das einzelne menschliche Wesen wird als in ein Beziehungsgefüge verwoben verstanden. Die evangelischen Kirchen betonen übereinstimmend den relationalen Cha-

---

[128] Vgl. Kapitel 3. Beeindruckende Beispiele für die Frage nach wissenschaftlichem Rat sind: Die Kommission für Internationale Angelegenheiten / Rat der Norwegischen Kirche für Ökumenische und Internationale Beziehungen, The Church and Economic Globalisation, 2007; Schweizerischer Evangelischer Kirchenbund, Globalance, 2005.

[129] Estnische Evangelisch-lutherische Kirche, Diaconia, 2005, Kapitel 1.3 (8). Vgl. zum Beispiel die Westfälische Kirche, die individuelle Perspektiven von verschiedenen Weltregionen zur Globalisierung einbezieht, Evangelische Kirche von Westfalen, Globalisierung, 2003.

rakter des menschlichen Lebens. Dieser ist nach evangelischem Verständnis nicht nur schöpfungstheologisch, sondern auch christologisch begründet. (vgl. LK 11).[130] Es ist eine Voraussetzung für jegliche weitere ethische Betrachtung des Handelns und der Übernahme von Verantwortung im menschlichen Leben, dass Menschen in ihrer Beziehung zu Gott und zueinander wahrgenommen werden.[131]

Dieser Welt wird Unvollkommenheit zugeschrieben: Alle menschlichen Versuche, an Gottes Reich zu arbeiten, bleiben in dieser Welt unvollkommen.[132] Der Schweizerische Evangelische Kirchenbund greift diesen Gedanken auf, indem er daran erinnert, dass der christliche Glauben an diesen Gott zur Liebe befreit, zum Tun des Guten, zur Annahme von Schuld und damit von Verantwortung.[133] Zudem beeinflusst die Wahrnehmung der Gesellschaft – mehr als einen Teil des Reiches Gottes und weniger als einen Gegner des Reiches Gottes – auch die ethische Entscheidungsfindung. Diese Vorstellung hilft besonders bei der Frage, wie sich die Kirche in der Politik und der Wirtschaft verhalten soll.[134]

---

[130] In der evangelischen Systematik wird die Relationalität der menschlichen Person außerdem aus der Sozialität der Trinität begründet.

[131] Vgl. Bischöfe der Evangelisch-Lutherischen Kirche Finnlands, Towards the Common Good (1999), Kapitel »Social before individual interests«: »Sound ethics gives priority to the common interests of the community rather than to personal self-fulfillment … Moderation in life is in essence adjusting one's own life and standard of living to the resources of the entire community.« Vgl. Schweizerischer Evangelischer Kirchenbund, Globalance, 2005, 41.

[132] Dieser Begriff weist auf Bonhoeffers Unterscheidung zwischen dem Letzten und dem Vorletzten hin. Vgl. D. Bonhoeffer, Ethik, DBW 6, Gütersloh [2]1998, 142.

[133] Vgl. Schweizerischer Evangelischer Kirchenbund, Globalance, 2005, 41.

[134] Vgl. Kapitel 2.2. dieser Studie.

#### *4.4.1.3 Ethische Grundwerte und Prinzipien*

Die evangelischen Kirchen greifen in ethischen Diskussionen im Bereich der Öffentlichkeit, der Politik, der Philosophie oder der Religion auf umfassende ethische Grundwerte wie die »Würde des Menschen« zurück. Gleichzeitig versuchen sie, einen Mittelweg zwischen zu allgemeinen und zu speziellen ethischen Festlegungen zu finden. Dahinter steht ein spezifisch protestantisches Verständnis ethischer Orientierung. Im Unterschied z. B. zur römisch-katholischen Kirche besteht diese eben wesentlich nicht in der Vorgabe normativer Grundsätze, sondern darin, einen Begründungszusammenhang zu eröffnen, der für den Einzelnen und die Gesellschaft nachvollziehbar ist und der in den konkreten Situationen zu Handlungsoptionen und -entscheidungen führt, die der Verantwortung gegenüber Gott, den Mitmenschen und der Schöpfung in angemessener Weise gerecht wird. Eine zu allgemeine ethische Orientierung geht das Risiko ein, beim Erlangen einer bestimmten Schlussfolgerung in konkreten sozialen Konflikten zu scheitern. Eine zu konkrete ethische Orientierung riskiert, die individuelle Freiheit und die Aufgabe der Entscheidungsfindung zu begrenzen. Die evangelischen Stellungnahmen zu sozialen Herausforderungen, die analysiert wurden, greifen in diesen Orientierungsprozessen auf Prinzipien zurück, die dieses Spannungsverhältnis widerspiegeln:

»*Schadensvermeidung*«: Die Kirchen streben in erster Linie nach solchem Handeln oder solchen Entscheidungen, die Schaden verringern, beseitigen oder verhindern. Die evangelischen Dokumente verurteilen jegliche Art schlechter Praxis, wie lokale und globale Ungerechtigkeiten, unmoralische Lebens- oder Arbeitsbedingungen, Bedrohung der Würde, oder unverantwortliches Anhäufen von Wohlstand. Jedoch möchten die Kirchen ihr soziales Engagement nicht darauf begrenzen, Schaden zu verhindern. Sie streben zusätzlich nach Handlungen, die Gutes tun und eine gute Praxis stärken oder einführen. Unter den verschiedenen ethischen Werten hat die Verknüpfung von Freiheit, Verantwortung und Gerechtigkeit eine herausragende Rolle.[135] Aufgrund ihrer bedeutenden Funktion wird der

Umgang mit diesen Prinzipien im Anschluss an die Würde als grundlegendem Kriterium in evangelischen Dokumenten näher ausgeführt.

#### *4.4.1.3.1 Würde*

Für die evangelischen Kirchen ist die »Würde des Menschen« ein zentraler Grundwert, der ihre ethische Reflexion und ihre Entscheidungen im Blick auf soziale Herausforderungen leitet. Das Problem ist, dass der Begriff sehr weit interpretiert und mit unterschiedlichem Inhalt gefüllt werden kann. Daher präzisieren und betonen die Kirchen ihr evangelisches Verständnis. Trotz einer etwas unterschiedlichen Betonung zeigen die Stellungnahmen ein gemeinsames Verständnis der Menschenwürde auf:

In der Mehrheit der Dokumente ist die Würde des Menschen im Glauben, dass die Menschen nach dem Bild Gottes geschaffen wurden und dass sie in Beziehung zu Gott, zueinander und zur Schöpfung leben, grundgelegt. Aus dem Begriff *Imago Dei* wird gefolgert, dass Menschen mit einer einzigartigen, unveräußerlichen Würde beschenkt sind, die den sozialen Status, den wirtschaftlichen Wohlstand und die ethnischen und kulturellen Unterschiede überschreitet. Diese Menschenwürde ist unveräußerlich. Sie gilt allen Menschen bedingungslos in gleicher Weise.

Neben dieser generellen Annahme, dass die Würde von Gott geschenkt ist, betonen die Kirchen auch die doppelte Bedeutung der Würde: Auf der einen Seite weist die Würde auf die Vorstellung hin, dass den Menschen Freiheit gegeben ist, zu leben, gestalterisch tätig zu sein, zu handeln und Verantwortung zu übernehmen. Auf der anderen Seite beinhaltet die Würde auch die Auffassung, dass alle einen Anspruch auf Schutz vor Gefährdung und Verletzung haben. Während z.B. die Evangelische Kirche in Deutschland betont, dass die »Chance, durch eigenes Bemühen seinen Lebensunterhalt zu sichern, zur Würde und

---

[135] Unter vielen anderen zum Beispiel: Schweizerischer Evangelischer Kirchenbund, Globalance, 2005, 41.

zur Freiheit jedes Menschen [gehört]«[136], unterstreicht die Norwegische Kirche die »Notwendigkeit, die Kräfte, die gegen die von Gott gegebene Würde stehen, zu bestimmen und aufzudecken«[137]. Es hängt folglich von den sozialen Fragen ab, die sie aufwerfen, ob die Kirchen manchmal mehr den Gedanken der menschlichen Freiheit und Fähigkeit und manchmal eher den Gedanken der Gerechtigkeit und des Schutzes betonen. Dieser zweifache Ansatz ist offensichtlich wesentlich für die evangelische ethische Urteilsbildung. Er steht eindimensionalen philosophischen Sichtweisen gegenüber, die sich nur auf die menschliche Unabhängigkeit beziehen, ohne dass sie die Notwendigkeit, die Schwachen zu schützen, erkennen oder Sichtweisen, die die Menschen auf eine patriarchalische Art und Weise daran hindern, ihre Gaben zu nutzen.[138]

In einigen Dokumenten ist das Verständnis von Würde eng mit der Rechtfertigungslehre verbunden: »Nach unserem Verständnis des Evangeliums sind alle Menschen schon deshalb wertvoll, weil sie von Gott geschaffen und in Christus geliebt sind, und nicht erst dann, wenn sie Bedeutendes geleistet haben.«[139] Die Dokumente schreiben die Würde nicht den physischen oder mentalen Fähigkeiten zu, sondern stellen die verschiedenen Beziehungen – in erster Linie die Beziehung zu Gott – als den Kontext dar, in dem die Würde erkannt werden kann und in dem sie kontinuierlich verwirklicht wird.[140]

---

[136] EKD, Gerechtigkeit erhöht ein Volk, 2006, § 3.

[137] Die Kommission für Internationale Angelegenheiten / Rat der Norwegischen Kirche für Ökumenische und Internationale Beziehungen, The Church and Economic Globalisation, 2007, 21.

[138] Die finnischen Bischöfe nehmen an, dass die Goldene Regel »der ganzen Menschheit zu eigen« ist (Vgl. Towards the Common Good, Kapitel Moral Values and the Golden Rule, 1999). Sie verweisen mit Bezug auf Luthers Auslegung der Goldenen Regel auf deren überragende Bedeutung nicht nur als rationales Prinzip, sondern als Ausdruck des Liebesgebots und als Grundlage jeglichen gesellschaftlichen Zusammenlebens.

[139] Evangelisch-methodistische Kirche, Soziale Grundsätze, 3.

*4.4.1.3.2 Gerechtigkeit*

Die Frage, wie Gerechtigkeit erreicht werden kann, ist ein zentrales ethisches Thema und eine zentrale ethische Frage, wenn es um soziale Herausforderungen in regionaler und auch globaler Perspektive geht.[141] Das Verständnis von Gerechtigkeit gründet im Glauben an Gottes Gerechtigkeit, egal, welchem Verständnis von Gerechtigkeit die Kirchen folgen. Diese Gerechtigkeit muss in Beziehung zu Gottes Gnade und Barmherzigkeit verstanden werden. Nach evangelischem Verständnis ist Gott vor allem ein liebender Gott, der unverdiente Vergebung gewährt. Dieser Glauben stützt sich auf einen im Glauben gegründeten Begriff der Gerechtigkeit, wie sie letztlich in Jesus Christus verkörpert ist. Folglich ist die Menschheit aus Glauben allein gerechtfertigt und nicht durch ihre Taten.

Grundsätzlich verlangt der Glaube, dass die ganze Menschheit nach Gottes Bild geschaffen wurde, eine gleiche Behandlung aller. Gleichzeitig darf diese grundsätzliche Ausrichtung nicht mit einfacher Einheitlichkeit verwechselt werden: Die Notwendigkeit, gegenüber den individuellen Bedürfnissen aufmerksam und einfühlsam zu sein, wird durch Gottes besondere Liebe und Sorge für die Unterdrückten und Ausgeschlossenen ausgedrückt. Dies wird im theologischen Nachdenken als »bevorzugte Option für die Armen« bezeichnet. Daher kann Gerechtigkeit zu erreichen auch bedeuten, Menschen gemäß ihrer jeweiligen Lage unterschiedlich zu behandeln. Der Begriff der Gerechtigkeit geht für die Kirchen nicht so sehr von der egoistischen Frage »Was verdiene ich zu Recht?«, sondern eher von dem an-

---

[140] Für den Schweizerischen Evangelischen Kirchenbund ist es Gottes unbedingte, unverdiente Akzeptanz der Menschheit, die der Menschheit Würde verleiht, wie dies in Gottes Bund ausgedrückt ist (Gen 9,9–11), vgl. Grundwerte, 2007, 13.

[141] Vgl. zum Beispiel Bischöfe der Evangelisch-Lutherischen Kirche Finnlands, Towards the Common Good, Kapitel »Markets and Justice«, 1999; Churches together in Britain and Ireland, Prosperity with a purpose. Exploring the ethics of affluence, 2005, 15. »New challenges to justice«.

deren Blickwinkel »Wie kann ich den Benachteiligten dienen?« aus. Die Verpflichtung zu Solidarität und Nächstenliebe als eine Folge des christlichen Verständnisses der Gerechtigkeit kann als konstitutiv für die Kirche verstanden werden.[142]

Die evangelischen Kirchen ziehen diese biblischen und theologischen Einsichten heran und erkennen an, dass eine eindimensionale Annäherung an Gerechtigkeit aufgrund der Komplexität der heutigen Konflikte zu kurz greift. Sie berücksichtigen unterschiedliche Aspekte wie die Verteilung (von Gütern), die Teilhabe (am gesellschaftlichen Diskurs und an der Entscheidungsfindung), Möglichkeiten (gleicher Zugang zur Beteiligung an der Gesellschaft und an der Entscheidungsfindung), Gleichheit (eines gewissen Lebensstandards, Zugang zur Gesundheitsversorgung und Bildung) und Fähigkeiten (die Menschen zu *befähigen,* ihre Möglichkeiten und Güter zu nutzen oder zu wissen, wie man an gesellschaftlichen Entscheidungen teil hat). Jedoch geht das einfache Hinzufügen von verschiedenen Konzepten von Gerechtigkeit das entscheidende Problem nicht an: Konflikte können besonders zwischen den unterschiedlichen Konzepten entstehen. Wenn die Kirchen es zum Beispiel als wichtig erachten, gegen die ungerechte Anhäufung von Wohlstand zu kämpfen, haben sie es mit kontroversen Fragen zu tun, wie z. B.: Sollte jemand Güter verteilen und die Menschen entscheiden lassen, was sie damit tun oder sollten diejenigen, die an der Macht sind, darüber entscheiden, wie auf eine nachhaltige Art und Weise, z. B. für Bildung und Gesundheit, investiert wird? Beide Wege können zu Recht behaupten, dass sie nach Gerechtigkeit streben, aber eigentlich gehen sie in unterschiedliche Richtungen.

Auffällig ist, dass es kaum evangelische Stellungnahmen gibt, die sich nachdrücklich für die »Verteilung« als das vorrangige Mittel zur Herbeiführung von Gerechtigkeit aussprechen. Sie sehen auch die Grenzen eines derartigen Ansatzes: »Wird Ge-

---

[142] Die GEKE beschreibt diese Haltung, die darin besteht, dem Beispiel Christi nachzufolgen, indem sie auf Phil 3,6–9 Bezug nimmt. Vgl. GEKE, Gesetz und Evangelium, 2007, 100.

rechtigkeit auf – eine eng verstandene – Verteilungsgerechtigkeit reduziert, entsteht die Gefahr des Wohlfahrtspaternalismus, der durch bloße Finanztransfers lediglich die Abhängigkeit verstärkt, aber nicht zu eigenverantwortlichem Handeln ermächtigt.«[143] Der Wert, nach Verteilungsgerechtigkeit zu streben, besteht darin, dass diese zu Recht auf die illegitimen Ausrichtungen in der Verteilung hinweist. Verteilung erfordert die Fähigkeit, das verteilte Gut sachgemäß zu verwenden, zu bewahren und zu vermehren. In den evangelischen Stellungnahmen dominiert das Konzept der Teilhabegerechtigkeit: Streben nach Gerechtigkeit heißt, die Menschen dazu zu *befähigen*, an der Gesellschaft teilzunehmen und ihre Möglichkeiten und Fähigkeiten in die Gesellschaft einzubringen.

#### *4.4.1.3.3 Freiheit und Verantwortung*

Auf der Grundlage ihrer Anthropologie, die relational ausgerichtet ist, stimmen die evangelischen Kirchen darin überein, dass eine christliche Definition von Freiheit von der reinen »Autonomie«, wie sie in der modernen Gesellschaft vorherrscht, zu unterscheiden ist.[144] Freiheit kann gemäß der Stellungnahmen, die analysiert wurden, nur so verstanden werden, dass sie in Beziehung und in Verantwortung eingebettet ist, die beide aus dem Ereignis der Rechtfertigung wachsen. Freiheit darf nicht durch egoistisches und eigennütziges Handeln missbraucht werden. Die evangelischen Ansichten, wie sie sich in den Stellungnahmen widerspiegeln, betonen daher eher einen Begriff der »Freiheit zu« anstelle der »Freiheit von«.[145]

In diesem Kontext wird Freiheit als eine Frucht des Glaubens, als ein unverdientes Geschenk, als Gnade Gottes wahrgenommen, die die Menschheit dazu befreit, ihr wahres Sein und ihren Auftrag zu entdecken. Daher bedingt der Glaube die »Freiheit

---

[143] EKD, Gerechte Teilhabe, 2006, 23.

[144] GEKE, Menschenrechte und christliche Moral (in diesem Band 341–343).

[145] Viele Dokumente betonen, dass Christus uns zur Freiheit befreit hat, wie es z. B. in Gal 5,1 ausgedrückt wird.

zu« lieben, zu leben und verantwortlich in der Gemeinschaft zu handeln sowie auch die Grenzen der eigenen Freiheit zu akzeptieren, die sich aus der Beziehung mit Gott ergeben.[146]

Das evangelische Verständnis der Würde des Menschen betrachtet jede Person nicht nur als einen passiven Empfänger, sondern auch als einen aktiven »Mitarbeitenden«. Daher ist die Freiheit, zu wählen, mitzubestimmen und persönliche Verantwortung zu übernehmen, Teil eines evangelischen Verständnisses von Gerechtigkeit. Die Schwierigkeit jedoch, der die Kirchen begegnen, besteht darin, einen Weg zu finden, der weder patriarchalisch ist und die persönliche Freiheit begrenzt, um dem Gemeinwohl zu dienen, noch die Benachteiligten, die keine volle Verantwortung für ihr eigenes Leben übernehmen können und soziale Unterstützung benötigen, überfordert. Im Blick auf diese Spannung basiert die evangelische Urteilsbildung in sozialen Fragen auf dem Prinzip der Subsidiarität, das für so viel individuelle Freiheit wie möglich plädiert. Gemäß diesem Prinzip wird die nächsthöhere institutionelle Stelle nur dann herangezogen, um einzuschreiten und um Unterstützung zu bieten, wenn die eigene Verantwortung nicht länger bewältigt werden kann.[147]

Menschen müssen fähig sein, eine Antwort zu geben, wenn sie nach ihren Entscheidungen und nach ihrem Handeln gefragt werden. Christen empfinden, dass sie mit ihrem Leben darauf zu antworten haben, was sie von Gott empfangen haben. Der Begriff der »Verantwortung« spielt auf beide dieser begrifflichen Konzepte an. Für die evangelische Ethik ist die Verantwortung ein zentrales Prinzip, da jeder einzelne Gläubige herausgefordert ist und es ihm erlaubt ist, ethische Entscheidungen zu fällen. Wie bereits deutlich wurde, können Werte und Prinzipien,

---

[146] In manchen Dokumenten wird diese Unterscheidung im Licht von Joh 10,10, dem Leben in der Fülle, erläutert.

[147] Subsidiarität wird in der Öffentlichkeit vielfach fälschlich als Prinzip aus der katholischen Soziallehre wahrgenommen, das auf die Enzyklika »Rerum novarum« von Papst Leo XIII. zurückgeführt wird. Tatsächlich entstammt das Prinzip jedoch der calvinistischen Gemeinwesenlehre. Es ist erstmalig in der Synode von Emden (1571) dokumentiert.

wie die Würde des Menschen, Gerechtigkeit oder Freiheit, auf vielfältige Weise interpretiert und verwirklicht werden. Es ist nötig, dass diese konkretisiert werden und mit der jeweiligen Wirklichkeit der betroffenen Menschen und der jeweiligen Konfliktsituation in Verbindung gesetzt werden. Der Ruf in die Verantwortung im Sinne einer Statthalterschaft für das Leben ermutigt die Christen, jede neue Entscheidung zu reflektieren: Kann man diese und ihre Konsequenzen verantworten? Von einem evangelischen Gesichtspunkt her muss Verantwortung gegenüber drei Autoritäten übernommen werden: Gott, den anderen Menschen und dem eigenen Gewissen.

Das verantwortliche Handeln Gottes ist ein Modell und eine Richtlinie für das christliche Verständnis von Verantwortung. Da die Menschen Gottes Liebe, seine Gerechtigkeit und seine Freiheit empfangen, werden sie aufgefordert, sich entsprechend zu verhalten: So wie Gott die Macht teilt, sollten auch sie dies tun. So wie Gott die Güter verteilt, sollten auch sie dies tun. So wie Gott die Menschen dazu befähigt mitzubestimmen, so sollten auch sie dies tun. Dieses Verständnis der Verantwortung befähigt den Einzelnen wie die Gemeinschaft dazu, in ethischen Konflikten Entscheidungen zu treffen und entgegen allen Zweifeln zu handeln.

### 4.4.2 Ethische Urteilsbildung

#### *4.4.2.1 Teilhabe als Herausforderung und Chance*

Die sehr komplexen Fragen, die von der Globalisierung, der Armut oder dem demographischen Wandel hervorgerufen werden, erlauben keine einfachen Antworten.[148] Stattdessen verlangen sie gründliche und gut informierte Überlegung. Protestanten stehen vor der Herausforderung, dass sie kein monolithisches Lehramt haben, das ethische Entscheidungen auf eine allgemein

---

[148] Vgl. zum Beispiel Evangelisch-Lutherische Kirche in Österreich, Verantwortung für das Leben. Eine evangelische Denkschrift zu Fragen der Biomedizin, Wien 2001. www.evang.at/fileadmin/evang.at/doc.reden/verantwortung.pdf.

bindende Art und Weise vorgibt. Nach evangelischem Verständnis ist jeder Christenmensch dazu berufen, auf verantwortliche Art und Weise Entscheidungen zu treffen und verantwortlich zu handeln. Dieser Ansatz ist eng mit einem der Grundsätze des Protestantismus verbunden, dem Priestertum aller Gläubigen. Dieses Amtsverständnis der evangelischen Kirchen spiegelt sich auch darin, dass Nichtordinierte auf allen Ebenen der Kirchen an der Leitungsverantwortung beteiligt sind.

Das Priestertum aller Gläubigen impliziert, die Fähigkeit der Christen ernst zu nehmen, auf der Grundlage ihres Glaubens zu entscheiden. Gemäß der Ansicht, dass es einen Auftrag gibt, die Menschen zu befähigen, verantwortliche Entscheidungen zu treffen, möchten die evangelischen Dokumente den Menschen die dafür notwendigen Kriterien und Kompetenzen zur Verfügung stellen. Indem sie ausgewogene Informationen verbreiten, ein christliches Wirklichkeitsverständnis teilen und dazu aufrufen, christliche ethische Prinzipien zu beachten, helfen die evangelischen Kirchen Leserinnen und Lesern, sich nicht unkritisch entweder einem reinen Pluralismus oder einem christlichen Fundamentalismus hinzugeben. Die Protestanten fassen dies konzeptuell folgendermaßen:

Verantwortung wird in ihren verschiedenen Dimensionen beschrieben: Sie gestaltet die Beziehung des Einzelnen mit Gott sowie mit den anderen Menschen als auch mit der ganzen Schöpfung. Die diesem Verständnis zugrundeliegende Überzeugung besteht darin, dass die einzelne Person nicht die letztgültige Autorität sein kann, die über ihr Handeln richtet und dieses rechtfertigt. Das Leben wird eher so verstanden, dass es sich in Beziehungen vollzieht, die in vielerlei Hinsicht durch individuelles Handeln beeinflusst werden. Im Blick auf die Beziehungen zu anderen Menschen gebrauchen die evangelischen Dokumente das biblische Bild des (Mit-)Leidens des ganzen Leibes bei einer Beeinträchtigung eines einzelnen Gliedes. Die Gemeinschaft geht daher über die traditionellen Definitionen der Gemeinschaft als eine Familie oder als ein Staat hinaus. Die Gemeinschaft wird durch das Gebot der Nächsten- und Feindesliebe bestimmt und dadurch, bereit zu sein, einander zu dienen.

Im Blick auf die gesamte Schöpfung wurde die menschliche Verantwortung für lange Zeit durch eine falsche Interpretation von Gen 1,28, den Auftrag, die Erde zu bebauen, vernachlässigt. Heute wird die Menschheit weder als der Herr der Schöpfung verstanden, noch wird die Schöpfung so verstanden, dass sie zum freien und willkürlichen Gebrauch der Menschheit da wäre. Die Menschheit hat die Aufgabe, Statthalter über die Schöpfung zu sein und sie verantwortlich zu behandeln.

In Bezug auf die ethische Urteilsbildung müssen diese verschiedenen Beziehungen bereits im Prozess der Entscheidungsfindung in Betracht gezogen werden. Das Kriterium der Verantwortlichkeit, das oben beschrieben wurde, weist auf Gott, die Gemeinschaft der Menschen und die Schöpfung hin – alle ethischen Entscheidungen und das daraus folgende Handeln muss sich ihnen gegenüber verantworten.

#### *4.4.2.2 Eine spezifisch protestantische Methode der Urteilsbildung*

Spezifisch christliche Werte und ein biblisches Wirklichkeitsverständnis – wie zum Beispiel das Verständnis von Freiheit oder Gerechtigkeit – spielen eine wichtige Rolle in der evangelischen Urteilsbildung. Dabei sind sich die Kirchen der verschiedenen ethischen Aspekte, die berücksichtigt werden müssen, um ausgewogene, wahrheitsgetreue und realistische Antworten zu geben, bewusst. Nur diese Art von Antworten können in einer pluralistischen Gesellschaft plausibel gemacht werden. Die evangelische ethische Urteilsbildung verzichtet darauf, gewisse Werte oder Bibelstellen »von oben nach unten« anzuwenden.

Die evangelischen Kirchen ringen geradezu darum, die verschiedenen Aspekte in der Entscheidungsfindung in ein ausgewogenes Verhältnis zu setzen.[149] Sie versuchen, die verschiedenen Aspekte, die oben beschrieben wurden, abzuwägen: Die Analyse der gegenwärtigen Situation, das Wirklichkeitsver-

---

[149] Der Schweizerische Evangelische Kirchenbund zeigt sogar in einem Titel an, dass Balance ein Hauptelement ist, vgl. Globalance, 2005.

ständnis und die ethischen Prinzipien. Das heißt, dass intuitive oder gewohnheitsmäßige Antworten nicht als ausreichend betrachtet werden. Die Kirchen, die wirklich nach einem ausgewogenen und kohärenten ethischen Urteil streben, scheuen sich nicht vor Veränderungen in ihren gewohnten Positionen: Sie sind bereit und willens, sich selbst mit verschiedenen, manchmal sogar fremden Perspektiven konfrontieren zu lassen und diese in Betracht zu ziehen.

Viele evangelische Dokumente nehmen implizit an, dass Kohärenz immer erreicht werden kann, wenn die erwähnten Dimensionen der Argumente sachgerecht und menschengerecht wahrgenommen werden.[150] *Sachgerecht* heißt in diesem Zusammenhang, die Sachlage angemessen zu erfassen. Dazu gehört auch das Abwägen von unterschiedlichen Lösungsvorschlägen. *Menschengerecht* bedeutet, die menschliche Person in ihren Beziehungen zu anderen Menschen und zur Schöpfung angemessen wahrzunehmen.

Ein derartiger Optimismus kann in vielen Stellungnahmen gefunden werden. Jedoch lehrt die Realität, dass es durchaus Konflikte und Dilemmasituationen gibt, in denen völlige Kohärenz nicht erreicht werden kann. Manchmal bleiben die verschiedenen Argumente, die in Betracht gezogen werden müssen, einfach unvereinbar. Indem dann die verschiedenen Güter, Gesichtspunkte und Folgen abgewogen werden, muss schließlich dem einen oder anderen Aspekt der Vorrang gegeben werden.[151] »Alle genannten Werte und insbesondere die richtige Balance sind immer nur unvollkommen zu verwirklichen. In ihrer Vollkommenheit sind sie dem Ende der Zeit, dem Eschaton, vorbehalten.«[152] Trotzdem lassen sich die evangelischen Kirchen aufgrund dieses Dilemmas nicht von ethischer Urteilsbildung und sozialem Engagement abhalten. Eine der Ursachen für diesen

---

[150] Vgl. Arthur Rich, Wirtschaftsethik.

[151] Man kann an zwei verschiedene Arten des Scheiterns denken: Entweder kann eine Konfliktsituation an sich nicht »gelöst« werden oder die Menschen vermögen es nicht, eine bessere Lösung zu finden.

[152] Schweizerischer Evangelischer Kirchenbund, Globalance, 2005, 50.

Mut kann in ihrem Verständnis von *Verantwortung* gefunden werden. Wie oben beschrieben, betrachten es die evangelischen Dokumente nicht nur als wichtig, sondern geradezu als unerlässlich, in sozialen Konflikten verantwortlich zu handeln.

Zusammenfassend zeigt die Analyse der ethischen Konzepte, dass die evangelischen Kirchen sich weder nur auf ein einzelnes Kriterium beziehen noch Entscheidungen aus absolut gesetzten Prinzipien herleiten. Sie versuchen vielmehr, die gemeinsame ethische Wertegrundlage und die davon abgeleiteten ethischen Prinzipien, die sachgerechte Wahrnehmung der Wirklichkeit und die Verantwortung für sich selbst, andere und die Umwelt in ein ausgewogenes Verhältnis zu setzen. Die Bedeutung der Schrift in der evangelischen Theologie wird wahrgenommen, indem das Ausgleichen dieser Faktoren im Lichte des Evangeliums vollzogen wird. Im Gegensatz zu einer wörtlichen Auslegung der Bibel nimmt dieser Ansatz das Vermögen der Schrift ernst, im aktuellen Kontext eine Bedeutung zu entfalten, die sich von der Art und Weise, wie sie im historischen Kontext verstanden wurde, unterscheidet.[153]

Das Ringen um Kohärenz und Ausgewogenheit gibt der christlichen ethischen Urteilsbildung und dem Handeln die richtige Richtung. Trotzdem werden die Kirchen immer mit einer Unausgewogenheit umgehen müssen, die nicht aufgehoben werden kann, oder die sogar durch neue Entscheidungen hervorgerufen wird. In vielen Fällen führt diese Methode zu ethisch stimmigen Urteilen und ethisch vernünftigem Handeln. Diese Methode erkennt die Realität der ungelösten Konflikte an und macht zumindest die individuellen ethischen Prioritäten transparent und strebt nach den bestmöglichen Lösungen. Die bewusste Wahrnehmung der Unvollkommenheit des eigenen Denkens und Handelns ist ein Grundelement evangelischer Anthropologie und Ekklesiologie. Das ist ein wesentliches Qualitätsmerkmal evangelischer Urteilsbildung.

---

[153] Vgl. das Lehrgespräch der GEKE, Schrift – Bekenntnis – Kirche. Scripture – Confession – Church, Leuenberger Texte 14, hg. von Michael Bünker, Evangelische Verlagsanstalt, Leipzig 2013.

# 5 Empfehlungen zur evangelischen Urteilsbildung

Dieses letzte Kapitel bündelt die Untersuchungsergebnisse des Lehrgesprächs. Auf diesem Hintergrund sind die einzelnen Abschnitte als Empfehlungen formuliert, die den Mitgliedskirchen der GEKE helfen sollen, Art. 29 der Leuenberger Konkordie umzusetzen, nämlich »eine möglichst große Gemeinsamkeit in Zeugnis und Dienst an der Welt (zu) erstreben«. Es wurden Zitate aus den analysierten Dokumenten hinzugefügt, um die Empfehlungen zu veranschaulichen. Auf der einen Seite dient dies dazu, herauszuarbeiten, dass diese Empfehlungen sich auf das stützen, was die Kirchen bereits sind und tun. Auf der anderen Seite ist das Ziel dieser Zitate, charakteristische evangelische Besonderheiten zu benennen und zu unterstreichen. Das Kapitel schließt in Anlehnung an die methodistische Tradition mit einer sozialen Selbstverpflichtung, die die Lehrgesprächsgruppe den Mitgliedskirchen auch für den liturgischen Gebrauch in ihren Gemeinden ans Herz legt. Das Hören des Wortes Gottes im Glauben befreit für den Dienst an der Welt und befähigt zu Gemeinschaft. In der Selbstverpflichtung vor Gott und voreinander im Gottesdienst tritt diese Verbindung zwischen Glauben und menschlichem Handeln in dezidiert protestantischer Form zutage.

## 5.1 Tretet ein für Gerechtigkeit

Wirtschaftliche Globalisierung, Armut und soziale Ausgrenzung, Bildung, Migration, Integration und ökologische Ungerechtigkeit fordern die Kirchen heraus. Sie treffen die Kirchen im Wesenskern ihres Lebens und ihres Auftrages. Der Einsatz für Gerechtigkeit und Frieden sowie für die Bewahrung von Gottes Schöpfung ist ein wesentlicher Teil des Auftrags der Kirche. Der Auftrag, als Ausdruck des christlichen Glaubens Position zu beziehen, ist ein wesentlicher Teil der Verantwortung der Kirchen gegenüber ihrem jeweiligen Umfeld.

Der Einsatz für Gerechtigkeit bedeutet jedoch nicht, dass man seine Stimme zu allem und jedem erheben muss. Der Einsatz für Gerechtigkeit benötigt eine sorgfältige Betrachtung des Kontextes, der biblischen Botschaft und der ekklesiologischen und ethischen Grundlage der evangelischen Kirchen, um nicht in einen andauernden Aktionismus abzugleiten, der als Hintergrundgeräusch der öffentlichen Debatte kaum wahrgenommen wird.

*»Unsere Abneigung gegenüber ökonomischer Ungerechtigkeit und der Zerstörung unseres Planeten ist mit der Verpflichtung und dem Engagement verbunden, das der Ökumenische Rat der Kirchen und der Reformierte Weltbund schon über Jahre hinweg übernommen haben, indem sie den Opfern der ökonomischen Ungerechtigkeit eine Stimme verleihen und die Kirchen dazu aufrufen, sich dieser Ungerechtigkeit bewusst zu werden und ihr im Rahmen eines Glaubensbekenntnisses an den Herrn Jesus Christus in unserer Zeit Widerstand zu leisten.«*[154]

## 5.2 Helft den Menschen, ihre Entscheidungen zu fällen

Es ist die Aufgabe der Stellungnahmen der evangelischen Kirchen, den Einzelnen in seiner Entscheidungsfindung zu unterstützen – dies ist eng verbunden mit dem evangelischen Grundsatz des Priestertums aller Gläubigen. Die verschiedenen kirchlichen Körperschaften zielen bei ihrer Urteilsbildung in Bezug auf soziale Themen darauf, den einzelnen Kirchenmitgliedern zu helfen, ihre Position zu finden und ihre Entscheidungen in alltäglichen Situationen zu fällen. Gleichzeitig sollte die Entscheidungsfindung nicht individualisiert werden. Nach evangelischem Verständnis ist die individuelle Freiheit immer

---

[154] Waldensische und Methodistische Synode, The Churches and Globalisation, 2001, 1.

mit der Verantwortung und der Liebe für andere verbunden. Daher ist es die Aufgabe der Kirchen, die Menschen darin zu unterstützen, gemeinsam Entscheidungen zu treffen und eine gemeinsame Verantwortung zu erreichen. Dieses entscheidende Kriterium zur Entscheidungsfindung dient dem Nächsten, dem Gemeinwohl und dem Frieden (1. Kor 12,23 ff).

Die Prozesse der evangelischen Urteilsbildung verbinden demokratische Urteilsbildung und verantwortliche Leitung. Sie beziehen die Menschen ein, stärken die Beteiligung der Kirchenmitglieder an den Positionen ihrer Kirchen und tragen dazu bei, eine Gemeinschaft zu bilden.

Spezifisch evangelische Wahrnehmungen der Realität, wie zum Beispiel eine relationale Anthropologie, beeinflussen diese Prozesse. Auf dem biblischen Fundament aufbauend (und in dem Kontext des weiteren ethischen Diskurses), haben die evangelischen Kirchen ihren charakteristischen Weg der Entscheidungsfindung in Bezug auf ethische Themen entwickelt, indem sie versuchen, die verschiedenen Aspekte, die als relevant für die Entscheidungsfindung ermittelt wurden, in ein Gleichgewicht zu bringen.

> *»Die jahrelange Verpflichtung der Evangelisch-methodistischen Kirche zu sozialer Gerechtigkeit, zu theologischem Nachdenken und zu gerechten und offenen Beziehungen legt ihren Mitgliedern eine besondere Verantwortung auf …«*[155]

## 5.3 Fürchtet Euch nicht vor komplexen Antworten zu komplexen Themen

Die evangelischen Kirchen in Europa erkennen an, dass komplexe ethische Themen komplexe Antworten verlangen. In den evangelischen Traditionen haben Sorgfalt, Nachdenklichkeit

[155] United Methodist Church, Book of Resolutions, Nr. 6061 Our Muslim Neighbours, 2008.

und die achtsame Wahrnehmung des Wortes Gottes in der jeweiligen Situation einen hohen Stellenwert. Im Gegensatz zu stromlinienförmigen Darlegungen und Antworten fürchten sich evangelische Stellungnahmen nicht vor Komplexität, auch wenn in einer medial bestimmten Gesellschaft kurze, konkrete und klare Antworten erwartet werden. Zu dieser bejahten Komplexität gehört auch, dass die evangelischen Kirchen in Europa ihre Unterschiedlichkeit als Aufforderung verstehen, mit der Gestaltung ihres inneren Pluralismus ein Beispiel für den Umgang mit den politischen und gesellschaftlichen Herausforderungen in einer pluralen Welt zu geben. Ein derartiger Ansatz lehnt auf der einen Seite Fundamentalismus und zu einfache Antworten ab und schließt auf der anderen Seite ethische Beliebigkeit aus.

Die Kirchen erkennen an, dass sie Akteure in einer pluralistischen Debatte sind und keinen privilegierten Standpunkt einnehmen. Daher sollten sie im Blick auf ihre Fachkompetenz demütig bleiben. Gleichzeitig sind sie verpflichtet, sich auf der Grundlage ihres spezifischen Ausgangspunktes, des Evangeliums von Jesus Christus, in laufende Debatten einzubringen.

*»Im Blick auf die Vergangenheit sollten wir jedem, der diese untersucht, bewusst machen, dass man einen schwierigen Zeitabschnitt, der über ein halbes Jahrhundert in einem Land mit 40 Millionen Einwohnern andauerte, nicht ohne große Vorsicht, Geduld, Wissen und Gnade aufklären kann. Keine von diesen können wir im derzeitigen Vorgang der Lustration erkennen. […] Während wir über unsere komplizierte Vergangenheit nachdenken, sind wir davon überzeugt, dass jeder, der in diesen Zeiten gelebt hat, sich als erstes vorsichtig beugen und auf Gottes Gnade vertrauen sollte, anstelle vergebens Rechtfertigung für tatsächliches oder angebliches falsches Handeln anderer Menschen zu suchen.«*[156]

[156] Synode der Reformierten Kirche in Polen, Shame and Suffering, 2007, 1–2.

## 5.4 Bezieht eine klare Stellung

Eine differenzierte Wahrnehmung darf nicht als Gegensatz dazu gesehen werden, deutlich Stellung zu beziehen. Eine kompetente Analyse der Situation ist der erste Schritt, ein genaues und gewissenhaftes Urteil im Licht des Evangeliums und der eigenen theologischen Tradition ist der zweite Schritt. Der dritte Schritt ist, eine klare Stellung im Blick darauf zu beziehen, was als notwendig erkannt wurde.

Dies erfordert Anwaltschaft, um die Stimmen derer, die an den Rand gedrängt wurden, zu stärken und auf die Defizite in unseren Gesellschaften hinzuweisen. Gleichzeitig ist ein solidarisches Zusammenleben mit den Schutzbedürftigen, den Ausgeschlossenen und den am Rande Stehenden gefragt sowie die Integration der Starken und Mächtigen der Gesellschaft in die Gemeinschaft. Mit den Gebeten und Fürbitten der Gläubigen im Rücken ist es einfacher, sich den Herausforderungen zu stellen, die einem begegnen. Daher ist es von größter Bedeutung, eine klare Stellung im Angesicht der Herausforderungen der heutigen Welt zu beziehen. In manchen Fällen mag es notwendig sein, einen *status confessionis* zu erklären.

Dabei hat eine Erklärung des *status confessionis*, und in abgeschwächter Form auch ein *processus confessionis*, insbesondere in Bezug auf ethische Themen, Auswirkungen auf die ganze Kirchengemeinschaft, da diese sich auf ein gemeinsames Verständnis des Evangeliums gründet und da ethisches Handeln auf das Evangelium gegründet sein sollte. Die Kirchen sollten in dieser Angelegenheit vorsichtig sein, da die Einheit der Kirchen auf dem Spiel steht. Sie werden an ihre auf der Vollversammlung der GEKE in Budapest (2006) eingegangene Verpflichtung erinnert, sich gegenseitig zu beraten, bevor sie weitreichende Entscheidungen treffen.[157]

---

[157] Freiheit verbindet, Abschlussbericht der 6. Vollversammlung der GEKE, Kapitel 2.2.2.1, 309.

*»Im Gleichnis des Barmherzigen Samariters kritisierte Jesus abstrakte Liebe, die nicht zu praktischen Entscheidungen und wirklichen Taten führt. Der wirkliche Sinn des Wortes ›Dienen‹ liegt im Verzicht und in der Bereitschaft zu leiden und Opfer zu bringen. Die Stärke dafür kommt von Christus – von seinem Leben und Heil.«*[158]

## 5.5 Sprecht mit gemeinsamer Stimme

Die Kirchen haben einen gemeinsamen Grund im Evangelium. Wenn die Kirchen ihren gemeinsamen Grund und ihre Gemeinschaft ernst nehmen, dann können sie nicht anders, als so eng wie möglich zusammenzuarbeiten. Zu dieser Zusammenarbeit gehört auch, dass sie verstärkt ihre unterschiedlichen Traditionen, Geschichte, gesellschaftliche Verankerung in Europa und ihren Gesellschaften wahrnehmen und darum wissen. Auf einer pragmatischen Ebene haben die Kirchen eine größere Chance, von den politischen Institutionen und in den politischen Debatten gehört zu werden, wenn sie beweisen, dass sie dazu fähig sind, gemeinsame Positionen auf der Grundlage ihres gemeinsamen Glaubens zu formulieren.

Darüber hinaus haben sich die Kirchen in Europa auch im weiteren ökumenischen Rahmen der *Charta Oecumenica* dazu verpflichtet, »auf die sichtbare Einheit der Kirche Jesu Christi in dem einen Glauben hinzuwirken, die ihren Ausdruck in der gegenseitig anerkannten Taufe und in der eucharistischen Gemeinschaft findet sowie im gemeinsamen Zeugnis und Dienst …«. Daher sollten die Mitgliedskirchen der GEKE die Zusammenarbeit mit anderen nicht evangelischen Kirchen suchen, um »auf allen Ebenen des kirchlichen Lebens gemein-

[158] Estnische Evangelisch-Lutherische Kirche, Diaconia Development Plan 2005–2012, 2.

sam zu handeln, wo die Voraussetzungen dafür gegeben sind«[159].

> *»Kirchengemeinschaft im Sinne dieser Konkordie bedeutet, daß Kirchen verschiedenen Bekenntnisstandes aufgrund der gewonnenen Übereinstimmung im Verständnis des Evangeliums einander Gemeinschaft an Wort und Sakrament gewähren und eine möglichst große Gemeinschaft in Zeugnis und Dienst an der Welt erstreben.« (LK 29)*

## 5.6 Baut auf: Stärkt die Gemeinschaft

»Jeder von uns lebe so, daß er seinem Nächsten gefalle zum Guten und zur Erbauung.« (Röm 15,2) Indem sie diesen biblischen Gedanken weiterführen, werden sich die Kirchen an der Zusammenarbeit mit Menschen und Institutionen außerhalb der Kreise der Kirchen beteiligen. Wenn sie sich der Argumentation und der Sprache aller Beteiligten öffnen und bereit sind, ihre eigene etablierte Argumentationsweise und ihre Sprache infrage zu stellen, werden die Kirchen mehr über zentrale Anliegen der Gesellschaft erfahren. Dieser Dialog ermöglicht den Kirchen, ihre Botschaft klarer zu kommunizieren und ihre Vorschläge und Handlungen plausibler zu machen.

*»Die Bibel enthält eine Tradition, die als Sperre gegenüber aller Verabsolutierung von Arbeit auch für das heutige Verständnis derselben höchst relevant ist: die Sabbattradition. Das biblische Sabbatgebot erinnert daran, dass die Arbeit nicht als oberstes Gut zu betrachten ist. Nicht der arbeitende Mensch, sondern der Sabbat ist die Krone der Schöpfung. Im Sabbatgebot verbinden sich die Verehrung Gottes und eine soziale Schutzfunktion, die auch die schwächsten Glieder im sozialen Gefüge umfasst.«*[160]

---

[159] Charta Oecumenica Art. 1.4, http://www.cec-kek.org/Deutsch/ChartafinG.htm.

## 5.7 Gebt Zeugnis im Dienst

Als Gemeinschaft Evangelischer Kirchen in Europa erkennen wir an, dass wir dazu berufen sind, der Welt in Wort und Tat Zeugnis abzulegen. Worte werden lebendig, wenn sie in die Praxis umgesetzt werden.

Die enge Verbindung zwischen Wort und Tat macht das Zeugnis Jesu Christi und seine verwandelnde Kraft sichtbar. Daher muss jede Stellungnahme und jedes Wort, das von den Kirchen veröffentlicht wird, von Taten begleitet werden.

> *»Der Europarat kann zum Beispiel eine erste Konferenz mit religiösen Gemeinschaften organisieren, indem er die oben auf der Agenda genannten Punkte aufnimmt und ein 10 Punkte Programm mit Initiativen in verschiedenen Bereichen, wie Menschenrechte, soziale Gerechtigkeit usw. entwerfen. Dieses Programm sollte von den Mitgliedern der Gemeinschaft auf lokaler Ebene ausgeführt werden und kann das Motto ›global denken, lokal handeln‹ fördern. Dies wiederum kann Migranten und religiöse Gemeinschaften über ihre eigenen Grenzen hinaus in Richtung einer Vereinigung auf einer höheren Ebene führen.«*[161]

»Die GEKE ist vor allem gottesdienstliche Gemeinschaft.«[162] Das Teilen des Brotes am Tisch des Herrn und das Teilen des Brotes mit dem Hungrigen gehören zusammen.[163] Daher weitet die gottesdienstliche Gemeinde ihre Feier auf alle Aspekte des alltäglichen Lebens aus.[164] Glaube an Gott ist die Quelle, von der Christen ihre Stärke und ihre Inspiration beziehen. Der Glaube

---

[160] EKD, Gerechte Teilhabe, 2006, Par. 72.

[161] Samen Kerk in Nederland, Council of Europe questionnaire, 2007, 3.

[162] GEKE, Freiheit verbindet, 1.1, 302.

[163] 1. Kor 11; Mt 25,31–46.

[164] Vgl. Röm 12,1.

schafft Wunder, Freude und Demut im Glanz von Gottes Schöpfung. Der Glaube verleiht Mut, der Realität, wie sie ist, gegenüberzutreten; er fordert zu einem selbstlosen Leben heraus und bringt Hoffnung auf eine gerechte und friedliche Welt.

# 6 Soziale Verpflichtung der evangelischen Kirchen in Europa

*In der Leuenberger Konkordie verpflichten sich die evangelischen Kirchen in Europa, einander Gemeinschaft an Wort und Sakrament zu gewähren und eine möglichst große Gemeinsamkeit in Zeugnis und Dienst an der Welt zu erstreben (LK 29). Die Kirchen bekennen, dass Gottes fordernder und gebender Wille die ganze Welt umfasst. Sie verpflichten sich, für irdische Gerechtigkeit und Frieden zwischen den einzelnen Menschen und unter den Völkern einzutreten (LK 11).*

*Das Eintreten für Gerechtigkeit und Frieden hat in den evangelischen Kirchen in Europa eine lange Geschichte. Wir sind dankbar für alle diejenigen, die sich Ungerechtigkeit widersetzt haben, die den Kampf für Freiheit und Menschenwürde nicht aufgegeben haben und die dieser Aufgabe der christlichen Gemeinschaft durch dunkle Zeiten hindurch nachgekommen sind. Wir gestehen demütig, dass Christen in verschiedenen Kirchen es versäumt haben, Ungerechtigkeit zu widerstehen und den Verfolgten und Leidenden zu helfen.*

**Als evangelische Kirchen in Europa verpflichten wir uns:**

*Wir wollen ein klares evangelisches Zeugnis in Fragen der Politik, Wirtschaft und Gesellschaft in Worten und Taten geben.*

*Wir wollen für Menschenrechte, Demokratie und Rechtsstaatlichkeit für Menschen an allen Orten und allen Zeiten ihres Lebens sorgen.*

*Wir wollen für Gerechtigkeit eintreten, Möglichkeiten und Teilhabe für jede und jeden gemäß ihrer und seiner Begabungen bieten.*

*Wir wollen Gemeinschaft aufbauen und den Bedürftigen dienen.*

*Wir wollen Flüchtlinge bereitwillig aufnehmen, ihnen Zuflucht und Schutz bieten und uns Rassismus, Fremdenfeindlichkeit und Antisemitismus widersetzen.*

*Wir wollen für Frieden zwischen Nationen und Kulturen arbeiten und gewaltlose Konfliktprävention und gewaltfreie Lösungen für alle Bereiche des Lebens unterstützen.*

*Wir wollen Verantwortung für Gottes Schöpfung ausüben und uns für eine nachhaltigere Lebensweise einsetzen.*

*Wir wollen christliche Werte, Lebenseinstellungen und Verhaltensweisen in unseren Gesellschaften fördern.*

*Gemeinsam mit den anderen Kirchen in Europa bekennen wir: »Wir sind überzeugt, dass das spirituelle Erbe des Christentums eine inspirierende Kraft zur Bereicherung Europas darstellt. Aufgrund unseres christlichen Glaubens setzen wir uns für ein humanes und soziales Europa ein, in dem die Menschenrechte und Grundwerte des Friedens, der Gerechtigkeit, der Freiheit, der Toleranz, der Partizipation und der Solidarität zur Geltung kommen.« (Charta Oecumenica)*

# Appendix 1:

## Liste der Stellungnahmen der evangelischen Kirchen in Europa zu sozialen Herausforderungen[165]

### Deutschland

| Kirche | Name | Datum | Sprache |
|---|---|---|---|
| Evangelische Kirche in Deutschland (EKD) | Schritte zu einer nachhaltigen Entwicklung. Die Milleniumsziele der Vereinten Nationen | 2005 | Deutsch, Englisch |
| EKD | Beschluss der 10. Synode der Evangelischen Kirche in Deutschland auf ihrer 5. Tagung zum Schwerpunktthema »Gerechtigkeit erhöht ein Volk. Armut muss bekämpft werden – Reichtum verpflichtet« | 2006 | Deutsch, Englisch |
| EKD | Gerechte Teilhabe. Befähigung zu Eigenverantwortung und Solidarität. Eine Denkschrift des Rates der EKD zur Armut in Deutschland | 2006 | Deutsch, Englisch |
| EKD | Aus Gottes Frieden leben – für gerechten Frieden sorgen | 2007 | Deutsch |

[165] Diese Auflistung der Dokumente, die von den evangelischen Kirchen in Europa erhalten wurden, führt die Dokumente nach dem Herkunftsland und in alphabetischer Reihenfolge auf. Falls mehr als ein Dokument von einer Kirche erhalten wurde, sind die Dokumente nach ihrem Erscheinungsdatum angeordnet. Zuletzt folgen internationale und/oder ökumenische Organisationen.

| | | | |
|---|---|---|---|
| EKD | Das rechte Wort zur rechten Zeit. Eine Denkschrift des Rates der Evangelischen Kirche in Deutschland zum Öffentlichkeitsauftrag der Kirche | 2008 | Deutsch |
| EKD | Unternehmerisches Handeln in evangelischer Perspektive | 2008 | Deutsch |
| EKD | Im Alter neu werden | 2009 | Deutsch |
| Evangelische Kirche von Westfalen | Globalisierung – es geht auch anders.<br>Teil 1 Globalisierte Wirtschaft | 2003 | Deutsch |
| Evangelische Kirche von Westfalen | Globalisierung – es geht auch anders.<br>Teil 2 Kirche als »Global Player« | 2003 | Deutsch |
| Landessynode der Evangelischen Kirche von Westfalen | Stellungnahme zum Soesterberg-Brief »Wirtschaft im Dienst des Lebens« | 2004 | Deutsch |
| Landessynode der Evangelischen Kirche im Rheinland | Kirche und Israel. Zur Erneuerung des Verhältnisses von Christen und Juden. Dokumentation | 1993 | Deutsch |
| Evangelische Kirchenkreise Duisburg-Nord, -Süd, Dinslaken, Kleve, Moers, Wesel; Kirchlicher Dienst in der Arbeitswelt Regionalstelle Duisburg / Niederrhein | Erklärung zum Strukturwandel | 1994 | Deutsch |

| | | | |
|---|---|---|---|
| Evangelische Kirche im Rheinland. Amt für Sozialethik | Der Christ und die Wirtschaft. Dokumentation der Festveranstaltung und Fachtagung | 1996 | Deutsch |
| Evangelische Kirche im Rheinland | Bewegte Zeiten. Wunsch und Wirklichkeit kirchlicher Arbeitszeit. Ergebnisse einer Arbeitszeituntersuchung | 2002 | Deutsch |
| Präses Nikolaus Schneider, Evangelische Kirche im Rheinland. | Jugend ohne Ausbildung – ohne Zukunft? | 2004 | Deutsch |
| Evangelische Kirche im Rheinland | Reichtum braucht ein Maß – Armut eine Grenze. Beispiele für kirchliches Handeln gegen die soziale Polarisierung | 2004 | Deutsch |
| Evangelische Kirche im Rheinland | Wachsende Polarisierung in Nordrhein-Westfalen? Sozialbericht NRW 2004 – Armuts- und Reichtumsbericht | 2004 | Deutsch |
| Kirchlicher Dienst in der Arbeitswelt Regionalstelle Duisburg / Niederrhein | Erinnern gibt Zukunft. Exposition | 2005 | Deutsch |
| Evangelische Kirche im Rheinland | Ökonomische, soziale und kulturelle Rechte in West-Papua. Eine Studie zur sozialen Realität und politischen Perspektiven | 2005 | Englisch, Deutsch |
| Klaus Eberl, Jens Sannig (Hgg.), Kirchenkreis Jülich der Evangelischen Kirche im Rheinland | Das Soziale neu denken? Der Paradigmenwechsel in der Sozialpolitik und die sozialethische Verantwortung der Kirche. Symposiums-Bericht | 2005 | Deutsch |

| Landessynode der Evangelischen Kirche im Rheinland | Familiengerechtigkeit. Ein Positionspapier | 2007 | Deutsch |
|---|---|---|---|
| Traugott Jähnichen, Norbert Friedrich, Wolfgang Herting (Hrsg.) | Den Wandel gestalten. 50 Jahre Gemeinsame Sozialarbeit der Konfessionen im Bergbau | 2000 | Deutsch |
| Dieter Kelp, Jürgen Widera (Hrsg.) | Rheinhausen ist überall. Kirche als Anwalt der kleinen Leute | 2005 | Deutsch |
| Evangelische Kirche im Rheinland | Wirtschaften für das Leben. Arbeitshilfe zur Stellungnahme der Landessynode 2008 | 2008 | Deutsch |
| Evangelische Kirche im Rheinland | Wirtschaften für das Leben. Stellungnahme zur wirtschaftlichen Globalisierung und ihren Herausforderungen für die Kirchen | 2008 | Deutsch, Englisch |
| Kammer für Arbeit und Wirtschaft der Evangelisch-Lutherischen Kirche in Thüringen | Die Zukunft der Arbeit. Anmerkungen und Argumente für die Auseinandersetzung mit den Problemen der gegenwärtigen sozialen Umbrüche in Kirche und Gesellschaft | 2000 | Deutsch |
| Landessynode der Evangelisch-Lutherischen Kirche in Thüringen | Beschluss der Landessynode: Die sozialen Herausforderungen der Gegenwart – Konsequenzen für die Kirche und ihre soziale Arbeit | 2005 | Deutsch |

| | | | |
|---|---|---|---|
| Kammer für Arbeit und Wirtschaft der Evangelisch-Lutherischen Kirche in Thüringen | Arbeitsfreier Sonntag. Handzettel | | Deutsch |
| Kammer für Arbeit und Wirtschaft der Evangelisch-Lutherischen Kirche in Thüringen | Shopping rund um die Uhr … ? Auftrag und Position der Kirche zum Ladenschluss | | Deutsch |
| Ev. Landeskirche in Württemberg | Erklärung der Landessynode zur Europawahl | 2009 | Deutsch |
| Ev. Landeskirche in Württemberg | Erklärung der Landessynode »Die Wirtschaft soll dem Leben dienen« | 2009 | Deutsch |
| Ev. Landeskirche in Württemberg | Entschließung der Landessynode »Reichtum braucht ein Maß, Armut eine Grenze« | 2010 | Deutsch |
| Sozialforum der Württembergischen Landessynode | Gerechtigkeit erhöht ein Volk | 2005 | Deutsch |
| Bremer Evangelische Kirche | Armut und Reichtum in Bremen – gemeinsam für eine soziale Stadt | 2008 | Deutsch |
| Evangelische Kirche in Hessen und Nassau | Erfahrungen-Reflexionen-Aktivitäten-Perspektiven. Zur Auseinandersetzung mit Globalisierung in der Evangelischen Kirche in Hessen und Nassau | 2004 | Deutsch |

| | | | |
|---|---|---|---|
| Evangelische Kirche in Hessen und Nassau (beteiligt) | Reichtum und Armut als Herausforderung für kirchliches Handeln. Ein deutscher Beitrag im Umfeld des APRODEV-Projektes »Christianity, Poverty and Wealth in the 21st Century«, hrsg. Werkstatt Ökonomie | 2002 | Deutsch |
| Evangelische Kirche in Hessen und Nassau | Reichtum und Armut: Arbeitsmaterialien für Gemeinde, Schule und Gruppen | 2003 | Deutsch |
| Evangelische Kirche in Hessen und Nassau | Jahrbuch Gerechtigkeit I-IV | 2005–2010 | Deutsch |
| Evangelische Kirche in Hessen und Nassau | Die Zukunft des Sozialstaates und unsere Verantwortung. Sozialwort der Synode der Ev. Kirche in Hessen und Nassau: Anregungen, Beispiele, Konkretionen http://www.ekhn.de/index.htm? http://www.ekhn.de/inhalt/presse/pressemitteilungen/archiv/10/11_rhlpf_kirchenvertreter.php~inhalt | 2008 | Deutsch |
| Ev. Kirche von Kurhessen-Waldeck, Theolog. Kammer | Was dem Leben dient | 1998 | Deutsch |
| Ev. Kirche von Kurhessen-Waldeck | Wirtschaften im Dienst der Menschen. Auswirkungen der Globalisierung auf Wirtschaftsunternehmen der Region Nordhessen | 2008 | Deutsch |
| Ev. Kirche von Kurhessen-Waldeck, Theolog. Kammer | Vor Gott in Freiheit leben. Vom Profil des Protestantismus und vom Wesen des Christentums | 2009 | Deutsch |

| | | | |
|---|---|---|---|
| Lippische Landeskirche | Synodenbeschluss zum Afghanistaneinsatz | 2008 | Deutsch |
| Ev. Kirche der Pfalz | Synodenbeschluss »Kirchen in Europa« | 2005 | Deutsch |
| Ev. Kirche der Pfalz | Synodenbeschluss »Wirtschaften im Dienst des Lebens« | 2005 | Deutsch |
| Bischofskonferenz der Vereinigten Ev. Lutherischen Kirche in Deutschland (VELKD) | Was darf der Mensch? | 2001 | Deutsch |
| Comenius-Institut | Europäisierung und citizenship als Horizonte evangelischer Bildungsverantwortung | | Deutsch |
| aej information: Zeitschrift für die Evangelische Jugend in der Bundesrepublik Deutschland | Brennpunkt soziale Gerechtigkeit | 2004 | Deutsch |
| Reformierter Bund in Deutschland | Das Bekenntnis zu Jesus Christus und die Friedensverantwortung der Kirche. Erklärung des Moderamens des Reformierten Bundes | 1982 | Deutsch |
| Reformierter Bund in Deutschland | Presseerklärung des Reformierten Bundes in Deutschland am 9. Juni 2007 | 2007 | Deutsch |
| Reformierter Bund in Deutschland | Pressemittelung: Angemessen und Erkenntnis fördernd | 2007 | Deutsch |

## Estland

| | | | |
|---|---|---|---|
| Estnische Evangelisch-Lutherische Kirche | Diaconia Development Plan 2005–2012 of the Estonian Lutheran Church | 2005 | Englisch |
| Estnische Evangelisch-Lutherische Kirche | Soziale Botschaft der Kirche. Die gesellschaftlich-politischen Ziele der Estnischen Evangelisch-Lutherischen Kirche | 2005 | Estnisch |
| Estnische Evangelisch-Lutherische Kirche | Entwicklungsplan der EELK 2008–2017 | 2008 | Estnisch, Deutsch |

## Finnland

| | | | |
|---|---|---|---|
| Evangelisch-Lutherische Kirche Finnlands | Towards the common good. Statement on the Future of the Welfare Society by the Bishops of the Evangelical Lutheran Church of Finland | 1999 | Englisch, Finnisch, Schwedisch |
| Evangelisch-Lutherische Kirche Finnlands | Catechism of Civic Responsibility | 2005 | Finnisch, Schwedisch |

## Frankreich

| | | | |
|---|---|---|---|
| Evangelischer Bund von Frankreich, Kommission Kirche und Gesellschaft | Eglises et mondialisation | 2003 | Französisch |
| Reformierte Kirche Frankreichs | L'Eglise Réformée et la mondialisation | 2005 | Französisch |

**Griechenland**

| | | | |
|---|---|---|---|
| Griechische Evangelische Kirche | Migration and Integration | | Englisch |

**Großbritannien**

| | | | |
|---|---|---|---|
| Kirche von Schottland | The annual report of the Church and Society Council of the Church of Scotland | 2008 | Englisch |
| Kirche von Schottland | Church Action and Poverty | | Englisch |
| Kirche von Schottland | Society, Religion and Technology Project of the Church of Scotland. | | Englisch |
| Kirche von Schottland | Statement on preventative spending http://www.actsparl.org/media/71272/or%20-%20cos%20-%20finance%20inquiry%20into%20preventative%20spending%20-%20aug%2010.pdf | | Englisch |
| Kommission zum Leben und Glauben in der Stadt, Kirche von England | Faithful Cities. A call for celebration, vision and justice. The report from the Commission on Urban Life and Faith, Methodist Publishing House, Peterborough 2006 | 2006 | Englisch |
| Methodistische Kirche in Großbritannien | Let Your Light Shine. A Strategy for the Methodist Church's Engagement with Economic Life | 2006 | Englisch |

## Italien

| | | | |
|---|---|---|---|
| Waldensische und Methodistische Synode | The Churches and Globalisation | 2001 | Italienisch |
| Waldensische und Methodistische Synode | Conclusions of the Synod of the Waldensian and Methodist churches in Italy | 2002 | Italienisch |
| Föderation Evangelischer Kirchen in Italien | The Globalisation in Italy | 2002 | Italienisch |
| Letizia Tomassone, Vizepräsident der Föderation Evangelischer Kirchen in Italien | Speech at the meeting with the Presidents of EU Institutions | 2008 | Englisch |

## Norwegen

| | | | |
|---|---|---|---|
| Norwegische Kirche | The Church and Economic Globalisation | 2007 | Englisch |
| Norwegische Kirche Synode | Economic Globalisation as a Challenge to Churches | 2007 | Englisch |

**Polen**

| | | | |
|---|---|---|---|
| Drei Konsistorien der evangelischen Kirchen in Polen | Statement regarding asylum seekers from Kosovo | 1999 | Polnisch, Englisch |
| Bischöfe der Methodistischen, Lutherischen und Reformierten Kirchen in Polen | Joint Statement of Polish Protestant Bishops concerning the potential war in Iraq | 2003 | Polnisch, Englisch |
| Drei Konsistorien der evangelischen Kirchen in Polen | Statement regarding European integration | 2004 | Polnisch, Englisch |
| Synode der Evangelisch-reformierten Kirche von Polen | Shame and suffering. Statement of the Synod of the Reformed Church in Poland regarding the so-called lustration process | 2007 | Polnisch, Englisch |
| Synode der Evangelisch-reformierten Kirche von Polen | Appeal to the Polish authorities (regarding genocide in Darfur) | 2007 | Polnisch, Englisch |

**Schweden**

| | | | |
|---|---|---|---|
| Erzbischof Wejryd | Speech at Meeting with the Presidents of EU Institutions May 5 | 2008 | Englisch |

## Schweiz

| | | | |
|---|---|---|---|
| Schweizerischer Evangelischer Kirchenbund | Bund zur Globalisierung und Gerechtigkeit. Stellungnahme des Rates des SEK zum Processus Confessionis und zum Entwurf einer Glaubenshaltung des Reformierten Weltbundes RWB (Glaubenserklärung »Die Zeit ist gekommen« von London Colney, Februar 2004) | 2004 | Englisch, Deutsch |
| Schweizerischer Evangelischer Kirchenbund | Globalance. Christliche Perspektiven für eine menschengerechte Globalisierung | 2005 | Englisch, Deutsch, Französisch |
| Schweizerischer Evangelischer Kirchenbund (Hrsg.) | Den Menschen ins Recht setzen. Menschenrechte und Menschenwürde in theologisch-ethischer Perspektive | $^{3}$2007 | Deutsch |
| Schweizerischer Evangelischer Kirchenbund | Grundwerte aus evangelischer Sicht | 2007 | Deutsch |
| Schweizerischer Evangelischer Kirchenbund (Hrsg.) | Faire Spitzenlöhne? Für mehr Masshaltung und Mitbestimmung | 2007 | Deutsch |
| Schweizerischer Evangelischer Kirchenbund (Hrsg.) | Energieethik. Unterwegs in ein neues Energiezeitalter. Nachhaltige Perspektiven nach dem Ende des Erdöls | 2008 | Deutsch |

**Slowakei**

| | | | |
|---|---|---|---|
| Ev. Kirche AB in der Slowakei | Stellungnahme zu Abtreibung und Euthanasie | | |

**Tschechische Republik**

| | | | |
|---|---|---|---|
| Evangelische Kirche der Böhmischen Brüder | Zur Problematik der Aussiedlung der Sudetendeutschen | 1995 | Tschechisch |
| Evangelische Kirche der Böhmischen Brüder | Stellungnahme des synodalen Rates der Evangelischen Kirche der Böhmischen Brüder zur Globalisierung | 2004 | Tschechisch |
| Evangelische Kirche der Böhmischen Brüder | Aufruf der Evangelischen Kirche der Böhmischen Brüder an den Prager Stadtrat hinsichtlich des Wohnheims für Asylbewerber in Prag | 2009 | Tschechisch, Deutsch |

**Ungarn**

| | | | |
|---|---|---|---|
| Evangelisch-Lutherische Kirche in Ungarn | Statement of the church presidium on homosexuality. | 2000 | Ungarisch |
| Evangelisch-Lutherische Kirche in Ungarn | Elections in 2002, Statement by the presidium against a brutal election campaign | 2002 | Ungarisch |

| | | | |
|---|---|---|---|
| Evangelisch-Lutherische Kirche in Ungarn | Press release on the attack against Iraq. The Lutheran Church of Hungary condemns the attack and asks the USA for reconciliation by diplomatic means | 2002 | Ungarisch |
| Evangelisch-Lutherische Kirche in Ungarn | Circular letter on giving blood. The church government encourages member to give blood within the Red Cross and the national Blood Donation Institute | 2002 | Ungarisch |
| Evangelisch-Lutherische Kirche in Ungarn | Declaration of the Council of Bishops on the acceptance of the so-called »favour law« in favour of Hungarians living abroad. | 2002 | Ungarisch |
| Evangelisch-Lutherische Kirche in Ungarn | Circular letter from the church presidium encouraging members to vote 2002 | 2002 | Ungarisch |
| Evangelisch-Lutherische Kirche in Ungarn | Statement of the land presidium of the Lutheran Church of Hungary: condemnation of drug consumption and distribution. Encouragement to the government for harsh legislation | 2002 | Ungarisch |
| Evangelisch-Lutherische Kirche in Ungarn | Circular letter from the bishops on entry into the EU | 2003 | Ungarisch |

| Evangelisch-Lutherische Kirche in Ungarn | Circular letter from the bishops: EU elections in 2004. Encouragement to take part and vote responsibly | 2004 | Ungarisch |
|---|---|---|---|
| Evangelisch-Lutherische Kirche in Ungarn | Statement of the Council of Bishops. Circular letter: referendum on the dual citizenship of Hungarians living beyond the frontier in 2004 | 2004 | Ungarisch |
| Evangelisch-Lutherische Kirche in Ungarn | Statement by the presidium of the church on the independence of the church from party politics | 2004 | Ungarisch |
| Evangelisch-Lutherische Kirche in Ungarn | Declaration on the question of agents, about the need for a committee to clarify matters | 2005 | Ungarisch |
| Evangelisch-Lutherische Kirche in Ungarn | Statement on donation of organs | 2005 | Ungarisch |
| Evangelisch-Lutherische Kirche in Ungarn | Statement by the church against the introduction of the abortion pill | 2005 | Ungarisch |
| Evangelisch-Lutherische Kirche in Ungarn | Statement of the Council of Bishops on Hungarian-Slovak reconciliation | 2006 | Ungarisch |
| Evangelisch-Lutherische Kirche in Ungarn | Declaration of the Bishops: Agent question II, on the need for a committee to clarify the matter | 2006 | Ungarisch |

| | | | |
|---|---|---|---|
| Evangelisch-Lutherische Kirche in Ungarn | Declaration of the Presidium of the Lutheran Church of Hungary: condemnation of the proceedings of the finance minister in financial questions relating to the churches. Detrimental distinction of the churches. Request for sector-neutral financing (of schools, institutes which provide for state tasks) | 2006 | Ungarisch |
| Reformierte und Lutherische Kirche in Ungarn | Reformed-Lutheran common statement on churches' social responsibilities | | Ungarisch |

## Internationale Stellungnahmen

### GEKE

| | | | |
|---|---|---|---|
| GEKE / Konferenz der Kirchen am Rhein | Liebfrauenberg-Erklärung. Konsultation zu den Herausforderungen von Migration und Flucht | 2004 | Englisch, Französisch, Deutsch |
| GEKE Fachkreis Ethik | Die Gemeinschaft der Evangelischen Kirchen in Europa und die Fragen der Globalisierung | 2005 | Deutsch |
| GEKE Regionalgruppe Südosteuropa | Kirche gestalten, Zukunft gewinnen – Gestalt und Gestaltung evangelischer Kirchen in einem sich verändernden Europa | 2005 | Englisch, Deutsch |

| | | | |
|---|---|---|---|
| GEKE / Konferenz der Kirchen am Rhein | Neue Armut und neuer Reichtum. Unsere Kirchen und die sozialen Herausforderungen in Europa. Protokoll der 46. Tagung der Konferenz der Kirchen am Rhein. 8.–9. Mai 2006 | 2006 | Französisch, Deutsch |
| GEKE Präsidium | Neue Erwägungen zum Begriff »Rechtmäßig Kriege führen«. Stellungnahme des Präsidiums der Gemeinschaft Evangelischer Kirchen in Europa (GEKE) zum Thema Aufrechterhaltung des Friedens, menschliche Sicherheit und Anwendung von bewaffneter Gewalt, 21.08.2006 | 2006 | Deutsch, Englisch |
| GEKE Exekutivausschuss | Nicht mit Gewalt, sondern allein mit dem Wort für die Wahrheit streiten | 2006 | Englisch, Französisch, Deutsch |
| GEKE Präsidium | Beitrag der GEKE zum Konsultationsprozess, Weißbuch zum interkulturellen Dialog' des Europarates. Stellungnahme des Präsidiums der GEKE | 2007 | Englisch |
| GEKE | Brief der GEKE an die Mitgliedskirchen am 5. Juni 2007 über die »Anliegen der europäischen Kirchen im Blick auf die Gestaltung Europas« | 2007 | Englisch, Deutsch |
| GEKE Präsidium | 5 Glück-Wünsche für die Zukunft Europas | 2007 | Englisch, Französisch, Deutsch |

| GEKE Präsident | »Religion gehört zum schulischen Bildungsauftrag.« Stellungnahme des Präsidiums der GEKE im Europarat | 2008 | Englisch, Französisch, Deutsch |
|---|---|---|---|
| GEKE Rat | Interkultureller Dialog: Nicht ohne die Religionen. Der Rat der Gemeinschaft Evangelischer Kirchen in Europa (GEKE) begrüßt das jüngst vom Europarat angenommene »Weißbuch über interkulturellen Dialog« | 2008 | Englisch, Französisch, Deutsch |
| GEKE Präsidium | Keine Finanzspekulationen mit Grundnahrungsmitteln | 2008 | Englisch, Französisch, Deutsch |
| GEKE Rat | Die Bedeutung der Barmer Theologischen Erklärung | 2009 | Englisch, Französisch, Deutsch |
| GEKE Präsidium | Menschenrechte und christliche Moral | 2009 | Englisch, Französisch, Deutsch |

**Konfessionelle Weltbünde**

| Lutherischer Weltbund | Botschaft der Zehnten LWB-Vollversammlung Winnipeg | 2003 | Englisch |
|---|---|---|---|
| Reformierter Weltbund | Bund für wirtschaftliche und ökologische Gerechtigkeit. »Bekenntnis von Accra« | 2004 | Englisch, Deutsch |

**United Methodist Church**

| | | | |
|---|---|---|---|
| United Methodist Church | Social Creed | 1908 | Englisch |
| United Methodist Church | Social Principles | 2008 | Englisch |
| United Methodist Church | Book of Resolutions, 6061: Our Muslim Neighbours, | 2008 | Englisch |
| United Methodist Church | God's Renewed Creation: Call to Hope and Action – http://www.hopeandaction.org | 2009 | Englisch |

**Ökumenische Dokumente (mit nicht-evangelischer Beteiligung) Deutschland**

| | | | |
|---|---|---|---|
| Evangelische Kirche in Deutschland / Deutsche Bischofskonferenz | Für eine Zukunft in Solidarität und Gerechtigkeit. Wort des Rates der Evangelischen Kirche in Deutschland und der Deutschen Bischofskonferenz zur wirtschaftlichen und sozialen Lage in Deutschland | 1997 | Englisch, Deutsch |
| Kirchlicher Herausgeberkreis Jahrbuch Gerechtigkeit | Armes Reiches Deutschland. Jahrbuch Gerechtigkeit I | 2005 | Deutsch |
| Kirchlicher Herausgeberkreis Jahrbuch Gerechtigkeit | Reichtum. Macht. Gewalt. Sicherheit in Zeiten der Globalisierung. Jahrbuch Gerechtigkeit II | 2006 | Deutsch |

| | | | |
|---|---|---|---|
| Diakonisches Werk der Evangelischen Landeskirche in Baden, Caritas-Verband der Erzdiözese Freiburg | Charta Oecumenica Socialis | 2007 | Deutsch |
| Schweizer Bischofskonferenz/Schweizerischer Evangelischer Kirchenbund | Wort der Kirchen, Miteinander in die Zukunft | 2001 | Deutsch |

**Großbritannien & Irland**

| | | | |
|---|---|---|---|
| Churches together in Britain and Ireland | Prosperity with a purpose. Exploring of ethics of affluence | 2005 | Englisch |

**Niederlande**

| | | | |
|---|---|---|---|
| Samen Kerk in Nederland | Council of Europe questionnaire | 2007 | Englisch |

**Österreich**

| | | | |
|---|---|---|---|
| Ökumenischer Rat der Kirchen in Österreich | Sozialwort | 2003/ 2006 | Englisch, Deutsch |

### Slowakei

| | | | |
|---|---|---|---|
| Slowakischer Ökumenischer Rat | Statement on the World Day on Diminution of Poverty | | Slowakisch |

### International

| | | | |
|---|---|---|---|
| Konferenz Europäischer Kirchen | So lasst euer Licht leuchten vor den Menschen! Diakonie in Europa vor neuen Herausforderungen: Texte vom Ersten Europäischen Diakonie Forum in Järvenpää / Finnland | 2001 | Deutsch, Englisch |
| Konferenz Europäischer Kirchen | Working Together for Sustainable Life. Experiences from Diaconia in Europe. Texts from the First European Diaconal Forum in Järvenpää/Finland | 2001 | Deutsch, Englisch |
| Kommission der Kirchen für Migranten in Europa | CCME Work Programme 2006-2008 | 2005 | Englisch |
| Ökumenischer Rat der Kirchen | Alternative Globalisierung im Dienst von Menschen und Erde (AGAPE). Hintergrunddokument | 2005 | Deutsch, Englisch |
| Peter C. A. Morée, Alexandru Neagoe (eds.) | Faces of Diaconia. Towards a Christian Understanding of Social Services. Papers from the Consultation of Churches and Theological Faculties of Central Europe and the Netherlands on »Diaconia, Concepts and Practice,« 4 to 8 July 2005 in Buzau, Romania | 2005 | Englisch |

| | | | |
|---|---|---|---|
| Kommission für Kirche und Gesellschaft der Konferenz Europäischer Kirchen und Eurodiaconia | Eine gemeinsame Vision für ein soziales Europa: »Hin zu Lebensqualität für alle«, Tagungsbotschaft | 2005 | Englisch, Deutsch |
| Kommission für Kirche und Gesellschaft der Konferenz Europäischer Kirchen | Europäische Kirchen leben ihren Glauben im Kontext der Globalisierung | 2006 | Englisch, Deutsch |
| Kommission der Kirchen für Migranten in Europa | Churches' assistance vital for refugees | 2007 | Englisch |
| Kommission für Kirche und Gesellschaft der Konferenz Europäischer Kirchen / Kommission der Kirchen für Migranten in Europa | Antwort auf die Konsultation der Europäischen Kommission zu »Modernising social protection for greater social justice and economic cohesion: taking forward the active inclusion of people furthest from the labour market (COM (2007) 620)« http://www.cec-kek.org/pdf/CSC_CCMEresponseactiveinclusion.pdf | 2007 | Englisch |

| | | | |
|---|---|---|---|
| Lateinamerikanischer Rat der Kirchen | »Buscando Salidas, Caminando Hacia Adelante«. Pronunciamento Público de las Iglesias Evangélicas de Americalatina y el Caribe | 2003 | Englisch, Spanisch |
| Evangelische Kirche in Deutschland und Evangelische Kirche der Böhmischen Brüder | Menschenhandel und sexuelle Ausbeutung von Frauen und Missbrauch von Kindern in der deutsch-tschechischen Grenzregion | 2007 | Deutsch |

# Appendix 2:

## Teilnehmerinnen und Teilnehmer des Studienprozesses

GEKE Konsultation Bad Godesberg April 2007

| **Teilneh-mer/-Innen** | | | |
|---|---|---|---|
| Drubel | Stefan | Solingen (D) | Evangelische Kirche im Rheinland |
| Gensini | Iolanda | Baranzate (I) | Evangelisch-methodistische Kirche von Italien |
| Guldanová | Eva | Bossey/Genf (CH) | Evangelische Kirche Augsburgischen Bekenntnisses in der Slowakei |
| Haar | Miriam | Dublin (IRE) | Evangelische Landeskirche in Württemberg |
| Häuser | Andrea | Kehl (D) | Evangelische Kirche in Hessen und Nassau |
| Kingsley | Carmen | Rouen (F) | Reformierte Kirche Frankreichs |
| Janssen | Rainer | Berlin (D) | Evangelische Kirche in Deutschland |
| Jourdan | William | Bruchsal (D) | Evangelische Waldenser Kirche |
| Lewandowska | Julia | Łódź (PL) | Evangelisch-reformierte Kirche von Polen |
| Lindseth | Gard | Oslo (NOR) | Norwegische Kirche |
| Luhamets | Eva-Liisa | Tartu (EST) | Estnische Evangelisch-lutherische Kirche |
| Schardien | Stefanie | Bochum (D) | Evangelische Kirche von Westfalen |

| Schauß | Joachim | Brüssel (B) | Evangelische Kirche in Hessen und Nassau |
|---|---|---|---|
| Skaus-menis | Karolis | Taurages Rajonas (LT) | Evangelisch-Lutherische Kirche in Litauen |
| Soom | Kaido | Tartu (EST) | Estnische Evangelisch-Lutherische Kirche |
| Szabo | Mihaly | Cluj (ROM) | Ungarische Reformierte Kirche in Rumänien |
| van Oorschot | Frederike | Heidelberg (D) | Bund Evangelisch-Freikirchlicher Gemeinden in Deutschland (Baptisten) |
| van Oorschot | Philipp | Heidelberg (D) | Evangelische Landeskirche in Baden |
| Wölfinger | Bernadett | Szentkiraly-szabadja (HUN) | Reformierter Weltbund |
| **Referent/ Innen** | | | |
| Adameová | Jana | Cesky Tesin (CZ) | Schlesische Diakonie |
| Körtner | Ulrich H. J. | Wien (A) | Evangelische Kirche H. B. in Österreich |
| Lindroos | Inka | Helsinki (Fin) | Ökumenischer Jugendrat in Europa |
| Mathwig | Frank | Bern (CH) | Schweizerischer Evangelischer Kirchenbund |
| Noll | Rüdiger | Brüssel (B) | Kommission für Kirche und Gesellschaft der Konferenz Europäischer Kirchen |
| Parry Jones | Angharad | Cymru/Wales (UK) | World Student Christian Federation |

| **Moderation** | | | |
|---|---|---|---|
| Flügge | Thomas | Bern (CH) | Gemeinschaft Evangelischer Kirchen in Europa |
| Heidtmann | Dieter | Brüssel (B) | Gemeinschaft Evangelischer Kirchen in Europa |
| Herbold | Kristina Michaela | Wien (A) | Gemeinschaft Evangelischer Kirchen in Europa |
| Klußmann | Jörgen | Bonn (D) | Evangelische Akademie im Rheinland |

GEKE Konsultation Bad Godesberg März 2008

| **Teilneh-mer/Innen** | | | |
|---|---|---|---|
| Chikán | Katalin | Patvarc (HUN) | Evangelisch-Lutherische Kirche in Ungarn |
| Göbel | Thorsten | Holzgerlingen (D) | Evangelisch-Methodistische Kirche Zentralkonferenz Deutschland |
| Guldanová | Eva | Rom (I) | Evangelische Kirche Augsburgischen Bekenntnisses in der Slowakei |
| Haar | Miriam | Dublin (IRE) | Evangelische Landeskirche in Württemberg |
| Häuser | Andrea | Kehl (D) | Evangelische Kirche in Hessen und Nassau |
| Jourdan | William | Bruchsal (D) | Evangelische Waldenser Kirche (I) |
| Lewandowska | Julia | Edinburgh (UK) | Evangelisch-reformierte Kirche von Polen |
| Lindseth | Gard | Oslo (NOR) | Norwegische Kirche |

| Luhamets | Eva-Liisa | Tartu (EST) | Estnische Evangelisch-Lutherische Kirche |
|---|---|---|---|
| Nicoly Menezes | Lydie | München (D) | Evangelisch-Lutherische Kirche in Bayern |
| Podranski | Kornelius | Marburg (D) | Evangelische Kirche in Hessen und Nassau |
| Ritchie | Joy | Bridgeton (UK) | Kirche von Schottland |
| Schardien | Stefanie | Bochum (D) | Evangelische Kirche von Westfalen |
| Schauß | Joachim | Dillenburg (D) | Evangelische Kirche in Hessen und Nassau |
| Schulz | Andreas | Wietze (D) | Evangelisch-lutherische Landeskirche Hannovers |
| Siba | Balázs | Budapest (HUN) | Reformierte Kirche in Ungarn |
| van Oorschot | Frederike | Heidelberg (D) | Bund Evangelisch-Freikirchlicher Gemeinden in Deutschland (Baptisten) |
| van Oorschot | Philipp | Heidelberg (D) | Evangelische Landeskirche in Baden |
| **Referenten** | | | |
| Dalferth | Silfredo Bernardo | Lichtenstein (D) | Evangelische Kirche Lutherischen Bekenntnisses in Brasilien |
| **Moderation** | | | |
| Flügge | Thomas | Bern (CH) | Gemeinschaft Evangelischer Kirchen in Europa |
| Klußmann | Jörgen | Bonn (D) | Evangelische Akademie im Rheinland |

| **Teilneh-mer/Innen** | | | |
|---|---|---|---|
| Chikán | Katalin | Patvarc (Hun) | Evangelisch-Lutherische Kirche in Ungarn |
| Guldanová | Eva | Bratislava (SK) | Evangelische Kirche Augsburgischen Bekenntnisses in der Slowakei |
| Haar | Miriam | Dublin (IRE) | Evangelische Landeskirche in Württemberg |
| Häuser | Andrea | Kehl (D) | Evangelische Kirche in Hessen und Nassau |
| Jourdan | William | Bruchsal (D) | Evangelische Waldenser Kirche (I) |
| Lewandowska | Julia | Edinburgh (UK) | Evangelisch-reformierte Kirche von Polen |
| Lindseth | Gard | Oslo (NOR) | Norwegische Kirche |
| Luhamets | Eva-Liisa | Tartu (EST) | Estnische Evangelisch-Lutherische Kirche |
| Mäkelä | Laura | Helsinki (FIN) | World Student Christian Federation |
| Schardien | Stefanie | Hildesheim (D) | Evangelisch-lutherische Landeskirche Hannovers |
| Schauß | Joachim | Dillenburg (D) | Evangelische Kirche in Hessen und Nassau |
| Siba | Balázs | Budapest (HUN) | Reformierte Kirche in Ungarn |
| Soom | Kaido | Tartu (EST) | Estnische Evangelisch-lutherische Kirche |

**Vertreter/In des Rates der GEKE**

| | | | |
|---|---|---|---|
| Tarr Cselovszky | Klára | Budapest (HUN) | Evangelisch-Lutherische Kirche in Ungarn |
| Pöder | Thomas Andreas | Tartu (EST) | Estnische Evangelisch-Lutherische Kirche |
| **Moderation** | | | |
| Heidtmann | Dieter | Brüssel (B) | Gemeinschaft Evangelischer Kirchen in Europa |

**Redaktionsteam**

| | | | |
|---|---|---|---|
| Haar | Miriam | Dublin (IRE) | Evangelische Landeskirche in Württemberg |
| Häuser | Andrea | Kehl (D) | Evangelische Kirche in Hessen und Nassau |
| Lewandowska | Julia | Łódź (PL) | Evangelisch-reformierte Kirche von Polen |
| Lindseth | Gard | Oslo (NOR) | Norwegische Kirche |
| Schardien | Stefanie | Hildesheim (D) | Evangelisch-lutherische Landeskirche Hannovers |
| Schauß | Joachim | Oberursel (D) | Evangelische Kirche in Hessen und Nassau |
| Heidtmann | Dieter | Brüssel (B) | Gemeinschaft Evangelischer Kirchen in Europa |
| Herbold | Kristina Michaela | Wien (A) | Gemeinschaft Evangelischer Kirchen in Europa |

**Redaktionelle Überarbeitung**

| | | | |
|---|---|---|---|
| Henke | Paul | Wien (A) | Gemeinschaft Evangelischer Kirchen in Europa |
| Heidtmann | Dieter | Brüssel (B) | Gemeinschaft Evangelischer Kirchen in Europa |

**Übersetzung in die deutsche Sprache**

| | | | |
|---|---|---|---|
| Haar | Miriam | Dublin (IRE) | Evangelische Landeskirche in Württemberg |

**Schlussredaktion**

| | | | |
|---|---|---|---|
| Fischbach | Frank-Dieter | Brüssel (B) | Gemeinschaft Evangelischer Kirchen in Europa |
| Haar | Miriam | Dublin (IRE) | Evangelische Landeskirche in Württemberg |
| Häuser | Andrea | Münster (D) | Evangelische Kirche in Hessen und Nassau |
| Heidtmann | Dieter | Bad Boll (D) | Ev. Akademie/Ev. Landeskirche Württemberg |
| Schauß | Joachim | Oberursel (D) | Evangelische Kirche in Hessen und Nassau |

# 1 Stand Up for Justice

## The Ethical Discernment and Social Commitment of the Protestant Churches in Europe

*Final Version 2012*

Resolution of the 7$^{th}$ General Assembly of the CPCE, Florence 2012:

1. The General Assembly receives the study »Stand Up for Justice« and thanks the study group for compiling it.
2. The General Assembly welcomes the broad discussion of the document amongst the member churches and is grateful for the differentiated responses, which were evaluated and incorporated into the final version.
3. The General Assembly regards the document as a giving guidance for the process of reflecting, commenting and acting on socio-ethical issues and recommends it to the member churches as an affirmation of LA 11: »Christians … know that God's will, as demand and gift, embraces the whole world. They stand up for justice and peace on earth between individuals and nations.«
4. The General Assembly recommends to the Council to set up a freely accessible digital archive to make available socio-ethical statements of member churches.

# Content

## 1 Introduction: The Study Group

In the past, doctrinal conversations of the Community of Protestant Churches in Europe (CPCE) – Leuenberg Fellowship – have concerned themselves with confessional and dogmatic questions. Initially questions of ethics played a subordinate role in the history of the Leuenberg Church Fellowship. However, in the Leuenberg Agreement (LA 11) the signatory churches acknowledge »that God's will, as demand and gift, embraces the whole world. They stand up for justice and peace on earth between individuals and nations. In consequence, they must join with other people in seeking appropriate rational criteria and play their part in applying these criteria. They do so in confidence that God sustains the world, and as those who are accountable to him.« The Leuenberg Agreement also commits the signatory churches to »strive for the fullest possible co-operation in witness and service to the world« (LA 29). According to LA 36, realizing church fellowship includes making the proclamation of the churches in the world more credible: »The preaching of the churches gains credibility in the world when they give a united witness to the gospel. The gospel liberates and links together the churches for common service. In that this is a service of love, it focuses on human distress and seeks to remove the causes of that distress. The struggle for justice and peace in the world increasingly requires that the churches accept a common responsibility.« LA 39 already explicitly introduces among the thematic fields to be studied further »Church and society« and »newly emerging problems relating to witness and service, order and practice« which »persist within the participating churches and between them without being grounds for division«.

Taking up the principles of the Leuenberg Agreement on common witness and service to the world, at its 5[th] General Assembly in Belfast in 2001 the CPCE set itself the goal of »being able to give a clear Protestant witness on important current questions of politics, society and ecumenical matters …«[1] The assembly resolved that »theological conversations about doctrine should work out the specifically Protestant presuppositions and criteria for ethical decision-making; these need to be presented more clearly in ecumenical conversations and to the European public. The concept of the freedom of the Gospel, the relationship of freedom and love as in the doctrine of justification, the concept of the conscience and the formation of a Protestant conscience in accordance with the Gospel, together with a Protestant understanding of responsibility, are fundamental here.«[2]

Current social and economic questions have been discussed in the CPCE when in recent years a series of churches as well as the confessional world alliances and ecumenical bodies have made fundamental statements on social questions, e. g. on economics and globalization. Within the CPCE this raises a question about the implications of such statements for church fellowship along the lines of the Leuenberg Agreement: what are the possibilities, necessities and limits of Protestant discernment on ethical questions? What does it mean for the individual signatory churches and their relations with one another if questions of social ethics are made the subject of church doctrine or the formation of a confession? What about the reciprocal recognition of confessions? In what spheres must there be binding commitments within the CPCE and in what spheres are differences acceptable?

The present study would like to contribute to this discussion by highlighting the theological foundations of ethical discernment in the CPCE member churches in connection with current social challenges. It is chiefly based on studies and documents from Protestant churches and institutions. However, it

---

1 Final Report of the 5th General Assembly of the Leuenberg Church Fellowship, in: Versöhnte Verschiedenheit – der Auftrag der evangelischen Kirchen in Europa. Texte der 5. Vollversammlung der Leuenberger Kirchengemeinschaft in Belfast, 19.–25. Juni 2001, ed. W. Hüffmeier, Ch.-R. Müller, Frankfurt a. M. 2003, p. 385.

2 Ibid.

also recognizes and considers a considerable number of positions drawn up by ecumenical bodies. Appendix 1 contains a select bibliography of ecumenical statements on social questions.

The study group proceeded deductively, extracting the socio-political, theological and ethical arguments from the documents to hand. In connection with ethical discernment, the role of *status confessionis* takes on special significance as a borderline case that can call church fellowship into question. The thematic field of social challenges was selected in view of the recommendation of the 6th General Assembly Budapest (2006) to the Council to seek suitable ways of dealing with the topic of »The Protestant Churches in the face of the new challenges of social justice«.[3] Acting on this recommendation, the study group was concerned, on the basis of the analysis, to devise recommendations which might be helpful to the member churches in drafting future position papers. In this way the study will have contributed to future work of the churches in society.

Protestant churches have a long and rich tradition of social teaching reaching back to the first Protestant church orders, which already contained detailed provisions on economic and social questions.[4] In the 19th century Protestant churches reacted to the social challenges of industrialisation with the expansion of their diaconal work. For the founders of new diaconal organisations the social shaping of the society meant »participation in God's kingdom«.[5] As a reaction to growing injustice in the society, the first Methodist Social Creed was written in 1908, calling for »equal rights and complete justice for all men in all

---

3 Freedom is Binding. Final Report of the 6th CPCE General Assembly in Budapest 2006 (http://www.cpce-assembly.eu/media/pdf/Vollversammlung/2006/2006_final_report.pdf), no. 2.2.1.3.

4 Cf. Gottfried Seebaß, Die evangelischen Kirchenordnungen und ihre Bedeutung für das neuzeitlich-europäische Staatsverständnis, Lecture Brussels 9. 11. 2006.

5 Cf. Johann Hinrich Wichern, Denkschrift über die Innere Mission (1849), in: Sämtliche Werke Bd. 1, ed. P. Meinhold, Berlin 1962, 179ff.

stations of life«.[6] Taking up this tradition, the study group devised a social (self-) commitment. With its decidedly liturgical character it is also intended for use in congregational worship in the CPCE member churches.

In this context the »crisis« in the formation of ultimate ethical judgments needs to be pointed out. In view of the growing number of borderline-questions in various spheres (economic injustice, medicine, etc), Protestant ethics finds itself in a market in which various solutions are offered. What is the specific task of the Protestant churches here: The drafting of ethical theories? Theological reflection? Practical help in life? Action critical of society? Against this background old questions are being posed afresh: is there a specifically Protestant ethic, and if so, what are its distinctive features compared with other forms of ethics with or without a religious foundation or the different conceptions of a philosophical ethic?

The main aim of this study was not to draft a statement on substantive ethical questions but to explore the basic structures of positions taken by Protestant churches in Europe on questions of social ethics. However, having been requested, first, to draw out criteria for ethical discernment and, second, to seek appropriate ways of working on the theme of Protestant churches facing new challenges to social justice, the group found this dual mandate rather problematic, which is reflected in this document.

The group first analysed about 80 statements on formal criteria, which were then examined in terms of their socio-political, theological and ethical content. In order to be able to draw as representative a picture as possible for the member churches, the CPCE office in 2007 asked all member churches to make available a selection of major studies and statements to the study conversation group.[7]

---

6 Methodist Social Creed 1908 (http://soziale-grundsaetze.umc-europe.org/soziales-bekenntnis/diverses/sozialesbekenntnis1908_deutsch_englisch.pdf).

The study is intended to encourage CPCE member churches to fulfil their commitment in the Leuenberg Agreement:

*»The Gospel liberates and links together the churches for common service. In that this is a service of love, it focuses on human distress and seeks to remove the causes of that distress. The struggle for justice and peace in the world increasingly requires that the churches accept a common responsibility.«* (LA 36).

[7] The documents evaluated for this study are included with some later ones in Appendix 1.

## 2 Review of Social Statements by Protestant Churches in Europe

The documents analysed focused on such diverse social and ethical issues as globalization, poverty and social exclusion, employment, social services, demographic change, family policies and migration, many of which are dealt with quite differently by different churches.[8]

By way of summary we may say that the Protestant churches' statements on ethical questions are as different as the ethical questions being addressed in our societies and as manifold as the Protestantisms which have developed over the centuries. These differences are evident even at first glance. In many cases the form depends on the different circles of authors and publishers, and the different audiences. Their provenance may be the highest level of the organized church, as well as statements from local or regional church bodies reflecting the local or regional experience of their parishes.

The differences also appear in different text types (study, press release, synod declaration, confessions etc) and functions which the statements are intended to fulfill. Although at first sight these are only formal points, they also have an impact on the reception of the documents, which makes it legitimate to highlight some of these insights before dealing with questions of content.

---

8 The analysis of this study is based on an understanding of social issues in the broad sense, taking into account the results of the online survey CPCE organised between January and July 2008. This broad understanding is reflected in chapter 3.2. Although justice and peace are closely linked (Ps 85:11), this study does not draw on church statements on peace and reconciliation, because CPCE has already dealt with these issues. Cf. Protestant Texts on Ethical Decision-Making, On behalf of the Executive Committee for the Leuenberg Church Fellowship ed. W. Hüffmeier, Leuenberger Texte 3, Frankfurt am Main 1997 and »Peace-keeping, Human Security and the Use of Armed Force. A Reconsideration of the Concept of Just Warfare«, Statement of the CPCE Presidium, 21.08.2006 (in this volume 398ff.).

## 2.1 Who is speaking on behalf of the churches?

In respect of the church bodies which issue ethical statements we may identify three main framework areas: documents produced by persons or bodies with a leading role in the church, sometimes at a national level; documents produced by church bodies working at a regional or international[9] level; documents produced by particular groups of people with a specific consultative role.[10]

*Documents from persons or bodies with a leading role*
In their decision-making processes, synods or collective leadership structures (e.g. the Federation of Swiss Protestant Churches) are able to consider the more general needs of the churches. Generally they produce documents relating to a specific topic.[11] Bishops, or people in leadership roles who are mandated by their churches to speak on their behalf, are able to react more quickly to developments in society by making public statements or issuing documents on current issues.[12]

---

[9] This is a typical feature of the United Methodist Church. Most of its ethical texts are designed for a worldwide church, and not especially for a European context. They are adopted every four years by the UMC General Conference and are binding on the whole church.

[10] Cf. Evangelical Church in Germany, Das rechte Wort zur rechten Zeit. Eine Denkschrift des Rates der Evangelischen Kirche in Deutschland zum Öffentlichkeitsauftrag der Kirche, 2008, 25 ff.

[11] E.g. Statement of the Synodal Council of the Czech Brethren Church on Globalisation, 2004; Declaration of the 10th EKD Synod: Righteousness exalts a nation – Poverty and Wealth, 2006; Declaration of the Waldensian and Methodist Synod on »The Churches and Globalisation«, 2001, or »Globalance«, a statement of the Federation of Swiss Protestant Churches of 2005.

[12] E.g. Evangelical Lutheran Church in Hungary, Bishops' circular on EU accession, Budapest 2003.

*Documents from the regional or local level*

Many documents on ethical topics have been written at the local level by parishes, regional conferences of churches or other local structures; this does not necessarily mean that they do not address general issues. Some of these documents deal with topics discussed in the church's synod or which are of interest beyond a specific geographical area.[13] Other documents pay more attention to problems in which the local churches are involved.[14]

*Documents from commissions or institutions with a consultative role*

In their arguments and reflections churches often draw on the contribution of groups of experts or specific institutions. These contributions may become documents recognized by the churches. They do not necessarily represent the church's only point of view but are a possible interpretation of a certain topic. Moreover they may be a starting point for further reflection by a synod or a church council. This type of document includes texts produced by expert committees,[15] research institutes which have a connection with the church,[16] lay academies or conference centres, and university departments or faculties (in particular theological faculties).[17]

---

[13] E.g. K. Eberl and J. Sannig (eds), Das Soziale neu denken? Der Paradigmenwechsel in der Sozialpolitik und die sozialethische Verantwortung der Kirche. Symposiums-Bericht, Jülich 2005.

[14] E.g. the appeal of the Evangelical Church of the Czech Brethren to the City Council of Prague concerning the hostel for asylum seekers in Prague (http://www.e-cirkev.cz).

[15] E.g. Memorandum of the Council of the Evangelical Church in Germany: Just Participation. Empowerment for Personal Responsibility, Hanover 2006 (http://www.ekd.de/english/1717.html). See also the work of the Commission on Globalisation and Environment of the Federation of Protestant Churches in Italy.

[16] E.g. the Social Science Institute of the Evangelical Church in Germany or the Life and Peace Institute in Uppsala.

[17] E.g. the Society, Religion and Technology Project of the Church of

This rather schematic overview should not suggest that the levels mentioned are unrelated to one another. The working groups who developed the papers consisted of people from different levels of the church, from different areas of society with different experiences and involvement in the issues addressed in the respective statements, reflecting a participative way of decision-making. The range of audience of a statement will vary, depending on the level at which it is issued and likewise the degree of authority it enjoys at the issuing or receiving end.

## 2.2 Form and function of the statements

Generally it is the issues addressed that determine the *form* of the statements, i. e. their length and the amount of practical detail. Some focus on basic questions of ethical and social discernment.[18] They give general outlines of the ethics of the church, developed from biblical guidelines or theological arguments. Others discuss more concrete problems.[19] In this case the framework can be very different, too. Some churches have a more European viewpoint on social problems.[20] Some churches are working on very special topics with local limits, either in their own region or in another region of the world.[21] This again influences the way in which the churches' statements relate to their sister churches in and beyond Europe.

---

Scotland (http://www.churchofscotland.org.uk/speak_out/science_and_technology/articles/society_religion_and_technology_project).

[18] Federation of Swiss Protestant Churches, Grundwerte aus evangelischer Sicht, Berne 2007.

[19] E.g. the texts of the Evangelical Lutheran Church in Hungary.

[20] See the statement of the three Consistories of Protestant churches in Poland regarding European Integration, 2004.

[21] E.g. Evangelical Church of the Rhineland, Economic, Social and Cultural Rights in West Papua, 2005, or the statement of the Synod of the Polish Reformed Church on genocide in Darfur, 2007.

By modern standards of communication the churches have to face a new and important challenge: not only to produce interesting documents but also to ensure that these documents are diffused as widely as possible.[22] That is the reason why the churches try more and more to use modern media and to communicate through the latest means. Ethical topics have also received special attention here: they are discussed in articles in church newspapers or theological reviews, they are published on websites of the churches or church organisations, and they are at the centre of church campaigns.[23] While many statements are the result of long-term planning, reflection and writing, churches sometimes also have to feed into ongoing political processes and react quickly to current debates.[24] Moreover, there is a lot of cooperation at the ecumenical level on ethical topics related to the new social challenges; consequently the ecumenical organisations try to present their views on these questions in joint documents.[25]

Most statements see their function as supporting believers in forming common judgements. Some have a more binding character. At its General Council in Accra in 2004 the World Alliance of Reformed Churches formulated a »confession of faith in the face of economic injustice and ecological destruction«.[26]

---

[22] E. g. Evangelical Church in Germany, Das rechte Wort zur rechten Zeit, 2008, 49ff.

[23] E. g. Kammer für Arbeit und Wirtschaft in der Evangelical Lutheran Church in Thuringia, Arbeitsfreier Sonntag, Flyer, Erfurt (no year).

[24] E. g. Letter from CPCE to the member churches on June 5, 2007 on »Concerns of the European churches regarding the shaping of Europe«: Press release of the Reformed Alliance in Germany on 9 June 2007.

[25] E. g. at the national level: Ecumenical Council of Churches in Austria, Social Mission Statement, Vienna 2003 (2006) or the Statement of the Slovak Ecumenical Council on the World Day on Diminution of Poverty, Bratislava (no year). Cf. at the European level, the statement of the Church and Society Commission of the Conference of European Churches (CEC), European Churches living their faith in the context of globalisation, 2006.

It stated »that the integrity of our faith is at stake if we remain silent or refuse to act in the face of the current system of neoliberal economic globalization«.[27] This led to a heated debate among CPCE member churches about the binding character of church statements on ethical discernment, which will be reflected in the theological analysis of the statements.

Another aspect reflecting and influencing the function of the documents concerns Protestant self-understanding in relation to society. While not always explicitly addressing the issue, the documents analysed reflect a certain relationship between church and society. Most of the documents see the churches as part of society. This kind of identification allows the churches to interact with other stakeholders of society as equal partners working constructively to improve society. In this case churches tend to act as agents in the processes, giving advice not only to politicians and economists but also to their own church bodies and parishes.[28] Only some see themselves as a community standing apart from, or over against society. This can be helpful for analysing societies' problems and challenges, but may also foster the idea of the church ›over‹ or ›against‹ society. In this case they do not so much reflect on their own role and responsibility in the social conflicts as present themselves as advisers to the social decision-makers and influential bodies.

---

[26] World Alliance of Reformed Churches (WARC), 24th General Council, Accra, Ghana. July 30 – August 13, 2004: Covenanting for Justice in the Economy and the Earth, Document GC 23-e (http://warc.jalb.de/warcajsp/news_file/doc-159-1.pdf).

[27] Ibid., § 16.

[28] E.g. Evangelical Church of the Rhineland, Economy in the Service of Life, 2009, 70ff on dialogue, discussion and cooperation.

## 2.3 Summary

Given the fact that diversity has always been an identity marker for Protestantism in Europe, the great variety of documents issued by CPCE's member churches on ethical and social discernment should not be all that surprising. This diversity relates not only to topics treated in the documents but also to the issuing bodies or persons (authorship), the different audiences addressed and the different forms of publishing.

Nevertheless, quite a number of common denominators emerged from the analysis of the documents. The documents are reflective. They relate to the social situation and to current discussions in society. The churches as editors of the statements see themselves as an integral part of society, trying to do as much as possible to improve society for the benefit of all. The intention of almost every document analysed is to enable individuals and communities of individuals to take a stand by supporting them in their ethical decision-making process.

Finally, it should be noted that confessional differences are not made explicit in the patterns of argument or explanations given in the documents. There is very rare reference to the respective confessional tradition, for example to key texts of the Reformation period. When it comes to the positions of Protestant churches on ethical issues the respective cultural and social context is apparently more decisive than their own denominational background.

# 3 Socio-Political Analysis of the Statements

## 3.1 Introduction

Today the term ›Europe‹ is associated above all with the European Union and cooperation in the economic sphere. But Europe is more than the EU and it is not just an economic community. Due to particular historical experiences and cultural, national and religious influences, the different states in Europe bring a diversity of perspectives to this space that we today call Europe. Some historical events bring us together; however, they are not remembered by all peoples in the same way. After World War II the European integration project in Western Europe was driven by the need to reconcile and heal the wounds of the war and to build a peaceful Europe. The initially western European integration process relied mainly on economic integration. European countries were to grow closer through the establishing and expanding of a ›common market‹. In Eastern Europe, people were separated from the West by the Iron Curtain; threatened by the oppression of totalitarian regimes, they underwent a time of trial. At the same time, in the midst of this situation, people did experience intellectual exchange, efforts to communicate across borders, solidarity and relative degrees of freedom.

Since the fall of the Iron Curtain, European societies have been undergoing major transition processes.[29] The churches see this as the impact of worldwide developments.[30] Of course, there is great diversity, often as much within as between European

---

[29] Some of them have been described in the CPCE doctrinal study »The Shape and Shaping of Protestant Churches in a Changing Europe« (http://www.leuenberg.net/daten/File/Upload/doc-7163-2.pdf) and in the study of the South Eastern Regional Group, Shaping the Church, Gaining the Future – the Shape and Shaping of Protestant Churches in a Changing Europe. Cf. ch. I, 11ff.

[30] Cf. ›Again a church in full public view‹, Report of the meeting of the South East Group of CPCE in Gallneukirchen, 11–14 May 2009.

societies. The analysis of the studies shows how much European countries and churches are still influenced by the former division into Western and Eastern countries and their different experiences, which lead to different political cultures today.[31] Europeans still need to relate and reconcile the different memories and perceptions with one another, and to try to lay a foundation for a comprehensive European tradition which can live side by side with national, regional and local traditions. The churches continue to play an important role in this process of European integration.

Five social issues addressed by the churches emerge from the documents examined. These are: economic globalization, poverty and social exclusion, education, migration and integration, and ecological justice. Many documents underline that these topics and the critical forms they are currently taking are mutually interdependent and interlocking. They further emphasize that violence and armed conflicts – though a separate issue – can only be appropriately understood against the background of developments in these topical areas.

In addition, the documents examine the configuration of culture, religion, and politics in order to make an assessment of the context that churches are facing and addressing. Such an assessment is important for a full understanding of the role churches can play in today's and tomorrow's Europe.

In order to link this study process as much as possible to the daily social challenges of Europeans, a survey of what people perceive as the most burning social issues was carried out on the CPCE website from February to July 2008.[32] An additional

---

[31] Note the variety of issues dealt with in the statements.

[32] 106 people took part in the survey on Europe's most burning social issues. They could either select from 11 issues described in brief or insert another issue in a blank box. In addition to the voting, the participants could give personal comments on the survey. The issues with the highest number of votes were the following: Rising gap between rich and poor causing social exclusion (24%); individualisation of values causing e. g. more single households, less children and more senior cit-

survey was carried out among people attending the German Protestant Kirchentag in Bremen in spring 2009.[33]

These surveys are not, of course, representative, with findings based on large samples of people from different walks of life. However, they show that interviewees were greatly concerned about the social situation in Europe. Moreover, the issues taken up in the social statements of the Protestant churches in Europe (see chapter 2) are almost identical with those rated highest in the surveys. This means that by discussing the very issues that people are most concerned about, the Protestant churches in Europe are close to the concerns of people.[34] Furthermore, a comment by one of the participants should be ad-

---

izens living alone (16 %); integration of migrants in society, lack of helpful intercultural dialogue and the problem of xenophobia (11 %); social effects of economic globalization leading to relocation of production sites away from Europe, for example (8 %); social effect of environmental problems, e. g. climate change and rising prices for energy (8 %). Issues that were added to the 11 issues presented to choose from were, for example, inadequate education, brain drain, mass emigration and lack of opportunities.

33 At the Kirchentag 62 % of the 72 participants in the survey expressed their view that social exclusion through the increasing gap between poor and rich is a challenge that also calls for a response from the churches. With 39 % of the scores – multiple choices were possible – there followed the integration of migrants, the lack of intercultural dialogue and the problem of xenophobia. At 29 % each, the increase of violence in public was mentioned along with the social effects of environmental policies, including the rising costs of energy. 25 % cited the growing need for old people to be looked after and cared for in an aging society. There followed the individualization of values with more one-person households, fewer children and above all seniors living alone (19 %), demographic change (18 %), the continuation of mass unemployment and the effects of economic globalization (each 14 %) and the growing costs of the social insurance system (13 %). Cf. CPCE Focus 2/2009, 6.

34 Cf. the EU consultation process on Europe's Social Reality (http://ec.europa.eu/citizens_agenda/social_reality_stocktaking/index_en.htm).

dressed: this person called for more attention for specific burning issues from Eastern Europe, such as the brain drain, mass emigration and a general lack of opportunities.

Finally, the results of the survey make it clear that the task of this study group to work on »the new challenges of social justice«[35] is not quite clear concerning the meaning of the word »new«. The issues rated the highest in the survey are not only »new« challenges. It seems evident that the types of problems and conflicts are still very much the same. They relate to distribution of welfare and public goods, participation in society and democracy, and cultural questions in our societies. However, at the same time as Europe is changing in line with social, economic and cultural globalization, we realise that we have become related to and dependent upon each other in new ways. The areas of activity that previously were separated by nation, class, religion and other dividing lines are now in the same sphere of life. In the course of a few decades the premises for the characteristic features of the traditional nation state have been drastically altered and political governance, national economies and judicial practice cross state borders. The complexity of the issues has increased and so has the level of conflict management. It is thus feasible to say that although many of the problems in Europe remain the same, what is expected of politicians and civil society organisations in order to contribute to solving these problems has changed fundamentally.

This also seems to be the case with regard to the current economic and financial crisis, which only got under way at a time when the study group was close to finishing its work. In an open letter to the Presidents of the EU institutions dated May 2009 representatives of European churches expressed their concern that »the current crisis is much more profound than the analysis of the EU institutions has suggested so far. The crisis

---

[35] As worded and resolved by the CPCE General Assembly in Budapest in 2006: »The General Assembly recommends to the Council to seek appropriate ways and means to work on the theme ›The Protestant churches in the face of the new challenges of social justice‹.«

calls into question a number of assumptions, which have underpinned the EU's economic policies over the last decades, such as deregulation, the primacy of economic criteria in all areas of life as well as an overemphasis on profit and growth. The current crisis is to a large extent a crisis of trust towards the financial and political institutions and towards the system which provoked it«.[36] If this analysis is correct, the economic crisis does not open new questions but radicalizes existing ones like the application of market rules in all sectors of life, access and participation in society, justice and the fight against poverty and social exclusion. They challenge us again to ask more and clearer questions about shaping an economy that serves life in terms of its use of resources and treatment of human beings.[37] The crisis also demonstrates that answers can no longer be found only at the national level. It indicates the importance of cooperation and solidarity among states and people today. Finally, it also points to the democratic impetus that is also fundamental to European states and societies, i. e. thinking in alternatives and backing them up by argument.

## 3.2 Describing the context: key social issues in today's Europe

### 3.2.1 Economic globalization

A number of documents refer to economic globalization.[38] Current economic globalization is a process of global transformation. It has resulted in economic growth and prosperity for some

---

36 The economic crisis is a call for change. Open letter to the Presidents of the EU institutions. Brussels, 6 May 2009 (http://assembly.ceceurope.org/uploads/media/Open_letter_to_the_Presidents_of_the_EU_insti.pdf).

37 See Arthur Rich, Wirtschaftsethik, Grundlagen in theologischer Perspektive, Gütersloh 1984.

38 E. g. The Commission on International Affairs/Church of Norway Council on Ecumenical and International Relations, The Church and

people and some regions, but overall the gap between rich and poor has widened and caused suffering and misery for many others. Europe is a continent in which many countries have experienced wealth and prosperity, but they have also witnessed how a free-market system operating without effective and democratic mechanisms for ensuring social and environmental objectives gives rise to immense injustices and insecurity. One of the effects of globalization for Europe is that during the last two decades production sites have increasingly been relocated to other parts of the world, sending many European workers out searching for new jobs or into lasting unemployment. Another effect is the commodification of knowledge and the building up of regional satellite centres, reinforcing centre-periphery patterns within European nations. When people move to these regional centres for work, this in turn creates problems for the economic and social development at the periphery.

The global nature of the challenges of economic globalization makes it necessary to look beyond Europe. In some parts of the world the life-situation of people has deteriorated dramatically. In many regions of the world, people continue to face an ongoing economic crisis, the breakdown of political order, and danger from violence, war and the destruction of the environment. Our sister churches from the South, in particular, remind us not to close our eyes to poverty and injustice.[39]

---

Economic Globalisation, 2007; Evangelical Church of Westphalia, Globalisierung – es geht auch anders, 2003; Waldensian and Methodist Synod, The Churches and Globalisation, 2001; Federation of Swiss Protestant Churches, Globalance, 2005; Eglise Réformée de France, L' Eglise Réformée et la mondialisation, 2005.

[39] Evangelical Churches of Latin America: Consejo Latinoamericano de Iglesias (CLAI), Buscando Salidas, Caminando Hacia Adelante. Pronunciamento Público de las Iglesias E Evangélicas de Americalatina y el Caribe, June 2003. Message to the churches by CLAI, Faith, Economy and Society Program Advisory Group, January 21, 2002. Cf. the presentation of Silfredo Dalferth, Lutheran Church of Brazil, at the consultation of the study group in Bad Godesberg in March 2008.

Some European countries and churches share guilt in respect to the political and economic development that was based on the large-scale exploitation of people and natural resources in the South.[40] The present world economic order must be seen in relation to the grave offences perpetrated over hundreds of years against peoples and populations of the South in the name of God, enlightenment and progress. The political liberation of the countries of the South has been limited by the fact that unequal economic distribution and interdependence between the North and the South have to a great extent been maintained. Through interest on loans, the use of tax havens, exploitation of raw materials, cheap labour etc., the »flow of value« is still moving from South to North.[41] The money that flows back in the form of development assistance and emergency aid scarcely helps in repairing the worst damage caused by this injustice.[42]

### 3.2.2 Poverty and social exclusion

Even though European countries top the list of the wealthiest countries in the world, about 18% of Europe's population live in poverty[43], earning less than $2 a day, and 5% are affected by

---

[40] Cf. Church of Norway, General Synod issue 2007: Economic globalisation as a challenge to churches, 1.

[41] Cf. Church of Norway, The Church and economic globalisation, 2007, 21.

[42] Cf. Evangelical Church of the Rhineland, Economy in the Service of Life, 2008, 25ff.

[43] E.g. Evangelical Church in Germany, Participatory justice, 2006; the annual report of the Church and Society Council of the Church of Scotland, 2008; Bishops of the Evangelical- Lutheran Church of Finland, Towards the Common Good. Statement on the Future of the Welfare Society, 1999 (www.evl.fi/english/towardscg.htm); Churches together in Britain and Ireland, Prosperity with a Purpose. Exploring of ethics of affluence, 2005; Response of the Church and Society Commission of the CEC and the Churches' Commission for Migrants in Europe to the Consultation of the European Commission on »Modernising social protection for greater social justice and economic cohesion: taking forward

food insecurity.[44] There is a growing gap between the rich and poor, and a growing inequality in European societies. The European Commission has defined poverty as follows: »People are living in poverty if their income and resources are so inadequate that they exclude them from having a standard of living considered acceptable in the society in which they live«.[45] Because of their poverty they may experience multiple disadvantages through unemployment, low income, poor housing, inadequate health care and barriers to lifelong learning, culture, sport and recreation. The rising costs of the medical insurance system in particular cause a structural unequal treatment of rich and poor patients.

Poor people are often marginalized and excluded from participating in activities (economic, social and cultural) that are the norm for other people and their access to fundamental rights is restricted.[46] This can be characterized as structural poverty. Poverty particularly and disproportionately affects children, young people and their parents.[47] Material poverty is connected with a feeling of insecurity and lack of perspective, especially for young people confronted with biographical risks (e.g. lower levels of education leading to low-grade employment, or even joblessness).[48]

---

the active inclusion of people furthest from the labour market (COM (2007) 620)«.

44 The UN Food and Agricultural Organization (FAO), 2004 (http://in.rediff.com/news/2004/may/06euro.htm).

45 European Commission, Joint Report on Social Protection and Social Inclusion 2008, Luxembourg 2008 8ff (http://ec.europa.eu/employment_social/spsi/docs/social_inclusion/2008/joint_report_en.pdf).

46 E. g. Faithful Cities. A call for celebration, vision and justice. The report from the Commission on Urban Life and Faith, Methodist Publishing House, Peterborough, 2006, ch. 4.

47 Cf. European Commission, op. cit., 35.

48 Association of Protestant Youth Organisations in Germany. General Meeting, Resolution 1/2004. Gerechtigkeit Schaffen: Kindern und Jugendlichen die Zukunft sichern!

Another fundamental challenge to the functioning of the social systems is the persistent high level of unemployment in many European countries.[49] It is not only a main factor in poverty and social exclusion, but also provides fertile soil for extremism and intolerance in society.

Demographic change is also causing ageing societies and is thus leading to a tighter financial situation for social security systems. In recent years, demographic change has led to an increasing need for attention to elderly people in an ageing society, in order to care for them better. However, the tighter financial situation has also led to reduced pensions and increased poverty among older people.

Poverty, unemployment, and inequalities between rich and poor often result in social exclusion. Social exclusion is a process whereby certain individuals are pushed to the edge of society and prevented from participating fully by virtue of their poverty, lack of basic competences and lifelong learning opportunities, or as a result of discrimination. This distances them from an occupation, income and educational opportunities, as well as from social and community networks and activities. They have little access to power and decision-making bodies and thus often feel powerless and unable to take control over the decisions that affect their day-to-day lives.

### 3.2.3 Education

Education[50] is a European social issue which is closely connected to the problem of social exclusion. It is also important in order to meet the identity crisis that many experience in a globalized world. Access to education has become one of the most important prerequisites for just participation in European soci-

---

[49] Cf. The British Methodist Church, Let Your Light Shine, 6-8.

[50] E.g. Comenius Institute, Europäisierung und Citizenship; »Religion is part of the task of school education.« In the Council of Europe, the President of the Community of Protestant Churches in Europe (CPCE), Pastor Thomas Wipf, supported the active inclusion of religion in state schools, Strasbourg/Berne, 9 April 2008.

eties. To enjoy life opportunities in full, life-long learning has become a necessity because of the new challenges of today's and tomorrow's world of work in Europe. This does not imply that the first or the most important aspect of learning and access to education is to be competitive in the labour market. Rather, education should focus on the individual as a human being with her or his own personality. Strengthening holistic education, not only school education, is therefore a major social challenge in today's Europe.

However, access to education is not distributed equally, either within or between European societies. All relevant studies on European education systems indicate large discrepancies in the education levels of young people within different European states, as well as highly problematic differences in the quality of educational systems throughout Europe.[51] This results in two dangerous tendencies. First, children from poor families less frequently achieve higher education. Social disadvantages are perpetuated, and people become trapped in a vicious circle of poverty and lack of education. Second, the differences between education systems in different European countries restrict freedom of movement and the possibility of continuing education in other countries. These tendencies exclude people of all ages from realizing their full potential as human beings and participating fully in society. Since educational institutions are arenas where people from so many different cultures meet, it is important that intercultural dialogue is an integral part of curricula and practised in the classroom.

In the realm of formal school education, the quality of education is also a major problem. Often, the curricula lack an educational focus on social skills. This has consequences for personal and professional development where social skills have become more and more important. Often the accent is on »learning facts«, which does not provide the necessary communication skills for today's knowledge societies.

---

51 Cf. OECD's Programme for International Student Assessment (PISA).

In many European countries, the Protestant churches are affected by a lack of religious education in the official school curricula. Protestant churches argue that they attach great importance to religious education being on the curriculum, not only in order to give children sufficient knowledge about faith and religion, but because building a Christian identity is important for meeting others of different faiths.[52] Moreover, this fosters respect for freedom of religion.

However, people of all generations, and especially young people and children, learn not only at school but also in churches. Extracurricular education of children and young people is carried out through Protestant churches, church youth groups and youth associations which equip them with highly important social skills necessary for life in the community. Protestant youth work helps to level out social disadvantages and provide appropriate educational opportunities for young people from disadvantaged groups. Furthermore, it is important for churches to provide educational programmes enabling people to participate in interfaith conversations and thereby foster a more cohesive and inclusive society.[53]

### 3.2.4 Migration and integration

Integration of migrants[54] into society, the need for helpful intercultural dialogue and combating xenophobia form another set of challenges identified by the churches. Migration is not a

---

[52] Cf. the Contribution of the Community of Protestant Churches in Europe to the Consultation Process on the Preparation of the »White Paper on intercultural dialogue« of the Council of Europe, Vienna, 30 May 2007 (http://www.leuenberg.eu/sites/default/files/doc-7189-1_0.pdf) and: Intercultural dialogue: not without the religions. The Council of the Community of Protestant Churches in Europe welcomes the White Paper on Intercultural Dialogue recently adopted by the Council of Europe, Paris, 1 June 2008 (http://www.leuenberg.net/daten/File/Upload/doc-8066-1.pdf).

[53] Ibid.

[54] E. g. the statement of the three Consistories of Protestant Churches

new challenge – it comprises an integral part of Europe's history and an important dimension of its current reality. European citizens are continuing to emigrate from or move within Europe, while migrants and refugees from other parts of the world are arriving to build new lives in Europe. »Migrants« in this context means those coming simply to find work while »refugees« covers those fleeing social emergencies or seeking asylum in Europe on grounds of political persecution.

The question of how to deal with the effects of migration in Europe is a burning issue on the churches' agenda. A large number of Protestant churches intervene in society and in public debate about responsible migration and integration policy, demonstrating in their diaconal work that they care for and about migrants. They oppose the various, often subliminal currents of discrimination and the tendency to allow migrants to live in isolation from the rest of the community.[55] One of the challenges of which Protestant churches have become increasingly aware is how to relate to migrant churches. Some examples show how churches have managed to advance communication between Christians from different continents, including interdenominational dialogue and raising awareness of different religious practices.[56]

Beside the challenge of integrating new migrants, some European societies have not yet managed to integrate minority populations, e. g. the Roma people or other ethnic minorities in

---

in Poland. Asylum seekers from Kosovo, 1999; Churches' Commission for Migrants in Europe, Churches' assistance vital for refugees, Bratislava, 23 March 2007. Cf. http://www.ccme.be.

55 CPCE, Consultation on the Challenges of Migration and Asylum. Liebfrauenberg Declaration, 2004 (in this volume, 408–420). See also the work of the Churches' Commission for Migrants in Europe (CCME), Brussels.

56 Cf. Mission Eine Welt. Centre for Partnership, Development and Mission of the Evangelical Lutheran Church in Bavaria. Likewise Samen Kerk in Nederland (SKIN). Together Church in the Netherlands (http://csc.ceceurope.org/issues/intercultural/islam-christianity-and-europe/responses-white-paper).

many eastern European countries or the indigenous population in northern Europe.[57] In many European countries minorities have been present for centuries, but xenophobia and prejudices still hinder many people's life and development, even though they are inhabitants of the same native country and have the same citizenship.

Racism, xenophobia and anti-Semitism threaten life together in many European societies and challenge churches to make a constructive, integrating contribution. In view of the increase in right-wing populist parties and positions in Europe, this threat is not regarded as marginal, but as a major challenge to the churches and societies in Europe.[58]

### 3.2.5 Ecological justice

The social effects of environmental problems, e. g. climate change and rising energy prices, should not be underestimated.[59] The interrelationship between environment and poverty is a key issue.[60] The World Commission on Environment and Development defined sustainable development as development which meets basic human needs.[61] However, in order for future generations to be able to meet their basic needs, people today need to limit their interference with the natural environment and their consumption of non-renewable resources. There needs to be increased consumption of the latter in poor countries, and at the same time reduced consumption in the rich countries.

---

57 Cf. Final Message of 3rd European Ecumenical Assembly in Sibiu, September 2007, Recommendation 5.

58 CPCE on European elections in 2009.

59 E. g. Church of Norway, Globalisation, 2007; Federation of Protestant Churches in Italy, Commission on Globalisation and Environment, Economic and Ecological Justice, 1–4; Bishops of the Evangelical- Lutheran Church of Finland, Towards the Common Good, 1999.

60 Cf. Evangelical Church of the Rhineland, Economy in the Service of Life, 2008, 61–64. See also the work of the European Christian Ecology Network (ECEN) of CEC's Commission for Church and Society.

61 The Brundtland Report. Our Common Future, 1987.

The climate problem is the world's most serious environmental issue. In a letter[62] sent on 7th December 2007 to the presidents of the EU institutions, three prominent church leaders in Europe made the following statement: »Informed by the prevailing scientific evidence, all countries should commit to reduce collectively global emissions by at least 80 per cent by 2050«. European countries are among the greatest emitters of $CO^2$, the cause of climate change. The fact that those who at present emit least climate gases are also those who will be hit the hardest by climate change represents a major ethical issue. In the abovementioned letter the church leaders stated that »trust had to be restored between North and South after so many broken promises, and that governments needed to look beyond national interests to provide for the global common good«. It seems clear that European countries have a greater responsibility for solving the climate problem than most other countries in the world.[63]

### 3.2.6 Values, attitudes and patterns in society

Many churches are indicating a shift of paradigm in European societies: a profound change in basic values, attitudes and patterns of action for individuals and for our society.[64] The impact of modern societies has been described as a ›hedonist treadmill‹, ultimately unsatisfying, and for those who cannot keep up in the consumption race, it seems a source of stress, accentuating problems of self-esteem and feelings of personal failure. Risks and perceived risks in the society affect greatly the well-being

---

[62] The letter was written by the Archbishop of Canterbury, Dr Rowan Williams, the Archbishop of Uppsala, Sweden, the Most Rev Anders Wejryd, and Bishop Dr Wolfgang Huber, Chair of the Council of the Evangelical Church in Germany (EKD).

[63] Cf. CPCE, No financial speculation with basic foodstuffs, May 2008.

[64] Cf. the Response of the Church and Society Commission of the CEC, the Churches' Commission for Migrants in Europe and Eurodiaconia to the Consultation Paper from the Bureau of European Policy Advisers on »Europe's Social Reality« and the communication »Towards a new social vision«

of the individual, putting men, women and children under pressure.

In these times, when the countries of the European Union and the Council of Europe are in a political process of reconsidering the value base of European integration – this has been most evident[65] in the constitutional debate of the EU and the intercultural dialogue at the Council of Europe –, the churches are also called on to collaborate with their Christian values in the positive shaping of these foundations. In the words of European Commission President José Manuel Barroso: »The churches and confessional communities can contribute and are indeed contributing to better understanding among people by prompting mutual respect in a framework of shared fundamental values.«[66] One of the ways that churches are contributing is by offering resistance to the consumer culture and instead promoting a different culture with a simpler and more sustainable lifestyle.[67]

## 3.3 Protestant churches in the public sphere

The churches emphasize that they want to contribute to overcoming the challenges described above in European societies and in Europe. Accordingly, it makes sense to ask how deeply

(http://csc.ceceurope.org/fileadmin/filer/csc/Social_Economic_Issues/CSC_CCMEresponseEuropesSocialReality.pdf).

[65] CPCE, Five Good Wishes for the Future of Europe. On the 50th anniversary of the Rome Treaties, 2005.

[66] José Manuel Barroso, La diversité réconciliée dans une Europe unifiée. Address to the 3rd European Ecumenical Assembly in Sibiu, Romania, 6.9.2007 (http://www.eea3.org/documenti/fourth/BarrosoFr.pdf).

[67] Cf. statement by German Bishop Huber, Swedish Archbishop Wejryd and Letizia Tomassone, Vice-President of the Federation of Protestant Churches in Italy, at the meeting with the presidents of the European Institutions on 5 May 2008.

the churches are rooted in public and social life and what status their convictions have in today's Europe.

### 3.3.1 Church and state

Church-state relationships have been a controversial issue throughout history. There have always been people who criticise, even reject, the church's involvement in political issues. However, in our time there is an increasing consensus that the church cannot ignore politics. There is thus a need to be clear about the different tasks that the state and the church have. The 5th thesis of the Barmen Theological Declaration (1934) recognizes the tasks of the state, which has »by divine appointment the task of providing for justice and peace. [It fulfils this task] by means of the threat and exercise of force, according to the measure of human judgment and human ability«. But it also clarifies the limits of the state by rejecting »the false doctrine, as though the State, over and beyond its special commission, should and could become the single and totalitarian order of human life, thus fulfilling the Church's vocation as well.«[68]

This has proved to be an important clarification especially in conflict situations between church and state, be it with reference to the engagement with National Socialism, or in response to the totalitarian claims of communism or what was called »real socialism »in Eastern Europe.

Regarding the relation of church and state, there are different traditions in CPCE[69] member churches. Two concepts have traditionally gained special prominence, the two kingdoms and the lordship of Jesus Christ. In an earlier study process, CPCE

---

[68] Barmen Theological Declaration V, in Creeds and Confessions of Faith in the Christian Tradition. Volume III. Modern Christianity, ed. J. Pelikan; V. Hotchkiss. New Haven and London 2003, 504-508.

[69] A detailed analysis would reveal an enormous diversity in the existing church-state relationships in Europe, which are also currently subject to changes and discussions. E.g. the United Methodist Church advocates a clearer separation of church and state: http://www.emk-kircheundgesellschaft.ch/de/soziale-grundsaetze.html.

member churches discussed the relevance of these concepts to confession-making on ethical questions. The findings of the two consultations in Driebergen (1978) and Rastede (1979) were summarized as follows: »Different attitudes of the churches on political and social issues cannot be derived from the doctrine of the Two Kingdoms or the doctrine of the Lordship of Jesus Christ. The discussion on the question of how best to explain these differences led to raising the issue of so-called non-doctrinal factors.«[70] The study led to the conclusion that the signatory churches of the Leuenberg Agreement »have a basic theological consensus as regards Protestant responsibility in the world« and that the different ethical conceptions are »on mutually censoring and complementing terms«.[71] 30 years later the evaluation of social statements of Protestant churches in Europe can only confirm the results of the earlier study process. The statements are characterized by a positive relation between church and state with a clear distinction between the tasks of both and a distinctive differentiation of responsibilities. These findings affirm the presupposition of the Leuenberg Agreement that Protestant churches in Europe have been led so close together that this enables them to discern the common elements in the witness of the churches and to render common service.

### 3.3.2 Christianity and secularisation

European societies have changed through a process by which people migrate from a close identification with religious institutions to a more differentiated relationship. This has been characterized as a process of secularisation.[72] Others have stressed the importance of a growing pluralism in European societies.[73]

---

70 Protestant Texts on Ethical Decision-Making, 1997, 49.

71 Ibid., 8.

72 Cf. CPCE South East Central Europe Regional Group, The Shape and Shaping of Protestant Churches in a Changing Europe.

73 Secularisation in Europe is evaluated differently: cf. the positive perception of secularisation by U. H. J. Koertner, Wiederkehr der Religion? Das Christentum zwischen neuer Spiritualität und Gottvergessenheit,

Undoubtedly secularisation and pluralism continue to provide significant numbers of the citizens of Europe with a framework for shaping ethical decisions, priorities, actions, worldviews, »beliefs«, and their attitudes towards other individuals, social groups, and institutions, including the churches.[74] Furthermore, churches in Europe are no longer predominant in the faith arena; mass immigration over the last 30–40 years has also resulted in the growth of other religions in Europe, Islam being the most prominent example.[75]

---

Gütersloh 2006. The English sociologist Grace Davie doubts the thesis of secularisation in Europe. She notices that the levels of subjective religiosity remain high regarding the reality of basic religious referents although less so regarding the truth of »credal« doctrines. Europe is the exception where secularisation is concerned (www.faithineurope.org.uk/davie.pdf).

74 Nevertheless Europe is a region with a strong Christian presence. The Religion Monitor 2008 of the Bertelsmann Foundation (2008) comes to the conclusion that »Europe continues to be strongly shaped by the Christian faith. Three-quarters of all Europeans (74 percent) in the countries surveyed are religious, with one-quarter (25 percent) highly religious. … Europeans attach so much importance to their faith that they make it an integral part of their lives. More than half (57 percent) attend religious services more or less regularly, and 61 percent engage in personal prayer. Sixty-eight percent agree with the proposition that a God or some sort of divine entity exists, and they believe in life after death in some form.« The Religion Monitor indicates »marked religious differences among individual European countries, which are strongly influenced by national traditions. Faith and religion are most strongly rooted in Poland and Italy, and their role is least significant in secular France.« The Religion Monitor points out that the Christian religion is »an important factor that binds Europe together. It influences people's personal and social lives in all of these countries, albeit to varying degrees. Europe can draw on a shared set of values, for example in dealing with important life events and issues such as births, partnerships and deaths, as well as in contemplating the meaning of life.« Bertelsmann Foundation (ed), Religion Monitor 2008. Europe. Overview of religious attitudes and practices, Gütersloh 2008, 4.

Secularisation has also meant the end of a number of state churches in Europe, which have become independent churches. This end of state churches also marks the transfer of activities from religious to secular institutions, such as a shift in the provision of social services from churches to the government or the private sector. At the same time, there are exceptions, like Germany, where there are still about 100,000 church-based charitable institutions,[76] making the two major churches the second largest employers after the government.

Nevertheless, it seems clear that the churches have lost some of their institutional power base, and that many churches perceive this as a loss of influence in society. The case of Norway can serve as an example, where 2008 was a year of great changes in church-state relations. Over the previous decade Norway had gone from a situation where Christianity was taught in primary schools to a situation where, today, the subject is called »religion, ethics and worldviews«, and where schools and kindergartens are no longer expected to provide a Christian education. The year 2008 also marked the beginning of the end of Norway's state church, with a parliamentary decision that the church in time should govern itself, and the abolition of the section in the constitution stating that »the evangelical Lutheran religion is the official religion of the state«.

All this has consequences for the churches. Many perceive this development as a de-Christianisation of European societies. They feel they have lost something which stamped European societies for 2000 years. Secularisation is perceived as a threat for religious values, turning European societies into materialistic communities without spirit and soul. Others stress the new opportunities for the churches in changing societies. The clear dis-

---

[75] Cf. Evangelical Church in Germany, Das rechte Wort zur rechten Zeit, 2008, § 57.

[76] The diaconal institutions provide services from pre-school education to health care for the elderly. They are partly funded by the churches out of their own income, these being a proportion of general tax revenue.

tinction between the role of the state and the role of religious communities is seen as liberating the churches from trying to operate as public agencies. The churches can now to a greater degree operate as independent bodies – not least when it comes to giving responses to ethical challenges in society. For many minority churches the end of predominant relations between the state and one specific majority church led to a better legal framework, safeguarding values and rights of different religious communities in a more equal and just way. In any case, the churches find themselves increasingly in a situation in which their contributions are only one option in a »market« of different opportunities. Accordingly, they are called to contribute on the basis of the gospel and their traditions, values, practices and concerns to the shaping of European societies – and the challenge is to make these contributions understood and useful for other stakeholders in society who do not share the same faith or belief.

# 4 Theological Analysis of the Statements

## 4.1 Introduction

In Protestant theology it is necessary to base social teaching on biblical witness understood as the *norma normans,* the »norming norm«, and to take into account the confessions as the *norma normata,* the »normed norm«. The following chapter will introduce shared biblical and theological tenets as well as ethical reasoning explicitly or implicitly present and applied in the documents.[77]

The documents respond to a variety of questions and challenges in matters of social ethics. Not all address biblical and systematic-theological issues explicitly. Yet the churches find in the biblical witness a call to mission in word and deed. The ethical commitment which arises from this call is a constituent part of the church's mission. The significance of the systematic-theological dimension is less evident than the importance of the biblical witness. Though the biblical and systematic-theological dimension might not appear to all as a priority in analysing and evaluating ethical statements, reflection on whether these two dimensions are implicit or explicit in the statements is a necessity for a social teaching rooted both in the biblical witness and the being of the church.

The analysis focused on three aspects of the churches' ethical commitment:

1. *Its biblical foundation*

A number of documents speak of life and love as foundational and as prerequisites of the churches' ethical responsibility.[78]

---

[77] For the different use of Scripture in the documents, see the CPCE doctrinal study Schrift – Bekenntnis – Kirche. Scripture – Confession – Church, Leuenberger Texte 14, ed. by Michael Bünker, Evangelische Verlagsanstalt, Leipzig 2013.

[78] E. g. Evangelical Church of the Rhineland, Economy in the Service of Life, 2009, Results of 2008 Synod.

This understanding, though in different wordings, was reflected in many other documents.[79] Yet, crucial as life and love are, they are founded in the belief in God the Creator, who is, as many documents testify, the ultimate source and goal of ethical commitment. These words express the fundamental belief that the ethical imperative reflects faith in a loving, caring, almighty God and his covenant for humankind.

2. *Its ecclesiological basis*
Many churches understand ethical commitment as part of the church's mission. This section examines the grounds for this understanding.

3. *Ethical reflection*
This section explores the statements regarding the decision-making process of churches as well as the criteria and ethical principles involved in ethical discernment.

## 4.2 The biblical foundation of the churches' commitment

### 4.2.1 The world as creation

In the documents, the biblical witness provides guidance and standards for the ethical commitment of the churches. The foundation of ethical commitment is a firm belief in God the Creator. In the documents, the biblical theme of creation is of singular significance. Gen 1–2 is the biblical passage to which most documents refer. One aspect emphasized in many documents is God's sovereignty over creation, as expressed in Ps 24:1: »The earth is the Lord's and the fullness thereof.«[80] The fundamental

---

[79] E. g. Federation of Swiss Protestant Churches, Grundwerte aus evangelischer Sicht, 2007, 11-15.

[80] E. g. WARC, Covenanting for Justice in the Economy and the Earth (Accra Declaration), §1 8; Synod of the Evangelical Church of Westphalia, Stellungnahme zum Soesterberg-Brief »Wirtschaft im Dienst des Lebens«, 2004, 25f.

equality of all human beings and the intrinsic value and integrity of creation are justified in that everything was created by God.[81] It is striking that human dignity is generally only substantiated from creation theology. Patterns of argument from christology and the theology of justification are largely lacking.

Their creatureliness reminds human beings that they are responsible to God for the way they »use and abuse« creation.[82] This is described in terms of stewardship.[83] Many church statements emphasize that God cares for the whole of God's creation.[84] For example, the Book of Exodus testifies to a God who has seen the oppression and distress of the people of Israel in Egypt and has heard their cries for help. The life situation of the poor, the victims and those dispossessed of their rights is wrong in God's eyes, and this is contrary to God's will. This is the justification for the Decalogue (Ex 20:2 par Deut 5:6), in which liberation from slavery is cited as the central biblical testimony.[85]

The dimension of the new creation, the eschatological dimension, is present in very few documents. They underline the correlation between the kingdom of God, the church and its ethical commitment.[86] The kingdom of God is constituted as a reality which is already but not yet; it is invisibly present in the visible. In the coming of Jesus Christ it has begun but has not yet reached its completion. A few documents remind the churches

---

81 E. g. Church of Norway, The Church and Economic Globalisation, 2007, 12; Churches together in Britain and Ireland, Prosperity with a purpose, 2005, 41–46; United Methodist Church, Social Principles (http://www.umcsc.org/PDF/boards/SocialPrinciples.pdf).

82 United Methodist Church, op.cit.

83 WARC, Covenanting for Justice, 3.

84 Synod of the Evangelical Church of Westphalia, Stellungnahme zum Soesterberg-Brief, 2004, 25.

85 Evangelical Church of the Rhineland, Economy in the Service of Life, 2009, 28.

86 Church of Norway, The Church and Economic Globalisation, 2007, 19–20.

that if they over-emphasize the »not yet«, the demand for justice is postponed to the eschaton; »in this way, the church has defined itself out of the political sphere.«[87] However, a stress on »already« entails the inherent danger that the church perceives itself to be the embodiment of the kingdom of God, i.e. apart from society and the world. This view would contradict what is affirmed in many documents, i. e. that the churches are part of the world and of society and that their mission is to the world within the universal framework of the promises of God.[88]

### 4.2.2 Life

Life is first and foremost understood as a precious gift of God who »is the source, the way and the goal for all spheres of life«.[89] Humankind responds to this gift by »shaping, protecting and sharing it.«[90]

A number of statements underline that Jesus promises life in fullness. These statements draw on Jn 10:10: »I came that they may have life, and have it abundantly«.[91] »Abundant life« is understood as God's gift to humankind, a gift that has come into the world through Jesus Christ. The christological reference of the documents is clear. At the same time, the Johannine prom-

---

[87] Church of Norway, The Church and Economic Globalisation, 2007, 20.

[88] Cf. CPCE South East Central Europe Regional Group, The Shape and Shaping of Protestant Churches in a Changing Europe, 28.

[89] Federation of Swiss Protestant Churches, Covenanting for the Globalisation of Justice. Position of the FSPC Council on the *processus confessionis* and the WARC draft faith stance The Time has Come, London: Colney, 2004, 1.

[90] Federation of Swiss Protestant Churches, Grundwerte aus evangelischer Sicht, 2007, 12.

[91] E. g. Synod of the Evangelical Church of Westphalia, Stellungnahme zum Soesterberg-Brief, 2004, 22; WARC, Covenanting for Justice in the Economy and the Earth (Accra Declaration), 2004, §§ 17; 19; 28; Federation of Swiss Protestant Churches, Grundwerte aus evangelischer Sicht, 2007, 12; 25 (2x), Evangelical Church of the Rhineland, Economy in the Service of Life, 2009, 28.

ise is also understood as a warning against complacency and indifference. Striving for abundant life is seen as a task and challenge for the churches, and also as an appeal not to stand still but to move forward. The churches carry out their ethical commitment in the presence and with the support of the Holy Spirit. They thereby reach a more profound understanding of the abundant life that is meant for the whole of creation.

When the documents speak of life as a gift they underline that human beings are created in the image of God. This anthropological insight gained from Gen 1–2 then serves as a basis for justifying human dignity from a Christian viewpoint.

Many documents clarify in this context that humankind is called to stewardship over creation, referring to the instruction »to till and keep« the earth. Although this mandate sets humankind apart from the rest of creation, it is always exercised with the understanding that humankind is not above creation but part of it. This is why human beings have a special responsibility for the whole of creation.[92]

According to many documents, Gal 3:26–28 affirms inalienable human dignity, emphasizing that through faith in Jesus Christ and baptism into Christ, there is »no longer Jew or Greek, there is no longer slave or free, there is no longer male and female«. These statements emphasize that no one can take away this inalienable human dignity, which is seen as foundational to a concept of equal fundamental rights for everybody. Gal 3:26–28 is understood as a radical challenge to commonplace answers about what determines our lives. The documents point

---

[92] E.g. CPCE, Liebfrauenberg Declaration, 2004, § 10; Evangelical Church in Germany, Just Participation, 2006, § 69; Synod of the Evangelical Church of Westphalia, Stellungnahme zum Soesterberg-Brief, 2004, § 69. Cf. ecumenical statements such as Evangelical Church in Germany/German Bishops' Conference, For a Future founded on Solidarity and Justice, 1997, § 123; CSC of CEC/Eurodiaconia, Conference Message: A Common Vision for a Social Europe, »Towards Quality in Life for All«, 2005, 2.

out that for Christians at baptism determinants such as gender, culture, social status, or ethnic background are transformed. As Christians are one in Christ these differences no longer separate but contribute to the rich variety of the body of Christ. This text is also understood as a call to reconciliation in and through Christ and is a reminder that the churches' solidarity must know no boundaries.[93]

### 4.2.3 Love

Not only the life of Jesus Christ, but also his love expressed in his words and deeds are the touchstone for the churches. His care for the poor and disadvantaged, his commandment to love one's enemies, and love as the ultimate standard are the perennial hallmarks of Christian ethics. The New Testament passage to which most statements refer when talking about love is Mt 5:38–48, love for enemies. These verses talk about how to respond when one is a victim of injustice oneself. It provides orientation for the churches on matters of social injustice, caring for those who are excluded. This passage widens the view from the act of injustice to the larger context, showing how easy it would be to divide the world into the just and unjust and, by alleviating one kind of exclusion, at the same time to create another. In this sense the statements use the commandment to love one's enemies as an expression of the wish for a lasting and sustainable peace.

In many documents the commandment to love one's neighbour is perceived to be inseparably bound up with the commandment to love God. Loving God is seen as taking active form in loving one's neighbour, and loving one's neighbour is seen as leading to love of God. God's love, which knows no bounds, precedes any human love. It is the unconditional gift of God, whose self is love. The consequence of a Christian notion of

[93] Synod of the Evangelical Church of Westphalia, Stellungnahme zum Soesterberg-Brief, 2004, 24; CPCE, Liebfrauenberg Declaration, 2004, § 10 (in this volume, 411).

love, for example, is a Christian notion of justice that goes beyond mere distributive justice.[94] Some documents regard »the option for the poor« as a tangible expression of the love of God and one's neighbour.[95] This also poses a critical question to the ethical commitment of the churches: »How does God's love abide in anyone who has the world's goods and sees a brother or sister in need and yet refuses help? (1Jn 3:17)«[96]

In the social criticism of the prophets, especially Isaiah (Is 58:3–9), the Protestant churches find an abundance of texts which not only criticise social injustice but more importantly evoke the vision of a society in which no one is left behind.[97] On the contrary, it is a society which embraces those who are disadvantaged and on the margin of society. In this passage (Is 58:3–9) those who suffer, who are excluded, are not perceived as being excluded from the community: on the contrary, they belong to it. How a society cares for them is a measure of justice. This passage sets standards for ethical conduct, e. g. the option for the poor, which have lost none of their validity.

It is notable that the majority of the documents place a strong emphasis on creation theology. Christology and the doctrine of justification are definitely downplayed. The interplay between christology, justification theology and an eschatological perspective is often not made explicit, although it is constitutive for

---

94 Synod of the Evangelical Church of Westphalia, Stellungnahme zum Soesterberg-Brief, 2004, 24.

95 E. g. Württemberg Synod, »Reichtum braucht ein Maß, Armut eine Grenze«, 16. 7. 2010 (http://www.elk-wue.de/fileadmin/mediapool/elk-wue/dokumente/landessynode/10_sommertagung/Erklaerung_ArmundReich_layoutet_2010.pdf).

96 E. g. Church of Norway, The Church and Economic Globalisation, 2007, Preface.

97 E. g. Bishops of the Evangelical Lutheran Church of Finland, Towards the common good, 1999, Introduction; Evangelical Church in Germany, Just Participation, 2006, § 69; WARC, Covenanting for Justice, 1; Evangelical Church in Germany, Steps towards Sustainable Development, 2007, 8.

Protestant churches. This may derive from the texts' context (*Sitz im Leben*) and type: the documents are attempting to describe Christian life in secular terms. In this endeavour, referring to creation is apparently easier to put across. Christology and theology of justification tend to remain implicit and in the background of topics like »love« and »life«.

## 4.3 The ecclesiological basis of the churches' commitment

### 4.3.1 Ethical commitment as part of the church's mission

All the statements emphasize that the churches perceive their ethical commitment as part of the church's mission. Therefore the churches' ethical commitment relates to their self-understanding, what churches are called to do *as churches*. Some documents relate the ethical commitment to the marks of the church, for example, its holiness: »[The church] has its holiness in powerful intercession for the right to life and dignity of every man and woman and in its commitment to preserving peace, justice and the integrity of creation.«[98]

Ethical commitment is part of the churches' answer to the call »to be an instrument of God for the actualization of God's universal will to salvation«.[99] The attitude implied is described by the document »The Shape and Shaping of Protestant Churches in a Changing Europe« of the CPCE South East Central Europe Regional Group: »[T]he church is a witness and mediator, but not a body that produces or manages salvation. Thus it is not an end in itself, but God's instrument.«[100] Ethical involve-

---

98 CPCE South East Central Europe Regional Group, The Shape and Shaping of Protestant Churches in a Changing Europe, 2005, 28. This document also speaks of the second table of commandments as marks of the church.

99 CPCE, The Church of Jesus Christ. The Contribution of the Reformation towards Ecumenical Dialogue on Church Unity, Leuenberger Texte 1, Leipzig, 4th revised edition 2012.

ment is perceived as being an integral part of the mission of the church. The church's involvement in the world is described by the terms »witness« and »service«; both are key features of the church's mission in the world. The Leuenberg Agreement speaks of »credibility through unanimous witness and common service of love«.[101] The churches confess in words and deeds, proclaiming the love of God and the coming of the kingdom through their actions in the world.[102] Ethical commitment is therefore neither just a further topic on the agenda of the churches, nor their »hobby«, but their »public task« and responsibility.

Only a few documents use ecclesiological images. If they do, however, it is mostly the image of the organic unity of the body of Christ (1 Cor 12) which is used to describe the church. This image is understood as providing the ground for many aspects of social ethics. It is regarded as foundational, affirming the dignity of every person. Each one contributes in a unique way to the society or the church. In this image many documents see a call to acknowledge diversity as a God-given blessing. Organic unity is also understood as expressing the fundamental interdependence of humankind: the suffering of one affects the many. This image speaks of the Christocentric foundation of Christian ethics as the churches find in Christ a unity which transcends all human divisions and therefore calls the churches to realize this unity against all odds. It is a unity which embraces the whole of creation. This unity can provide a model for sus-

---

[100] CPCE South East Central Europe Regional Group, The Shape and Shaping of Protestant Churches in a Changing Europe, 2005, 28.

[101] Leuenberg Agreement, § 36.

[102] Cf. especially Estonian Evangelical Lutheran Church, Diaconia Development Plan 2005–2012, 2: »Diaconia is the impact of the coming kingdom of God, revealed and present in Christ. God in His Son Jesus Christ has come very near to us humans, and served us through his incarnation, life, death, and resurrection. The fact that God serves human beings in His love is the foundation and the characteristics of the Church and the source of the Christian love and diaconia as well.«

tainability. This organic unity is of ultimate ethical significance. The image of the organism also shows, however, that individual ethical approaches must not tend to become random in a community setting; rather they need to be clearly bonded and rooted in a wider context.[103]

A feature that Protestant churches share with other churches is the spiritual dimension of ethical commitment. This distinguishes them from non-religious organisations.[104] For Protestant churches, worship and service in the world go hand in hand (Rom 12:1–2). In the common celebration of the Eucharist these two sides come together. The Eucharist is a sign and a witness to the world as God's wishes it. Hence the Eucharist functions as a call and challenge vis-à-vis the fractures and tensions in society. Worship finds its continuation in everyday life. Although the spiritual dimension is a common element of the ethical commitment of the Protestant churches, the documents express this spiritual dimension in different ways. The use of explicit spiritual elements also depends very much on the addressees of the documents. In the majority of the documents, the spiritual dimension is only present implicitly. A small number of documents include explicit liturgical elements, such as prayers. A very good example of interrelating the church's ethical commitment with spirituality is the Methodist tradition of social creeds.[105]

---

[103] Albeit with differing emphases: EKD, Just Participation, 2006, § 11; CPCE South East Central Europe Regional Group, The Shape and Shaping of Protestant Churches in a Changing Europe, 2005, 110; Federation of Swiss Protestant Churches, Grundwerte aus evangelischer Sicht, 2007, 37; Synod of the Evangelical Church of Westphalia, Stellungnahme zum Soesterberg-Brief, 2004, 6.

[104] In: A Common Vision for a Social Europe: Towards Quality of Life for All, 2005, CEC Church & Society Commission and Eurodiaconia dedicate a whole section (»Specific approach of churches and diaconal organisations«) to this difference between churches and secular organisations.

[105] United Methodist Church, Methodist Social Creed and Social Principles.

In Protestant churches, leaders and institutions are democratically legitimized by the church members: persons in leadership positions and institutions are officially commissioned to draw up statements. The value and legitimacy of the statements as well as their influence depends not only on the authority of the issuing person or institution but, above all, on the quality of the content. Although the statements of Protestant churches are of great fundamental significance they are always bound up with their context. Each and every one bears responsibility with their faith and conscience. Statements by Protestant churches aim to enable individuals to take reasoned decisions of conscience. They thus always focus on the person and his or her conscientious decisions. At the same time, a church as a whole needs to adopt a position on ethical issues. Therefore a certain tension has to be tolerated between the freedom of conscience of an individual and that of the whole church fellowship.

### 4.3.2 Status confessionis

The question of the *status confessionis* was raised in past years because the World Alliance of Reformed Churches (WARC) declared matters of economic injustice and ecological destruction to be a question of faith at its General Assembly in Accra (2004).[106]

Literally, *status confessionis* means a situation of confessing, a situation in which the confession of Jesus Christ is at stake.

---

[106] Cf. WARC, Confession of Faith in the Face of Economic Injustice and Ecological Destruction. The Accra Declaration sees itself as a confession and invites member churches of the WARC to enter into a *processus confessionis*, »a process of ›recognition, education, and confession‹« (Covenanting for Justice, 1) regarding economic injustice and ecological destruction. The *processus confessionis* is regarded as the modern variant of the *status confessionis*. The term status *confessionis* has been used »to show the necessity and urgency of an active response to the challenges of our time« (Covenanting for Justice, 15). The Accra Declaration clearly distinguishes the term *status confessionis* from what is traditionally called a confession (*confessio*).

WARC's Ottawa resolution in 1982 regarding apartheid in South Africa stated: »declaring that a situation constitutes a *status confessionis* means ›that we regard this as an issue on which it is not possible to differ without seriously jeopardizing the integrity of our common confession‹.«[107]

Historically, the question whether there can be a *status confessionis* in ethical issues has provoked different answers from Protestant denominations. This difference goes back to the time of the Reformation. The question of *status confessionis* was linked with the issue of resisting worldly authorities. Martin Luther recognized an obligation to resist as part of a prince's worldly right to care for true religion (*cura religionis*).[108] John Calvin shared Luther's restrictive view of this right to resist, and only allowed it for official representatives in public life, not for individuals. Theodore Beza, however, regarded it as an individual right.[109]

The question of the *status confessionis* again gained prominence in Germany in the 1930s. For Dietrich Bonhoeffer, »[t]he

---

107 Cf. http://www.warc.ch/dcw/bs25/03.html.

108 Thus for Luther the right to resist did not apply to individuals, but only to princes against the emperor. Cf. Frank Mathwig, How Do Churches Evolve Their Social Teaching? A Historical Overview from the Time of the Reformation to Dietrich Bonhoeffer. Lecture given at the CPCE Youth Consultation on New Challenges in Social Justice for the Protestant Churches, Protestant Academy in the Rhineland, Bonn, 18–20 April 2007, 10.

109 One could ask whether in the »adiaphora dispute« (1548–1552) and the Formula of Concord X (1577) ethical questions belong to the adiaphora or have the character of confession. The former Gnesiolutheran Matthias Flacius Illyricus emphasized: »In statu confessionis nihil est adiaphoron« (»in the situation of confession nothing is a adiaphoron«). The Formula of Concord puts it in a similar way: »We believe, teach and confess that in time of persecution, when a good confession of faith is required of them, they should not yield to the adversaries in such middle things, as the apostle has written: ›Stand fast, therefore, in the liberty wherewith Christ has made us free, and be not again entangled in the yoke of bondage‹ [Gal 5:1].« Formula of Concord, X, 10 (BSLK 815).

church cannot primarily engage in direct political action«,[110] but in cases where there is »[b]oth *too little* order or law and *too much* order and law«, »the Christian church is *in statu confessionis* [...]«. However, Bonhoeffer continues with a qualification: »The necessity of direct political action on the part of the church has to be decided on each occasion by an ›evangelical council' and therefore can never be constructed casuistically beforehand.«[111] Bonhoeffer's thinking can be seen as underlying the *Barmen Theological Declaration* (1934), which in many respects is paradigmatic, though it does not use the expression *status confessionis*. It defines the Christian Church as »the congregation of the brethren in which Jesus Christ acts presently as the Lord in Word and sacrament through the Holy Spirit. As the Church of pardoned sinners, it has to testify in the midst of a sinful world, with its faith as with its obedience, with its message as with its order, that it is solely his property, and that it lives and wants to live solely from his comfort and from his direction in the expectation of his appearance« (art. III). And the Declaration explains: »We reject the false doctrine, as though there were areas of our life in which we would not belong to Jesus Christ, but to other lords – areas in which we would not need justification and sanctification through him.« (art. II).

Although a declaration of *status confessionis* cannot be found in recent Lutheran documents, the Lutheran World Federation (LWF) stated at its assembly in Dar Es-Salaam (1977) »that the situation in South Africa represents a *status confessionis*«, because »political and social systems [can] pervert and be oppressive, so that it accords with the confession to take a stand

---

[110] Dietrich Bonhoeffer, The Church and the Jewish Question (1933), in No Rusty Swords. Letters, Lectures and Notes. 1928–1936. From the collected works of Dietrich Bonhoeffer Volume I, ed. and introduced by E. H. Robertson, translated by E. H. Robertson and John Bowden, London: Collins 1965, 221–229; 223.

[111] Ibid., 226.

against them and work for change.«[112] Similarly, the Belhar Confession (South Africa) of the Nederduitse Gereformeerde Sendingskerk (1986) declared a *status confessionis* regarding apartheid. A *status confessionis* was also declared by Reformed bodies such as the Reformed Alliance in Germany, in regard to nuclear weapons.[113]

Another tradition of addressing ethical issues can be found in the social creeds of the Methodist churches. The original Methodist social creed was written in 1908. It began as a short declaration calling for »equal rights and complete justice for all men in all stations of life«,[114] and addressing predominantly work-related issues. Since then, the social creed has been rewritten several times. It was followed by the statement on Social Principles (1972), which has been revised by each General Conference. The Social Principles of the Methodist Church are an interpretation of their Social Creed, which describes itself as a »call to faithfulness«.[115] They are addressed to church members, whom they want to call to a dialogue of faith and practice. In 2008, the United Methodist Church's General Conference adopted a revised version of the Social Creed as a companion litany to the 1972 Creed text.

The declaration of a *status confessionis* by the WARC Assembly in 2004 provoked various reactions. Some of them are reflected in statements on ethical issues, such as from the Feder-

---

[112] EPD-Dokumentation 18, Dar Es-Salaam 1977, ed. H.-W. Hessler and G. Thomas, Frankfurt am Main, 1977. During its Budapest assembly in 1984 the Lutheran World Federation suspended two churches from Southern Africa on grounds of their support for apartheid and lack of willingness to end it in their churches. Cf. http://www.lutheranworld.org/Wir_ueber_uns/LWB-Vollversammlung_History.html#1984-Budapest.

[113] Cf. Peace Declaration by the Moderamen of the Reformed Alliance in Germany 1982, Das Bekenntnis zu Jesus Christus und die Friedensverantwortung der Kirche.

[114] Methodist Social Creed (1908).

[115] Social Principles of the United Methodist Church.

ation of Swiss Protestant Churches[116] or the (Lutheran) Church of Norway.[117] With regard to the documents mentioning *status confessionis* it can be concluded that there are different understandings of the term *status confessionis* in the confessional families. The danger of equivocation is apparent. This has led and still leads to many misunderstandings. The question of whether Protestant churches can declare a *status confessionis* on ethical issues is in itself misleading. The problem seems to be the choice of term and not the issue itself. This goes back to a different understanding of ›confession‹ in each tradition. However, all Protestant churches concede that there might be situations when the being of a church as church is at stake and, consequently, when it is not enough for churches to raise their prophetic voice and to care for those in need – in those situations they must take drastic action.[118]

The discussion on *status confessionis* has raised the question within CPCE of what it means for church fellowship and for other member churches if one or some member churches declare a *status confessionis*.[119] Another question is how binding such a statement is for the member churches and how other churches may relate to it. This discussion is still going on, and this study can also be seen as a contribution to it.[120] The decla-

---

[116] Cf. Federation of Swiss Protestant Churches, Covenanting for the globalisation of justice, 2004.

[117] Church of Norway, The Church and Economic Globalisation, 2007, 63–65. However, these differences regarding the understanding and use of *status confessionis* are not frequent and are not articulated in most of the documents.

[118] Dietrich Bonhoeffer used the phrase »dem Rad in die Speichen greifen« (put a spoke in the wheel). See: The Church and the Jewish Question, 225.

[119] Cf. CPCE Expert Group, Die Gemeinschaft der evangelischen Kirchen in Europa und die Fragen der Globalisierung, 2005.

[120] Cf. Reformed Alliance in Germany, Angemessen und Erkenntnis fördernd, 2007, also Federation of Swiss Protestant Churches, Globalance, 2005; cf. also ch. 3.2.2.

ration of a *status confessionis* on ethical issues by one member church does affect church fellowship, as this is based on a common understanding of the gospel and ethical action is based on the gospel. Churches should be aware of this risk and they are advised to be careful in this matter, because the unity of churches is at stake. Declaring a *status confessionis* in order to attract attention to one's own position is theologically inappropriate.

In this context the concept of »*processus confessionis*«[121] takes on significance. It offers a possibility of taking up ethical questions in which being church is called into question and, at the same time, of staying together as a church fellowship. The character of a binding process indicates the seriousness of the situation in faith terms and also the obligation to engage with it from the angle of the church's esse(nce), without carelessly jeopardizing church unity. It does not start from a fixed point (*status confessionis*) that excludes other positions but presupposes a path (*processus confessionis*) on which different positions remain in conversation with each other. However, it is clear that such a process may certainly culminate in the declaration of a *status confessionis.*

The CPCE General Assembly reminded the churches of their commitment to consult each other before taking decisions on questions of doctrine and confession.[122]

---

[121] During the 23rd WARC General Council in Accra 2004 the 400 delegates unanimously called on the member churches at all levels engage in a »committed process of recognition, education and confession (*processus confessionis*) regarding economic injustice and ecological destruction« (Covenanting for Justice).

[122] Cf. Freedom is Binding. Final Report of the CPCE 6th General Assembly, no. 4.2.1; 2.2.2.1.

## 4.4 Ethical reflection on the commitment of the churches

Our European societies face a growing number of conflicts in different spheres like economic or environmental injustice, or social exclusion. In these situations, Protestant churches have two ethical tasks: they have to analyse the conflicts and give guidance on how to confront the problem. Protestant churches always try to be as concrete as possible and as general as necessary in their ethical discernment. Protestant churches in Europe share a common understanding of the gospel and a striving for a maximum of common ground in witness and service (LA 6; 29). However, the common values and principles must be reapplied in every decision-making process and transposed into each conflict situation.

As our societies today no longer share Christian faith as a matter of course, Protestant churches must make themselves understood and heard. Therefore, as this study showed, they mostly refer to Christian values and principles which can be translated into a pluralistic setting.[123] Sometimes they make use of common philosophical values with a certain Christian background or relevance.[124]

Many documents explicitly refer to one or two elements as their main ethical criteria, e.g. ›participation‹ or the ›Golden Rule‹.[125] Yet the analysis reveals that the Protestant statements always take into account a whole set of different elements and arguments which they try to balance in the course of ethical de-

---

[123] E.g. the biblical Golden Rule (Mt 7:12) can be understood from its philosophical counterpart, Kant's categorical imperative.

[124] E.g. the common notion of ›solidarity‹ can also be supported from a Christian anthropology emphasizing relationships.

[125] E.g. the Evangelical Church in Germany focusing on Participation (EKD Memorandum. Just Participation, 2006); the Finnish Lutheran Church basing their reflection on the Golden Rule (Bishops of the Evangelical Lutheran Church of Finland, Towards the Common Good, Ch. on Moral Values and The Golden Rule).

cision-making. The following chapter will outline these relevant points and then highlight Protestant characteristics in developing an ethical judgement.

### 4.4.1 Criteria

#### *4.4.1.1 Analysis of the Situation*

As highlighted in this study it is common for the ethics of the Protestant churches to take scholarly results into consideration. The documents on social challenges especially refer to economic figures or historical insights.[126] As a method of discourse they favour all approaches that foster participation. This derives from the insight that decisions should be taken by the representatives of all stakeholders and, above all, those who appear to be the most vulnerable members of society should be listened to and given a voice. This corresponds to the theological preferential option for the disadvantaged. The Estonian Evangelical Lutheran Church explicitly issues a call »to give voice to the weak, excluded and forgotten ones.«[127]

#### *4.4.1.2 Perceptions of reality*

Ethical decision-making is always influenced by how reality is perceived: what ideas of society, of humankind or life do we have? These perceptions are stamped by our respective cultural, religious or historical backgrounds. The Protestant statements also reveal some of these underlying perceptions.

This world is said to be imperfect: in this world; all human attempts to work on God's kingdom remain incomplete.[128] The

---

[126] Cf. Chapter 3. Impressive examples of asking for scientific advice are: Church of Norway, The Church and Economic Globalisation, 2007; Federation of Swiss Protestant Churches, Globalance, 2005.

[127] Estonian Evangelical Lutheran Church, Diaconia, Ch. 1.3 (8). See also the Evangelical Church of Westphalia, which includes individual perspectives on globalisation from different world regions (Globalisierung, 2003).

[128] This term alludes to Bonhoeffer's differentiation between the ulti-

Federation of Swiss Protestant Churches takes up this idea in recalling that the Christian faith liberates for love and for doing good but also for assuming guilt and therefore responsibility in cases of failure.[129] Moreover, the perception of society – more as a part than an opponent of God's kingdom – also influences ethical discernment. This understanding is especially helpful when it comes to how the church should behave in political and business contexts.[130]

A very common step in Protestant responses to social challenges is to point to their specifically Christian idea of what it means to be human, their anthropology. The individual human being is understood as woven into a whole web of relations. The Protestant churches unanimously highlight the relational character of human life. According to Protestant understanding this is substantiated christologically, not only in creation theology (LA 11).[131] Perceiving human beings as in constant relation to God and one another is a prerequisite for all further ethical considerations about taking action and responsibility in human life.[132]

---

mate and the penultimate. Cf. D. Bonhoeffer, Ethics, ed. by E. Bethge, London: SCM Press Ltd, [4]1983, 103.

129 Federation of Swiss Protestant Churches, Globalance, 2005, 41: »Der christliche Glaube an diesen Gott macht frei zur Liebe, zum Tun des Guten, zur Annahme von Schuld und damit von Verantwortung.«

130 Cf. ch. 2.2. of this study.

131 Furthermore, Protestant systematic theology substantiates the relationality of the human person from the sociality of the trinity.

132 Cf. Evangelical Lutheran Bishops in Finland, Towards the Common Good, 1999, ch. »Social before individual interests«: »Sound ethics gives priority to the common interests of the community rather than to personal self-fulfillment … Moderation in life is in essence adjusting one's own life and standard of living to the resources of the entire community.« Cf. Federation of Swiss Protestant Churches, Globalance, 2005, 41.

#### 4.4.1.3 *Ethical values and principles*

The Protestant churches draw on far-reaching ethical values such as ›human dignity‹ in ethical discussions in the public, political, philosophical or religious sphere. They also try to find a middle way between too general and too specific ethical decisions. Underlying this is a specifically Protestant understanding of ethical guidance. By contrast e. g. with the Roman Catholic Church this Protestant understanding does not essentially consist of prior normative principles. Rather it seeks to develop a contextual reasoning that can be followed by individuals and society, and in real-life situations can lead to options for action and decision that appropriately express our responsibility towards God, our fellow human beings and the creation. If ethical guidance is too general it will risk failing to come to a particular conclusion in real-life social conflicts. If it is too specific, it will risk limiting individual freedom and the responsibility of decision. The Protestant statements on social challenges that have been analysed have recourse to principles reflecting the tension of such extremes: non-maleficence and beneficence.

»*Non-maleficence*«. The churches primarily strive for those actions or decisions which diminish, abolish or prevent harm: the Protestant documents denounce all kinds of bad practice, such as local and global injustices, immoral living or working conditions, threats to dignity, irresponsible accumulation of wealth. However, the churches do not want to limit their social engagement to preventing harm. They likewise strive for ›*beneficence*‹, for actions which do good and strengthen or initiate good practice. Among various ethical values, the link between freedom, responsibility and justice looms large.[133] Because of their prominent role, the handling of these principles will be discussed immediately after ›dignity‹, which is the fundamental criterion in Protestant documents.

---

[133] Among many others see e. g. Federation of Swiss Protestant Churches, Globalance, 2005, 41.

#### 4.4.1.3.1 *Dignity*

For Protestant churches ›human dignity‹ is a central value guiding their ethical reflection and decisions regarding social challenges. The problem is that the term can be interpreted very broadly and given very different content. In consequence, the churches specify and accentuate their Protestant understanding. Despite slightly different emphases, however, the statements show a common understanding of human dignity:

In the majority of documents human dignity is founded in the belief that human beings are made in the image of God and that they live in relation with God, each other and all of creation. From the concept of *imago Dei* the documents conclude that human beings are endowed with a unique, inalienable dignity which transcends social status, economic wealth and racial and cultural differences. This human dignity is inalienable. It applies to all people unconditionally and in the same way.

Besides the general assumption that dignity is given by God, the churches also stress its twofold meaning: on the one hand dignity implies that humans are given freedom to live, to be creative, to act and to take responsibility. On the other hand, dignity also includes the notion that all deserve protection from threats and violation. Whereas e.g. the Evangelical Church in Germany highlights the opportunity to provide for one's own livelihood as a »part of the dignity and freedom of every person«,[134] the Church of Norway focuses on the »necessity of identifying and revealing the forces against God-given dignity«.[135] Thus, depending on the social question they raise, the churches may sometimes put more stress on the notion of human freedom and capacity and sometimes on the notion of justice and protection. This double approach is obviously crucial to Protestant ethical discernment. It also contrasts with one-di-

---

[134] Evangelical Church in Germany, Righteousness exalts a Nation, 2006, § 3.

[135] Church of Norway, The Church and Economic Globalisation, 2007, 21.

mensional philosophical views that only appeal to human self-reliance, without recognizing the need to protect the vulnerable, or that paternalistically prevent people from using their gifts.[136]

In some documents the understanding of dignity is closely tied to the doctrine of justification: »Primary for us is the gospel understanding that all persons are important – because they are human beings created by God and loved through and by Jesus Christ and not because they have merited significance.«[137] Instead of attributing dignity to physical or mental qualities the documents present the different relationships – above all the relationship with God – as the context where dignity can be discerned and where it is constantly actualized.[138]

#### *4.4.1.3.2 Justice*

A central ethical theme and question raised in addressing social challenges in regional and also global contexts is how to achieve justice.[139] Whatever the churches' specific understanding of justice, it originates in the belief in God's righteousness. This righteousness has to be understood in correlation with God's grace and mercy. According to the Protestant understanding, God is above all a loving God, who grants unmerited forgiveness. This

---

[136] The Finnish bishops assume that the Golden Rule is »common to all humanity« (cf. Towards the common good, 1999, ch. Moral Values and the Golden Rule). With reference to Luther's interpretation of the Golden Rule they point to its outstanding importance, not just as a rational principle but also as the expression of the commandment to love one's neighbour and as the basis of life in society.

[137] United Methodist Church, Social Principles, 3.

[138] For the Federation of Swiss Protestant Churches it is God's unconditional, unmerited acceptance of humankind as expressed in God's covenant which dignifies humankind (Gen 9:9–11). Cf. Grundwerte, 2007, 13.

[139] E.g. Bishops of the Evangelical Lutheran Church of Finland, Towards the Common Good, 1999, ch. Markets and Justice; Churches together in Britain and Ireland, Prosperity with a purpose, 2005, 15 (»New challenges to justice«).

belief stems from the idea of faith being the basis for righteousness (›justness‹), as ultimately embodied in Jesus Christ. Consequently, humankind is justified by faith alone and not by deeds.

On a fundamental level, the belief that all humankind is created in God's likeness calls for equal treatment for everyone. At the same time, this basic orientation is not to be confused with simple uniformity. The necessity to be attentive and sensitive to individual needs is expressed by God's special love and care for those who are oppressed and excluded, which has entered theological thinking as the »preferential option for the poor«. Achieving justice can therefore also mean treating people differently according to their respective conditions. For the churches the idea of justice then arises not so much from the egoistic question »What do I rightly deserve?« but rather from the other angle, »How can I serve the disadvantaged?« Commitment to solidarity and neighbourly love as a consequence of a Christian understanding of justice can be perceived as being constitutive of the church.[140]

Drawing on these biblical and theological insights the Protestant churches acknowledge that a one-dimensional approach to justice falls short in the complexity of today's conflicts. They take different aspects into account such as distribution (of goods), participation (in social discourse and decision-making), chances (equal access to involvement in society and decision-making), equality (of certain living standards, access to health or education), and abilities (empowering people to be *able* to use the opportunities and goods or to know how to take part in social decisions). However, simply adding different concepts of justice together does not tackle a crucial problem: conflicts can arise precisely between these different concepts. If, for example, the churches emphasize the importance of fighting the unjust

---

[140] CPCE describes this attitude of following Christ's example with reference to Phil 3:6-9. See CPCE, Law and Gospel. A Study also in Respect of Decision Making in Ethical Questions, ed. M. Bünker and M. Friedrich, Leuenberg Texts 11, Frankfurt am Main 2007, 239–240.

accumulation of wealth, they are faced with controversial questions such as: should someone distribute goods and let people decide what to do with them or should those in power decide about how to invest in a sustainable way, e. g. for education and health? Both approaches can rightly claim to strive for justice but, in fact, they lead in different directions.

It is striking that there are hardly any Protestant statements primarily calling for distribution as the major means of bringing about justice. They also see the limits of such an approach: »If justice is reduced to distributive justice in the narrow sense, there is a danger of welfare paternalism, which only reinforces dependencies through the mere transfer of finance and does not empower recipients to take action on their own responsibility.«[141] The value of striving for distributive justice is that it can rightly draw attention to illegitimate directions in distribution. Distribution requires the *ability* to use, maintain and appropriately increase what is distributed. The Protestant statements concentrate on the concept of participatory justice: striving for justice therefore means empowering people to participate in society and to contribute their talents and abilities.

#### *4.4.1.3.3 Freedom and responsibility*

On the basis of their relational anthropology the Protestant churches agree that a Christian definition of freedom is different from the pure ›autonomy‹ that plays a prominent role in modern society.[142] Freedom or liberty according to the statements analysed can only be understood as embedded in relationship and responsibility, which both grow from the event of justification. Freedom must not be abused through egotistic and selfish action. The Protestant views as mirrored in the statements thus stress the notion of »freedom to« rather than »freedom from«.[143]

---

[141] Evangelical Church in Germany, Just Participation, 2006, § 61.

[142] CPCE, Human Rights and Morality, in this volume 385–387.

[143] Many documents emphasize that Christ has set us free to freedom as expressed e. g. in Gal 5:1.

In this context, freedom is discerned as a fruit of faith, an unmerited gift, a grace of God, which sets humankind free to discover its true being and calling. Hence faith entails the »freedom to« love, to live and to act responsibly in community, also accepting boundaries to one's freedom arising from this relation with God.[144]

A Protestant idea of human dignity sees each person not only as a passive recipient but also as an active co-worker. Therefore, freedom to choose, to participate and to take personal responsibility is part of a Protestant understanding of justice. Yet the churches encounter a difficulty – finding a way forward that is neither paternalistic, placing limits on personal freedom in order to serve the common good, nor expects too much of those disadvantaged people who cannot take full responsibility for their own lives and need social support. In view of this tension, Protestant discernment in social issues is based on the principle of subsidiarity, which calls for as much individual responsibility as possible. Only if this proves inadequate will the closest level of institutional authority be called upon to intervene and provide support.[145]

When questioned about their decisions and actions people have to be able to come up with a *response*. In their lives, Christians feel that they also have to *respond* to what they have received from God. Both these ideas are contained in the term »responsibility«. Responsibility is a crucial principle for Protestant ethics because every individual believer is challenged, and is allowed to take ethical decisions. As we have seen above, values and principles such as human dignity, justice or freedom can be interpreted and realized in many different ways. They need to be spelled out and connected with the respective reality

---

[144] For some documents this distinction is explicated in the light of Jn 10:10, »abundant life«.

[145] Subsidiarity is often mistaken for a principle from Catholic social doctrine going back to Pope Leo XIII's encyclical Rerum novarum. In fact it comes from Calvinist teaching on community and was first documented at the Emden Synod (1571).

of the people concerned and their particular conflict situation. The call to responsibility in the sense of being stewards of life then encourages Christians to reflect on every new decision: Can I/we account for it and its consequences? From a Protestant point of view responsibility must be taken in view of three authorities: God, other people and one's conscience.

The Christian understanding of responsibility takes God's responsible action as a model and guideline. Since human beings are recipients of God's love, justice and freedom they are asked to act accordingly: as God shares power, so should they. As God distributes goods, so should they. As God enables human beings to participate, so should they. This understanding of responsibility empowers individuals and communities to take decisions in ethical conflicts and to take action despite all doubts.

### 4.4.2 Ethical discernment

#### *4.4.2.1 Participation as a challenge and an opportunity*

The highly complex questions raised by globalization, poverty or demographic change do not allow for simple answers.[146] Instead, they require thorough and well-informed consideration. Protestants face the challenge and opportunity that they do not have a monolithic magisterium which could mastermind ethical decisions in a generally binding manner. In a Protestant sense, every Christian is called to responsible decision-making and action. This approach is deeply linked to one of the cornerstones of Protestantism, the priesthood of all believers. This Protestant understanding of ministry is also reflected in the fact that nonordained persons are involved in leadership at all levels of the churches.

The priesthood of all believers accepts the ability of Christians to decide on the basis of faith. In accordance with the view

---

[146] E. g. Evangelical Lutheran Church in Austria, Verantwortung für das Leben. Eine evangelische Denkschrift zu Fragen der Biomedizin, Vienna, 2001 (www.evang.at/fileadmin/evang.at/doc.reden/verantwortung.pdf).

that there is a task of enabling responsible decision-making, the Protestant documents want to provide people with the necessary criteria and competences for this. By spreading well-balanced information, sharing faith perceptions of reality and calling to mind Christian ethical principles, the Protestant churches help readers not to surrender uncritically either to mere pluralism or to Christian fundamentalism.

The documents describe responsibility in its different dimensions: it shapes the individual's relationship with God, with other people and with all creation. The underlying conviction is that the individual person cannot be the final authority judging and justifying his or her actions. Rather, life is understood to take place in relations which are in many respects affected by individual actions. Concerning relations to other people, the Protestant documents use the biblical image of the whole body suffering when one member of the body suffers. Community thus transcends traditional definitions of community as family, or state. It is defined by the commandment to love one's neighbour and one's enemy and to be at one another's service. With respect to the whole of creation, human responsibility has long been neglected because of the misinterpretation of Gen 1:28, the instruction to »fill the earth and subdue it«. Nowadays humankind is no longer understood as the ›lord of creation‹, nor is creation understood as existing for the free and deliberate use of humankind. Humankind has a role of stewardship, of the responsible treatment of creation.

Relative to ethical discernment, these different relationships have to be taken into account from the very process of decision-making. The criterion of responsibility described above points to God, the community of people and all creation – all ethical decisions and subsequent actions must be answerable to all of these.

#### *4.4.2.2 A specifically Protestant method of discernment*

Specific Christian values and biblical perceptions of reality, such as the understanding of freedom or justice, play an important role in Protestant ethical discernment. However, the churches are well aware of the different ethical dimensions that have to be taken into account in order to give balanced, faithful and realistic answers. Only these kinds of answers can be made plausible in a pluralistic society. Protestant ethical discernment refrains from a top-down application of certain values or biblical verses.

The Protestant churches genuinely struggle to place the different aspects of the decision-making process in a balanced relationship.[147] They try to balance the different aspects which were described before: the analysis of the actual situation, perceptions of reality and ethical principles. This means that intuitive or habitual answers are not regarded as being sufficient. The churches, really striving for a balanced and coherent ethical judgement, do not shy away from changes in their accustomed positions: they are ready and willing to let themselves be confronted with different, sometimes even alien perspectives and take them into consideration.

The implicit presupposition of many Protestant documents is that coherence *can* always be achieved by presenting the above-mentioned dimensions of arguments objectively and humanely.[148] *Objectively* here means appropriately perceiving the matter at hand. That also involves weighing up differing proposed solutions. *Humanely* means appropriately perceiving the human person in all his or her relations to other people and to creation.

Such optimism can be found in many statements. However, reality teaches that conflicts and dilemmas may arise in which complete coherence cannot be achieved. Sometimes the different arguments to be considered simply remain incompatible. Then, after pondering the different goods, perspectives and effects, finally one or the other aspect has to be given priority.[149] »All values and especially the right balance can only be realised imper-

147 The Federation of Swiss Protestant Churches even demonstrates in their title that balance is a key element, see Globalance, 2005.

148 Cf. Arthur Rich, op. cit.

149 One can think of two reasons for failure: either the conflict situation

fectly. In their perfection they are reserved for the end of time.«[150] Yet Protestant churches do not let this dilemma prevent them from ongoing social engagement and ethical discernment. One of the reasons for this courage can be found in their understanding of *responsibility.* As described above, the Protestant documents perceive being responsible not only as important but also as indispensable in social conflicts.

In conclusion, the analysis of the ethical conceptions shows that the Protestant churches not only refer to single criteria or deduce decisions from absolute principles. Rather, they try to establish a balance between common ethical values and the principles following from them, objective perceptions of reality, and responsibility for themselves, others and the environment. They acknowledge the importance of scripture in Protestant theology by balancing these factors in the light of the gospel. In contrast to a literal interpretation of the Bible this approach takes seriously the power of scripture to be meaningful in a real-life context differently from the way it was understood in its historical context.[151]

Struggling for coherence and balance gives the right direction in Christian ethical discernment and action. Yet churches will always have to cope with imbalances which cannot be abolished or which might even be created with new decisions. In many cases this method will lead to ethically correct judgements and ethically reasonable action. This method recognizes the reality of unsolved conflicts, making at least the individual ethical priorities transparent and striving for the best possible solutions. The conscious realization of the imperfection of one's own thought and action is a basic element of Protestant anthropology and ecclesiology. That is an essential quality of Protestant discernment.

---

in itself cannot be »solved« or human beings fail in finding a better solution.

[150] Federation of Swiss Protestant Churches, Globalance, 2005, 50.

[151] Cf. the CPCE doctrinal study process on Schrift – Bekenntnis – Kirche. Scripture – Confession – Church, Leuenberger Texte 14, ed. by Michael Bünker, Evangelische Verlagsanstalt, Leipzig 2013.

# 5 Recommendations for Protestant Social Discernment

This last chapter will now bring together the findings of the study process. The final sections are worded as recommendations, which are intended to assist CPCE member churches in implementing Article 29 of the Leuenberg Agreement, i.e. to »strive for the fullest possible co-operation in witness and service to the world«. To illustrate the recommendations, quotations from the documents analysed are attached. This is, firstly, intended to stress that the recommendations are based on what the churches already are and do. Secondly, the quotations aim to name and strengthen characteristic Protestant features. Following the Methodist tradition, the chapter closes with a Social Commitment, which the study group commends to member churches for liturgical use in their congregations. Listening to the Word of God in faith liberates us for service in the world and enables community. In our commitment before God and one another in worship this link between faith and human action surfaces in a decidedly Protestant form.

## 5.1 Stand up for justice

Economic globalization, poverty and social exclusion, education, migration, integration and ecological injustice challenge the churches. They strike the churches at the core of their life and work. Standing up for justice, peace and stewardship of God's creation is part of the church's mission. Being called to take a position as an expression of Christian faith is an essential part of the churches' responsibility towards their respective contexts.

Standing up for justice, however, does not mean raising one's voice on everything. Standing up for justice needs cautious consideration of the context, the biblical message and ecclesiological and ethical foundation of the Protestant churches in order not to decline into constant activism that is barely noticed as the background noise of the public debate.

> *»Our aversion to economic injustice and the destruction of the planet is linked with the commitment the World Council of Churches and the World Alliance of Reformed Churches have assumed already for years, giving voice to the victims of economic injustice and calling the churches to become conscious of and take a stance of resistance within the framework of a confession of faith in the Lord Jesus Christ in our time.«*[152]

## 5.2 Help the people to make their decisions

The purpose of the Protestant churches' statements is to assist individuals in their individual decision-making – this is deeply linked to the Protestant principle of the priesthood of all believers. The various church bodies in their social discernment aim to help individual church members in finding their standpoint and taking their decisions in every day-life situations. At the same time, decision-making should not be individualised. In Protestant understanding individual freedom is always linked with responsibility and love for others. It is therefore the churches' role to support people in joint decision-making and assuming common responsibility. The decisive criterion for decision-making is to benefit the neighbour, serve the common good and make for peace (1 Cor 10:23 ff).

Protestant decision-making processes link democratic discernment and responsible leadership. They involve people, enlarge the involvement of church members in the positions of their churches and thus contribute to building up community.

Specific Protestant perceptions of reality, for example a relational anthropology, influence these processes. Building on their

[152] Waldensian and Methodist Synod, The Churches and Globalisation, 1.

scriptural foundations (and in the context of broader ethical discourse), Protestant churches have developed their distinctive way of ethical decision-making, by striving to balance the different elements relevant to the issue.

> *»The long-standing commitment of The United Methodist Church to social justice, to theological inquiry, and to just and open relationships places a particular responsibility on its members …«*[153]

## 5.3 Don't be afraid to give complex answers to complex issues

The Protestant churches recognize that complex ethical issues require complex answers. Protestant traditions highlight careful observation, thoughtfulness and cautious application of the Word of God to the situation. By contrast with mainstream descriptions and responses, Protestant statements do not fear complexity, even if short and snappy answers are expected in a society dominated by the media. This affirmed complexity also means that the Protestant churches in Europe understand their diversity as an invitation to set an example, through their internal pluralist organisation, of how they handle political and social challenges in a pluralist world. On the one hand, such an approach rejects fundamentalism and overly simple answers; on the other, it excludes ethical permissiveness.

Churches recognize that they are players in a pluralistic debate and do not adopt a privileged standpoint. Therefore they should remain humble about their fields of expertise; however they feel bound to contribute to current debates from their specific starting point, which is the gospel of Jesus Christ.

---

[153] United Methodist Church, Book of Resolutions No. 6061, Our Muslim Neighbours, 2008.

*»Regarding the past, we should make everybody who sets to work examining it realize that one cannot solve a difficult period, lasting over half-century in the history of a 40-million nation, without great care, patience, knowledge and mercy. We cannot see any of the above in the previous course of the lustration [moral purification]. [...] While thinking of our complicated past, we are convinced that everybody who lived in those times should first of all bend with care upon himself and rely on God's grace, instead of searching in vain for justification in true or supposed wrongdoings of other people.«*[154]

## 5.4 Take a clear stand

Differentiation is not to be seen as opposed to taking a clear stand. Competent analysis of the situation is the first step, accurate and assiduous judgement in the light of the gospel and one's own theological tradition the second. The third is to take a clear stand in regard to what has been identified to be necessary.

This calls for advocacy, for strengthening the voice of the marginalized, and pointing out deficiencies in our societies. It also calls not just for living together in solidarity with the vulnerable, the excluded, and the marginalized, but also for integrating the strong and powerful in society within the community. With your fellow believers' prayers and intercessions supporting your back, it becomes easier to face what is in front of you. Therefore it is extremely important to take a clear stand in the face of the challenges of today's world. In some cases it may even be necessary to declare a *status confessionis.*

However, such a declaration of a *status confessionis*, or in reduced form of a *processus confessionis*, especially on ethical is-

[154] Synod of the Reformed Church in Poland, Shame and Suffering, 2007, 1–2.

sues, does affect the whole church fellowship as the latter is based on a common understanding of the gospel and as ethical action should be based on the gospel. Churches should be careful in this matter, because the unity of churches is at stake. They are reminded of their commitment to consult each other before taking decisions, adopted at the CPCE General Assembly in Budapest (2006).[155]

> *»In the parable of the Good Samaritan Jesus criticizes abstract love, not leading to practical decisions and real works. Serving in the true sense of the word means renunciation and readiness to suffering and sacrifice. The strength for that comes from Christ – from his life and salvation.«*[156]

## 5.5 Speak with a common voice

The churches have a common ground in the gospel. If the churches take this and their fellowship seriously, they cannot but cooperate as closely as possible. This cooperation also entails greater awareness and knowledge of their differing traditions, history, social anchoring in Europe and their societies. On a pragmatic level, the churches have a better chance of being heard by political institutions and in political debate if they prove able to arrive at joint positions on the basis of their common faith.

Moreover, in a broader ecumenical context, the churches in Europe committed themselves in the Charta Oecumenica »to work towards the visible unity of the Church of Jesus Christ in the one faith, expressed in the mutual recognition of baptism and in Eucharistic fellowship, as well as in common witness

155 Freedom is Binding. Final Report of the 6th General Assembly of the CPCE, no. 4.2.1; 2.2.2.1.

156 Estonian Evangelical Lutheran Church, Diaconia Development Plan 2005–2012, 2.

and service …«[157] Therefore the CPCE member churches should seek the cooperation of other, non-Protestant churches »to act together at all levels of church life wherever conditions permit«.

> *»In the sense intended in this Agreement, church fellowship means that, on the basis of the consensus they have reached in their understanding of the Gospel, churches with different confessional positions accord each other fellowship in word and sacrament and strive for the fullest possible co-operation in witness and service to the world.« (LA 29)*

## 5.6 Build up: strengthen the community

»Each of us must please our neighbour for the good purpose of building up the neighbour« (Rom 15:2). Taking this biblical thought further, churches will engage in cooperation with people and institutions outside church circles. Opening up to all stakeholders' argumentation and language and thus reassessing their own established argumentation and language, churches will learn more about the crucial concerns of society. This dialogue equips the churches with means to communicate their message more clearly and to make their suggestions and directions for action more plausible.

> *»The Bible contains a tradition of not regarding work as the be-all and end-all and this tradition is highly relevant to the understanding of work, even in our day. This is the concept of keeping the Sabbath. The biblical command to keep the Sabbath holy recalls that work is not to be regarded as the prime good. It is not the working person but the Sabbath that is the crown*

[157] Charta Oecumenica Art. 1 (http://www.cec-kek.org/content/charta.shtml).

*of creation. The command to observe the Sabbath combines worship of God and a social protective function that also includes the weakest members in the whole social fabric.«*[158]

## 5.7 Witness in service

As the Community of Protestant Churches in Europe we recognize that we are called to witness to the world in word and deed. Words become alive where they are put into practice.

The close link between words and actions makes the witness of Jesus Christ and his transforming power visible. Therefore every statement and voice raised by the churches needs to be accompanied by action.

*»The Council of Europe can for instance organise a starting conference with religious communities, taking up the above points on the agenda, make up a 10-point programme with initiatives on several fields, like human rights, social justice etc. This programme should be carried out by the community members on local level and can enhance the idea of »think global, act local«. This again can pull migrant and religious communities beyond their own borders in order to unite towards a higher level.«*[159]

»The CPCE is above all a worshipping fellowship«[160]. The sharing of bread at the Lord's Table and the sharing of bread with the hungry belong together.[161] Therefore the worshipping community extends its celebration to all aspects of everyday life.[162]

[158] Evangelical Church in Germany, Just Participation, 2006, § 72.

[159] Samen Kerk in Nederland, Council of Europe questionnaire, 2007, 3.

[160] Freedom is binding. Final Report of the 6th General Assembly of the CPCE, no. 1.1.

[161] 1 Cor 11; Mt 25:31–46.

Faith in God is the source from whence Christians draw their strength and inspiration. Faith creates wonder, joy and humility at the splendour of God's creation. Faith gives courage to confront reality as it is; it challenges us to a life of self-denial and it brings hope for a just and peaceful world.

---

[162] Rom 12:1.

## Social commitment of the Protestant churches in Europe

*In the Leuenberg Agreement, the Protestant churches in Europe commit themselves to accord each other fellowship in word and sacrament and strive for the fullest possible cooperation in witness and service to the world (LA 29). The churches acknowledge that God's will, as demand and gift, embraces the whole world. They commit themselves to stand up for justice and peace on earth between individuals and nations. (LA 11)*

*The Protestant churches in Europe have a long history of concern for justice and peace. We are grateful for all those who have opposed injustice, who did not give up the struggle for freedom and human dignity and performed this task of Christian fellowship through dark times. We humbly concede that Christians in various churches have failed to resist injustice and to help the persecuted and suffering.*

*As Protestant Churches in Europe we commit themselves:*

*To give a clear Protestant witness in questions of politics, economics and society; in words and deeds,*

*To care for human rights, democracy and the rule of law for people at all places and all times of life,*

*To stand up for justice, providing opportunities and access for everyone according to his or her gifts,*

*To work for a just sharing of resources,*

*To build up communities and to serve those in need,*

*To give open welcome, shelter and protection to refugees and migrants and to oppose racism, xenophobia and anti-Semitism,*

*To work for peace between nations and cultures and to promote non-violent conflict prevention and solutions in all areas of life,*

*To exercise stewardship of all God's creation and to work for more sustainable ways of living,*

*To promote Christian values, attitudes and patterns in European societies.*

*Together with the other churches in Europe we confess:*

*»We are convinced that the spiritual heritage of Christianity constitutes an empowering source of inspiration and enrichment for Europe. On the basis of our Christian faith, we work towards a humane, socially conscious Europe, in which human rights and the basic values of peace, justice, freedom, tolerance, participation and solidarity prevail.« (Charta Oecumenica)*

# Appendix 1:

## List of statements of the Protestant churches in Europe on social challenges[163]

### Czech Republic

| Church | Name | Date | Language |
|---|---|---|---|
| Evangelical Church of the Czech Brethren | On the expulsion of the Sudeten Germans | 1995 | German |
| Council of the Czech Brethren | Statement of the Synodal Council of the Czech Brethren Church | 2004 | Czech |
| Council of the Czech Brethren | Appeal of the Evangelical Church of the Czech Brethren to the City Council of Prague concerning the hostel for asylum seekers in Prague | 2009 | Czech, German |

### Estonia

| | | | |
|---|---|---|---|
| Estonian Evangelical Lutheran Church | Diaconia Development Plan 2005–2012 of the Estonian Evangelical Lutheran Church | 2005 | English |
| Estonian Evangelical Lutheran Church | The church's social message. The socio-political goals of the Estonian Evangelical Lutheran Church | 2005 | Estonian |
| Estonian Evangelical Lutheran Church | EELC Development Plan 2008–2017 | 2008 | Estonian, German |

[163] This list shows the documents received from the Protestant Churches in Europe according to their country of origin in alphabetical

**Finland**

| | | | |
|---|---|---|---|
| Evangelical Lutheran Church of Finland | Towards the common good. Statement on the Future of the Welfare Society by the Bishops of the Evangelical Lutheran Church of Finland | 1999 | English, Finnish Swedish |
| Evangelical Lutheran Church of Finland | Catechism of Civic Responsibility | 2005 | Finnish, Swedish |

**France**

| | | | |
|---|---|---|---|
| Protestant Federation of France, Church and Society Commission | Churches and globalisation | 2003 | French |
| Reformed Church of France | Reformed Church and Globalisation | 2005 | French |

**Germany**

| | | | |
|---|---|---|---|
| Reformed Alliance in Germany | Declaration on Peace by the Moderamen of the Reformed Alliance in Germany | 1982 | German |
| Evangelical Church of the Rhineland | Church and Israel. On Renewing the relationship between Christians and Jews. Documentation | 1993 | German |

order. The documents are listed according to their date of issue. International and / or ecumenical organisations follow. English translations of the titles are given for the reader's information but please note that where there is no official translation of the whole text the titles are left in the original in the footnotes to this study.

| Evangelical Church of the Rhineland | Christians and the economy | 1996 | German |
|---|---|---|---|
| Evangelical Church of Kurhessen-Waldeck, Theology Commission | What serves life | 1998 | German |
| Traugott Jähnichen, Norbert Friedrich, Wolfgang Herting (eds) | Shaping change. 50 years of interdenominational social work in the mining industry | 2000 | German |
| Work and Economy Commission of the Evangelical Lutheran Church in Thuringia | The future of work. Remarks and arguments for grappling with issues regarding current social changes in church and society | 2000 | German |
| Bishops' Conference of the United Evangelical Lutheran Church in Germany (VELKD) | What may human beings do? (Was darf der Mensch?) | 2001 | German |
| Evangelical Church of the Rhineland | Turbulent times, wish and reality of church work time. Results of a study on church working hours | 2002 | German |
| Evangelical Church in Hesse and Nassau (participating) | Wealth and poverty as a challenge for church action, A German contribution to the APRODEV project »Christianity, Poverty and Wealth in the 21st Century«, ed. Werkstatt Ökonomie | 2002 | German |
| Evangelical Church in Hesse and Nassau | Wealth and poverty: resources for congregations, school and groups | 2003 | German |

| | | | |
|---|---|---|---|
| Evangelical Church of Westphalia | Globalisation – it can be different. Part 1 Globalised Economy, Part 2 Church as Global Player | 2003 | German |
| aej information: magazine for Protestant youth in Germany | Focus of social justice | 2004 | German |
| Evangelical Church in Hesse and Nassau | Experiences-Reflexions-Activities-Perspectives. Grappling with globalisation in the Evangelical Church in Hesse und Nassau | 2004 | German |
| Evangelical Church of Westphalia | Synod statement on the Soesterberg letter »Economy in the service of life« | 2004 | German |
| Evangelical Church of the Rhineland | Wealth needs a measure, poverty a limit. Exemples for church action against social polarisation | 2004 | German |
| Evangelical Church of the Rhineland | Growing polarization in North Rhine-Westphalia? 2004 NRW Poverty and Wealth Report | 2004 | German |
| Evangelical Church of the Rhineland | Economic, social and cultural rights in West Papua | 2005 | English, German |
| Evangelical Church of the Rhineland, eds Klaus Eberl, Jens Sannig | Rethinking social policy? The paradigm shift in social policy and social ethical responsibility of the church (symposium report) | 2005 | German |
| Evangelical Church of the Rhineland | Family justice. A position paper | 2007 | German |

| | | | |
|---|---|---|---|
| Social Forum of the Wurttemberg Synod | Righteousness exalts a nation | 2005 | German |
| Dieter Kelp, Jürgen Widera (eds) | Rheinhausen is everywhere. Church as advocate of ordinary people | 2005 | German |
| Evangelical Church of the Palatinate | Synod decision »Churches in Europe« | 2005 | German |
| Evangelical Church of the Palatinate | Synod decision »Economy in the Service of Life« | 2005 | German |
| Synod of the Evangelical Lutheran Church in Thuringia | Synod decision: The social challenges of the present – consequences for the church and its social work | 2005 | German |
| Work and Economy Commission of the Evangelical Lutheran Church in Thuringia | Work-free Sunday. Flyer | | German |
| Work and Economy Commission of the Evangelical Lutheran Church in Thuringia | Shopping round the clock … ? Mission and Position of the church on closing times | | German |
| Evangelical Church in Germany (EKD) | Steps towards Sustainable Development. The Millennium Development Goals of the United Nations | 2005 | English, German |
| Evangelical Church in Hesse and Nassau | Year Book Justice I-IV | 2005 2010 | German |
| Evangelical Church in Germany (EKD) | Declaration of the 10th EKD Synod on the Main Theme »Righteousness exalts a nation – poverty and wealth« | 2006 | English, German |
| Evangelical Church in Germany (EKD) | Just Participation. Empowerment for Personal Responsibility and Solidarity. A Memorandum | 2006 | English, German |

| Reformed Alliance in Germany | Press release Reformed Alliance in Germany, 9 June 2007 | 2007 | German |
|---|---|---|---|
| Reformed Alliance in Germany | Press release: Appropriate and insightful | 2007 | German |
| Evangelical Church in Germany (EKD) | Living from God's peace – caring for just peace | 2007 | German |
| Bremen Evangelical Church | Poverty and Wealth in Bremen – together for a socially concerned city | 2008 | German |
| Evangelical Church in Germany (EKD) | The right word at the right time. A Memorandum on the church's public relations and outreach | 2008 | German |
| Evangelical Church in Germany (EKD) | Entrepreneurial action from a Protestant perspective | 2008 | German |
| Evangelical Church in Hesse and Nassau | The future of the welfare state and our responsibility | 2008 | German |
| Evangelical Church of Hesse Electorate-Waldeck | Economics at the service of people. Impact of globalization on business in the North Hessen region | 2008 | German |
| Church of Lippe | Synod decision on engagement in Afghanistan | 2008 | German |
| Evangelical Church of the Rhineland | Economy in the Service of Life. English Translation of the Memorandum on Economic Globalisation and its Challenges to the Churches (2008) | 2009 | English<br>German |
| Evangelical Church of Hesse Electorate-Waldeck, Theology Commission | Living in freedom before God. Of the profile of Protestantism and the nature of Christianity | 2009 | German |

| Evangelical Church in Germany (EKD) | Becoming new in old age | 2009 | German |
|---|---|---|---|
| Evangelical Lutheran Church of Württemberg | Synod statement »The economy is meant to serve life« | 2009 | German |
| Evangelical Church of Westphalia | Remodelling the social market economy from an ethical standpoint | 2009 | English, German |
| Evangelical Lutheran Church of Württemberg | Statement by Synod on the European elections | 2009 | German |
| Evangelical Lutheran Church of Württemberg | Statement by Synod »The economy is meant to serve life« | 2009 | German |
| Evangelical Lutheran Church of Württemberg | Synod decision »Wealth needs a measure, poverty a limit« | 2010 | German |
| Comenius Institute | Europeanisation and citizenship as contexts for Protestant educational responsibility | | German |

**Great Britain**

| Church of England | Faithful Cities. A call for celebration, vision and justice. The report from the Commission on Urban Life and Faith, Methodist Publishing House, Peterborough 2006 | 2006 | English |
|---|---|---|---|
| Methodist Church of Great Britain | Let Your Light Shine. A Strategy for the Methodist Church's Engagement with Economic Life | 2006 | English |

| | | | |
|---|---|---|---|
| Church of Scotland | The annual report of the Church and Society Council of the Church of Scotland | 2008 | English |
| Church of Scotland | Church Action and Poverty | ongoing | English |
| Church of Scotland | Society, Religion and Technology Project of the Church of Scotland | ongoing | English |
| Church of Scotland | Statement on preventative spending | 2011 | English |

**Greece**

| | | | |
|---|---|---|---|
| Greek Evangelical Church | Migration and Integration | | English |

**Hungary**

| | | | |
|---|---|---|---|
| Evangelical Lutheran Church in Hungary | Statement of the ELCH presidium on homosexuality. | 2000 | Hungarian |
| Evangelical Lutheran Church in Hungary | Elections in 2002, Statement by the ELCH presidium against a brutal election campaign | 2002 | Hungarian |
| Evangelical Lutheran Church in Hungary | Press release on the attack against Iraq. | 2002 | Hungarian |
| Evangelical Lutheran Church in Hungary | Circular letter on giving blood. | 2002 | Hungarian |

| | | | |
|---|---|---|---|
| Evangelical Lutheran Church in Hungary | Declaration of the Council of Bishops on the acceptance of the »favour law« in favour of Hungarians living abroad | 2002 | Hungarian |
| Evangelical Lutheran Church in Hungary | Circular letter from the ELCH presidium encouraging members to vote in 2002 | 2002 | Hungarian |
| Evangelical Lutheran Church in Hungary | Statement of the ELCH land presidium: condemnation of drug consumption and distribution. | 2002 | Hungarian |
| Evangelical Lutheran Church in Hungary | Circular letter from the bishops on EU accession | 2003 | Hungarian |
| Evangelical Lutheran Church in Hungary | Circular letter from the bishops: EU elections in 2004. | 2004 | Hungarian |
| Evangelical Lutheran Church in Hungary | Statement of the Council of Bishops. Circular letter: referendum on the dual citizenship of Hungarians living beyond the frontier in 2004. | 2004 | Hungarian |
| Evangelical Lutheran Church in Hungary | Statement by the presidium of the church on the independence of the church from party politics | 2004 | Hungarian |

| Evangelical Lutheran Church in Hungary | Declaration on the question of agents, about the need for a committee to clarify matters | 2005 | Hungarian |
|---|---|---|---|
| Evangelical Lutheran Church in Hungary | Statement on donation of organs, positive in certain circumstances | 2005 | Hungarian |
| Evangelical Lutheran Church in Hungary | Statement by the church against the introduction of the abortion pill | 2005 | Hungarian |
| Evangelical Lutheran Church in Hungary | Statement of the Council of Bishops on Hungarian-Slovak reconciliation | 2006 | Hungarian |
| Evangelical Lutheran Church in Hungary | Declaration of the Bishops: Agent question II, on the need for a committee to clarify the matter. | 2006 | Hungarian |
| Evangelical Lutheran Church in Hungary | Declaration of the Presidium of the Lutheran Church of Hungary: condemnation of the proceedings of the finance minister in financial questions relating to the churches. | 2006 | Hungarian |
| Reformed Church in Hungary and Evangelical Lutheran Church in Hungary | Reformed-Lutheran common statement on churches' social responsibilities | | Hungarian |

**Italy**

| | | | |
|---|---|---|---|
| Waldensian and Methodist Synod | The churches and globalisation | 2001 | Italian |
| Waldensian and Methodist Synod | Conclusions of the Synod of the Waldensian and Methodist churches in Italy | 2002 | Italian |
| Federation of Protestant Churches in Italy (FCEI) | Globalisation in Italy | 2002 | Italian |
| Letizia Tomassone (Vice President of the Federation of Protestant Churches in Italy – FCEI) | Speech at the meeting with the Presidents of EU Institutions | 2008 | English |

**Norway**

| | | | |
|---|---|---|---|
| Church of Norway | The Church and Economic Globalisation | 2007 | English |
| Church of Norway General Synod | Economic Globalisation as a Challenge to Churches | 2007 | English |

**Poland**

| | | | |
|---|---|---|---|
| Three Consistories of Protestant Churches in Poland | Statement regarding asylum seekers from Kosovo | 1999 | English Polish |
| Bishops of the Methodist, Lutheran and Reformed Churches in Poland | Joint Statement of Polish Protestant Bishops concerning the potential war in Iraq | 2003 | English Polish |
| Three Consistories of Protestant Churches in Poland | Statement regarding European integration | 2004 | English Polish |
| Reformed Evangelical Church in Poland | Shame and suffering. Statement of the Synod of the Evangelical Reformed Church in Poland regarding the ›lustration‹ process | 2007 | English Polish |
| Synod of the Reformed Evangelical Church in Poland | Appeal to the Polish authorities (regarding genocide in Darfur) | 2007 | English Polish |

**Slovakia**

| | | | |
|---|---|---|---|
| Evangelical Church of the Augsburg Confession in the Slovak Republic | Statement on abortion and euthanasia | | Slovak |

**Sweden**

| | | | |
|---|---|---|---|
| Archbishop Wejryd | Speech at Meeting with the Presidents of EU Institutions May 5 | 2008 | English |

### Switzerland

| Federation of Swiss Protestant Churches | Covenanting for the globalisation of justice. Position of the FSPC Council on the *processus confessionis* and a draft faith stance of the World Alliance of Reformed Churches, WARC | 2004 | English |
|---|---|---|---|
| Federation of Swiss Protestant Churches | Globalance | 2005 | German (English summary) |
| Federation of Swiss Protestant Churches | Putting people in the right. Human rights and human dignity from a theological-ethical perspective | $^{3}$2007 | German |
| Federation of Swiss Protestant Churches | Fundamental values from the Protestant angle | 2007 | German |
| Federation of Swiss Protestant Churches | Fair top earnings? For more moderation and participation | 2007 | German |
| Federation of Swiss Protestant Churches | Energy ethics. Towards a new energy age. Sustainable perspectives after crude oil runs out | 2008 | German |

## International

### Methodist

| United Methodist Church | Social Creed | 1908 | English |
|---|---|---|---|
| United Methodist Church | Social Principles | 2008 | English |
| United Methodist Church | Book of Resolutions, 6061: Our Muslim Neighbours | 2008 | English |

| United Methodist Church | God's Renewed Creation: Call to Hope and Action | 2009 | English |
|---|---|---|---|

**CPCE**

| Conference of Churches on the Rhine – Regional Group of CPCE | Liebfrauenberg Declaration. Consultation on the Challenges of Migration and Asylum | 2004 | English French German |
|---|---|---|---|
| CPCE Expert Group on Ethical Questions | The Community of Protestant Churches in Europe and Globalisation Issues | 2005 | German |
| South East Europe Regional Group of CPCE | The Shape and Shaping of Protestant Churches in a Changing Europe | 2005 | English German |
| Conference of Churches on the Rhine – Regional Group of CPCE | New poverty and new wealth. Our churches and the social challenges in Europe. Minutes of the 46th session of the Conference of Rhine Churches, 8–9 May 2006 | 2006 | French German |
| CPCE Executive Committee | Defending truth, not with force, but with the power of the Word alone | 2006 | English, French, German |
| CPCE Presidium | Contribution to the Consultation Process on the Preparation of the White Paper on intercultural dialogue of the Council of Europe. | 2007 | English |
| CPCE Presidium | Five good wishes for the future of Europe | 2007 | English, French, German |
| CPCE President | Religion is part of the task of school education. Statement of the CPCE President in the Council of Europe | 2008 | English, French, German |

| | | | |
|---|---|---|---|
| CPCE Council | Intercultural dialogue: not without the religions. The Council of the Community of Protestant Churches in Europe (CPCE) welcomes the White Paper on Intercultural Dialogue recently adopted by the Council of Europe | 2008 | English, French, German |
| CPCE Presidium | No financial speculation with basic foodstuffs, press release | 2008 | English, French, German |
| CPCE Council | The importance of the Barmen Theological Declaration | 2009 | English, French, German |
| CPCE Presidium | Human Rights and Morality | 2009 | English, French, German |

**Global Christian Communions**

| | | | |
|---|---|---|---|
| Lutheran World Federation (LWF) | Winnipeg Statement | 2003 | English |
| World Alliance of Reformed Churches (WARC) | Covenanting for Justice in the Economy and the Earth (Accra Declaration) | 2004 | English |

**Ecumenical Documents (with non-Protestant Participation)**

**Austria**

| | | | |
|---|---|---|---|
| Ecumenical Council of Churches in Austria | Social Mission Statement | 2003/ 2006 | English, German |

### Germany

| | | | |
|---|---|---|---|
| Evangelical Church in Germany (EKD) / German Bishops' Conference | For a future founded on solidarity and justice. A statement of the EKD Council and the German Bishops' Conference on the Economic and Social Situation in Germany | 1997 | English, German |
| Church publisher group Year Book Justice | Poor Rich Germany. Year Book Justice I. | 2005 | German |
| Church publisher group Year Book Justice | Wealth. Power. Violence. Security in times of globalisation.Year Book Justice II. | 2006 | German |
| Diakonisches Werk Evangelical Church in Baden/ Caritas Freiburg | Charta Oecumenica Socialis | 2007 | German |

### Great Britain & Ireland

| | | | |
|---|---|---|---|
| Churches together in Britain and Ireland | Prosperity with a purpose. Exploring of ethics of affluence | 2005 | English |

### Slovakia

| | | | |
|---|---|---|---|
| Slovak Ecumenical Council | Statement on the World Day on Diminution of Poverty | | Slovak |

### Switzerland

| | | | |
|---|---|---|---|
| Swiss Bishops' Conference/Federation of Swiss Protestant Churches (SEK) | Statement by the churches, together into the future | 2001 | German |

**International**

| | | | |
|---|---|---|---|
| Conference of European Churches (CEC) | Let Your Light Shine Before the World. Diaconia in Europe: Facing New Challenges. Texts from the First European Diaconal Forum in Järvenpää, Finland | 2001 | German English |
| Conference of European Churches (CEC) | Working Together for Sustainable Life. Experiences from Diaconia in Europe. Texts from the First European Diaconal Forum in Järvenpää, Finland | 2001 | German, English |
| Consejo Latinoamericano de Iglesias (CLAI) | »Buscando Salidas, Caminando Hacia Adelante«. Pronunciamento Público de las Iglesias Evangélicas de Americalatina y el Caribe | 2003 | English Spanish |
| Churches' Commission for Migrants in Europe (CCME-CEC) | CCME Work Programme 2006–2008 | 2005 | English |
| World Council of Churches (WCC) | Alternative Globalization Addressing Peoples and Earth (AGAPE). A Background Document | 2005 | English |
| Peter C. A. Morée, Alexandru Neagoe (eds) | Faces of Diaconia. Towards a Christian Understanding of Social Services. Papers from the Consultation of Churches and Theological Faculties of Central Europe and the Netherlands on »Diaconia, Concepts and Practice,« 4–8 July 2005 in Buzau, Romania | 2005 | English |

| Church and Society Commission of the Conference of European Churches (CCME-CEC) and Eurodiaconia | A Common Vision for a Social Europe: »Towards Quality in Life for All«, Conference Message | 2005 | English |
|---|---|---|---|
| Church and Society Commission of the Conference of European Churches (CSC-CEC) | European churches living their faith in the context of globalisation | 2006 | English |
| Churches' Commission for Migrants in Europe (CCME-CEC) | Churches' assistance vital for refugees. | 2007 | English |
| Evangelical Church in Germany and Evangelical (EKD) Church of the Czech Brethren | Human trafficking, sexual exploitation of women and child abuse in the German-Czech order region | 2007 | German |

# Appendix 2:

## Participants in the study group

CPCE Consultation Bad Godesberg April 2007

| **Participants** | | | |
|---|---|---|---|
| Drubel | Stefan | Solingen (D) | Evangelical Church of the Rhineland |
| Gensini | Iolanda | Baranzate (I) | Methodist Church in Italy |
| Guldanová | Eva | Bossey/Geneva (CH) | Evangelical Church of the Augsburg Confession in the Slovak Republik |
| Haar | Miriam | Dublin (IRE) | Evangelical Lutheran Church of Württemberg |
| Häuser | Andrea | Kehl (D) | Evangelical Church in Hesse and Nassau |
| Kingsley | Carmen | Rouen | Reformed Church of France |
| Janssen | Rainer | Berlin (D) | Evangelical Church in Germany (EKD) |
| Jourdan | William | Bruchsal (D) | Waldensian Evangelical Church (I) |
| Lewandowska | Julia | Łódź (PL) | Reformed Evangelical Church in Poland |
| Lindseth | Gard | Oslo (NOR) | Church of Norway |
| Luhamets | Eva-Liisa | Tartu (EST) | Estonian Evangelical Lutheran Church |
| Schardien | Stefanie | Bochum (D) | Evangelical Church of Westphalia |
| Schauß | Joachim | Dillenburg (D) | Evangelical Church in Hesse and Nassau |

| Skausmenis | Karolis | Taurages Rajonas (LT) | Evangelical Lutheran Church in Lithuania |
|---|---|---|---|
| Soom | Kaido | Tartu (EST) | Estonian Evangelical Lutheran Church |
| Szabo | Mihaly | Cluj (ROM) | Reformed Church in Hungary |
| van Oorschot | Frederike | Heidelberg (D) | Union of Free Evangelical Churches in Germany (Baptist) |
| van Oorschot | Philipp | Heidelberg (D) | Evangelical Church in Baden |
| Wölfinger | Bernadett | Szentki-ralyszabadja (HUN) | World Communion of Re-formed Churches (WRC) |
| **Speakers** | | | |
| Adameová | Jana | Cesky Te?in (CZ) | Silesian Diaconia |
| Körtner | Ulrich H. J. | Vienna (A) | Evangelical Church of the Helvetic Confession in Austria |
| Lindroos | Inka | Helsinki (FIN) | Ecumenical Youth Council in Europe (EYCE) |
| Mathwig | Frank | Berne (CH) | Federation of Swiss Protestant Churches (SEK) |
| Noll | Rüdiger | Brussels (B) | Church and Society Com-mission of the Conference of European Churches (CSC-CEC) |
| Parry Jones | Angharad | Cymru/ Wales (UK) | World Student Christian Federation (WSCF) |

| **Moderation** | | | |
|---|---|---|---|
| Flügge | Thomas | Berne (CH) | Community of Protestant Churches in Europe |
| Heidtmann | Dieter | Brussels (B) | Community of Protestant Churches in Europe |
| Herbold | Kristina Michaela | Vienna (A) | Community of Protestant Churches in Europe |
| Klußmann | Jörgen | Bonn (D) | Evangelical Academy in the Rhineland |

## CPCE Consultation Bad Godesberg March 2008

| **Participants** | | | |
|---|---|---|---|
| Chikán | Katalin | Patvarc (Hun) | Evangelical Lutheran Church in Hungary |
| Göbel | Thorsten | Holzgerlingen (D) | United Methodist Church – Central Conference of Germany |
| Guldanová | Eva | Rome (I) | Evangelical Church of the Augsburg Confession in the Slovak Republic |
| Haar | Miriam | Dublin (IRE) | Evangelical-Lutheran Church of Württemberg |
| Häuser | Andrea | Kehl (D) | Evangelical Church in Hesse and Nassau |
| Jourdan | William | Bruchsal (D) | Waldensian Evangelical Church (I) |
| Lewandowska | Julia | Edinburgh (UK) | Reformed Evangelical Church in Poland |
| Lindseth | Gard | Oslo (NOR) | Church of Norway |
| Luhamets | Eva-Liisa | Tartu (EST) | Estonian Evangelical Lutheran Church |

| | | | |
|---|---|---|---|
| Nicoly Menezes | Lydie | Munich (D) | Evangelical Lutheran Church in Bavaria |
| Podranski | Kornelius | Marburg (D) | Evangelical Church in Hesse and Nassau |
| Ritchie | Joy | Bridgeton (UK) | Church of Scotland |
| Schardien | Stefanie | Bochum (D) | Evangelical Church of Westphalia |
| Schauß | Joachim | Dillenburg (D) | Evangelical Church in Hesse and Nassau |
| Schulz | Andreas | Wietze (D) | Evangelical Lutheran Church of Hanover |
| Siba | Balázs | Budapest (HUN) | Reformed Church in Hungary |
| van Oorschot | Frederike | Heidelberg (D) | Union of Free Evangelical Churches in Germany (Baptist) |
| Van Oorschot | Philipp | Heidelberg (D) | Evangelical Church in Baden |
| **Speaker** | | | |
| Dalferth | Silfredo Bernardo | Lichtenstein (D) | Evangalical Church of Lutheran Confession in Brazil |
| **Moderation** | | | |
| Flügge | Thomas | Berne (CH) | Community of Protestant Churches in Europe |
| Klußmann | Jörgen | Bonn (D) | Evangelical Academy in the Rhineland |

| **Participants** | | | |
|---|---|---|---|
| Chikán | Katalin | Patvarc (Hun) | Evangelical Lutheran Church in Hungary |
| Guldanová | Eva | Bratislava (SK) | Evangelical Church of the Augsburg Confession in the Slovak Republic |
| Haar | Miriam | Dublin (IRE) | Evangelical Lutheran Church of Württemberg |
| Häuser | Andrea | Kehl (D) | Evangelical Church in Hesse and Nassau |
| Jourdan | William | Bruchsal (D) | Waldensian Evangelical Church (I) |
| Lewandowska | Julia | Edinburgh (UK) | Reformed Evangelical Church in Poland |
| Lindseth | Gard | Oslo (NOR) | Church of Norway |
| Luhamets | Eva-Liisa | Tartu (EST) | Estonian Evangelical Lutheran Church |
| Mäkelä | Laura | Helsinki (FIN) | World Student Christian Federation (WSCF) |
| Schardien | Stefanie | Hildesheim (D) | Evangelical Lutheran Church of Hanover |
| Schauß | Joachim | Oberursel (D) | Evangelical Church in Hesse and Nassau |
| Siba | Balázs | Budapest (HUN) | Reformed Church in Hungary |
| Soom | Kaido | Tartu (EST) | Estonian Evangelical Lutheran Church |

**Representatives of the CPCE Council**

| | | | |
|---|---|---|---|
| Tarr Cselovszky | Klára | Budapest (HUN) | Evangelical Lutheran Church in Hungary |
| Põder | Thomas Andreas | Tartu (EST) | Estonian Evangelical Lutheran Church |
| **Moderation** | | | |
| Heidtmann | Dieter | Brussels (D) | Community of Protestant Churches in Europe |

**Drafting Team**

| | | | |
|---|---|---|---|
| Haar | Miriam | Dublin (IRE) | Evangelical-Lutheran Church of Württemberg |
| Häuser | Andrea | Kehl (D) | Evangelical Church in Hesse and Nassau |
| Lewandowska | Julia | Lódz (PL) | Reformed Evangelical Church in Poland |
| Lindseth | Gard | Oslo (NOR) | Church of Norway |
| Schardien | Stefanie | Hildesheim (D) | Evangelical Lutheran Church of Hanover |
| Schauß | Joachim | Dillenburg (D) | Evangelical Church in Hesse and Nassau |
| Heidtmann | Dieter | Brussels (B) | Community of Protestant Churches in Europe |
| Herbold | Kristina Michaela | Vienna (A) | Community of Protestant Churches in Europe |

**Editorial revision**

| | | | |
|---|---|---|---|
| Bowden | John | London (UK) | |
| Henke | Paul | Vienna (A) | Community of Protestant Curches in Europe |
| Heidtmann | Dieter | Brussels (B) | Community of Protestant Churches in Europe |

**Translation**

| | | | |
|---|---|---|---|
| Haar | Miriam | Dublin (IRE) | Evangelical-Lutheran Church of Württemberg |

**Final editing of the German text**

| | | | |
|---|---|---|---|
| Fischbach | Frank-Dieter | Brüssel (B) | Community of Protestant Churches in Europe |
| Haar | Miriam | Dublin (IRE) | Evangelical Lutheran Church of Württemberg |
| Häuser | Andrea | Münster (D) | Evangelical Church in Hesse and Nassau |
| Heidtmann | Dieter | Bad Boll (D) | Evangelical Academy / Evangelical Lutheran Church of Württemberg |
| Schauß | Joachim | Oberursel (D) | Evangelical Church in Hesse and Nassau |

# 2 Verantwortung für Europa

## 2.1 Frei für die Zukunft – Verantwortung für Europa

*Stellungnahme der 7. Vollversammlung 2012*

Vom 20. bis 26. September 2012 ist die Gemeinschaft Evangelischer Kirchen in Europa (GEKE) für ihre 7. Vollversammlung in Florenz zusammengekommen. Sie trifft sich damit in einer Zeit, in der der europäische Einigungsprozess in einer tiefen Krise steckt: Ihre Auswirkungen auf die Menschen, ihre Gesellschaft, die Demokratie und den europäischen Integrationsprozess sind kaum zu überschätzen. In dieser Situation wendet sich die Vollversammlung an die Mitgliedskirchen der GEKE und die europäische Öffentlichkeit.

»Frei für die Zukunft« ist das Motto der 7. Vollversammlung der GEKE in Florenz. Diese Freiheit verdankt sich dem Zuspruch Gottes in Jesus Christus. Die Botschaft von Jesus Christus begründet Vertrauen und macht frei zu verantwortlichem Dienst in der Welt. Die evangelischen Kirchen in Europa haben sich deshalb in der Leuenberger Konkordie dazu verpflichtet, gemeinsam für irdische Gerechtigkeit und Frieden zwischen den einzelnen Menschen und unter den Völkern einzutreten. »Dies macht es notwendig, dass sie mit anderen Menschen nach vernünftigen, sachgemäßen Kriterien suchen und sich an ihrer Anwendung beteiligen.« (LK 11)

In der gegenwärtigen europäischen Krise haben viele Menschen Angst vor der unmittelbaren Zukunft. Viele Menschen in Europa sind betroffen von Arbeitslosigkeit, sinkenden Einkommen, gekürzten Sozialleistungen, staatlichen Sparmaßnahmen bei der Finanzierung öffentlicher Güter und wachsender Armut. Besonders betroffen macht die extrem hohe Arbeitslosigkeit junger Menschen in vielen Staaten. Die tiefsitzende Sorge um ihre Existenz und ihre Perspektivlosigkeit treibt viele Menschen auf die Straßen.

Die Vollversammlung der GEKE ist sich bewusst, dass es in dieser Krise keine einfachen Antworten und nicht den einen

Königsweg einer Lösung gibt, zumal die europäische Wirtschaft und Finanzwirtschaft mit der Weltwirtschaft eng verflochten sind. Auch möchte die Vollversammlung den politisch Verantwortlichen, die unter enormem Druck stehen und die Last, eine schwerwiegende Verantwortung für die Zukunft zu tragen haben, ihren Respekt bezeugen und ihrer Fürbitte versichern.

Innerhalb unserer Länder, aber auch weltweit, öffnet sich die Schere zwischen Arm und Reich. Die Opfer der Krise leben nicht nur in Europa, sondern auch in anderen Teilen der Erde. Alle Lösungsvorschläge und Entscheidungen müssen sich aber daran messen lassen, wie sie den betroffenen Menschen und Gesellschaften helfen sowie den europäischen Einigungsprozess erhalten und weltweite Solidarität fördern.

Die tiefgreifende Krise hat vielfältige Ursachen und Auswirkungen. Für die Vollversammlung sind folgende Aspekte von besonderer Bedeutung:

**Mut zur Wahrheit fassen**

Christlicher Glaube lebt von der Erfahrung, durch die Wahrheit frei für die Zukunft zu werden. Er hält sich an die biblische Zusage: »Die Wahrheit wird euch frei machen« (Joh 8,32). Im Vertrauen auf diese Zusage sind die Kirchen der GEKE davon überzeugt, dass die Wahrheit über das Ausmaß und die Konsequenzen der gegenwärtigen Krise Europas den Menschen nicht nur zumutbar ist, sondern befreiend wirken kann. Nur mit dem *Mut zur Wahrheit* können wir neue Handlungsspielräume und Perspektiven für die Zukunft gewinnen. Daher möchte die Vollversammlung die Verantwortlichen in Politik und Wirtschaft ebenso wie alle Bürgerinnen und Bürger Europas ermutigen, sich auch unbequemen Wahrheiten zu stellen.

Der Mut zur Wahrheit befreit von der Behauptung, die gegenwärtigen politischen Strategien seien alternativlos. Zwar kann es Situationen geben, in denen man nur eine einzige Lösungsmöglichkeit sieht. Doch gibt es auch eine Ideologie der Alternativlosigkeit, die das Gegenteil von Wahrheit und Freiheit ist. Sie birgt die Gefahr, die Freiheit für die Zukunft zu verspielen. Das Eingeständnis eigener Ratlosigkeit oder Unsicherheit ist kein Zeichen politischer Schwäche, sondern der Stärke. Gerade so kann Vertrauen in die Politik gestärkt werden, ohne das das europäische Projekt zum Scheitern verurteilt ist. Die Krise wird nicht schnell überwunden werden. Es gilt, in der fortdauernden Krise neue Gestaltungsspielräume für eine gerechtere, solidarische und friedliche Gesellschaft zu gewinnen.

Die Ermutigung zu Wahrheit und Redlichkeit richtet sich aber auch an die Kirchen selbst, die ja nicht außerhalb von Gesellschaft, Politik und Wirtschaft stehen, sondern selbst Akteure sind. Die Vollversammlung ermutigt daher ihre Mitgliedskirchen, sich selbstkritisch ihrer eigenen Verstrickung in die Krise zu stellen. Nur dann werden sie ihr Wort glaubwürdig an andere richten können.

### Demokratie stärken

Die Krise setzt *Demokratie und demokratische Verfahren* unter einen enormen Entscheidungsdruck. Es ist der Eindruck entstanden, dass nicht mehr die Parlamente, Regierungen und europäischen Institutionen die Entscheidungen treffen, sondern die Finanzmärkte. Bei den Menschen wächst das Gefühl, nur noch Objekt fremder Entscheidungen zu sein. Dies ist z. T. auch politischen Entscheidungen der letzten Jahrzehnte geschuldet, die den Finanzsektor liberalisierten und einer öffentlichen Kontrolle entzogen.

Die Vollversammlung ist überzeugt, dass eine wirksame und zukunftsträchtige Überwindung der Krise nur in der Anwendung und Stärkung transparenter demokratischer Verfahren auf den unterschiedlichen staatlichen Ebenen in Europa gelingen kann. Beteiligung und Mitbestimmung sind nach evangelischem Verständnis grundlegend für das Zusammenleben in Europa.

### Die sozialen Folgen beachten

Die verabreichten Rezepte der Krisenbewältigung nehmen bislang in keiner ausreichenden Weise die *sozialen Folgen* der Krise und auch nicht die sozialen Härten der gewählten Krisenbewältigungsstrategie wahr. Es hat sich gezeigt, dass die vorrangige

Konzentration auf Sparprogramme und Haushaltskonsolidierung, so nötig und wünschenswert letztere sein mag, kurzfristig desaströse soziale Folgen in den betroffenen Ländern haben.

Die Vollversammlung begrüßt den Beschluss des Europäischen Rates vom Juni 2012, ein Programm für Wachstum und Beschäftigung mit 120 Mrd. Euro aus Mitteln der EU-Strukturfonds aufzulegen, vermisst aber nach wie vor eine systematische Einbeziehung der sozialen Folgen in die politischen Entscheidungen, wie sie in der Sozialklausel (Art. 9 des Vertrags über die Arbeitsweise der Europäischen Union) des EU-Vertrages selbst angelegt ist.

Besonders deutlich wird diese Kluft in der *European economic governance* der EU, die gerade in den letzten beiden Jahren entwickelt wurde und die ein deutliches Gewicht auf Einsparungen und Haushaltskonsolidierung legt, hinter denen sozialpolitische Zielsetzungen weit zurückbleiben. Die im EU-Vertrag festgehaltene Zielbestimmung einer »in hohem Maße wettbewerbsfähige(n) soziale(n) Marktwirtschaft« (Art. 3.3 des Vertrags über die Europäische Union), setzt aber eine Ordnungspolitik voraus, die wirtschaftliche und soziale Erfordernisse in gleicher Weise in den Blick nimmt.

**Die Steuerpolitik gerecht ausrichten**

Gegenüber den Sparprogrammen zur Haushaltskonsolidierung wird die Bedeutung der jeweiligen *Steuerpolitik* zu wenig in Betracht gezogen. Die Vollversammlung erinnert daran, dass unsere Gesellschaften und Staaten von den Steuern und der Solidarität aller leben und alle Bürgerinnen und Bürger dem Gemeinwohl verpflichtet sind. So zeigt sich z. B. in der Krise und angesichts der hohen Jugendarbeitslosigkeit erneut, wie notwendig Investitionen der öffentlichen Hand in den gesamten Bildungsbereich sind.

Es ist christliche Überzeugung, dass der Stärkere mehr leisten und tragen kann und soll als der Schwächere. Eine höhere Besteuerung von hohen Einkommen und Vermögen – möglicherweise auf befristete Zeit – oder eine einmalige Abgabe auf hohe Einkommen und Vermögen erscheint in diesem Zusammenhang als sinnvolle Maßnahme, um die Lasten der Krise gerechter zu verteilen. Zusätzlich dazu müssen Steuerflucht und Steuerbetrug wirksam geahndet, eine effektive Steuerverwaltung aufgebaut bzw. gestärkt werden.

**Den Finanzmarkt regulieren**

Die Finanz-, Wirtschafts- und Staatsschuldenkrise hat in den Staaten Europas unterschiedliche nationale Ursachen. Diese müssen analysiert und behoben werden. Unethisch ist eine auf Schulden ausgerichtete Politik, wenn sie die Lebensmöglichkeiten zukünftiger Generationen massiv beeinträchtigt und beschneidet. Es sollte jedoch nicht vergessen werden, dass die gegenwärtige Schuldenkrise in hohem Maße eine Folgeerscheinung der *Finanzmarkt*krise ist: Die Rettung angeschlagener Banken hat neben Konjunkturprogrammen, wegbrechenden Steuereinnahmen und zunehmenden Sozialausgaben in ausnahmslos allen Krisenstaaten zu einer bis dahin unvorstellbaren Zunahme der Staatsschulden geführt. Es sollte daher selbstverständlich sein, dass Fragen der künftigen Regulierung des Finanzmarktes und der Banken eine entscheidende Rolle nicht nur bei der künftigen Ausgestaltung der Europäischen Union, sondern ganz Europas zukommen muss.

Nach evangelischem Verständnis sind Freiheit und Verantwortung untrennbar miteinander verbunden. Das Prinzip des Zusammenhangs von Risiko und Haftung muss deshalb auch in der Finanzwirtschaft wiederhergestellt werden. Auch müssen der Finanzsektor und die Gewinner der Krise an der Bewältigung der Krise stärker beteiligt werden. Es kann nicht sein, dass nach wie vor Gewinne privatisiert und Verluste sozialisiert werden!

Weiterhin bedarf der Finanz- und Bankensektor einer effizienten und durchsetzungsfähigen Aufsicht und ethischer Regelung. Ein sichtbarer Schritt hierzu ist die vorgesehene Finanztransaktionssteuer unter Beteiligung möglichst vieler Staaten. Auch eine europäische Bankenunion mit gemeinsamen Regeln und einer gemeinsamen Aufsicht kann ein Schritt in diese Richtung sein.

**Kein Zurück in den Nationalismus**

Die Krise hat das Misstrauen vieler Menschen gegenüber den europäischen Institutionen verstärkt. Nationalistische und populistische Tendenzen und Parteien haben in vielen Ländern Auftrieb erhalten. Das Recht auf nationale Selbstbestimmung und auf Wahrung berechtigter nationaler Interessen ist von einem Nationalismus zu unterscheiden, der zu Konkurrenz und Feindschaft zwischen den Völkern und zur Unterdrückung von ethnischen Minderheiten führt. Der europäische Einigungsprozess ist gerade gegen den *Nationalismus* des 19. Jahrhunderts und seine schrecklichen Folgen im 20. Jahrhundert entstanden. Daher sind evangelische Kirchen – die z. T. selber in den Nationalismus tief verstrickt waren – diesem Prozess verbunden und unterstützen ihn. Die Vollversammlung verweist dazu auf die Studie der GEKE »Kirche – Volk – Staat – Nation« aus dem Jahr 2001.

**Unser Wirtschaftsmodell überprüfen**

Neben den aktuellen und akuten Fragen stellen sich aber viele Christen die noch weitergehende Frage, ob diese Krise nicht auch ein Nachdenken über ein *Wirtschaftsmodell* erfordert, das Wohlstandszuwächse vor allem über wirtschaftliches Wachstum und die Ausdehnung von Marktlogik auf alle Lebensbereiche definiert. Die Vollversammlung ist dankbar für alle Ansätze und Diskussionen über alternative Wirtschafts- und Lebensweisen in Kirchen und Gemeinden und über sie hinaus in der Gesellschaft, wie sie auch in der Studie »Tretet ein für Gerechtigkeit« auf der Vollversammlung festgehalten und vorgestellt wurden. Es geht dabei nicht um eine Abkehr von den Prinzipien der Sozialen Marktwirtschaft. Diese ist nach evangelischem Verständnis nicht nur eine Wirtschafts-, sondern auch eine Werteordnung. Es geht aber um eine Umkehr zu mehr Verteilungsgerechtigkeit, zur Gewährleistung guter und sicherer Arbeit, zu stabilen Sozialsystemen, zur Bereitstellung bedarfsgerechter öffentlicher Güter und nicht zuletzt zu nachhaltigem und die Schöpfung erhaltendem Wirtschaften.

**Für ein solidarisches Europa**

Die Europäische Union hat bislang einen wichtigen Beitrag zu Frieden, Freiheit und Wohlstand in Gerechtigkeit in Europa geleistet. Diesen Zielen weiß sich auch die GEKE verpflichtet. Sie möchte die Partnerschaften von Kirchen und Kirchengemeinden und die Solidarität unter ihnen quer durch Europa stärken. Gerade in dieser Zeit sind kirchliche Partnerschaften und ökumenische Zusammenarbeit von ganz besonderem Wert für das Miteinander in Europa, für Verständigung und Zusammenhalt inmitten der Krise. Die Herausforderungen des 21. Jahrhundert – wie die Globalisierung, der Klimawandel, der demographische Wandel, die Veränderungen in der Weltwirtschaft, der politische Transformationsprozess in den Nachbarregionen Europas – verlangen nach einem freien und geeinten Europa, dessen Bereitschaft zur Solidarität nicht an den Grenzen einzelner Staaten endet und über die Grenzen Europas hinausreicht.

Florenz, 26.09.2012

## 2.2 Der Krise entgegentreten

*Stellungnahme des Präsidiums der GEKE zum EU-Gipfel in Brüssel am 8./9. Dezember 2011*

(1) Kaum ein Tag vergeht derzeit in Europa und darüber hinaus, an dem sich nicht neue Anzeichen und Symptome einer tiefgreifenden Krise der Gestaltung unseres Wirtschaftslebens zeigen. Viele Menschen sind inzwischen unmittelbar Betroffene. Und die bislang herbeigeführten Entscheidungen und eingesetzten Mittel verpuffen anscheinend mit wenig Wirkung.

Die Krise ist auch zu einer Krise des Vertrauens in die handelnden Institutionen geworden. Viele Menschen sind tief verunsichert. In den vergangenen Monaten sind insbesondere junge Menschen auf die Straßen gegangen, um ihrem Unmut und ihrer Besorgnis über die politische und wirtschaftliche Lage ihrer Länder und Gesellschaften Ausdruck zu geben. Sie bringen das gesellschaftliche Ausmaß der Krise ins Bewusstsein. Keine Institution hat eine vollständige und alleinige Antwort auf diese.

Das verloren gegangene Vertrauen wird nur wiederzugewinnen sein, wenn die Suche nach Lösungen im Dialog geschieht und als lebendiger demokratischer und partizipatorischer Prozess gestaltet wird.

Wir verstehen die tiefgreifende Beunruhigung der Menschen als eine Aufforderung zum Wiedergewinn des politischen Primats der Demokratie und der Sozialen Marktwirtschaft gegenüber den anonymen Märkten. Die Demonstrationen sind ein Appell, nach einer generationengerechten Lösung der Krise zu streben. Die aufgehäuften Probleme dürfen nicht den nachfolgenden Generationen vererbt werden.

(2) Es ist vor allem die horrende Überschuldung unserer Staaten und Gesellschaften, die diese Krise hervorgerufen hat. Sie stellt damit auch die Frage nach unserem Lebensstil in den westlichen Nationen. Unser staatliches und gesellschaftliches Leben auf (scheinbar) unbegrenzten Kredit hat seine Glaubwürdigkeit verloren und offensichtlich seine Grenze erreicht. Es ist eine tiefgegründete christliche Überzeugung, dass eine Krise auch einen Ruf zur Umkehr und zur Neubesinnung beinhaltet. Evangelische Kirchen in Europa beteiligen sich intensiv an den notwendigen Diskussionen und Impulsen zu einem veränderten, verantwortbaren Lebensstil. Diese Diskussionen müssen in unseren Kirchen, Gesellschaften und Staaten intensiver und entschiedener geführt werden, um notwendige Veränderungen zu erreichen und vorzunehmen.

(3) Die Schuldenkrise zwingt vielen Gesellschaften in Europa sehr weitreichende Sparprogramme auf. Die Sozialsysteme müssen neu justiert werden. Dies scheint unvermeidlich zu sein, hat aber bereits derzeit zur Folge, dass noch mehr Menschen in Armut und Arbeitslosigkeit abgleiten. Umso mehr ist daran zu erinnern, dass zu Europa wesentlich das europäische Sozialmodell gehört, in dem Solidarität und Subsidiarität verknüpft sind. In allen anstehenden Reformmaßnahmen sollte dieser Zusammenhang Beachtung finden: der Stärkere kann mehr Lasten tragen als der Schwächere – dies gilt gesellschaftlich, aber auch zwischen den Staaten Europas.

Die Europäische Union hat 2010 für ihre Mitgliedstaaten das Ziel ausgegeben, 20 Millionen Menschen in der EU bis zum Jahr 2020 aus der Armut herauszubringen. Daran ist festzuhalten.

(4) Hinter der Schulden- und Haushaltskrise, der eine Finanz- und Bankenkrise vorausgegangen ist, kommt eine massive Ungerechtigkeit zum Vorschein: Die Gewinne werden privatisiert, aber die Verluste und Risiken sozialisiert. Die Finanzwirtschaft muss ihren Beitrag zur Lösung der Schuldenkrise und zum Abtragen der Schulden leisten. Der Vorschlag der Europäischen Kommission zur Einrichtung einer Finanztransaktionssteuer in der EU sollte zügig verabschiedet und umgesetzt werden. Darüber hinaus sollte weiterhin angestrebt werden, dass sie über die EU hinaus auch innerhalb der G20 Geltung erhält.

(5) Die Europäische Union durchlebt in dieser Krise ihre bisher härteste Bewährungsprobe. Gerade deshalb ist aber zu betonen, dass der politische europäische Einigungsprozess in Gestalt der Europäischen Union einen Glücksfall in der Geschichte Europas bedeutet, den es zu bewahren und mit Mut und Augenmaß zu bekräftigen gilt. Schon die am Anfang stehende Montanunion verdankte sich einer mutigen Entscheidung angesichts einer dramatischen Wirtschaftskrise im Bereich des Kohle- und Stahlsektors. Daraus ist das bis heute erfolgreiche Modell »einer immer engeren Union der Völker Europas« (Vertrag von Lissabon) erwachsen. Die Beschlüsse der vergangenen Europäischen Gipfel weisen darauf hin, dass eine engere Kooperation in der Finanz- und Wirtschaftspolitik angestrebt wird. Diese sog. economic governance sollte innerhalb der Gemeinschaftsverfahren mit Beteiligung der Kommission und des Europäischen Parlamentes verankert werden. Wir sind der Überzeugung, dass der europäische Einigungsprozess, der über die letzten Jahrzehnte Frieden in Europa gesichert und Wohlstand ermöglicht hat, durch die aktuelle Krise nicht scheitern darf.

Wien, 07. Dezember 2011
Das Präsidium der GEKE

## 2.3 Freiheit verantworten – Europa und die Kirchen 20 Jahre nach dem Fall des Eisernen Vorhangs

*Erklärung der Gemeinschaft Evangelischer Kirchen in Europa (GEKE)*

**Freiheit und Einheit in Europa**

1989 veränderte sich Europa: Der Eiserne Vorhang fiel, die 40-jährige kommunistische Ära endete, Freiheit und Demokratie wurden für die meisten Länder Europas möglich. Im Frühjahr 1989 konnte die Solidarnosc-Bewegung in Polen eine Beteiligung an der Macht erreichen. Im Juni wurde die Grenze zwischen Ungarn und Österreich in Sopron erst symbolisch, dann real geöffnet. Im August verbanden sich mehr als eine Million Menschen zur baltischen Kette. Im November 1989 fiel die Mauer in Deutschland. In der Tschechoslowakei entwickelte sich die »Samtene Revolution«. In Rumänien ging Ende 1989 die Ära Ceauşescu unter blutigen Unruhen zu Ende.

**Verkündigung und gesellschaftliche Verantwortung der Kirchen**

Den Kirchen kam während des Umbruchs 1989 in vielen Ländern eine wichtige Rolle zu. Kirchenmitglieder und Gemeindegruppen traten mit Glaubensmut für bürgerliche Freiheiten, für den Schutz der Umwelt und die Überwindung der Grenzen in Europa ein. Oppositionelle Kräfte konnten sich unter Kirchendächern sammeln. Friedensgebete und Gottesdienste wurden zu Foren eines Widerstands, der die kommunistischen Systeme ins Wanken brachte, weil sie auf alles vorbereitet waren, nur nicht auf Kerzen und Gebete.

In den vergangenen 20 Jahren haben die Kirchen in Mittel- und Osteuropa zunehmend gesellschaftliche Verantwortung übernommen. Diakonische Einrichtungen wurden neu gegründet oder wieder aufgebaut. Die Kirchen bringen sich mit ihrer ethischen und sozialen Kompetenz in die gesellschaftlichen Auseinandersetzungen ein und haben neu gelernt, öffentliche Verkündigung und gesellschaftliche Verantwortung miteinander zu verbinden.

Der Wegfall der Grenzen ermöglicht eine neue Dynamik des Zusammenlebens und -wirkens der Kirchen in der Ökumene.

### Überwindung der Grenzen und neue Bruchlinien

Für die Menschen in Mittel- und Osteuropa war der Aufbruch 1989 mit vielen Erwartungen verbunden: Hoffnungen auf die Überwindung der Grenzen zwischen Ost und West, auf Bürgerrechte und Demokratie, auf eine bessere wirtschaftliche Zukunft in der Marktwirtschaft. Die meisten mittel- und osteuropäischen Länder konnten von 2004 bis 2007 der Europäischen Union beitreten. Die Verheißungen der neuen Freiheit in Europa haben sich jedoch nicht alle erfüllt. Der europäische Einigungsprozess in den vergangenen 20 Jahren hat nicht nur Grenzen aufgehoben, sondern auch neue Bruchlinien sichtbar gemacht.

Die Bilanz der vergangenen 20 Jahre ist in den mittel- und osteuropäischen Ländern vielschichtig. Auf der einen Seite stehen Dankbarkeit und Freude über die Befreiung aus der systematischen und gewaltsamen Unterdrückung und die positiven Erfahrungen im Zusammenwachsen zu einem geeinten Europa. Auf der anderen Seite wächst die Sorge über die großen wirtschaftlichen und sozialen Unterschiede in Europa und über eine andauernde mentale Teilung in »West« und »Ost«. In manchen postkommunistischen Ländern ist die totalitäre Vergangenheit nur unzureichend aufgearbeitet worden. Die alten Eliten haben ihre Machtpositionen zum Teil behauptet. Das macht es für die Menschen schwierig, sich in die demokratische Neugestaltung einzubringen. Das »grenzenlose« Europa bietet große Freiheit und Chancen, aber es wird auch als Verlust des vertrauten Lebensraums, als Entfremdung, als Wertekrise erfahren. Eine neue Re-Nationalisierung setzt ethnische und religiöse Minderheiten unter Druck und belastet das Miteinander der Völker in Europa.

### Erinnerung und Verheißung

Mit den Ereignissen von 1989 ist den Kirchen Europas eine doppelte Aufgabe zugefallen: die eigene Verstrickung in die Geschichte der Unterdrückung aufzuarbeiten und sich den Aufgaben der Zukunft zu stellen. Im Blick auf die Vergangenheit haben die Kirchen aus Süd- und Osteuropa in der GEKE festgestellt: »Die Vergangenheit ist … nicht einfach ausgelöscht, sondern hat sich als Erinnerung eingegraben in das kollektive Gedächtnis und kehrt immer wieder … als drängende Frage nach Gerechtigkeit, als Sehnsucht nach einer besseren Welt und als Schmerz über bleibende Verluste.«

Die Erfahrungen des Widerstands ermutigen dazu, für Freiheit und Gerechtigkeit einzutreten und neue Freiräume in Europa zu schaffen. Die Erinnerung an die Befreiung 1989 ist auch eine Erinnerung an einen Gott, der Grenzen überwindet und immer wieder neu Freiheit schenkt: »Ich habe mich Eurer angenommen und gesehen, was Euch widerfahren ist und habe gesagt, ich will Euch hinausführen aus dem Elend …« (Ex 3,16–17). Die Erfahrungen helfen, die Gestaltungskraft des christlichen Glaubens in ganz Europa zu stärken.

**Freiheit verantworten**

Die gegenwärtige Wirtschaftskrise stellt Europa vor gewaltige Herausforderungen, die dringlicher denn je nach Gemeinsamkeit in Europa als Voraussetzung für den Frieden – auch für den sozialen Frieden – rufen. Die Erinnerung verpflichtet die evangelischen Kirchen in Europa, die Freiheit zu nutzen, um über alle Grenzen hinweg die Gemeinschaft zu stärken. Erinnerungen an Geschichten von Schmerz und Schuld wie an die des lebendigen und gelungenen Widerstands, an politische Blindheit und Selbstgenügsamkeit wie an Momente mutigen Handelns Einzelner stärken den Glauben und ermutigen die Kirchen, sich für »ein humanes und soziales Europa, in dem die Menschenrechte und Grundwerte des Friedens, der Gerechtigkeit, der Freiheit, der Toleranz, der Partizipation und der Solidarität zur Geltung kommen« (Charta Oecumenica) einzusetzen. Die Erinnerung an 1989 ist eine Verpflichtung, Freiheit immer wieder neu zu bewähren und zu verantworten. Die GEKE wird ihren Teil dazu beitragen.

Wien, 27. 6. 2009
Das Präsidium der GEKE

## 2.4 Europawahlen vom 4.–7. Juni 2009 Die Demokratie in Europa stärken

*Kanzelabkündigung und Fürbittengebet der Gemeinschaft Evangelischer Kirchen in Europa (GEKE) für die Gottesdienste an Pfingsten oder Trinitatis 2009*

**Kanzelabkündigung**

Vom 4. bis 7. Juni finden in den Mitgliedstaaten der Europäischen Union die Wahlen zum Europaparlament statt. Das Europaparlament ist die Vertretung der Bürgerinnen und Bürger auf europäischer Ebene. In ihm arbeiten Abgeordnete aus 27 Ländern in 23 Sprachen zusammen.

Viele politische Fragen werden heute auf europäischer Ebene entschieden: Für die Lösung der Finanz- und Wirtschaftskrise brauchen wir die Solidarität zwischen den europäischen Staaten. Frieden und Sicherheit in Europa lassen sich nur miteinander und nicht gegeneinander sichern. Auch den Klimawandel können wir nur gemeinsam begrenzen. Gerade in Krisenzeiten kommt es darauf an, denen zu helfen, die in Not geraten sind. Die Verantwortung für andere kennt keine nationalen Grenzen.

Immer wieder wird geklagt, dass die Arbeit der europäischen Institutionen undurchschaubar sei. Das Europaparlament ist jedoch die Institution, deren Mitglieder die Bürgerinnen und Bürger selbst wählen und über die sie auf direktem Weg Einfluss auf die europäische Politik nehmen können. Aus Sicht der Kirchen wird dort seit vielen Jahren verantwortungsvolle Arbeit für die Menschen in Europa geleistet.

Die Kirchen Europas stellen in der »Charta Oecumenica« gemeinsam fest: »Wir sind überzeugt, dass das spirituelle Erbe des Christentums eine inspirierende Kraft zur Bereicherung Europas darstellt. Aufgrund unseres christlichen Glaubens setzen wir uns für ein humanes und soziales Europa ein, in dem die Menschenrechte und Grundwerte des Friedens, der Gerechtigkeit, der Freiheit, der Toleranz, der Partizipation und der Solidarität zur Geltung kommen.«

Wir feiern in diesem Jahr den 20. Jahrestag der Demokratisierung in Mittel- und Osteuropa. Das Recht, zwischen mehreren politischen Parteien frei wählen zu können, wurde damals mit viel Mut und persönlichem Einsatz erkämpft. Demokratie lebt davon, dass sich die Menschen beteiligen. Deshalb bitten wir Sie, bei den Europawahlen wählen zu gehen.

Wien, April 2009
Das Präsidium der GEKE

**Fürbittengebet zur Europawahl vom 4.–7. Juni 2009**
Herr, wir feiern Pfingsten in diesen Tagen. Wir feiern, dass Du Menschen verschiedener Herkunft und verschiedener Sprache in Deiner Kirche vereint hast. Wir erleben in der Kirche, wie Menschen eins werden in Deiner Gemeinschaft über alle Grenzen hinweg.

Deshalb sind wir dankbar, wenn auch in der Welt die Menschen über Grenzen hinweg zueinander finden. Wir sind dankbar für den europäischen Einigungsprozess, der aus Feinden Freunde gemacht hat. Wir bitten Dich für die Menschen in Europa, dass sie den Weg der Versöhnung und des Friedens weitergehen.

Wir bitten Dich für diejenigen, die in Not sind in Europa in diesen Tagen. Für jene, die von der Finanz- und Wirtschaftskrise betroffen sind, die Angst haben um ihre Arbeit, um ihre Existenz. Hilf uns, zusammenzustehen in schweren Zeiten und die Augen nicht zu verschließen vor der Not anderer.

Wir bitten Dich für diejenigen, die als Fremde zu uns kommen. Aus anderen Ländern Europas oder aus anderen Teilen der Welt, weil sie Arbeit oder Schutz vor Verfolgung suchen. Du hast uns geboten, aus Fremden Freunde zu machen. (Lev 19,33–34). Hilf uns, dass sie in Deiner Kirche einen Ort finden, in dem sie geborgen sind.

Wir bitten Dich für diejenigen, die politische Verantwortung tragen: In unserer Gemeinde, in unserem Land, in Europa. Stärke sie mit Deinem Geist, dass sie die richtigen Entscheidungen treffen in schwierigen Herausforderungen. Hilf uns, sie mit ihrer Verantwortung nicht allein zu lassen, sondern sie zu begleiten und zu stärken in ihrer Arbeit für die Gemeinschaft.

Du hast uns geboten: »Suchet der Stadt Bestes ... und betet für sie zu dem Herrn, denn wenn's ihr wohl geht, so geht's auch Euch wohl.« (Jer 29,7). Darum bitten wir Dich für das Beste in unserer Gemeinde, in unserem Land, in Europa und in der Welt. Hilf uns, dass die Wahlen zum Europaparlament dazu beitragen, die Demokratie in Europa zu stärken und die Verantwortung für den Frieden und das Wohl aller zu fördern. Amen.

## 2.5 Fünf Glück-Wünsche für die Zukunft Europas

*Die Gemeinschaft Evangelischer Kirchen in Europa (GEKE) zum 50. Jahrestag der Römischen Verträge*

Die Europäische Union feiert am 25. März 2007 den 50. Jahrestag der Unterzeichnung der Römischen Verträge als wesentlichen Schritt zur politischen Einigung Europas. Die Unterzeichnerstaaten hatten sich 1957 verpflichtet, »die Grundlagen für einen immer festeren Zusammenschluss der europäischen Völker zu schaffen«, um »durch gemeinsames Handeln den wirtschaftlichen und sozialen Fortschritt ihrer Länder zu sichern« und »Frieden und Freiheit zu wahren« (aus der Präambel des EWG-Vertrags).

Die Gemeinschaft Evangelischer Kirchen in Europa (GEKE) würdigt die Entwicklung der Europäischen Union als einen wichtigen Beitrag zu Frieden, Freiheit und Wohlstand in Europa. 50 Jahre nach den Römischen Verträgen ist die Vision eines freien und geeinten Europas in einem Maße verwirklicht worden, das vor 50 Jahren den meisten undenkbar schien. Die Europäische Union ist auf 27 Mitgliedstaaten angewachsen. Die Menschen in den ehemaligen kommunistischen Staaten haben 1989 den Eisernen Vorhang überwunden und so die Grundlage dafür geschaffen, dass die Europäische Union heute auch weite Teile Mittel- und Osteuropas umfasst. Die EU bildet heute in vielen Bereichen den führenden Wirtschaftsraum der Welt.

Die evangelischen Kirchen in Europa sind dankbar für das Erreichte. Zugleich richtet sich der Blick der Kirchen aber in die Zukunft. Die Kirchen möchten der Europäischen Union deshalb fünf »Glück-Wünsche« für die kommenden 50 Jahre mitgeben, »Glück-Wünsche« für ein Europa der Zukunft.

**1. Glück-Wunsch: Europa muss weiter zusammenwachsen**

Europa ist größer als die EU. Die evangelischen Kirchen in Europa erleben dies tagtäglich in ihrer Kirchengemeinschaft, die weit über die Grenzen der EU hinaus reicht. Die Staaten des westlichen Balkans brauchen eine Perspektive für die Aufnahme in die EU, die dazu beiträgt, auch in dieser Region Europas Frieden zu schaffen. Die Nachbarstaaten der EU brauchen eine Politik, die das Zusammenwachsen in Europa fördert und neue Konflikte verhindert.

**2. Glück-Wunsch: Die Europäische Union braucht mehr Demokratie**

Die Gemeinschaft innerhalb der europäischen Staaten muss vertieft werden. Eine der großen Herausforderungen besteht deshalb darin, das Europa der Regierungen zu einem Europa der Menschen weiterzuentwickeln. Dazu gehört die Stärkung der demokratischen Beteiligungsmöglichkeiten der Bürgerinnen und Bürger in der EU und eine rechtliche Grundlage, die die Zusammenarbeit der Staaten Europas auf die Basis eines gemeinsamen Verfassungsrechts stellt. Das Präsidium der GEKE hat am 9. Mai 2005 in einer Handreichung zum EU-Verfassungsvertrag deutlich gemacht, dass der Verfassungsvertrag aus evangelischer Sicht trotz mancher Kritikpunkte eine erheblich verbesserte Grundlage für das Zusammenleben der Menschen und Staaten in Europa darstellt.

**3. Glück-Wunsch: Die Europäische Union braucht mehr Gerechtigkeit**

Trotz aller wirtschaftlichen Erfolge leben in der EU noch immer fast 80 Millionen Menschen an der Armutsgrenze, jedes fünfte Kind ist von Armut bedroht. Mehr als 17 Millionen Menschen in der EU sind ohne Arbeit.[1] Die Schere zwischen Arm und Reich geht in vielen europäischen Ländern immer weiter auseinander. Die evangelischen Kirchen in Europa wünschen sich eine Europäische Union, die ihre Wirtschafts- und Sozialpolitik in ein Gleichgewicht bringt, das sich gegenseitig unterstützt und die Armut und soziale Ausgrenzung in Europa stärker als bisher bekämpft.

## 4. Glück-Wunsch: Die Europäische Union braucht mehr Offenheit

Die EU braucht eine Politik, die die Lebensmöglichkeiten für die zukünftigen Generationen offen hält. Dies gilt nicht nur für die Umwelt- oder Entwicklungspolitik, sondern für alle Politikbereiche, die insgesamt nachhaltiger ausgerichtet werden müssen. Dazu sind im Hinblick auf die demographische Entwicklung in Europa neue Formen der Vereinbarkeit von Familie und Beruf und eine Neuordnung der Beziehungen zwischen den Generationen notwendig.

Gegenüber den armen Ländern der Erde ist die EU einerseits größter Geldgeber der Entwicklungsarbeit, zugleich trägt sie aber mit der Abgrenzung ihrer Märkte und ihrer Handelspolitik zum wirtschaftlichen Ungleichgewicht und zur Armut in der Welt bei. Die evangelischen Kirchen in Europa wünschen sich eine Europäische Union, die sich nicht nach außen abschottet, sondern auch in den gegenwärtigen Globalisierungsprozessen zu mehr Frieden und mehr Gerechtigkeit in der Welt beiträgt, z. B. in den Grenzregionen Europas, im Nahen Osten und in Nordafrika.

## 5. Glück-Wunsch: Die Europäische Union braucht eine tragfähige kulturelle Identität

Die Europäische Union wird nur dann Frieden, Freiheit und Wohlstand weiter entwickeln können, wenn sie sich auf eine gemeinsame Wertebasis der Menschen stützen kann. Der christ-

---

1 Europäische Kommission und Europäischer Rat. Gemeinsamer Bericht über Sozialschutz und soziale Eingliederung, 2007.

liche Glauben ist eine der Wurzeln, die Europa geprägt hat und weiterhin prägen wird. Für die Kirchen der Reformation, die aus einer religiösen Freiheitsbewegung hervorgegangen sind, gehört dazu in besonderer Weise ein verantwortlicher Umgang mit der Freiheit. Die Kirchen setzen sich für den Dialog zwischen verschiedenen Religionen und Kulturen ebenso ein wie für das Gespräch mit Menschen ohne religiöses Bekenntnis. Es ist die gemeinsame Aufgabe aller, durch den Dialog zum Aufbau einer friedlichen und gerechten Gesellschaft beizutragen. Das gilt insbesondere dort, wo es Konflikte und Meinungsverschiedenheiten gibt.

**»Einheit in versöhnter Verschiedenheit«**
*Der Beitrag der evangelischen Kirchen für die Zukunft Europas*

Die europäischen Kirchen haben sich in der Charta Oecumenica selbst verpflichtet, die Einigung des europäischen Kontinents zu fördern. Die Kirchen können dazu ihre besondere Orts- und Menschennähe einbringen. Dazu gehört die besondere Sorge für Minderheiten und sozial Ausgegrenzte, denn sie wissen um die Gefahren des Assimilationsdruckes und setzen sich daher für eine integrative Gesellschaft ein, die den Minderheiten entsprechende Rechte und Möglichkeiten einräumt. Für die evangelischen Kirchen ist es Teil ihrer reformatorischen Kompetenz, an Institutionen Kritik zu üben, die sich zu weit von den Menschen entfernen.

Die evangelischen Kirchen können in Europa das Modell der »Einheit in versöhnter Verschiedenheit« einbringen. Aus einer Jahrhunderte langen Geschichte der Ablehnung und Verwerfung ist eine Gemeinschaft von Kirchen geworden, die zur Versöhnung gefunden hat. Mit den Erfahrungen aus diesem Weg der Versöhnung können und wollen die evangelischen Kirchen zur Zukunft Europas beitragen.

Wien, 20. März 2007
Das Präsidium der GEKE

## 2.6 Die EU-Verfassung aus evangelischer Sicht

*Eine Handreichung für die Gemeinden*

Am 29. Oktober 2004 haben die 25 Staats- und Regierungschefs der erweiterten Europäischen Union in Rom den Vertrag über eine EU-Verfassung unterzeichnet. Damit dieser Verfassungsvertrag in Kraft treten kann, muss er in den Mitgliedstaaten ratifiziert werden. Dies geschieht zum Teil durch die nationalen Parlamente, zum Teil durch eine Volksabstimmung. Der Ratifizierungsprozess hat in vielen Mitgliedstaaten Diskussionen über die Inhalte der EU-Verfassung ausgelöst. Dabei werden auch Sorgen und Befürchtungen gegenüber der Verfassung geäußert: »Die Verfassung führt zu weniger Demokratie in Europa.« »Die christlichen Werte kommen hier nicht vor.« »Die EU kümmert sich nur um die Interessen der Wirtschaft und der soziale Schutz wird immer weiter abgebaut.« »Die EU-Verfassung zwingt die Staaten zu mehr Rüstungsausgaben und zu einer Militarisierung der Politik.«

Die Diskussion über die Verfassung ist notwendig und sinnvoll, schließlich geht es um die Grundlage für die weitere Entwicklung Europas. Aus diesem Grund finden Sie hier einige wichtige Elemente des Verfassungsvertrags aus evangelischer Sicht zusammengestellt. Die einzelnen Abschnitte gliedern sich jeweils in eine kurze Darstellung der Verfassungsinhalte, deren kritische Diskussion und eine Einschätzung aus evangelischer Sicht. Die Gemeinschaft Evangelischer Kirchen in Europa – Leuenberger Kirchengemeinschaft – möchte damit einen eigenen Beitrag zur Diskussion um die Ratifizierung des EU-Verfassungsvertrags leisten.

### Zur Geschichte der Verfassung

*»In der Überzeugung, dass ein nach schmerzlichen Erfahrungen nunmehr geeintes Europa auf dem Weg der Zivilisation, des Fortschritts und des Wohlstands zum Wohl aller seiner Bewohner, auch der Schwächsten und der Ärmsten, weiter voranschreiten will, dass es ein Kontinent bleiben will, der offen ist für Kultur, Wissen und sozialen Fortschritt, dass es Demokratie und Transparenz als*

*Grundlage seines öffentlichen Lebens stärken und auf Frieden, Gerechtigkeit und Solidarität in der Welt hinwirken will, …« (Präambel)*

Bisher gründet sich die EU auf eine Fortentwicklung von Einzelverträgen. Das macht das EU-Recht sehr kompliziert und für die Bürgerinnen und Bürger sehr unübersichtlich. Außerdem fehlen wichtige Politikbereiche, die in den Einzelverträgen nicht berücksichtigt worden sind. Mit dem Verfassungsvertrag erhält die EU eine klarere rechtliche Basis, die der Entwicklung der EU aus einer zunächst reinen Wirtschaftsgemeinschaft zu einer Gemeinschaft, die sich auf gemeinsame Werte stützt, Rechnung trägt.

Durch die größere rechtliche Klarheit sorgt der EU-Verfassungsvertrag für mehr Transparenz in den politischen Entscheidungsprozessen der EU. Der Verfassungsvertrag berücksichtigt auch, dass die EU inzwischen zu einer Gemeinschaft von 25 Staaten angewachsen ist, die über 450 Millionen Menschen miteinander verbindet. Er stärkt die Stellung des EU-Parlaments und damit der direkten Vertretung der Bürgerinnen und Bürger in der EU.

**Das »religiöse Erbe« in der Präambel der Verfassung**

*»Schöpfend aus dem kulturellen, religiösen und humanistischen Erbe Europas, aus dem sich die unverletzlichen und unveräußerlichen Rechte des Menschen, Demokratie, Gleichheit, Freiheit und Rechtsstaatlichkeit als universelle Werte entwickelt haben, …« (Präambel)*

Die Formulierung der Präambel war bis zuletzt umstritten. Erst auf der abschließenden Regierungskonferenz wurde ihr endgültiger Wortlaut festgelegt. Viele Kirchen in Europa hatten sich während des Konvents, der den Verfassungsentwurf erarbeitet hat, um einen direkten Gottesbezug in der Präambel bemüht. Diese Forderung war angesichts der unterschiedlichen (auch laizistischen) Traditionen in den Mitgliedstaaten politisch nicht durchsetzbar. Stattdessen enthält die Präambel nun als einleitenden Absatz den oben angeführten Bezug auf das »religiöse Erbe« Europas.

Aus evangelischer Sicht ist die klare Unterscheidung der Aufgaben von Staat und Kirche selbstverständlich. Gleichzeitig gilt aber auch, dass beide Bereiche ihre Aufgaben in der Verantwortung vor Gott erfüllen müssen. Zu dem religiösen Erbe Europas gehört die Erkenntnis, dass alle Staatsgewalt in der Verantwortung vor Gott und den Menschen steht. Insofern sollte man die erreichte Formulierung nicht unterschätzen. Grundsätzlich gilt, dass man die Präambel der Verfassung nicht isoliert betrachten sollte. Entscheidend ist, dass der Verfassungsvertrag an vielen anderen Stellen, insbesondere bei den Grundwerten, auf Werten basiert, die auch aus christlicher Sicht grundlegend sind.

**Die Grundwerte**

*»Die Werte, auf die sich die Union gründet, sind die Achtung der Menschenwürde, Freiheit, Demokratie, Gleichheit, Rechtsstaatlichkeit und die Wahrung der Menschenrechte einschließlich der Rechte der Personen, die Minderheiten angehören. Diese Werte sind allen Mitgliedstaaten in einer Gesellschaft gemeinsam, die sich durch Pluralismus, Nichtdiskriminierung, Toleranz, Gerechtigkeit, Solidarität und die Gleichheit von Frauen und Männern auszeichnet.« (Art. I-2)*

Eine entscheidende Neuerung für die Europäische Union ist die Formulierung ihrer Werte und Ziele und die Aufnahme der Grundrechte-Charta in den Verfassungsvertrag. Die Achtung der Menschenwürde und die Wahrung der Menschenrechte sind Werte, die dem staatlichen Handeln vorgeordnet sind. Die Grundrechte-Charta enthält Artikel zur Religionsfreiheit (Art. II-70), zum Recht auf religiöse Erziehung (Art. II-74) und zur Achtung der Vielfalt der Kulturen, Religionen und Sprachen in der Union (Art. II-82). Neu und hochaktuell sind in dem EU-Verfassungsvertrag Grundrechte wie das Verbot eugenischer Praktiken (d.h. das Verbot, Menschen aufgrund ihrer Gene zu selektieren), das Verbot, den menschlichen Körper oder Teile davon zur Erzielung von Gewinnen zu nutzen, oder das Verbot von Menschenhandel (vgl. Art. II-63-65). Die Charta gilt nach Art. II-111 für die Durchführung des Rechts der Europäischen Union. Darüber hinaus gilt in den einzelnen Mitgliedstaaten weiterhin der Grundrechteschutz der nationalen Verfassungen. Der EU-Verfassungsvertrag setzt Standards, die u. a. für die evangelischen Minderheitskirchen in Europa von besonderer Bedeutung sein könnten – und die natürlich auch für alle künftigen Beitrittsstaaten gelten.

**Die Rechtsstellung der Kirchen und weltanschaulichen Gemeinschaften**

*»(1) Die Union achtet den Status, den Kirchen und religiöse Vereinigungen oder Gemeinschaften in den Mitgliedstaaten nach deren Rechtsvorschriften genießen, und beeinträchtigt ihn nicht.*
*(2) Die Union achtet in gleicher Weise den Status, den weltanschauliche Gemeinschaften nach den einzelstaatlichen Rechtsvorschriften genießen.*
*(3) Die Union pflegt mit diesen Kirchen und Gemeinschaften in Anerkennung ihrer Identität und ihres besonderen Beitrags einen offenen, transparenten und regelmäßigen Dialog.«*
*(Art. I-52)*

Zum einen sichert dieser Artikel den Kirchen die Respektierung ihres rechtlichen Status entsprechend der nationalen Regelungen. Zum anderen verpflichtet sich die EU parallel zur stärkeren Beteiligung der Zivilgesellschaft (in Art. I-47) gegenüber den Kirchen zu einem »offenen, transparenten und regelmäßigen Dialog«.

Aus der Sicht der evangelischen Kirchen ist dies ein entscheidender Fortschritt gegenüber der bisherigen Situation, weil er ihren rechtlichen Status sichert und einen weiten Raum für den Dialog auf europäischer Ebene eröffnet. Beide Artikel (Art. I-47 zur Zivilgesellschaft und Art. I-52 zu den Kirchen) stellen einen wichtigen Beitrag zur stärkeren Beteiligung der Bürgerinnen und Bürger in Europa dar.

### Wirtschaft und Soziales

*»Die Union und die Mitgliedstaaten verfolgen eingedenk der sozialen Grundrechte, wie sie in der am 18. Oktober 1961 in Turin unterzeichneten Europäischen Sozialcharta und in der Gemeinschaftscharta der sozialen Grundrechte der Arbeitnehmer von 1989 festgelegt sind, folgende Ziele: die Förderung der Beschäftigung, die Verbesserung der Lebens- und Arbeitsbedingungen, um dadurch auf dem Wege des Fortschritts ihre Angleichung zu ermöglichen, einen angemessenen sozialen Schutz, den sozialen Dialog, die Entwicklung des Arbeitskräftepotentials im Hinblick auf ein dauerhaft hohes Beschäftigungsniveau und die Bekämpfung von Ausgrenzungen …« (Art. III-209)*

Im Zusammenhang mit der Wirtschafts- und Sozialpolitik ist zu beachten, für welche Bereiche die EU zuständig ist und welche in die Kompetenz der einzelnen Mitgliedstaaten fallen: Die EU ist verantwortlich für die Realisierung eines Binnenmarktes, in dem der freie Verkehr von Personen, Dienstleistungen, Waren und Kapital nach Maßgabe des Verfassungsvertrags gewährleistet ist (vgl. Art. III-130). Dazu gehören auch die Freizügigkeit der Arbeitnehmer und die Niederlassungsfreiheit von Unternehmen innerhalb des Binnenmarktes. Die Mitgliedstaaten verpflichten sich im Rahmen des Verfassungsvertrags zu einer engen Koordinierung ihrer Wirtschaftspolitik nach »dem Grundsatz einer offenen Marktwirtschaft mit freiem Wettbewerb« (vgl. Art III-177). Zugleich verpflichten sich die EU und die Mitgliedstaaten zur Verwirklichung der oben genannten sozialen Grundrechte und zu einer Politik des sozialen Zusammenhalts. Das Recht, die Grundprinzipien des Systems der sozialen Sicherheit festzulegen, liegt aber bei den Mitgliedstaaten, die EU hat hier nur koordinierende Funktion. Der Verfassungsvertrag gibt für die Wirtschafts- und Sozialpolitik also unterschiedliche Kriterien vor. Es ist Aufgabe der aktuellen Politik, diese so miteinander zu verbinden, dass keines der genannten Ziele vernachlässigt wird.

Für die evangelischen Kirchen ist wichtig, dass im EU-Verfassungsvertrag die sozialen und wirtschaftlichen Rechte derjenigen geschützt sind, die sich selbst nicht schützen können, weil sie nicht so wettbewerbsfähig sind wie andere. Ein wichtiges Element sind hierbei die Grundsätze der Subsidiarität und der Verhältnismäßigkeit (vgl. Art. I–11). Das bedeutet, dass übergeordnete Organe nur solche Aufgaben übernehmen, zu deren Wahrnehmung kleinere Einheiten nicht in der Lage sind. Dies ist eine entscheidende Voraussetzung für die Nähe der EU-Politik zu den Menschen.

**Gemeinsame Außen- und Sicherheitspolitik**

*»Die Zuständigkeit der Union in der Gemeinsamen Außen- und Sicherheitspolitik erstreckt sich auf alle Bereiche der Außenpolitik sowie auf sämtliche Fragen im Zusammenhang mit der Sicherheit der Union, einschließlich der schrittweisen Festlegung einer gemeinsamen Verteidigungspolitik, die zu einer gemeinsamen Verteidigung führen kann.« (Art. I–16, Abs. 1)*

Ziel des EU-Verfassungsvertrags ist die zunehmende Entwicklung einer gemeinsamen Außen- und Sicherheitspolitik, zu der auch die Schaffung des Amtes eines EU-Außenministers gehört. Die gemeinsame Sicherheits- und Verteidigungspolitik umfasst die schrittweise Festlegung einer gemeinsamen Verteidigungspolitik der Union. Diese führt zu einer gemeinsamen Verteidigung, sobald der Europäische Rat dies einstimmig beschlossen hat. Sie ermöglicht der EU Missionen, bei deren Durchführung die Union auf zivile und militärische Mittel zurückgreifen kann. Dazu werden in dem Verfassungsvertrag unter anderem gemeinsame Abrüstungsmaßnahmen, humanitäre Aufgaben und Rettungseinsätze, Aufgaben der militärischen Beratung und Unterstützung, der Konfliktverhütung und der Erhaltung des Friedens sowie Kampfeinsätze im Rahmen der Krisenbewältigung einschließlich Frieden schaffender Maßnahmen und Operationen zur Stabilisierung der Lage nach Konflikten angeführt (vgl. Art. III–309).

In einer Reihe von Mitgliedstaaten wurde die Sorge ausgedrückt, dass dies zu einer zunehmenden Militarisierung der EU-Politik führen könnte. Manche Mitgliedstaaten sehen damit ihre Politik der Neutralität gefährdet. Umstritten ist in diesem Zusammenhang vor allem Art. I-41, Abs. 3 des Verfassungsentwurfs, der die Mitgliedstaaten verpflichtet, ihre militärischen Fähigkeiten schrittweise zu verbessern und eine Europäische Verteidigungsagentur einzurichten, deren Aufgabe es ist, Maßnahmen zur Stärkung der industriellen und technologischen Basis des Verteidigungssektors durchzuführen. Andererseits betont der Verfassungsvertrag die Verpflichtung der Union zur Friedenssicherung, Konfliktverhütung und Stärkung der internationalen Sicherheit in Übereinstimmung mit den Grundsätzen der Charta der Vereinten Nationen und den Prinzipien der Schlussakte von Helsinki. In diesem Zusammenhang ist auch die Aufgabe festgelegt, die nachhaltige Entwicklung in den Entwicklungsländern zu fördern (vgl. Art. III-292). Zu beachten ist, dass die Notwendigkeit der Einstimmigkeit bei der Feststellung des Verteidigungsfalls (Art. I-41, Abs. 2) eine erhebliche Hürde vor dem Einsatz militärischer Mittel darstellt.

Die Frage nach der zukünftigen Außen- und Sicherheitspolitik der EU hängt also weniger von dem Verfassungsvertrag als von der Umsetzung der verfassungsrechtlichen Bestimmungen in konkrete Politik ab. Aus Sicht der evangelischen Kirchen ist es ein Fortschritt des Verfassungsvertrags, zivile Mittel der Friedenssicherung und Konfliktverhütung ausdrücklich verankert zu haben. Der Vorrang friedlicher Konfliktverhütung hätte allerdings nachdrücklicher deutlich gemacht werden können.

**Die Verfassung und die Bürgerinnen und Bürger in der EU**

Mit großer Mehrheit hat das Europäische Parlament am 12. Januar 2005 in Straßburg den vorgeschlagenen EU-Verfassungsvertrag gebilligt. 500 Abgeordnete stimmten dafür, 137 dagegen, 40 enthielten sich der Stimme. Die Abgeordneten vertreten die Auffassung, »dass die Verfassung insgesamt einen guten Kompromiss und eine erhebliche Verbesserung der bestehenden Verträge darstellt.« Obwohl die Zustimmung des Europa-Parlaments nicht bindend ist, hat es eine starke politische Bedeutung, dass sich die Vertreter des Volkes so eindeutig für den Verfassungsvertrag ausgesprochen haben.

Der Verfassungsvertrag wird am 1. November 2006 in Kraft treten, wenn er bis dahin von allen 25 Mitgliedstaaten ratifiziert worden ist. Ratifizierung bedeutet, dass der Text des Verfassungsvertrags nur im Ganzen angenommen oder abgelehnt werden kann. Es ist nicht mehr möglich, Veränderungen am Vertragstext vorzunehmen. Das Europa-Parlament hat jedoch darauf hingewiesen, dass künftige Veränderungen am Verfassungstext möglich sind, wenn er erst einmal angenommen ist.

Aus evangelischer Sicht stellt der Verfassungsvertrag trotz einiger Kritikpunkte eine erheblich verbesserte Grundlage für das Zusammenleben der Menschen und Staaten in Europa dar. Wir unterstützen deshalb die Ratifizierung des Verfassungsvertrags.

Berlin/Brüssel, 9. 5. 2005
Das Präsidium der GEKE

## 2.7 Stellungnahme des Exekutivausschusses der Leuenberger Kirchengemeinschaft zur Arbeit des EU-Konvents über die Zukunft Europas

Der Exekutivausschuss der Leuenberger Kirchengemeinschaft hat vom 21. bis 23. Juni 2002 in Straßburg getagt. In der Stadt, die das Europaparlament und den Europarat beherbergt, hat er sich mit der Arbeit des seit dem 28. 2. 2002 tagenden »Konvents über die Zukunft Europas« befasst. Die 1973 gegründete Leuenberger Kirchengemeinschaft vereint derzeit 103 evangelische Kirchen mit insgesamt fast 50 Millionen Mitgliedern aus 32 verschiedenen europäischen Ländern, darunter alle Mitgliedsländer der Europäischen Union, die Mehrheit der Beitrittskandidaten und weitere Länder, die noch keinen EU-Beitritt beantragt haben. Die Erwartungen an die Europäische Union sind im Einzelnen in den verschiedenen Ländern und Kirchen sehr unterschiedlich. Gemeinsam erklären wir aber:

I. Der Exekutivausschuss begrüßt die Bereitschaft der Europäischen Union, sich über die bisherigen Grenzen hinaus zu erweitern. Die Verbundenheit in gemeinsamen Traditionen und Überzeugungen hat unsere Kirchen dazu gebracht, auch in schwierigen Zeiten über den Eisernen Vorhang hinweg die Gemeinschaft zu suchen und zu vertiefen. Diese Verbundenheit, die zwischen den europäischen Völkern seit langem immer intensiver gespürt wird, soll ihren Ausdruck auch in den politischen Institutionen unseres Kontinents finden.

II. Der Exekutivausschuss erinnert in diesem Zusammenhang eindringlich an die Verpflichtung zur gegenseitigen Unterstützung und zur Herstellung von gleichen Chancen im wirtschaftlichen Wettbewerb. Die Solidarität der reicheren Kirchen mit den ärmeren ist immer ein Prinzip unserer Kirchengemeinschaft. Auch innerhalb der EU war der Ausgleich zwischen den unterschiedlich entwickelten Ländern und Regionen, unter dem Gesichtspunkt des wirtschaftlichen und sozialen Zusammenhalts der Gemeinschaft, ein wichtiges Leitziel. Wir bitten den Konvent, dafür Sorge zu tragen, dass Solidarität und Subsidiarität auch in der erweiterten EU ihre volle Wirkkraft behalten. Entsprechend sollte das Prinzip der Nachhaltigkeit eine noch größere Berücksichtigung finden. Die Marktwirtschaft braucht eine verbindliche Rahmenordnung, damit sie eine ökologisch verantwortete soziale Marktwirtschaft wird.

III. Der Exekutivausschuss begrüßt die Bereitschaft der Europäischen Union, sich von einer Wirtschafts- zu einer Wertegemeinschaft zu wandeln. Als protestantische Christen leisten wir unseren Beitrag zu diesem Prozess. Gemeinsam mit den katholischen und orthodoxen Mitchristen bekennen wir uns zu den Prinzipien der Gerechtigkeit, Versöhnung, Verantwortlichkeit und Toleranz, die zu den wesentlichen geistigen und religiösen Grundlagen Europas gehören.

IV. Als Protestanten begrüßen wir insbesondere die Absicht der Europäischen Union, die Transparenz der Entscheidungen zu verbessern und die Möglichkeiten der Partizipation für die Bürger zu erweitern. Zu den grundlegenden Erkenntnissen der Reformation gehört die Einsicht, dass die Menschen in ihren existentiellen Bezügen sich nicht auf die Vermittlung von Institutionen verlassen sollen und nicht von ihnen abhängig sein dürfen. Die Berufung auf die Gewissensfreiheit und die Lehre vom »allgemeinen Priestertum aller Gläubigen« gehört in säkularisierter Form zu den Wurzeln der demokratischen und freiheitlichen Traditionen Europas.

Es bleibt die Aufgabe der EU, das oftmals beklagte »Defizit an Demokratie« zu überwinden. Die evangelischen Kirchen sind bereit, bei der Entwicklung einer Zivilgesellschaft ihre jeweiligen Kräfte einzubringen. Zum protestantischen Ethos gehört die Verpflichtung, am öffentlichen Leben teilzunehmen und in Beruf und Politik Verantwortung zu übernehmen. Dies ist Aufgabe der einzelnen Christen wie der Kirchen. Deshalb ist es wünschenswert, die Möglichkeiten kirchlichen Wirkens in europäischen Einrichtungen durch ein positives europäisches Religionsrecht zu sichern, karitative und diakonische Dienste zu gewährleisten und religiöse Feiertage in der EU zu respektieren.

V. Wir weisen jedoch darauf hin, dass nach protestantischer Überzeugung die Freiheit keine absolute Autonomie des Menschen bedeutet, sondern sich dem Hören auf das Evangelium von der Rechtfertigung allein aus Gnaden verdankt. »Frei sein heißt erkennen, dass Freiheit empfangen und aufgenommen wird, um sie mit anderen zu teilen … Solche Freiheit kann nicht bei sich selber bleiben, sondern wendet sich Gott zu, dem sie sich verdankt, und den Menschen, damit sie an dem Geschenk der Freiheit teilhaben.« (Leuenberger Texte 5 »Das christliche Zeugnis von der Freiheit«, Frankfurt/Main 1999, S. 61). Eine Europäische Union, die sich als Wertegemeinschaft versteht, muss anerkennen, dass sie auf Voraussetzungen beruht, die sie sich nicht selbst schaffen kann. Darum sollte in einer künftigen EU-Verfassung in der Präambel ein Hinweis auf die Bedeutung der Religion für Europa enthalten sein. Die Absage an eine Verabsolutierung der politischen Macht kann durch einen ausdrücklichen Gottesbezug in der Präambel hergestellt werden.

VI. Unsere Gemeinschaft von 103 Kirchen ist von einer großen Vielfalt hinsichtlich Bekenntnis, Verfassung und Frömmigkeit geprägt. Diese Vielfalt haben wir immer als Bereicherung gesehen und die wachsende Gemeinschaft nicht als eine Nötigung zur Vereinheitlichung um jeden Preis betrachtet. Wir empfehlen auch der Europäischen Union, die kulturelle Vielfalt ihrer Mitgliedsländer zu erhalten und zu fördern. Als Kirchen liegt uns insbesondere daran, dass die jeweiligen rechtlichen Regelungen für das Verhältnis zwischen Staat und Kirche gegenüber einer möglichen Tendenz zur Harmonisierung und Regulierung geschützt bleiben und die Kirchen und Religionsgemeinschaften weiterhin die Freiheit zur Selbstbestimmung im Rahmen des jeweiligen nationalen Staatsrechts die Verwaltung ihrer eigenen Angelegenheiten behalten.

VII. Wir weisen auf die vielfältigen weiteren Stellungnahmen aus den Mitgliedskirchen unserer Kirchengemeinschaft und aus anderen kirchlichen Zusammenschlüssen hin, insbesondere auf die Kommission für Kirche und Gesellschaft der Konferenz Europäischer Kirchen (KEK) in Brüssel, die die Arbeit des Konvents intensiv verfolgt.

Straßburg, 22. 6. 2002
Der Exekutivausschuss der Leuenberger Kirchengemeinschaft

# 2 Responsibility for Europe

## 2.1 Free for the future. Responsibility for Europe

*Statement of the 7$^{th}$ General Assembly*

The Community of Protestant Churches in Europe (CPCE) gathered together in Florence on the occasion of its 7th General Assembly, convening just as the process of European integration is undergoing a deep crisis with incalculable repercussions for Europe's citizens, society, democracy and the process of European integration. This situation prompted the General Assembly to issue this statement, addressed to the member churches of the CPCE and to the general public throughout Europe.

»Free for the Future« is the motto of the CPCE's General Assembly in Florence. God bestowed this freedom upon us through Jesus Christ, whose message inspires trust and liberates us for responsible service in the world. The Protestant churches of Europe therefore committed themselves in the Leuenberg Agreement (LA) to work for justice on earth and peaceful relations amongst individual persons and between the nations. »In consequence, they must join with other people in seeking appropriate rational criteria and play their part in applying these criteria.« (LA 11).

In the current crisis in Europe many people are afraid of the immediate future. Many Europeans are affected by unemployment, falling income levels, cuts to welfare services, austerity measures that affect state financing of public services, and growing poverty. One of the most disturbing developments is the extremely high level of youth unemployment in many countries. Deep-seated fears for their livelihood and a complete lack of prospects are driving huge numbers of people onto the streets to demonstrate.

The General Assembly of the CPCE is well aware that, in this crisis, there are no simple answers, and no single, one-size-fits-all solution, particularly as the European economy and financial markets are so closely bound up with the global economy. The General Assembly also wishes to express its respect – and assure its intercessions – for the political leaders who have been placed under such extreme pressure by this crisis and who carry a great burden of responsibility for the future.

Within our own countries, but also the world over, the gap between rich and poor is widening. The victims of this crisis are to be found not only in Europe but also in other parts of the world. Any proposed solutions and decisions must also be carefully evaluated in terms of their effectiveness in assisting those people and societies most deeply affected, their potential impact on the stability of European integration and their contribution to global solidarity. This profound crisis has multiple causes and effects. The following aspects are of particular importance to the General Assembly:

**Gathering courage to face the truth**

Christian faith lives from the experience that the truth liberates us for the future. It abides by the biblical promise that »the truth will set you free« (John 8:32). Trusting in this promise, the member churches of the CPCE believe that the truth about the extent and consequences of the current crisis in Europe is not only something with which people can actually cope – it can even be liberating. Only if we have the courage to face the truth can we open up new avenues for action and find fresh prospects for the future. On this basis the General Assembly seeks to encourage the leading figures in politics and business, and indeed Europe's citizens as a whole, to face what clearly might be very inconvenient truths.

Courage to face the truth frees us to challenge any claims that the current political strategies are the only options. There may well be certain situations in which a particular solution seems to be the only one. However, there is also an ideology claiming there is no alternative, which is the opposite of one that encourages truth and freedom. It runs a real risk of ruining any chance of future freedom. Admitting one's own perplexity or uncertainty is not a sign of political weakness but a sign of strength. In fact, this is a way of reinforcing people's faith in politics, without which the European project is doomed to failure. The crisis will not be solved overnight. The main objective in facing the continuing crisis must be to generate new scope for creative action aimed at creating a more just, caring and peaceful society.

This call for honesty and integrity is simultaneously aimed at the churches themselves who, after all, are not located somewhere outside of society, politics and the economy, but are protagonists in their own right. For this reason the General Assembly encourages its member churches to critically evaluate their own involvement in this crisis. Only then can they appeal to others with any credibility.

**Strengthening democracy**

This crisis is exerting enormous pressure on *democracy and democratic procedures* for decisive action. The impression has arisen that national parliaments, governments and the European institutions are no longer the ones taking the decisions and that the real power is exerted by the financial markets. People feel increasingly at the mercy of forces beyond their control. This development is due not least to the policies of recent years to increasingly liberalise the financial sector and withdraw it from public supervision.

The General Assembly is convinced that the only way to overcome this crisis in an effective and sustainable manner is via the application of stronger transparent and democratic procedures at all levels of government throughout Europe. Full participation and active involvement in decision-making processes are, in the Protestant understanding, fundamental for good neighbourly relations and peaceful co-operation within Europe.

**Considering the consequences for society**

The remedies dispensed for countering the crisis so far have failed to sufficiently consider its *social consequences* or the social hardship caused by the very strategies adopted. Concentrating on austerity measures and budgetary discipline, however necessary and desirable the latter might be, has proved disastrous in immediate social terms throughout the countries concerned.

The General Assembly welcomes the European Council's decision of June 2012 to invest € 120 billion from the EU's structural funds in a Compact for Growth and Jobs, but still fails to see any systematic consideration of the social repercussions of political decisions, as is stipulated in the social clause of the Treaty on European Union itself (article 9 of the Treaty on the Functioning of the European Union).

This divide is particularly obvious in the concept of *European economic governance*, which the EU has developed only in the last two years; it strongly emphasises cost-cutting and budgetary consolidation, way ahead of any consideration of socio-political aims. However, the formal aim of establishing a »highly competitive social market economy« (as declared in the Treaty on European Union, article 3.3) requires regulatory procedures that address both economic and social concerns.

**Devising a fair taxation policy**

Compared to cost-cutting programmes for budgetary consolidation, too little attention is paid to fiscal policies. The General Assembly calls to mind that our societies and states live from the taxes and solidarity of everyone and that all citizens have obligations towards the common good. For example, in these times of crisis such high levels of youth unemployment clearly highlight yet again the importance of public investment in the general sphere of education.

It is the Christian belief that the privileged can, and should, contribute more and bear a greater burden than those who are less well-off. If high incomes and assets were subject to higher taxation – even for a limited period – or to a one-off levy, this would be an appropriate means of distributing the burden of the crisis more fairly. At the same time, effective measures must be taken to detect and combat tax evasion and fraud, and an effective tax administration needs to be established, or reinforced.

### Regulating the financial market

There have been different national causes of the financial, economic and sovereign debt crisis in the individual European states. These factors must be subject to careful analysis and suitable correction. It is unethical to pursue a policy consistently relying on accruing debts to an extent that will inevitably burden and severely hamper the welfare of future generations. Nonetheless, it should not be forgotten that the current debt crisis largely stems from the crisis on the *financial market*: the rescuing of stricken banks has – together with economic stimulus programmes, falling tax revenues and climbing social spending – led to an unprecedented increase in sovereign debt in every single country to have been hit by the crisis. It should go without saying that regulating the financial market and banks must be considered crucial for the future not just of the European Union but of the continent as a whole.

Freedom and responsibility are intrinsically linked, in the Protestant understanding. This fundamental relationship between risk and liability must therefore be restored in the financial sector as well. In addition, the financial sector and those who have gained from the crisis should be more closely involved in remedying it. It is absolutely unacceptable that profits are still privatised and losses passed on to the whole of society!

The financial and banking sectors require efficient and enforceable supervision and ethical regulation. One tangible step in this direction is the planned tax on financial transactions that should involve as many states as possible. Another could be a European banking union that would be subject to common rules and the same supervisory body.

### Rejecting any resurgence of nationalism

The crisis has magnified people's general mistrust towards the European institutions, in many countries giving fresh impetus to nationalist and populist leanings and political parties. We must be careful to distinguish between a state's right to self-determination and the protection of its genuine national interests, and a nationalism that leads to competition and animosity between peoples and the repression of ethnic minorities. The process of European integration arose precisely as a counterforce to the *nationalism* that emerged in the 19th century and had such devastating consequences in the 20th century. For this reason the Protestant churches – who in some cases were themselves deeply embroiled in this nationalism – are grateful for this integration process and give it their support. In this context the General Assembly refers to the CPCE's 2001 report entitled »Church – People – State – Nation«.

**Rethinking our economic model**

Alongside these contemporary and immediate considerations, many Christians are pondering the broader possibility that this crisis might actually warrant a reconsideration of the prevailing *economic model* that defines any increase in prosperity primarily in terms of economic growth and extends the logic of market forces to all fields of life. The General Assembly welcomes any ideas and discussions about different economic approaches and alternative ways of life amongst the churches and their congregations, as well as throughout society as a whole, such as those identified in the study »Stand Up for Justice« presented here at the General Assembly. It is not a matter of turning away from the principles of the social market economy. In the Protestant understanding, this is not only an economic order, but also embodies a whole system of values. Rather, the issue is to turn towards greater distributive justice, guaranteeing meaningful and secure employment, providing stable social systems, offering adequate and appropriate public services and, ultimately, establishing a sustainable economic system based on care for Creation.

**Supporting a Europe of solidarity**

The European Union has so far made an important contribution towards peace, freedom and prosperity with justice throughout Europe. The CPCE is also committed to these aims. It seeks to strengthen the partnerships between churches and their congregations right across Europe, and in so doing strengthen solidarity from one end of the continent to the other.

In this of all times, church partnerships and ecumenical cooperation are especially valuable for our life together in Europe, and for understanding and cohesion in the midst of crisis. The major challenges of the 21st century – such as globalisation, climate change, demographic shifts, changes in the world economy, and political transformation in Europe's neighbouring regions – call for a free and united Europe whose readiness to show solidarity does not end at the borders of individual states and, indeed, stretches beyond the continent of Europe.

Florence, 26 September 2012

## 2.2 Meeting the Crisis

*Statement of the Presidium of CPCE on the European Council in Brussels 8/9 December 2011*

(1) At present in Europe and beyond scarcely a day passes without showing new signs and symptoms of a deep-seated crisis in the shaping of our economic life. Meanwhile many people are directly affected. And the decisions so far reached and the means employed seem to dissipate with little effect.

The crisis has also become one of confidence in the action of institutions. Many people are deeply uneasy. In the past months young people in particular have taken to the streets to express their despair and their concern for the political and economic situation in their lands and societies. They are drawing attention to the social dimensions of the crisis. No institution has a complete and exclusive answer to it. This lost confidence can only be recovered if the search for solutions takes place in dialogue and is shaped as a vital democratic and participatory process.

We understand people's profound unease as a challenge to recover the political primacy of democracy and the social market economy over against the faceless markets. The demonstrations are an appeal to strive for a resolution of the crisis that is fair to the different generations. The problems that have piled up must not be left to the coming generations.

(2) It is above all the horrifying debts of our states and societies that have provoked this crisis. It thus also puts our lifestyle in the Western nations in question. Our national and social living on (apparently) unlimited credit has lost credibility and patently reached its limit. It is a profound Christian conviction that a crisis is also a call to a change of course and new reflection. Protestant churches in Europe are participating intensively in the necessary discussions and impulses to a changed, responsible life-style. These discussions must be conducted more intensively and decisively in our churches, societies and countries in order to find and apply the necessary changes.

(3) The debt crisis is forcing very far-reaching economy programmes on many European societies. The social systems must be adjusted anew. This seems to be unavoidable. It is, however, already leading even more people to slide into poverty and unemployment. It is all the more important to be reminded that Europe substantially involves the European social model, uniting solidarity and subsidiarity. This connexion should be respected in all coming reform measures: the strong can carry more burdens than the weak – this holds well within societies, but also between the nations of Europe.

In 2010 the European Union set its member states the goal of raising 20 million people in the EU out of poverty by 2020. That must not be given up.

(4) Behind the crisis of debts and budgets, preceded as it was by a financial and banking crisis, a massive injustice comes to light. Gains are privatized but losses and risks socialized. The financial sector must make its contribution to solving the debt crisis and to the meeting of debts. The proposal of the European

Commission for the institution of a tax on financial transactions should be speedily approved and put into force. Beyond the EU efforts should also be made for this to be made valid within G20 as well.

(5) In this crisis the European Union is experiencing its toughest stress-test so far. Just because of this, however, it must be emphasized that in the history of Europe the political process of European unification is a rare opportunity, which must be protected and supported with courage and a sense of proportion. Already at its beginning the European Coal and Steel Community came into being by a courageous decision in the face of a dramatic economic crisis in the coal and steel sectors. From that grew the model, to this day successful, of »an ever closer union of the peoples of Europe« (Treaty of Lisbon). The decisions of the last European summits indicate that closer cooperation is being aimed for in financial and economic policies. This so-called »economic governance« should be anchored in the community's procedures with the participation of the Commission and the European Parliament. We are convinced that the process of European unification, which has ensured peace and prosperity in Europe through the last decades, must not be wrecked by the current crisis.

The Presidium of CPCE
Vienna, 7 December 2011

## 2.3 Being responsible for freedom – Europe and the churches 20 years after the fall of the Iron Curtain

*Declaration of the Community of Protestant Churches in Europe (CPCE)*

**Freedom and unity in Europe**

In 1989 Europe changed: the Iron Curtain fell, the forty-year-old Communist era came to an end. Freedom and democracy became possible for most countries of Europe. In Spring 1989 the Solidarity Movement in Poland was able to achieve power-sharing. In June the frontier between Hungary and Austria in Sopron was opened, first symbolically, then in reality. In August more than a million people joined together to form the Baltic Chain. In November 1989 the Wall fell in Germany. In Czechoslovakia the »Velvet Revolution« developed. At the end of 1989 in Romania the Ceausescu era came to an end with bloody riots.

**Proclamation and the social responsibility of the churches**

During the upheavals of 1989, in many countries the churches played an important role. Church members and community groups stood up with the courage of their faith for civil freedoms, the protection of the environment and the overcoming of the frontiers in Europe. Opposition forces were able to gather under church roofs. Prayers for peace and church worship became the forums of a resistance which toppled the Communist systems because they were prepared for everything but candles and prayers.

In the past 20 years the churches in Central and Eastern Europe have increasingly taken over responsibility for society. New diaconal organizations have been founded or old ones rebuilt. The churches with their ethical and social competence are entering controversies in society and have learned again how to combine public proclamation and social responsibility. The falling away of frontiers is making possible a new dynamic in which the churches live and work together in the ecumene.

## Overcoming the frontiers and new break lines

For people in Central and Eastern Europe the revolution in 1989 was bound up with many expectations: hopes for the overcoming of the frontiers between East and West, for civil rights and democracy, for a better economic future in the market economy. Between 2004 and 2007 most Central and Eastern European countries were able to join the European Union. However, not all the promises of the new freedom in Europe have been fulfilled. In the past twenty years the process of European Union has not only failed to abolish frontiers, but has also made new break lines visible.

A stocktaking of the past 20 years in Central and Eastern European countries has many dimensions. On the one hand are gratitude and joy at liberation from systematic and violent oppression and the positive experiences in growing together into a united Europe. On the other side anxiety is growing about the great economic and social differences in Europe and a persistent mental division into »East« and »West«. In some post-Communist countries the totalitarian past has not been worked through and assimilated sufficiently. The old elites have in part asserted their position of power. That makes it difficult for people to involve themselves in the new democratic forms. Europe »without frontiers« offers great freedom and opportunities, but it is also experienced as a loss of familiar areas of life, as alienation, as a crisis of values. A new re-nationalization is putting ethnic and religious minorities under pressure and burdening the coexistence of people in Europe.

## Memory and promise

With the events of 1989 a twofold task has fallen on the churches of Europe: to work though their own entanglement in the history of oppression and to face the tasks of the future. In respect of the past the churches from Southern and Eastern Europe in the CPCE have stated: »*The past is ... not simply extinguished but has engraved itself on the collective memory as something remembered which keeps returning ... as the urgent question of justice, a longing for a better world and pain about abiding losses.*«

The experiences of resistance are an encouragement to stand up for freedom and justice and to create new free areas in Europe. The memory of the 1989 liberation is also a memory of a God who overcomes boundaries and time and again gives new freedom: »I have observed you and what has been done to you in Egypt, and I promise that I will bring you up out of the affliction of Egypt ...« (Ex 3:16–17). The experiences help to strengthen the formative power of Christian faith throughout Europe.

**Responsible freedom**

The present economic crisis presents Europe with tremendous challenges which more urgently than ever call for togetherness in Europe as a presupposition for peace – also for social peace. Their memory obligated the Protestant churches in Europe to use freedom to strengthen the community over and above all frontiers. Memories of stories of grief and pain, and of living and successful resistance, political blindness and self-satisfaction along with moments of the courageous action of individuals strengthen faith and encourage the churches to work for a »*humane, socially conscious Europe, in which human rights and the basic values of peace, justice, freedom, tolerance, participation and solidarity prevail*« (Charta Oecumenica). The remembrance of 1989 is an obligation to keep preserving freedom anew time and again, and to take responsibility for it. The CPCE will play its part.

Vienna, June 2009
The Presidium of the CPCE

## 2.4 European elections 4 to 7 June 2009, Strengthening Democracy in Europe

*Pulpit declaration and Prayer of the Community of Protestant Churches in Europe (CPCE) for Pentecost or Trinity 2009*

**Pulpit declaration**

Between 4 and 7 June the elections to the European Parliament will take place in the member states of the European Union. The European Parliament represents citizens at a European level. Delegates from 27 countries work together in it in 23 languages.

Many people complain that the work of the European institutions is impenetrable. However, the European Parliament is the institution whose members are chosen by the citizens themselves and through which they can exercise influence on European politics in a direct way. In the view of the churches, for many years good and substantive work for people in Europe has been done there.

Today many political questions are decided at a European level: for the solution of the financial and economic crisis we need solidarity between the European states. Peace and security in Europe can be secured only with one another and not against one another. Only together can we prevent climate change. Particularly in times of crisis it will be important for us to help those in need. Responsibility for others may not stop at national frontiers.

In the »Charta Oecumenica« the churches of Europe together state: »We are convinced that the spiritual heritage of Christianity constitutes an empowering source of enrichment and inspiration for Europe. On the basis of our Christian faith we work together for a humane, socially conscious Europe in which human rights and the basic values of peace, justice, tolerance, participation and solidarity prevail.«

This year we celebrate the 20th anniversary of democratization in Central and Eastern Europe. The right to be able to vote freely was fought for in these countries with much courage and personal commitment. Democracy lives by the involvement of men and women. That is true today as it was 20 years ago. Therefore we ask you to go to vote at the European elections.

Vienna, April 2009
The Presidium of the CPCE

**Prayer for the European elections 4 to 7 June 2009**
Lord, at this time we celebrate Pentecost. We celebrate the way in which you have united men and women of different origins and different languages in your church. In the church we experience how men and women become one in your fellowship, beyond all boundaries.

So we are grateful when in the world, too, people find one another beyond boundaries. We are grateful for the process of European union, which has also made friends out of enemies. We pray that people in Europe may continue along the way of reconciliation and peace.

We pray for those in Europe who at this time are in distress. For those who are affected by the financial and economic crisis, who are worried about their work, their very existence. Help us to stand together in difficult times and not to close our eyes to the needs of others.

We pray for those who come to us as strangers, from other countries of Europe or other parts of the world, because they are seeking work or protection from persecution. You have asked us to make friends of strangers (Lev 19:33–34). Help us to find a place for them in your church where they are safe.

We pray for those who bear political responsibility: in our community, in our country, in Europe. Strengthen them with your Spirit, that they may make the right decisions when facing difficult challenges. Help us not to leave them alone with their responsibility but to support them and to strengthen them in their work for the common good.

You have asked us to »seek the welfare of the city … and pray to the Lord on its behalf, for in its welfare you will find your welfare« (Jer 29:7). So we pray to you for the welfare of our community, our country, of Europe and the world. Help us, so that the elections to the European Parliament contribute to strengthening democracy in Europe and promoting responsibility for the peace and well-being of all. Amen.

## 2.5 Five good wishes for the future of Europe

*The Community of Protestant Churches in Europe (CPCE) on the fiftieth anniversary of the Treaty of Rome*

On 25 March 2007 the European Union celebrates the fiftieth anniversary of the signing of the Treaty of Rome as an important step towards the political unification of Europe. In 1957 the signatory states committed themselves to ›laying the foundations of an ever closer union among the peoples of Europe‹, to ›ensure the economic and social progress of their countries by common action‹ and ›to preserve and strengthen peace and liberty‹ (from the Preamble to the EEC treaty).

The Community of Protestant Churches in Europe (CPCE) regards the development of the European Union as an important contribution to peace, freedom and prosperity in Europe. 50 years after the Treaty of Rome the vision of a free and united Europe has been realized to a degree that seemed unthinkable to most people 50 years ago. The European Union has grown to consist of 27 member states. In 1989 people in the former Communist states overcame the Iron Curtain and thus created the foundations for the European Union today also to embrace large areas of Central and Eastern Europe. In many regions today the European Union forms the world's leading economic sphere.

The Protestant churches in Europe are grateful for what has been achieved. But at the same time, the churches are also turning their gaze towards the future. The churches therefore want to send the European Union five ›good wishes‹ for the coming 50 years, ›good wishes‹ for a Europe of the future.

**1 Good wish: Europe must continue to grow together**

Europe is greater than the EU. The Protestant churches in Europe are experiencing this day by day in their church fellowship, which extends far beyond the boundaries of the EU. The states of the Western Balkans need a perspective for acceptance into the EU which contributes towards creating peace in this region of Europe also. The EU's neighbour states need a policy which promotes growing together in Europe and prevents new conflicts.

**2 Good wish: The European Union needs more democracy**

Fellowship within the European states must be deepened. So one of the great challenges is to develop the Europe of governments into a Europe of the people. This includes strengthening the possibilities of democratic participation by citizens in the EU and a legal foundation which puts the collaboration of the states of Europe on the basis of a common constitutional law. On 9 May 2005 in a statement on the EU Constitutional Treaty the CPCE Presidium made it clear that despite some points of criticism, from the Protestant perspective the Constitutional Treaty represents a considerably improved foundation for the co-existence of people and states in Europe.

**3 Good wish: The European Union needs more justice**

Despite all the economic successes, almost 80 million people in the EU are still living on the poverty line, and one child in five is threatened by poverty. More than 17 million people in the EU are unemployed.[1] The divide between poor and rich is getting wider and wider in many European countries. The Protestant churches in Europe want a European Union which brings its economic and social policies into a balance which is mutually supportive and which fights poverty and social demarcation in Europe more strongly than hitherto.

---

1 European Commission and European Council. Joint Report on Social Protection and Social Inclusion 2007.

### 4 Good wish: The European Union needs more openness

The EU needs a policy which keeps open the possibilities of life for future generations. This applies not only to environmental and development policies but to all spheres of policy, all of which must be implemented in a more sustained way. Given the demographic development in Europe, new forms of compatibility of family life and working life and a reordering of relations between the generations are needed here.

By comparison with the poor countries of the world, the EU is on the one hand the greatest financial contributor to development work, but at the same time, with the demarcation of its markets and its trade policy, it makes the greatest contribution to economic imbalance and poverty in the world. The Protestant churches in Europe want a European Union which does not seal itself off from the outside world but also contributes towards more peace and justice in the world in the present processes of globalization, e.g. in the frontier regions of Europe in the Middle East and in North Africa.

### 5 Good wish: The European Union needs a viable cultural identity

The European Union will be able to develop peace, freedom and prosperity further only if it can rely on a common basis of human values. Christian faith is one of the roots which has shaped Europe and will continue to shape it. For the churches of the Reformation, which have emerged from a movement of religious freedom, responsible treatment of freedom is a special element here. The churches support dialogue between different religions and cultures and also conversation with those who have no religious confession. It is the common task of all to contribute towards building up a peaceful and just society through dialogue. That applies especially where there are conflicts and differences of opinion.

**›Unity in reconciled diversity‹**

*The contribution of the Protestant churches to the future of Europe*

In the *Charta Oecumenica* the Protestant churches have committed themselves to promoting the union of the European continent. The churches can introduce their special proximity to places and peoples here. This includes their special concern for minorities and the socially outcast, since they know the dangers of the pressure towards assimilation and therefore support an integrative society which accords minorities corresponding rights and possibilities. For the Protestant churches it is part of their Reformation competence to criticize institutions which become too far removed from ordinary men and women.

The Protestant churches can introduce to Europe the model of ›unity in reconciled diversity‹. From a history of centuries of repudiation and rejection a community of churches has come into being which has found its way towards reconciliation. The Protestant churches can and want to contribute to the future of Europe with the experiences of this way of reconciliation.

Vienna, 20 March 2007
The CPCE Presidium

## 2.6 The EU Constitution from a Protestant Viewpoint

*A Manual for Churches*

On 29 October 2004, the 25 heads of State or Government of the enlarged European Union signed the Treaty establishing a Constitution for Europe in Rome. In order that this Constitutional Treaty may come into force, it must be ratified in the Member States. This can be done either by vote in the national parliament or through a referendum. In many countries the ratification process has triggered discussions about the contents of the EU Constitution. There are also voices of concerns and misgivings about the Constitutional Treaty: »The Constitution will lead to less democracy in Europe.« »The Christian values do not appear in it.« »The EU's priority is economic interests, and social protection continues to disintegrate.« »The EU Constitution forces the States to an increased expenditure on armaments and militarisation of policies.«

The Constitution-related debate is necessary and meaningful; after all it is the basis for Europe's future development. For this reason we have compiled in the following some important elements of the EU Constitutional Treaty from a Protestant viewpoint. Each section consists of a short description of the contents of the Constitutional Treaty, debate on them, and assessment from a Protestant viewpoint. With this manual, the Community of Protestant Churches in Europe – Leuenberg Church Fellowship – wishes to make its own contribution to the discussion about the ratification of the EU Constitutional Treaty.

**History of the EU Constitutional Treaty**

*»Believing that Europe, reunited after bitter experiences, intends to continue along the path of civilisation, progress and prosperity, for the good of all its inhabitants, including the weakest and most deprived; that it wishes to remain a continent open to culture, learning and social progress; and that it wishes to deepen the democratic and transparent nature of its public life, and to strive for peace, justice and solidarity throughout the world, …« (Preamble)*

The present EU is based upon a series of treaties, which makes the EU law highly complicated and unclear for European citizens. Furthermore, some important political areas are left unconsidered in those treaties. The Constitutional Treaty provides the EU with a clear legal basis taking account of its development from a community of purely economic interests at first to a community backed up by common values. By providing for increased legal clarity, the EU Constitutional Treaty ensures more transparency in the process of political decision-making.

The Constitutional Treaty also takes account of the fact that the EU has grown now to a community of 25 States, thus bringing 450 million people together. It strengthens the position of the EU Parliament, the direct representation of the EU citizens.

### »Religious inheritance« in the Preamble of the Constitutional Treaty

*»Drawing inspiration from the cultural, religious and humanist inheritance of Europe, from which have developed the universal values of the inviolable and inalienable rights of the human person, freedom, democracy, equality and the rule of law, …« (Preamble)*

The wording of the preamble proved controversial until the last minute. It was not until the concluding intergovernmental conference that its final text was agreed on. During the Convention working on the draft Constitution, many churches in Europe tried to have a direct reference to God incorporated into the Preamble. This demand could not be met for political reasons on account of the different (also secular/laicistic) traditions in the Member States. Instead, the preamble has now the above-quoted reference to the »religious inheritance« of Europe as an opening paragraph.

From a Protestant perspective, it is natural that a clear distinction be made of the tasks of the State and the Church. At the same time, it is also true that both areas must carry out their tasks in responsibility to God. The religious inheritance of Europe includes the realisation that every State authority stands in responsibility to God and humankind. This being so, the wording attained should not be underestimated. In principle, the Preamble of the Constitutional Treaty should not be considered isolated. It is a significant fact that in many other parts, especially those referring to fundamental values, the Constitutional Treaty is based on the values which are also fundamental from the Christian viewpoint.

### Fundamental values

*»The Union is founded on the values of respect for human dignity, freedom, democracy, equality, the rule of law and respect for human rights, including the rights of persons belonging to mino-*

*rities. These values are common to the Member States in a society in which pluralism, non-discrimination, tolerance, justice, solidarity and equality between women and men prevail.« (Article I–2)*

An innovation crucial for the European Union is the formulation of its values and objectives and the inclusion of the Charter of Fundamental Rights in the Constitution Treaty. The respect for human dignity and the safeguarding of human rights are values purported for the State's action. The Charter of Fundamental Rights has an article on the freedom of religion (Article II–70), right to religious education (Article II–74) and respect for cultural, religious and linguistic diversity in the Union (Article II-82). What is new and highly topical in the EU Constitutional Treaty is the prohibition of eugenic practices (i. e. prohibition of selection of persons for reasons of their genes), the prohibition of using the human body and its parts for financial gain, or the prohibition of trafficking in human beings (cf. Article II–63–65). According to II–111, the Charter can be applied to the implementation of Union law. Furthermore, the protection of fundamental rights accorded in the national constitutions remains valid in the Member States. The EU Constitutional Treaty sets the norms which might be of a particular significance also for the Protestant minority churches in Europe – and of course for all the future Accession Countries.

**Status of churches and non-confessional organisations**

*»(1) The Union respects and does not prejudice the status under national law of churches and religious associations or communities in the Member States.*
*(2) The Union equally respects the status under national law of philosophical and non-confessional organisations.*
*(3) Recognising their identity and their specific contribution, the Union shall maintain an open, transparent and regular dialogue with these churches and organisations.«*
*(Article I–52)*

On the one hand, this article guarantees the churches the respect of their legal status under the national regulations. On the other hand, the EU commits itself to an »open, transparent and regular dialogue« with churches in parallel with a stronger participation of civil societies (in Article I-47).

From the viewpoint of Protestant churches, this is a decisive progress in comparison with the present situation, because it guarantees their legal status and opens the door to a broader space for dialogue at European level. Both articles (Article I-47 on civil societies and Article I-52 on churches) are an important contribution to a stronger participation of European citizens.

**Economic and social policy**

*»The Union and the Member States, having in mind fundamental social rights such as those set out in the European Social Charter signed at Turin on 18 October 1961 and in the 1989 Community Charter of the Fundamental Social Rights of Workers, shall have as their objectives the promotion of employment, improved living and working conditions, so as to make possible their harmonisation while the improvement is being maintained, proper social protection, dialogue between management and labour, the development of human resources with a view to lasting high employment and the combating of exclusion ...« (Article III-209)*

In connection with the economic and social policy, attention should be paid to the separate domains of competence of the EU and the Member States: The EU is responsible for the implementation of the internal market in which free movement of persons, services, goods and capital is ensured in accordance with the Constitutional Treaty (cf. Article III-130). This also includes the free movement of workers and the freedom of establishment of companies within the internal market. The Member States commit themselves to a close coordination of their economic policy in accordance with »the principle of an open market economy with free competition« (cf. Article III-177). At the same time, the EU and the Member States commit themselves to the implementation of the aforementioned fundamental social rights and a policy of social cohesion. It falls within the competence of the Member States, however, to set out the law and fundamental principles of the social security system, and the EU has only a coordinating function. The Constitutional Treaty also puts forward different criteria for the economic and social policy. It is the task of current policy to combine them together in order that none of the objectives named might be neglected.

For Protestant churches, it is important that the EU Constitutional Treaty contains provisions for safeguarding the social and economic rights of those who cannot protect themselves as they are not so competitive as others. The principles of subsidiarity and proportionality (cf. Article I-11) are its important elements. This means that superior organs assume only the tasks which cannot be carried out by smaller entities. This is a decisive prior condition for the nearness of the EU policy to people.

**Common foreign and security policy**

*»The Union's competence in matters of common foreign and security policy shall cover all areas of foreign policy and all questions relating to the Union's security, including the progressive framing of a common defence policy that might lead to a common defence.« (Article I-16, para. 1)*

One of the objectives of the EU Constitution Treaty is the increasing development of a common foreign and security policy, among others the creation of the post of EU Minister for Foreign Affairs. The common security and defence policy includes the gradual framing of a common defence policy of the Union. This will lead to a common defence as soon as the European Council, acting unanimously, so decides. It enables the EU to carry out the missions for whose implementation it may use civil and military means. Such missions specified in the Constitutional Treaty are among others joint disarmament operations, humanitarian tasks and rescue operations, military advice and assistance tasks, conflict prevention and peace-keeping tasks, use of combat forces as part of crisis management including peace-making measures and operations for post-conflict stabilisation. (cf. Article III-309).

Concerns have been expressed by a number of Member States that this may lead to increasing militarisation of the EU policy. Some Member States see their policy of neutrality endangered by that. What is controversial in this regard is above all Article I-41, para. 3 of the Constitutional Treaty which obligates the Member States to progressively improve their military capabilities and establish a European Defence Agency whose task is to implement any measures needed to strengthen the industrial and technological base of the defence sector. On the other hand, the Constitutional Treaty underlines the obligation of the Union to preserve peace, prevent conflict and strengthen international security in accordance with the principles of the United Nations Charter and those of the Helsinki Final Act. Another task set out in this connection is to foster the sustainable development of developing countries (cf. Article III-292). It should be remarked that the stipulation of unanimity in determining a defence case (Article I-41, para. 2) means a considerable obstruction to the use of military means.

Consequently, the question about EU's future foreign and security policy does not depend so much on the Constitutional Treaty itself as the implementation of the provisions under constitutional law in a concrete policy. From the perspective of Protestant churches it is an improvement of the Constitutional Treaty to have expressly embedded civil means of peacekeeping and conflict prevention. Yet, the priority of peaceful conflict prevention could have been made clear more emphatically.

**EU Constitutional Treaty and EU citizens**

On 12 January 2005, the European Parliament in Strasbourg approved the EU Constitutional Treaty by a large majority (500 votes to 137, with 40 abstentions). The MEPs are of the opinion that »taken as a whole, the Constitution is a good compromise and a vast improvement on the existing treaties«. Although the approval of the European Parliament does not have any binding effect, it has a strong political significance that the people's representatives have so clearly endorsed the Constitutional Treaty.

The EU Constitutional Treaty will come into force on 1 November 2006 if all the 25 Member States have ratified it till then. Ratification means that the text of the EU Constitutional Treaty can be accepted or refused only in its entirety. It is no longer possible to make amendments on the text of the Treaty. The European Parliament has pointed out, however, that the text of the Constitutional Treaty may be changed once it has been approved.

From a Protestant viewpoint, the Constitutional treaty is, despite some points of criticism, a considerably improved basis for the living together of people and States in Europe. Therefore, we support the ratification of the Constitutional Treaty.

Berlin/Brussels, 9 May 2005
The Presidium of CPCE

## 2.7 Position Paper of the Executive Committee of the Leuenberg Church Fellowship concerning the Work of the EU Convention on the Future of Europe

The Executive Committee of the Leuenberg Church Fellowship met in Strasbourg from 21 to 23 June. In this city, which hosts European Parliament and the Council of Europe, it dealt with the work of the Convention on the Future of Europe which began on 28 February. The Leuenberg Church Fellowship came into being in 1973 and has currently 103 member churches with some 50 million members in 32 European countries including all the EU member states and most candidate states. The expectations which these diverse countries and churches hold of the EU vary widely. However, we declare jointly:

I. The Executive Committee welcomes the readiness of the European Union to extend beyond the existing borders. The commitment to common traditions and convictions led our churches in difficult times to seek and deepen fellowship across the Iron Curtain. This commitment, which is felt increasingly strongly among European nations, should also find expression in the political institutions of our continent.

II. The Executive Committee insistently recalls in this connection the obligation to support and provide equal opportunities in economic competition. The solidarity of rich churches towards the needy has always been a principle of our church fellowship. Within the EU, it has also been its key objective to harmonise the widely varying levels of development among the countries and regions from the point of view of the economic and social cohesion of the community. We ask the Convention to ensure that this guiding principle of solidarity and subsidiarity based on Christian values be fully implemented after the enlargement of the EU. Likewise, the principle of sustainability must be given even greater consideration. A prerequisite of the market economy is a binding structural framework that will deliver a social market economy in ecological responsibility.

III. The Executive Committee welcomes the readiness of the European Union to be transformed from an economic community into a community of values. As Protestant Christians, we are happy to contribute towards this process. Together with of the Roman Catholic and Orthodox fellow Christians, we affirm the values of justice, reconciliation, responsibility and tolerance as spiritual and religious principles that are essential to the development of Europe.

IV. As Protestants we particularly welcome the aim of the European Union to improve the transparency of decision-making and to widen the possibilities of democratic involvement. The basic understandings of the Reformation include the insight that people should not rely on institutional mediation in their existential concerns, nor become dependent on them. The call for freedom of conscience and the doctrine of the »priesthood of all believers« undergird the democratic and liberal traditions of Europe.

It remains the task of the EU to overcome the often-lamented »democratic deficit«. The Protestant churches are willing to contribute their strengths to the development of civil society. It is a feature of Protestant ethical tradition that one should fulfil one's obligation to participate in public life and assume political and professional responsibility. This is the task of each church and of each individual Christian. For this reason it is desirable to pursue the possibility of church involvement in the European institutions by means of a positive European law relating to religions, to guarantee charitable and diaconal service, and to respect religious holidays in the European Union.

V. Nevertheless, we point out that according to Protestant conviction, freedom does not mean absolute autonomy, but comes from listening to the message of justification by grace alone. »To be free means to recognise that freedom is received and accepted in order to share it with others.« »Such freedom cannot remain by itself but turns to God, to whom it is indebted, and to human beings, so as to share the gift of freedom.« (Leuenberg Documents 5 »The Christian Witness on Freedom«, Frankfurt/Main 1999, p. 150). A European Union that understands itself to be a community based on moral values must recognise that it is founded on assumptions which it cannot fulfil on its own. It follows that, in the Preamble to a future European Constitution, there should be an indication of the importance of religion for Europe. The rejection of absolute political power can be achieved by an express reference to God in the Preamble.

VI. Our fellowship of 103 churches is marked by a great variety of confessions, constitutions and forms of piety. We have always regarded this variety as enrichment, the growing community not absolutely necessitating uniformity. We also recommend the European Union to maintain and promote the cultural variety of its member states. As churches, our primary concern is that the particular legal regulations governing the relationship between Church and State, in contrast to a possible tendency to harmonisation and regularisation, should stay protected and the churches and religious communities still hold the freedom to self-determination in the administration of their own affairs, within the framework of the particular national constitutional laws.

VII. We call attention to the various other statements of our member churches and other church alliances, especially the Commission for Church and Society (CCS) of the Conference of European Churches (CEC) in Brussels which is closely following the work of the Convention.

Strasbourg, 22 June 2002
The Executive Committee of the Leuenberg Church Fellowship

# 3 Verantwortung in der Gesellschaft

## 3.1 Menschenrechte

### 3.1.1 Menschenrechte und christliche Moral

*Eine Antwort der Gemeinschaft Evangelischer Kirchen in Europa (GEKE) – Leuenberger Kirchengemeinschaft – auf die Grundsätze der russisch-orthodoxen Kirche über »menschliche Würde, Freiheit und Rechte«*

Im Sommer 2008 hat die russisch-orthodoxe Kirche ihre Grundsätze zu den Menschenrechten veröffentlicht. Darin tritt sie für ein Menschenrechtsverständnis ein, das einerseits mit den eigenen biblischen und kirchlichen Positionen übereinstimmt und andererseits die Vorrangstellung nationaler kultureller Traditionen berücksichtigt. In ihrer Stellungnahme lädt die russisch-orthodoxe Kirche andere christliche Kirchen ein, ihre Lehre zu studieren und zu diskutieren. Die GEKE dankt der russisch-orthodoxen Kirche für diese Einladung zum ökumenischen Dialog. Wir sehen darin ein Zeichen des gegenseitigen Vertrauens, das durch die enge Zusammenarbeit der Kirchen in Europa in den vergangenen Jahrzehnten gewachsen ist. Wir übermitteln der russisch-orthodoxen Kirche diese Stellungnahme als Antwort auf ihr Dokument vom Juni 2008 und verbinden damit die Einladung zur Fortführung des gemeinsamen Dialogs über die Bedeutung der Menschenrechte. Textgrundlage dieser Stellungnahme ist die englische Übersetzung der Lehre zu menschlicher Würde, Freiheit und Rechten, die am 11. September 2008 auf der Website der russisch-orthodoxen Kirche veröffentlicht wurde.

*I Zur theologischen Grundlegung: Die unveräußerliche Würde des Menschen*

Im ersten Abschnitt ihrer Stellungnahme erläutert die russisch-orthodoxe Kirche ihr Verständnis der Menschenwürde im Anschluss an Gen 1,26. Dabei unterscheidet die Stellungnahme zwischen einem »ultimativen Wert« des Menschen aufgrund seiner Gottebenbildlichkeit und einer erst noch zu erringenden »Würde« des Menschen, die auf einer Gottähnlichkeit beruht, die darin besteht, durch Gottes Gnade die Sünde zu überwinden und moralische Reinheit und Tugend zu erreichen.

Auch aus evangelischer Sicht ist die Gottesebenbildlichkeit des Menschen der zentrale Punkt für die Begründung seiner einzigartigen Würde und der Unverletzlichkeit der menschlichen Rechte. Die unantastbare und unveräußerliche Würde des Menschen liegt darin begründet, dass Gott den Menschen »zu seinem Bilde« geschaffen hat, wie die Schöpfungsgeschichte erklärt (Gen 1,27). Die Reformatoren haben die Menschenwürde deshalb immer relational als Ausdruck der menschlichen Existenz im Gegenüber und in Beziehung zu Gott verstanden. Damit wird die Würde des Menschen nicht durch eigene Leistungen bestimmt, sondern allein durch Gottes Gnade, also eine Voraussetzung, die der Verfügung des Menschen schlechterdings entzogen ist.

Dies spiegelt sich in der neutestamentlichen Rechtfertigungslehre wider. Paulus schreibt: »So halten wir denn dafür, dass der Mensch gerecht werde ohne des Gesetzes Werke, allein durch den Glauben!« (Röm 3,28) Die in Gottes Gerechtigkeit begründete Menschenwürde kann demnach durch die Sündhaftigkeit des Menschen nicht grundsätzlich in Frage gestellt werden. Zu der schöpfungstheologischen Begründung tritt also nach christlicher Überzeugung eine soteriologische Ausrichtung der Menschenwürde. Diese christologische Fundierung fehlt in der Stellungnahme der russisch-orthodoxen Kirche. Damit fehlt der Stellungnahme aber ein wesentliches theologisches Element in der Begründung der Menschenrechte. Das ist auch deshalb bedauerlich, weil diese christologische Begründung der Menschenwürde schon in der frühen Kirche (z. B. bei Clemens von Alexandrien oder Gregor von Nyssa) entfaltet wird und sie eine gemeinsame Tradition aller Kirchen bildet.

In der Stellungnahme der russisch-orthodoxen Kirche führt dies zu einem Missverständnis der Menschenrechte. Da die russisch-orthodoxe Kirche Menschenwürde nur als moralischen Maßstab entfaltet, kann sie die Würde nicht als Begründung eines unbedingten Schutzes gegen menschliche Übergriffe verstehen. Menschliche Würde steht hier nicht für ein Tabu, das sich kategorisch gegen jede Verdinglichung und Instrumentalisierung von Menschen stemmt, sondern wird zu einer Auszeichnung, die sich Menschen im Handeln erwerben müssen und damit auch verspielen können.

### *II Menschenrechte und Moral*

Ausgehend von der Differenzierung zwischen Wert und Würde des Menschen wird der Begriff der Menschenwürde in der Stellungnahme der russisch-orthodoxen Kirche in eine moralische Kategorie transformiert (»eine direkte Verbindung zwischen der Würde des Menschen und der Sittlichkeit« Abs. I.5.): moralisches Handeln gibt dem Menschen Würde, unmoralisches Handeln nimmt sie ihm. Deshalb ist es wichtig, dass würdiges und unwürdiges Verhalten klar unterschieden werden (»das Würdige und das Unwürdige im Leben eines Menschen voneinander zu unterscheiden« Abs. I.2.).

Moral – im Sinne der Vorstellungen von Sünde und Tugend (»die Vorstellung von Sünde und Tugend« Abs. III.1.) – geht dem Recht voraus. Deshalb müssen die Menschenrechte mit eindeutigen »christlichen Werten‹ in Übereinstimmung gebracht werden (»Man muss deutlich die christlichen Werte bestimmen, mit denen die Menschenrechte harmonisiert werden müssen.« Abs. III.1.) Menschenrechte haben dabei keinen Vorrang gegenüber spirituellen Werten (»Die Menschenrechte können nicht über den Werten der geistigen Welt stehen.« Abs. III.2.). Entsprechend lehnt die russisch-orthodoxe Kirche ein Verständnis von Menschenrechten als »einer höchsten und universalen Grundlage des öffentlichen Lebens, welcher sich die religiösen Ansichten und die Praxis unterzuordnen haben« (Abs. III.2.) entschieden ab. Der Text setzt dabei ein Konfrontationsverhältnis zwischen Menschenrechten und christlicher Moral voraus, das in der These gipfelt, die Einhaltung der Menschenrechte würde Christen dazu zwingen, »gegen« (Präambel; Abs. I.4.) die göttlichen Gebote zu denken und zu handeln. Dieser Grunddissens zieht sich durch den gesamten Text.

In den evangelischen Kirchen spielt die Frage der Heiligung des christlichen Lebens eine große Rolle. Die Kirchen der Reformation haben seit jeher großes Gewicht auf die rechte Lebensführung der Christen gelegt. Ziel protestantischer Erziehung ist, die Menschen in die Lage zu versetzen, ein verantwortungsbewusstes Leben gegenüber Gott und dem Nächsten zu führen. Wir sehen dies als wichtigen Beitrag der Kirchen zur Stärkung der moralischen und sittlichen Werte in der Gesellschaft.

Heiligung und Moral der menschlichen Lebensführung sind jedoch von der Aufgabenbestimmung der Menschenrechte zu unterscheiden. Die Stellungnahme der russisch-orthodoxen Kirche verzichtet leider auf solch eine rechtsethische Klärung der Menschenrechte. Dadurch fehlt eine klare Differenz zwischen Menschenrechten einerseits und Moralvorstellungen und religiösen Überzeugungen andererseits.

Die Menschenrechte sind Schutz- und Partizipationsrechte, die den Handlungs- und Lebensraum der Menschen unter das Recht stellen und Rahmenbedingungen für das Zusammenleben der Menschen gewährleisten.[1] In diesem Sinne würdigen die evangelischen Kirchen den positiven Beitrag der Menschenrechte. »Orientiert an der Unterscheidung und Zuordnung von Gesetz und Evangelium können die evangelischen Kirchen den Menschenrechtsgedanken konstruktiv aufnehmen und kritisch vertiefen. Zwischen der neuzeitlichen Gestalt der Menschenrechte und den Grundinhalten des christlichen Glaubens besteht nämlich ein Verhältnis von Entsprechung und Differenz: Gegenüber einem exklusiven theologischen Begründungsanspruch gilt es den säkularen Charakter der Menschenrechte ernst zu nehmen. Ihr Begriff nötigt dazu, sie universal zu denken und nach Anschlussmöglichkeiten in den kulturellen Traditionen

---

[1] Vgl. Gesetz und Evangelium. Eine Studie, auch im Blick auf die Entscheidungsfindung in ethischen Fragen. Ergebnis eines Studienprozesses der Gemeinschaft Evangelischer Kirchen in Europa (GEKE). Im Auftrag des Rates der GEKE hg. v. M. Bünker und M. Friedrich. Frankfurt a. M. 2007, 135f.

der Menschheit zu suchen. Im Rahmen der Lehre von der erhaltenden Funktion des ›Gesetzes‹ ordnet evangelische Theologie das Anliegen der Menschenrechte dem Erhaltungswillen Gottes zu, ohne ihren säkularen Charakter zu leugnen. Geschichtliche und theologische Einsicht verbietet es, ein formuliertes Ethos unmittelbar mit dem Gesetz Gottes zu identifizieren.«[2]

*III Freiheit und Verantwortung*

Die menschliche Herausforderung besteht, wie im zweiten Abschnitt zu »Freiheit der Wahl und Freiheit vom Bösen« ausgeführt wird, im rechten Umgang mit der von Gott geschenkten Freiheit. Mit Verweis auf Röm 7,15ff. wird die Relativität der Freiheit betont, weil sie die Menschen nicht dazu befähigt, von sich aus das Gute zu verwirklichen. Wirklich frei sei nur derjenige, »der den Weg des gerechten Lebens beschreitet und die Gemeinschaft mit Gott, […] sucht« (Abs. II.2.). Ohne diesen Bezug werde Freiheit »zerstört« (Abs. II.2.), wie »zweifellos lasterhafte Erscheinungen wie Abtreibung, Selbstmord, Unzucht, Perversität, die Zerstörung der Familie, der Kult der Grobheit und der Gewalt« (Abs. II.2.) zeigen. Die russisch-orthodoxe Kirche macht für solche gesellschaftlichen Entwicklungen die »Schwäche« (Abs. II,2) der Menschenrechte verantwortlich, die mit der Verteidigung der Freiheit dazu tendieren, die moralische Dimension des Lebens und die Befreiung von der Sünde zu ignorieren (das Institut der Menschenrechte berücksichtigt »immer weniger die sittliche Dimension des Lebens sowie die Freiheit von der Sünde« Abs. II.2.).

Wie in den orthodoxen Kirchen ist auch nach evangelischem Verständnis Freiheit niemals bindungslos, sondern auf Verantwortung und Liebe ausgerichtet. Wie Martin Luther in seiner Schrift von der Freiheit eines Christenmenschen geschrieben hat, ist ein Christenmensch einerseits »ein freier Herr über alle Dinge und niemand untertan«, andererseits jedoch »ein dienstbarer Knecht aller Dinge und jedermann untertan«. Diese Zu-

2 Gesetz und Evangelium, 143.

ordnung von Freiheit und Verantwortung finden wir in der gemeinsamen Grundlegung unseres Glaubens über alle konfessionellen Traditionen hinweg: »Alles ist erlaubt, aber nicht alles nützt«, schreibt der Apostel Paulus. Entscheidungskriterium ist die Frage, was dem Mitmenschen, dem Guten und dem Frieden dient (1Kor 10,23ff.).

Die klassischen Menschenrechtserklärungen (die Allgemeine Erklärung der Menschenrechte vom 10. 12. 1948, die Europäische Konvention zum Schutz der Menschenrechte und Grundfreiheiten vom 4. 11. 1950 und der Internationale Pakt über wirtschaftliche, soziale und kulturelle Rechte vom 19. 12. 1966) spiegeln die Zuordnung von Freiheit und Verantwortung wider. Persönliche Freiheitsrechte, soziale Teilhaberechte und die Rechte auf Entwicklung, Frieden und Schutz der Umwelt ergänzen sich demnach, wenn auch in einem spannungsvollen Verhältnis.[3] Die evangelischen Kirchen sehen die Menschenrechte deshalb nicht als Bedrohung der Moral, sondern als Fundamente für ein friedliches und respektvolles Zusammenleben in Freiheit in einer pluralistischen Gesellschaft. Solche für alle geltenden Regelungen zugunsten partikularer Interessen einzuschränken, widerspricht dem gemeinsamen Anliegen der Kirchen, die Verantwortung aller für die Gemeinschaft, die Liebe zum Nächsten und die Achtung vor Andersdenkenden und ihren Überzeugungen zu stärken.

Die Stellungnahme der russisch-orthodoxen Kirche nennt »Abtreibung, Selbstmord, Unzucht, Perversität, die Zerstörung der Familie, der Kult der Grobheit und der Gewalt« (Abs. II.2.) als Beispiele, in denen die Menschenrechte die Moral der russischen Gesellschaft gefährden. Diese Beispiele sind für uns nicht nachvollziehbar. Tatsächlich betonen die Menschenrechtserklärungen den Schutz des Lebens und die Unverletzlichkeit der Person,[4] den Schutz des Privatlebens und der Familie.[5] Für uns ist aus der Argumentation auch nicht ersichtlich, warum aus-

---

3 Vgl. dazu ausführlich Gesetz und Evangelium, 135ff.

4 Allgemeine Erklärung der Menschenrechte Art. 3.

5 Allgemeine Erklärung der Menschenrechte Art. 12 und Art. 16.

gerechnet die Menschenrechte, die als »Grundlage von Freiheit, Gerechtigkeit und Frieden in der Welt«[6] geschaffen wurden, verantwortlich für die Förderung von Grausamkeit und Gewalt sein sollen.

*IV Menschenrechte und das Verhältnis zum Staat*

Die Stellungnahme fordert, dass Menschenrechte nicht der »Liebe zum Vaterland und zum Nächsten« (Abs. III.4.) widersprechen dürfen. Die orthodoxe Tradition führt den Patriotismus auf die Worte Jesu zurück: »Niemand hat größere Liebe als die, dass er sein Leben lässt für seine Freunde.« (Joh 15,13). Die Konflikte zwischen privaten und öffentlichen Interessen können nur überwunden werden, wenn Menschenrechte und menschliche Freiheiten mit »sittlichen Werten« (Abs. III.4.) auf der Basis der Liebe zusammengehen. Schließlich dürfen Menschenrechte nicht auf Kosten der Umwelt und der natürlichen Ressourcen gehen. Damit die Menschenrechte guten Zwecken dienen können, darf zusammenfassend »die Umsetzung der Menschenrechte mit den von Gott eingesetzten sittlichen Normen und der darauf beruhenden traditionellen Moral nicht in Widerspruch geraten. Individuelle Menschenrechte können nicht den Werten und den Interessen des Vaterlandes, der Gemeinschaft und der Familie entgegengestellt werden. Die Verwirklichung der Menschenrechte darf nicht als Rechtfertigung eines Anschlags auf religiöse Heiligtümer, kulturelle Werte und die Eigenart des Volkes dienen.« (Abs. III.5.)

Die zugrunde gelegte Harmonie zwischen Staat und Kirche führt zu der Frage nach einer kritischen Gegenüberstellung der Kirche zur staatlichen Ordnung. Wo erscheint in diesem Zusammenhang das prophetische Amt der Kirche gegenüber der weltlichen Ordnung, das in Apg 5,29 angelegt ist und in der Theologie der Alten Kirche breit ausgeführt wird? Ausgehend von Röm 13 differenzieren die civitates-Lehre von Augustinus und die Zwei-Regimenten-Lehre Luthers zwischen den Aufgaben

[6] Vgl. die Präambel der Allgemeinen Erklärung der Menschenrechte.

von Kirche und Staat und ermöglichen zugleich die positive Verhältnisbestimmung, die das moderne Rechts- und Staatsverständnis vorbereitet hat. Nach unserer Wahrnehmung ist dies eine gemeinsame biblische Kategorie für die Zuordnung von Gesetz und Evangelium, die auch in den orthodoxen Kirchen (speziell in der Auseinandersetzung mit dem totalitären Staat) für die Verhältnisbestimmung zum Staat aufgegriffen wurde.

Indem das auf alle Menschen ausgerichtete Jesuswort aus Joh 15,14 nur auf die nationale Ebene bezogen wird, geht der universale Anspruch der christlichen Botschaft, die alle nationalen, ethnischen und kulturellen Grenzen überwindet, verloren. Die Ausführungen der russisch-orthodoxen Kirche sind in diesem Bereich missverständlich und könnten auch im Sinne von Nationalismus und Ethnozentrismus interpretiert werden. Diese Argumentation läuft Gefahr, dass die Legitimität des modernen Verfassungsstaates grundsätzlich infrage gestellt und staatliches Recht der Religion untergeordnet wird. Dies widerspricht nach unserer Überzeugung dem Wesen der Kirche. Es ist sicher nicht das Anliegen der russisch-orthodoxen Kirche, dass die kritische Auseinandersetzung mit den Menschenrechten für kirchenfremde, ideologische Zwecke missbraucht werden kann.

### *V Zu einzelnen Rechten*

Im vierten Abschnitt der Stellungnahme werden die grundlegenden Rechte der Menschen aufgeführt und expliziert: Das Recht zum Leben, Gewissensfreiheit, Meinungsfreiheit, Freiheit der Kunst, Bildungsfreiheit, zivile und politische Rechte, soziale und wirtschaftliche Rechte und schließlich Kollektivrechte. Hier gibt es einen weiten Bereich des Schutzes der menschlichen Würde und der menschlichen Rechte, die in allen Kirchen selbstverständlich sind. Wir verweisen an dieser Stelle auf die gemeinsamen Stellungnahmen aller Kirchen wie die Charta Oecumenica, die Abschlusserklärungen der drei Europäischen Ökumenischen Versammlungen oder auch die gemeinsame Vertretung kirchlicher Anliegen in der Kommission Kirche und Gesellschaft der Konferenz Europäischer Kirchen. Auf diesem

Hintergrund einer weitreichenden gemeinsamen Grundlage möchten wir auf einige Einzelfragen eingehen, zu denen aus unserer Sicht Klärungsbedarf besteht:

Beim Lebensrecht erscheint uns das indirekte Akzeptieren der Todesstrafe (die Kirche hat lediglich die »Pflicht zur Fürsprache« Abs. IV.2.) nicht konsequent. Die Kirchen haben immer wieder die Aufgabe betont, das menschliche Leben unabhängig von persönlichen Verfehlungen zu schützen. Das gilt auch gegenüber der Todesstrafe. Im Hinblick auf kriegerische Auseinandersetzungen setzen sich die Kirchen seit vielen Jahren gemeinsam für den unbedingten Vorrang von Konfliktprävention und gewaltfreier Konfliktlösung ein.

Die Errungenschaften der Glaubens- und Gewissensfreiheit, für die sich die Kirchen gerade in Europa durch viele Jahrhunderte eingesetzt haben, sollte nicht dadurch relativiert werden, dass aus der kirchlichen Aufforderung, Zeugnis von der Wahrheit abzulegen und falsche Lehren zurückzuweisen, eine rechtliche Einschränkung der Gewissens- und Meinungsfreiheit abgeleitet wird. Viele europäische Kirchen sind Minderheitenkirchen in ihrem jeweiligen Kontext. Für sie ist dieser Schutz der Glaubens- und Gewissensfreiheit eine existenzielle Frage.

Meinungsfreiheit und Freiheit der Kunst: Der Exekutivausschuss der GEKE hat sich mit diesen Fragen anlässlich des Streits um Mohammed-Karikaturen intensiv auseinandergesetzt und dabei die Verantwortung der Kirchen betont, für die Meinungsfreiheit einzutreten. »Dazu gehört ein verantwortlicher Umgang mit der Freiheit insgesamt. Die Kirchen setzen sich für den Dialog mit Gläubigen ebenso ein wie für das Gespräch mit Menschen ohne religiöses Bekenntnis. Es ist die gemeinsame Aufgabe aller, durch den Dialog zum Aufbau einer friedlichen und gerechten Gesellschaft beizutragen. Das gilt insbesondere dort, wo es Konflikte und Meinungsverschiedenheiten gibt.«[7]

---

[7] Vgl. die Stellungnahme des Exekutivausschusses der Gemeinschaft Evangelischer Kirchen in Europa zum Thema Religions- und Meinungsfreiheit: »Nicht mit Gewalt, sondern allein mit dem Wort ist für die Wahrheit zu streiten.« Budapest, 8.4.2006 (in diesem Band 349 ff.).

Zivile und politische Rechte: Die russisch-orthodoxe Kirche betont ihr Eintreten für den Erhalt der sozialen Einheit auf der Grundlage dauerhafter moralischer Werte. Eine Person kann überwacht werden, um das Heimatland zu verteidigen, die guten Sitten zu bewahren, zum Schutz der Gesundheit, der Rechte und legitimen Interessen einer Person oder zum Zwecke der Aufklärung und Verurteilung von Verbrechen. Angesichts der Einschränkung der zivilen und politischen Rechte in Russland, aber auch in vielen anderen Staaten, vermissen wir in dieser Stellungnahme Aussagen zum Schutz des Einzelnen vor staatlichen Übergriffen wie politische Verfolgung, politische Morde, Diskriminierung von Minderheiten, Aushöhlung demokratischer Verfahren und Strukturen, soziale Ungerechtigkeiten, staatliche Bespitzelung oder den ungesetzlichen Umgang mit kritischen Personen und Gruppen. Aus evangelischer Sicht haben die Kirchen gerade in diesen Fragen eine wichtige Aufgabe, gegen den Missbrauch staatlicher Macht einzutreten. Dies ist eine zentrale Lehre, die die Kirchen aus der Auseinandersetzung mit totalitären Regimen gewonnen haben.

### *VI Schluss*

»Menschenrechte« sind nach evangelischem Verständnis solche Rechte, die allen Menschen aufgrund ihrer von Gott gegebenen Würde zukommen. Wie sie durch keine innerweltliche Instanz verliehen werden, so können sie auch von keiner Instanz abgesprochen werden; sie sind unantastbar, unveräußerlich und unteilbar. Sie bilden »Grundrechte« der Einzelperson mit Verpflichtungskraft für staatliches Handeln.

»Der Begriff der Menschenwürde kann mit einer besonderen Zuspitzung aus dem Evangelium von der Rechtfertigung des Sünders allein aus Gnaden hergeleitet werden. Aber die ›Menschenrechte sind nicht das Evangelium‹; für Christen ist menschenrechtlich orientierte politische Praxis eines der Werke, die dem Glauben folgen.«[8] Daraus folgt, dass die konkrete Gestalt

[8] Gesetz und Evangelium, 145.

der Menschenrechte diskutiert und weiterentwickelt werden muss. Die Charta der Grundrechte der Europäischen Union, die im Jahr 2000 beschlossen wurde, ist ein gutes Beispiel hierfür, greift sie doch Fragen der Informations- und Biotechnologien auf, die in der Allgemeinen Erklärung der Menschenrechte noch nicht im Blick sein konnten.

Die russisch-orthodoxe Kirche hatte sich im Frühjahr 2007 in einem gemeinsamen Communiqué mit der Kommission Kirche und Gesellschaft der Konferenz Europäischer Kirchen darauf verständigt, »dass die Folge der gegenwärtigen Debatte über Menschenrechte innerhalb der russisch-orthodoxen Kirche und unter den europäischen Kirchen sein wird, das Bekenntnis der Kirchen zu den Menschenrechten zu verstärken, wie sie zum Beispiel in der Allgemeinen Erklärung der Menschenrechte, der Europäischen Menschenrechtskonvention, der Europäischen Sozialcharta sowie in den Dokumenten der Anschlusskonferenzen der Organisation für Sicherheit und Zusammenarbeit in Europa festgehalten sind«.[9]

In dem vorliegenden Dokument sehen wir dieses Bemühen vor allem im letzten Abschnitt, der die Aktivitäten der russisch-orthodoxen Kirche in der Seelsorge und in der Fürsorge für bedrohte Menschen beschreibt. Wir laden die russisch-orthodoxe Kirche ein, den Dialog mit anderen Kirchen, zu dem sie in ihrem Dokument ausdrücklich einlädt, in einer Fortsetzung der Konsultation von 2007 fortzuführen und verstehen diese Stellungnahme als Beitrag zu diesem Dialog.

Wien, Mai 2009
Das Präsidium der GEKE

---

9 http://www.cec-kek.org.

### 3.1.2 Der Schutz der Menschenrechte ist eine gemeinsame Aufgabe der Kirchen

Das Präsidium der Gemeinschaft Evangelischer Kirchen in Europa (GEKE) würdigt den 60. Jahrestag der Allgemeinen Erklärung der Menschenrechte am 10. Dezember und spricht sich mit Nachdruck gegen jede Einschränkung der Menschenrechte aus religiösen Gründen aus.

Die Erklärung im Wortlaut: Aus christlicher Sicht sind »Menschenrechte« solche Rechte, die dem Schutz der allen Menschen von Gott gegebenen Würde dienen, unabhängig von ihrer Religion oder Weltanschauung. Wie sie durch keine innerweltliche Instanz verliehen werden, so können sie auch von keiner Instanz abgesprochen werden; sie sind unantastbar, unveräusserlich und unteilbar. Die GEKE hält es für eine wichtige Errungenschaft, dass sich die Staaten 1948 in der Allgemeinen Erklärung der Menschenrechte an verbindliche Grundrechte, Demokratie und Rechtsstaatlichkeit gebunden haben. Die Menschenrechte sind eine Verpflichtung für staatliches Handeln. Sie bilden eine tragfähige Basis für das Zusammenleben von Menschen aus verschiedenen Kulturen in einer Gesellschaft.

Die evangelischen Kirchen in Europa haben sich in ihrem Lehrgespräch zu »Gesetz und Evangelium« intensiv mit dem Verhältnis von Menschenrechten und Religion auseinandergesetzt. Sie erinnern daran, dass das Recht auf freie Religionsausübung eine der Wurzeln der Menschenrechte ist. Deshalb sollten sich gerade die Kirchen gegen eine Aushöhlung der Menschenrechte einsetzen. Nach evangelischem Verständnis darf das Zusammenleben der Menschen in einer demokratischen Gesellschaft nicht unter den Vorbehalt von kulturellen Traditionen und Rechtsauffassungen gestellt werden, die den Grundsatz der Gleichheit verletzen. Dies birgt die Gefahr, dass in Zukunft jede gesellschaftliche Gruppe die allgemeine Geltung der Menschenrechte aufgrund ihrer spezifischen Interessen einschränken könnte.

Die Menschenrechte formulieren unantastbare und gleiche Freiheits- und Schutz- und Teilhaberechte für jede Person. Deshalb gehören die Menschenrechte keinem Staat, keiner Organisation oder Institution, sondern jedem einzelnen Menschen.

Sie bilden die Voraussetzung für das solidarische Zusammenleben von Menschen in Frieden, Freiheit und Gerechtigkeit. Einem individualistischen, unsolidarischen Verständnis der Menschenrechte steht entgegen, dass das Recht durch die wechselseitige Verantwortung in der Gesellschaft nicht abgelöst, sondern überboten wird. Ein Nachdenken über Menschenrechte muss darum aus der Perspektive derer erfolgen, denen sie verweigert werden.

Auch 60 Jahre nach der Allgemeinen Erklärung der Menschenrechte gibt es in allen Teilen der Welt Menschen, denen ihre fundamentalen Rechte verweigert werden. Die GEKE beobachtet mit Sorge, dass zunehmend religiöse Argumente angeführt werden, um eine Einschränkung der Menschenrechte zu begründen. Der Schutz der Menschenwürde, der Menschenrechte und besonders der Religionsfreiheit bildet eine gemeinsame Aufgabe der in der Ökumene versammelten Kirchen. Dazu haben sich die europäischen Kirchen in der Charta Oecumenica verpflichtet: »Aufgrund unseres christlichen Glaubens setzen wir uns für ein humanes und soziales Europa ein, in dem die Menschenrechte und Grundwerte des Friedens, der Gerechtigkeit, der Freiheit, der Toleranz, der Partizipation und der Solidarität zur Geltung kommen.«

Bern, 8. Dezember 2008
Präsidium der GEKE

### 3.1.3 »Nicht mit Gewalt, sondern allein mit dem Wort ist für die Wahrheit zu streiten.«

*Stellungnahme des Exekutivausschusses der Gemeinschaft Evangelischer Kirchen in Europa zum Thema Religions- und Meinungsfreiheit*

*Einleitung*
Die Konflikte um die Veröffentlichung von Karikaturen des Propheten Mohammed werfen Grundsatzfragen zum Umgang mit den Grundrechten in unseren Gesellschaften auf, denn die Frei-

heit der Meinungsäußerung einschließlich der Freiheit der Medien und der Kunst ist wie die Gedanken-, Gewissens- und Religionsfreiheit ein Kernelement der Demokratie.

Meinungsfreiheit und Religionsfreiheit haben eine gemeinsame Wurzel. Die Gemeinschaft Evangelischer Kirchen in Europa – Leuenberger Kirchengemeinschaft – (GEKE) betont deshalb die Verantwortung der Kirchen, für die Meinungsfreiheit einzutreten. Die Kirchen setzen sich dabei für den Dialog mit Gläubigen ebenso ein wie für das Gespräch mit Menschen ohne religiöses Bekenntnis. Es ist die gemeinsame Aufgabe aller, durch den Dialog zum Aufbau einer friedlichen und gerechten Gesellschaft beizutragen. Das gilt insbesondere dort, wo es Konflikte und Meinungsverschiedenheiten gibt.

*Grundrechte*

Das Recht auf freie Meinungsäußerung gehört zu den allgemein anerkannten Grundrechten. Dasselbe gilt für das Recht auf Gedanken-, Gewissens- und Religionsfreiheit und den Schutz vor Diskriminierung (vgl. die Allgemeine Erklärung der Menschenrechte vom 10.12.1948, die Europäische Konvention zum Schutz der Menschenrechte und Grundfreiheiten vom 4.11.1950 und den Internationalen Pakt über wirtschaftliche, soziale und kulturelle Rechte vom 19.12.1966). Die Grundrechte gewährleisten in den europäischen Gesellschaften Pluralismus, Toleranz, Gerechtigkeit, Solidarität und Nichtdiskriminierung. Mit Sorge beobachtet der Exekutivausschuss der GEKE Tendenzen, die Geltung der Grundrechte aus religiösen Gründen in Frage zu stellen.

*Freiheit*

Meinungsfreiheit und die Freiheit der Religionsausübung dürfen nicht gegeneinandergesetzt werden. Die Freiheit des Glaubens und des Gewissens, das freie Wort, aber auch die Achtung vor der Würde des Menschen, die in keiner menschlichen Eigenschaft oder Leistung, sondern allein in der bedingungslosen Liebe und zuvorkommenden Gnade Gottes gründet, entsprechen der biblischen Sicht des Menschen, wie sie durch die reformatorische Rechtfertigungslehre neu zur Geltung gebracht worden ist.

Religionsfreiheit schließt das Recht auf öffentliches Bekenntnis und öffentliche Ausübung der Religion ebenso ein wie das Recht auf Religionskritik. Viele Religionen sind aufgrund neuer theologischer Einsichten aus der kritischen Auseinandersetzung mit bestehenden Religionen hervorgegangen. Das gilt für das Christentum ebenso wie für den Islam. Insbesondere die Kirchen der Reformation sind aus einer religiösen Freiheitsbewegung und aus der Kritik an bestehenden kirchlichen Verhältnissen und Lehren hervorgegangen. Deshalb hat das Recht auf freie Meinungsäußerung in unseren Kirchen einen besonderen Stellenwert. Der Anspruch der Religionen, in der Öffentlichkeit an anderen Religionen oder gesellschaftlichen Verhältnissen Kritik üben zu dürfen, muss die Bereitschaft, sich selbst mit allen zulässigen Mitteln der freien Meinungsäußerung kritisieren zu lassen, einschließen. Eine Religion, welche sich selbst gegen jede Kritik verwahrt und immunisiert, ist totalitär. Sie missachtet letztlich die Differenz zwischen sich selbst und ihrem transzendenten Grund, zwischen Gott selbst und dem ihn bezeugenden Glauben.

*Verantwortung*

Zugleich ist Freiheit nach evangelischem Verständnis niemals bindungslos, sondern mit Verantwortung und Liebe verbunden. Wie Martin Luther in seiner Schrift von der Freiheit eines Christenmenschen geschrieben hat, ist ein Christenmensch einerseits »ein freier Herr über alle Dinge und niemand untertan«, andererseits jedoch »ein dienstbarer Knecht aller Dinge und jedermann untertan«. Dieselbe Zuordnung von Freiheit und Verantwortung findet sich im Neuen Testament. »Alles ist erlaubt, aber nicht alles nützt«, schreibt der Apostel Paulus. Entscheidungskriterium ist die Frage, was dem Mitmenschen, dem Guten und dem Frieden dient (1Kor 10,23ff.). Dieselbe Frage stellt sich auch in der Ausübung der Meinungsfreiheit und der Freiheit der Medien. Es gibt daher einen wohlbegründeten Verzicht auf die Ausübung bestehender Freiheitsrechte, der in der Liebe zum Nächsten seinen Grund und sein Maß findet.

Meinungsfreiheit, die Freiheit der Medien und der Kunst finden im Rahmen der staatlichen Grundrechte ihre Grenzen, wo sie zur Herabwürdigung von Menschen und zu ihrer Diskriminierung missbraucht werden. Jede Diskriminierung von Menschen aufgrund ihrer Religion oder Weltanschauung, ihrer ethnischen oder sozialen Herkunft, die unter dem Vorwand der Meinungsfreiheit oder der Freiheit der Kunst geschieht, wird von der GEKE ebenso abgelehnt wie Versuche, die Freiheit der öffentlichen Meinungsäußerung und der Kunst durch eine missbräuchliche Berufung auf den Schutz des religiösen Bekenntnisses auszuhöhlen.

*Minderheitenrechte*

Viele GEKE-Mitgliedskirchen befinden sich in ihren Ländern in einer Minderheitensituation. Sie wissen aus ihrer eigenen Erfahrung, wie schnell es geschehen kann, als religiöse Minderheit diskriminiert zu werden. Sie kennen auch das Problem, dass ein begrenzter Zugang zu den Medien die Ausübung des Rechtes auf freie Meinungsäußerung einschränken kann. Insofern gibt es in den evangelischen Kirchen Verständnis für die Situation von Muslimen in einer Minderheitensituation, die sich durch die Veröffentlichung der Mohammed-Karikaturen in ihren religiösen Gefühlen verletzt fühlen.

Auch Christen erleben immer wieder, dass der christliche Glauben herabgesetzt wird oder sie sich in ihren religiösen Gefühlen verletzt fühlen. Dies gilt nicht nur für das säkulare Europa, sondern auch für islamisch geprägte Länder, in denen die Religionsfreiheit nur eingeschränkt geachtet wird. Mit großer Sorge beobachten die evangelischen Kirchen, dass die Religionsfreiheit für Christen in vielen islamisch geprägten Ländern nicht gewährleistet ist. Im Anspruch auf die Grundrechte aber darf kein Unterschied gemacht werden aufgrund der rechtlichen oder internationalen Stellung des Landes oder Gebietes, dem eine Person angehört, das heißt, es überlagert nationale Bestimmungen (vgl. Art. 2 der Allg. Erklärung der Menschenrechte).

*Frieden und Versöhnung*

Neben der individuellen Freiheit ist der öffentliche Frieden ein hohes Gut. Wer von seinem Recht auf Meinungsfreiheit und Freiheit der Medien Gebrauch macht, trägt dafür Verantwortung, dass der öffentliche Frieden nicht ernsthaft gefährdet wird.

Im Konfliktfall ist der Schutz der Grundrechte Aufgabe des Staates. Wer sich von öffentlichen Meinungsäußerungen oder künstlerischen Darstellungen in seinen Grundrechten verletzt fühlt, hat die Möglichkeit, bei den zuständigen staatlichen Stellen Rechtsschutz in Anspruch zu nehmen. Darüber hinaus gibt es die Möglichkeit, öffentlich auf die Missstände hinzuweisen und zu protestieren. Die gewalttätigen Ausschreitungen und Brandanschläge auf öffentliche Einrichtungen sowie die Todesdrohungen gegenüber Karikaturisten und Journalisten verurteilt die GEKE mit allem Nachdruck.

Die GEKE bittet die evangelischen Kirchen in Europa, mit ihren Mitteln zum Dialog und zur Versöhnung zwischen den Religionsgemeinschaften beizutragen, das Verständnis und den Respekt zwischen Menschen unterschiedlicher Kulturen zu fördern und zu mehr Sensibilität im Umgang mit religiösen Gefühlen beizutragen. Als Gemeinschaft Evangelischer Kirchen in Europa vertrauen wir auf die Macht des Wortes. Nicht mit Gewalt, sondern allein mit dem Wort ist für die Wahrheit zu streiten. Eben darum sind die Grundrechte der Meinungsfreiheit und der Religionsfreiheit aus evangelischer Sicht ein hohes Gut, das es zu schützen gilt.

Berlin, 8. April 2006
Exekutivausschuss der
Gemeinschaft Evangelischer Kirchen in Europa

### 3.1.4 Votum des Exekutivausschusses der Leuenberger Kirchengemeinschaft zum Entwurf der Charta der Grundrechte der Europäischen Union

Der Exekutivausschuss der Leuenberger Kirchengemeinschaft, zu der auf der Grundlage der Leuenberger Konkordie von 1973 aus Europa 96 protestantische Kirchen gehören, hat sich auf seiner Tagung vom 15.–18. Juni 2000 in Belfast mit dem Entwurf der Charta der Grundrechte der Europäischen Union (Convent 28) befasst. Von diesem Ort aus, an dem die Aufgabe der Versöhnung in Europa zwischen Menschen und Konfessionen besondere Gestalt gewinnt, begrüßen und unterstützen wir ausdrücklich die Absicht der Europäischen Union, den Schutz der Grundrechte durch eine Charta zu stärken. Eine solche Charta wird dazu beitragen, die gemeinsame Basis der Grund- und Menschenrechte sichtbar werden zu lassen.

Als Vertreter der Leuenberger Kirchengemeinschaft äußern wir uns zur Fassung des Artikels 14 (Gedanken-, Gewissens- und Religionsfreiheit). Wir vertreten die Meinung, dass in diesem Artikel die Religionsfreiheit nicht nur als individuelle, sondern auch als korporative Religionsfreiheit gewährleistet werden muss. Deshalb schlagen wir folgende Formulierung vor:

»Jede Person hat das Recht auf Gedanken-, Gewissens- und Religionsfreiheit. Die Religionsfreiheit schließt das öffentliche und private, das individuelle und gemeinschaftliche Bekenntnis sowie das Recht von Kirchen und Religionsgemeinschaften zur Ordnung und Verwaltung ihrer Angelegenheiten im Rahmen der Gesetze der Mitgliedsstaaten ein.«

Diese Formulierung stellt die Verankerung der kollektiven Religionsfreiheit sicher und nimmt wahr, dass das Handeln der Europäischen Union nicht nur Individuen, sondern auch Gemeinschaften und Körperschaften betrifft. Außerdem zieht sie die Konsequenzen aus der Spruchpraxis der Menschenrechtskommission des Europarates, in der den Kirchen und Religionsgemeinschaften eine Berufung auf Artikel 9 EMRK aus eigenem Recht vermehrt zugesprochen wurde.

Aufgrund der vielfältigen unterschiedlichen Regelungen des Verhältnisses von Staat und Kirche sollte eine Anknüpfung an innerstaatliches Recht auch in Artikel 14 vorgenommen werden.

Wir wissen uns in unserer Stellungnahme in enger Partnerschaft mit den Stellungnahmen der Konferenz Europäischer Kirchen (KEK), deren evangelische Mitgliedskirchen auch zur Leuenberger Kirchengemeinschaft gehören, und der Evangelischen Kirche in Deutschland (EKD), die ebenfalls Signatarkirche der Leuenberger Konkordie ist.

Belfast, 18. Juni 2000
Präsidium der Leuenberger Kirchengemeinschaft

## 3.2 Neue Erwägungen zum Begriff »Rechtmäßig Kriege führen«

*Stellungnahme des Präsidiums der Gemeinschaft Evangelischer Kirchen in Europa (GEKE) zum Thema Aufrechterhaltung des Friedens, menschliche Sicherheit und Anwendung von bewaffneter Gewalt*

### 1. Einleitung

In der Leuenberger Konkordie verpflichteten sich die Signatarkirchen, sich für »irdische Gerechtigkeit und Frieden zwischen einzelnen Menschen und unter den Völkern« (Art. 11) einzusetzen. Sie waren sich einig, dass sie zu diesem Zweck zusammen mit anderen Menschen nach vernünftigen, sachgemäßen Kriterien zu suchen und sich an ihrer Anwendung zu beteiligen (ibid.) haben, und dass die Bemühung um Gerechtigkeit und Frieden in der Welt von den Kirchen zunehmend die Übernahme gemeinsamer Verantwortung verlangen werde (Art. 36).

Die Kirchen nehmen diese gemeinsame Verantwortung als einen integralen Bestandteil der Glaubwürdigkeit des Kircheseins in ihrem Zeugnis und Dienst an der Welt an; das schließt die Verantwortung ein, bestehende Meinungsverschiedenheiten sorgfältig zu untersuchen (Art. 29, 40).

Die GEKE versteht die Frage des internationalen Friedens und des bewaffneten Konflikts als einen wichtigen Aspekt ihres generellen Nachdenkens über protestantische Verantwortung und über ethisches Handeln in der Welt. 1989 setzten sich die Kirchen in der Leuenberger Kirchengemeinschaft mit einem Vorschlag des Bundes Evangelischer Kirchen in der DDR zu »Rechtmäßig Kriege führen? CA 16 und unsere Verantwortung für den Frieden« auseinander, der versuchte, den Begriff der »gerechten Kriegsführung« wie in CA 16 dargelegt, zu interpretieren und zu aktualisieren. Indem sie den aktuellen historischen Kontext des Kalten Krieges und der beschleunigten Atomaufrüstung vergegenwärtigten, wurden Überlegungen zu den Folgen, die moderne Kriegsführung und bestehende Mittel zur Massenvernichtung für das Konzept einer »gerechten Kriegsführung« haben mögen, begrüßt. Die Texte bestätigten auch das unentwegte Engagement der Kirchen für Frieden, Gerechtigkeit und verantwortliches Umgehen mit der Schöpfung. Sie betonten die zentrale Bedeutung einer internationalen Gesetzgebung für die Verwirklichung und den Schutz der Menschenrechte eines und gerechten Friedens, anerkannten aber auch die Notwendigkeit von Machtinstrumenten, um eine solche Rechtsordnung aufrechtzuerhalten, sowie die Möglichkeit der Kirche, ethische Urteile zu treffen und ihre Mitglieder bei der Anwendung von Gewalt, im Falle von Feindseligkeiten, zu beraten.[10]

Heute bestätigt die GEKE dieses Engagement, ist sich aber bewusst, wie sehr sich der politische Kontext von internationalem Konflikt und Frieden verändert hat, und ruft dazu auf, Fragen des internationalen Friedens, der menschlichen Sicherheit und der Rolle von Gewalt erneut zu erwägen.

---

10 Wilhelm Hüffmeier (Hg.): Evangelische Texte zur ethischen Urteilsfindung. Leuenberger Texte 3. Frankfurt am Main: Lembeck 1997.

## 2. Die gegenwärtige Situation und Herausforderungen

Eine Reihe von Veränderungen haben sich im Blick auf die internationale Friedens- und Sicherheitspolitik ergeben:

- Der Fall des Eisernen Vorhangs (1989) und das Ende des Kalten Krieges sowie die fortlaufenden Integrationsprozesse in verschiedenen Bereichen machen bewaffnete Konflikte unter den europäischen Staaten höchst unwahrscheinlich.
- Aber zur gleichen Zeit beobachten wir auch heftige interne Konflikte, besonders in den Balkanländern, wie z. B. der Bürgerkrieg in Jugoslawien, der Krieg im Kosovo, und immer wieder neue bewaffnete Konflikte im Kaukasusgebiet.
- Diese eher inner- als zwischenstaatliche Eskalation von Konflikten findet auch auf der breiteren internationalen Ebene statt, so wie in Gebieten, wo es keine feste legislative, exekutive oder legitime Gewalt gibt.
- Begrenzte bewaffnete Angriffe durch nichtstaatliche Organe innerhalb und jenseits der nationalen Grenzen haben Folgen auf der internationalen und globalen Ebene.
- Internationaler Terrorismus bedroht Frieden und Sicherheit der Menschen.

Folgen für die internationale Politik im Blick auf Frieden, Konflikte und Sicherheit sind:

- Zivilbevölkerungen werden nicht nur infolge von Konflikten unter Staaten bedroht, sondern in zunehmendem Maße auch durch interne Konflikte sowie aus Mangel an legislativer und politischer Gewalt und Stabilität.
- Bedrohungen werden nicht nur durch staatliche Organe, sondern auch durch nichtstaatliche Organe aufgebaut; sie stellen sich nicht nur als nah bevorstehende, identifizierbare Gefahr aufgrund von eskalierender Waffengewalt direkt jenseits der Grenzen dar, sondern haben auch weniger bedrohliche, weniger identifizierbare und begrenztere Ursachen, die vielleicht ihren Ursprung in weit entfernten Gebieten haben.
- Innerstaatliche Konflikte können »Überlaufeffekte« jenseits der Grenzen mit sich bringen und die internationale Ordnung beeinflussen, wie z. B. Flüchtlingsströme und die Eskalation

der bewaffneten Konflikte in Grenzgebieten mit schwacher staatlicher Kontrolle und Rechtsordnung. Angesichts der gegenwärtigen geopolitischen Lage werden diese Probleme wahrscheinlich zuerst Regionen und Staaten treffen, die bereits politisch, wirtschaftlich und umweltbedingt stark belastet sind.

Diese Entwicklungen haben in der internationalen Politik zu neuen Reaktionen geführt:
- Auf europäischer Ebene:
  - Die Entscheidung der Staats- und Regierungschefs der EU-Mitgliedsstaaten auf dem EU-Gipfel 1999 in Köln, »dass die Union die Fähigkeit zu autonomen Handeln, gestützt auf glaubwürdige militärische Fähigkeiten, sowie die Mittel und die Bereitschaft besitzen muss, deren Einsatz zu beschließen, um – unbeschadet von Maßnahmen der NATO – auf internationale Krisensituationen zu reagieren«.
  - Die Einführung einer gemeinsamen europäischen Sicherheitsstrategie (Dezember 2003), die auf einer »strategischen Kultur« basiert, die »ein frühzeitiges, rasches und wenn nötig robustes Eingreifen begünstigt«, wenn die erste Verteidigungslinie außerhalb des EU-Bereiches liegt.
  - Die Einrichtung eines Europäischen Verteidigungsorgans (Juli 2004), das die militärische Leistungsfähigkeit steigert und fähig ist, militärisch auch außerhalb des EU-Bereiches zu reagieren.

- Auf NATO-Ebene:
  - Die Einführung eines neuen strategischen Konzeptes (1999), das das Prinzip der sog. »nicht unter Artikel 5 fallenden Operationen« außerhalb der Gebietsoperationen einschließt.
  - Die Entscheidung des NATO-Gipfeltreffens in Prag (2003), Schritte zu ergreifen, um die NATO-Reaktionskraft (»NATO Response Force«) zu verwirklichen, die einsetzbare und funktionsbereite Verteidigungssysteme schafft, die fähig sind, effektiv auf »neue Arten der Bedrohung« zu reagieren.

- Auf UN-Ebene:
  - Die UN befinden sich mitten in einer eingehenden Reform ihrer eigenen Organisation, mit der klaren Absicht, die Organisation der gegenwärtigen Situation der internationalen Sicherheit anzupassen, weil sie realisieren, wie viele Bedrohungen miteinander verkettet sind und dass Entwicklung, Frieden, Sicherheit und Menschenrechte sich gegenseitig stärken (UN-Gipfel 2005, A/RES/60/1, Kap. III – Friede und kollektive Sicherheit), um die UN als das höchste Organ in der internationalen Rechts- und Friedensordnung aufrechtzuerhalten und den Sicherheitsrat als ein repräsentativeres Organ für das Völkerrecht in der internationalen Gemeinschaft von heute umzustrukturieren.

### 3. Grundlegende theologische Prinzipien

Die Kirche ist gerufen, sich unermüdlich für den Frieden einzusetzen. Jeder Mensch ist nach dem Bilde Gottes geschaffen und besitzt den fundamentalen Wert der Menschwürde. Gott, der die Schöpfung aufrechterhält und erneuert, beruft die Menschen als Haushalter seiner ganzen Schöpfung und zum Schutz des menschlichen Lebens vor Verletzungen und Übertretungen dieses Grundwertes der Menschenwürde. Da die Kirche von der Gabe des Friedens und der Versöhnung lebt, die sie von Christus empfängt, ist sie auch gerufen, sich für Frieden und Versöhnung einzusetzen und sich ihnen zu verpflichten.

Da die Kirche glaubt, dass die biblische Vision vom Frieden als perfektes, harmonisches und gerechtes Zusammenleben der ganzen Schöpfung in Gemeinschaft mit Gott eine eschatologische Realität ist, die als Werk Gottes noch bevorsteht, nimmt sie auch wahr, wie diese Vision eine weltliche und irdische Verantwortung für den Frieden inspiriert und wachsen lässt. Diese Verantwortung fordert von der Kirche, sich unablässig für den Schutz des menschlichen Lebens und für die Bewahrung von Gottes Schöpfung einzusetzen und sich leidenschaftlich allen Arten von Beeinträchtigungen im Blick auf das menschliche Leben und widerrechtlichen Besitzergreifungen durch weltliche Mächte entgegenzustellen.

Die stete Verpflichtung zu Gerechtigkeit, Frieden und Bewahrung der Schöpfung – erarbeitet in den ökumenischen Vereinbarungen über einen »gerechten Frieden« – ist wesentlich für die Erkenntnis der Verantwortung der Kirche, phantasiereich und schöpferisch nach neuen Wegen zu suchen, um der Wirklichkeit zu entsprechen, die sie durch Gottes Verheißung eines neuen Himmels und einer neuen Erde empfangen hat. Hierzu gehört der Mut, selbst in einer sündigen Welt, Konflikte gerecht und friedlich zu lösen zu versuchen, ohne auf die Anwendung von Gewalt und gewalttätigen Aktionen zurückzugreifen, sondern stattdessen die kraftvolle Botschaft der Versöhnung zu erkunden, die Christus seiner Kirche als eine Gabe hinterlassen hat.

Manche Kirchen sehen dies als das einzige Mittel an, das Christus seiner Kirche bei ihrem Wirken für Frieden und Gerechtigkeit zugebilligt hat, und lehnen daher die Anwendung von Mitteln wie Waffengewalt ab. Für sie ist der Einsatz von bewaffneter Gewalt auf jede Art und Weise sündig und ungerechtfertigt, selbst wenn er aus Verantwortungsbewußtsein gewählt wurde. Andere Kirchen kommen nicht zu dem Schluss, die Anwendung von Gewalt vollständig auszuschließen. Jedoch ist die Botschaft der Versöhnung für alle Kirchen eine starke Inspiration, um die Möglichkeiten, Konflikte durch andere Mittel als Gewalt und Macht einzudämmen, voll auszuschöpfen. Das schließt auch ein, dass man sich mit dem Unrecht und den Sünden der Vergangenheit mit Hilfe von Versöhnungsprozessen und dem Heilen von Erinnerungen (»healing of memories«) auseinandersetzt, die die konfliktreiche Geschichte heilen und in Ordnung bringen können.

Indem sie diese Botschaft und Verheißung der Versöhnung als eine Gabe in Christus – als ein Teil ihrer Zugehörigkeit zu Christus als dem Herrn der Kirche – empfangen, haben sich die GEKE-Kirchen besonders dazu verpflichtet, gegen jegliche Instrumentalisierung von Religion in politischen Konflikten Widerstand zu leisten. Ihr Glaube an Jesus Christus und die Rechtfertigung, die die Kirche von Gott durch seine Gnade erhält, ermutigen sie zu weltlichem Einsatz und Verantwortung; doch ist das kein politisches Mittel, auf das man in Konfliktsituationen zurückgreifen kann. Die GEKE-Mitgliedskirchen erkennen, dass sie eingeladen sind, ihre eigene Tradition als eine Quelle friedlicher Konflikteindämmung zu erkunden und selbstkritisch Wege der Aufnahme solcher Traditionen zu vermeiden, die Konflikte noch verstärken könnten. Sie glauben fest daran, dass dieses Potential zur Minderung und Entschärfung von Konflikten in allen großen religiösen Traditionen vorhanden ist und ermutigen diese Traditionen, sich gemeinsam und selbstkritisch dafür einzusetzen, das konfliktlösende und kritische Potential der Religionen stärker herauszustellen.

In ihrem unerschütterlichen Engagement für Frieden und Versöhnung anerkennt die Kirche, dass ein voller und umfassender Friede, wie er in der biblischen Vision des Shalom beschrieben ist, in dieser Welt nicht durch politische Mittel erreicht werden kann, sondern dass er eine eschatologische Realität bleibt, die allein durch Gottes Verheißung gegeben wird. Das schließt eine entideologisierende Selbstbeschränkung politischer Aktion ein, die dem Missbrauch der Vision in der Politik widersteht.

## 4. Konkrete Antworten

Wie lädt diese theologische Grundlegung Kirchen ein, auf die jüngsten Entwicklungen und Veränderungen in der internationalen Friedens- und Sicherheitspolitik einzugehen?

Indem es an ein umfassendes Friedenskonzept erinnert, muss das erweitere Verständnis von Sicherheit, das *menschliche Sicherheit* und nicht nur nationale und staatliche Sicherheit einschließt, als eine grundlegende Verantwortung für den Schutz des menschlichen Lebens maßgeblich gutgeheißen werden.

Dieses erweiterte Sicherheitskonzept lenkt die Aufmerksamkeit auch auf das vielfältige Bild einer potentiellen Bedrohung dieser Sicherheit. Dementsprechend sind mehrere Ansätze, die Ursache dieser Bedrohungen anzusprechen, notwendig. Die Sicherheit der Menschen ist nicht ausreichend durch einen Frieden geschützt, der sich durch die Abwesenheit von zwischenstaatlichen Konflikten definiert. Sie fordert Frieden, der Gerechtigkeit und das grundsätzliche Allgemeinwohl der Menschen aus Respekt für die Bewahrung der Schöpfung einschließt. Internationale Projekte zum Friedensaufbau und vertrauensbildende Maßnahmen sind von daher ein wichtiges Element, Krieg zu verhüten. Das stimmt auch mit dem theologischen Friedensverständnis überein. So verstanden, erfordert Sicherheit grundsätzlich Maßnahmen, die Fragen der Armut, Ungerechtigkeit, Umweltschäden, Regierungsgewalt, politische und wirtschaftliche Stabilität usw. in angemessener Weise ansprechen. Indem man diese grundlegenden Dimensionen der menschlichen Sicherheit angemessen und zeitgemäß anerkennt und auf sie reagiert, kann das Bedürfnis nach gewalttätigen Reaktionen mit Hilfe von Waffengewalt sehr reduziert, vielleicht sogar eliminiert werden. Immer wieder sehen wir, wie das Versäumnis der internationalen Staatengemeinschaft, frühzeitig angemessen mit friedlichen Mitteln zu reagieren, letztendlich zu einem Aufruf zum Einsatz von bewaffneter Gewalt zur Konfliktlösung zu einem späteren Zeitpunkt führt. Deshalb sind Präventivmaßnahmen äußerst wichtig, um Fragen der Sicherheit anzusprechen und die Kapazitäten der Zivilgesellschaft zu stärken, Frieden und Gerechtigkeit zu fördern. Die Einrichtung von Gremien wie einer »Europäischen Gesellschaft zum Friedensaufbau« bewährt sich sehr. Unter keinen Umständen dürfen solche Präventivmaßnahmen ein bewaffnetes Eingreifen einschließen, das von den Einrichtungen der internationalen Gesetzgebung nicht gutgeheißen wird.

Bemühungen, militärische Spannungen abzubauen und die Ursachen direkter Bedrohung zu beseitigen, sind besonders wichtig. Es ist unerlässlich, sich der Verbreitung von Massenvernichtungswaffen zu widersetzen. Internationale Verträge wie den nuklearen Nichtverbreitungsvertrag, der die Parteien zu Reduzierung und Nichtankauf von Atomwaffen verpflichtet, als bindende Instrumente für die Vertragsparteien aufrechtzuerhalten, ist äußerst wichtig. Anzeichen, dass der Vertrag von einigen Vertragspartnern zunehmend untergraben wird, sind Besorgnis erregend und zerstören die internationale Sicherheit und Stabilität sowie den Frieden. Ebenso sollten effiziente und umfassende internationale Organe, die den Export von Antipersonenminen und Kleinwaffen regeln, eingesetzt werden. Im globalen Rahmen haben sich die Ausgaben für militärische Zwecke in den letzten Jahren ständig erhöht. Die Kirchen müssen regelmäßig auf diese Tatsache hinweisen und diese große Ungerechtigkeit sowie ihren ungünstigen Einfluss auf Frieden und Sicherheit ansprechen.

Wo immer jedoch Konflikte trotz früher Warnung und einer großen Bandbreite von Reaktionen eskalieren, Bevölkerungen in Gefahr geraten und die internationale Rechtsordnung erodiert, besteht die Notwendigkeit zu reagieren, auch wenn gewaltfreie Maßnahmen zu keinem Erfolg führen. In solchen Situationen taucht die Frage auf, ob man die Anwendung von bewaffneter Gewalt rechtfertigen kann. Die Kirchen werden besonders herausgefordert durch die Frage der Anwendung militärischer Gewalt als bewaffnetes Eingreifen gegen einen Staat, um die gefährdete Bevölkerung zu schützen oder einen bevorstehenden Völkermord zu vermeiden. Die Veränderungen in der internationalen Politik – wie zu Anfang beschrieben – stellen diese Fragen in einen anderen Rahmen und setzen neue Bedingungen. Staaten sind nicht länger die einzigen Organe in einem bewaffneten Konflikt. Der bewaffnete Konflikt ist nicht unbedingt eine Frage der »Kriegserklärung« eines Staates gegen einen anderen, und die Veränderungen im internationalen Machtgefüge seit 1989 haben Bedingungen und Möglichkeiten verändert, bei Konflikten in anderen Ländern militärische Gewalt anzuwenden.

Innerhalb der Kirchen besteht eine lange Tradition, Probleme dieser Art im Blick auf die Tradition des »gerechten Krieges« anzusprechen. Einige Bekenntnisschriften der GEKE-Kirchen enthalten Hinweise auf diese Tradition (CA 16; Conf. Helv. Post. 30; Irische Religionsartikel von 1615, Art. 62; Erlauthaler Bekenntnis 1563, Art. 36 u. 37). Ähnliche Vorkehrungen kann man auch in der methodistischen Tradition oder in der Waldenser Kirche finden. Ihr Hauptziel ist jedoch eher, überhaupt festzustellen, ob es einem Christen erlaubt ist, bestimmte öffentliche Ämter innezuhaben, die mit sich bringen, dass der Staat gegenüber Bürgern, z. B. als Soldat, Gewalt anwendet, als Kriterien für eine vertretbare Kriegsführung festzulegen. Einerseits enthält die Tradition des gerechten Krieges noch immer wesentliche Grundsätze, andererseits erfordern veränderte Bedingungen in der internationalen Sicherheitspolitik eine Neuerwägung dieser Tradition, um ein angemessenes Verständnis davon zu gewährleisten und um zu zeigen, in welchem Fall es ethisch vertretbar ist, in einem anderen Staat zu intervenieren, um seine Bevölkerung zu schützen.

Es muss betont werden, dass die Souveränität eines Staates ein wichtiges Instrument zum Schutz der Bevölkerung ist und ein entsprechend wichtiges Prinzip im Völkerrecht darstellt, das nur unter sehr strikten Bedingungen außer Kraft gesetzt werden kann (UN Charta Art. 1 u. 42, basierend auf Entscheidungen im UN-Sicherheitsrat). Eine internationale Rechtsordnung, in der die staatliche Souveränität allmählich durch eine Herabsetzung der Schwellen gegenüber einem Eingriff in einen souveränen Staat erodiert, ist nicht notwendigerweise im besten Interesse der Bevölkerung oder dem Schutz der menschlichen Sicherheit dienlich. Daher sollte man Prioritäten setzen, die Souveränität eines Staates aufrechtzuerhalten, aber auch auf verstärkte Bemühungen für demokratische und legale Strukturen achten.

Doch mag es Situationen geben, in denen ein Staat nicht bereit oder fähig ist, seiner Bevölkerung ausreichenden Schutz und ausreichende Sicherheit zu gewährleisten. Es könnte Situationen geben, wo man feststellt, dass ein Regime einen Völkermord oder andere massive Greueltaten plant, dass ein lokales Regime es unterläßt, der Bevölkerung nach einer großen Katastrophe wie einer Hungersnot zu Hilfe zu eilen oder, dass in »zahlungsunfähigen Staaten«, in denen es keine effiziente politische Rechtsordnung gibt, massive interne Konflikte entstehen. Unter solchen Umständen darf die internationale Staatengemeinschaft nicht die Verantwortung für die gefährdete Zivilbevölkerung eines anderen Staates ablehnen. Auf keinen Fall berechtigen solche Situationen aber automatisch zu einem bewaffneten Eingreifen. Auch in diesen Situationen muss die Möglichkeit nicht-militärischer Mittel voll ausgeschöpft werden. Wenn militärische Gewalt die einzig mögliche Antwort zu sein scheint, um solche Situationen zu entschärfen, verlangt sie eine legitime Autorität, um sie einzusetzen, und eine restrikitve Anwendung der Kriterien. Im gegenwärtigen Stand der internationalen Rechtsordnung ist der UN-Sicherheitsrat die von der internationalen Staatengemeinschaft beauftragte Einrichtung, militärisch gegen einen Staat in Situationen vorzugehen, in denen »der internationale Friede und die Sicherheit bedroht sind«. Obwohl der Sicherheitsrat selber eine politische Machtarena ist, ist er noch immer das Werkzeug der internationalen Gesetzgebung, um die Rechtmäßigkeit bewaffneten Eingreifens sicherzustellen. Im Vergleich zum gegenwärtig alternativen Modell der »Koalitionen der Willigen« hat er die formale Legitimität der Staatengemeinschaft und ist besser geeignet zu verhindern, dass die Interessen einer Partei stärker berücksichtigt werden als die der anderen.

Obwohl nicht ausgeschlossen werden kann, dass Situationen wie die beschriebenen den Einsatz von Waffengewalt als kleineres Übel zur Vermeidung eines größeren Übels erlauben, ist es notwendig, sich der Gefahr der Eskalation bei der Anwendung von Militärgewalt zur Lösung von Konflikten und Sicherheitsproblemen bewusst zu sein. Die Umstrukturierung der internationalen Verteidigungsbündnisse und -organisationen für die internationale Zusammenarbeit, mit dem Ziel militärische Kapazitäten zu erhöhen, sie effizienter und besser auszurüsten, und um sich an internationalen Operationen, die nicht zur Selbstverteidigung gehören, zu beteiligen, lassen diesen Punkt besonders wichtig erscheinen. Man läuft Gefahr, dass die Konzentration auf militärische Fähigkeiten die Aufmerksamkeit eher wieder auf militärische Antworten bei internationalen Konflikten richtet, anstatt nicht-bewaffnete Reaktionen frühzeitig zu prüfen. Die Kirchen tragen eine besondere Verantwortung, dieser Gefahr zu begegnen und sich für eine gewaltfreie Lösung der Konflikte einzusetzen.

Ebenso ist es notwendig, sich der Gefahr der menschlichen Machtausdehnung in einer sündigen Welt bewusst zu sein. Man sollte sich kritisch der Gefahr bewusst sein, nationale oder regionale Eigeninteressen (wirtschaftlich, politisch und kulturell, Bodenschätze usw.) als ein Anliegen für das Gemeinwohl oder für eine verfolgte Zivilbevölkerung zu verkleiden. Auch aus diesem Grund sollte die Anwendung von bewaffneter Gewalt nur dann akzeptiert werden, wenn sie gemäß der Regeln und Entscheidungen des Völkerrechts stattfindet. Es stimmt, dass die Grundsätze des Völkerrechts durch Macht untermauert werden müssen, aber es ist noch wichtiger, dass diese Gewalt nach den Grundsätzen des Völkerrechts angewandt wird.

### 5. Sicherheit, Versöhnung und Vertrauen

Machtmittel können niemals einen ausreichenden oder angemessenen Schutz für Frieden und Sicherheit bieten noch können militärische Aktionen den Terrorismus überwinden. Friedliche Koexistenz zwischen einzelnen Menschen und unter Völkern verlangt eine grundsätzliche Achtung und Anerkennung der fundamentalen Eigenschaften der menschlichen Existenz. Wenn diese Eigenschaften nicht gedeihen und ihnen kein Raum zugeteilt wird, kann Frieden im vollsten Sinne nicht zustande kommen. Wenn Misstrauen nicht in Vertrauen als grundsätzlicher und unerlässlicher Bestandteil der menschlichen Interaktion und Gemeinschaft umgewandelt wird, können Frieden und Gerechtigkeit nicht wachsen. Ebenso können Versuche, die menschliche Verwundbarkeit durch politische und sogar militärische Maßnahmen zu beseitigen, letztlich zu ihrer gänzlichen Zerstörung führen. Verwundbarkeit und Vertrauen sind wesentliche und unersetzbare Bestandteile der menschlichen Gemeinschaft, Zusammenarbeit und Interaktion. Eine politische Rechtsordnung und die Macht, sie zu unterstützen, sind notwendig, um verletzliche Menschen vor Ausbeutung und Missbrauch zu schützen, aber in gleichem Maße wirken echte Versuche, die Verwundbarkeit völlig auszuschließen, tatsächlich entmenschlichend. Die Stärke einer stabilen und sicheren internationalen Rechtsordnung kann nicht in der Zerstörung und Ablehnung der Verletzbarkeit gefunden werden, sondern durch ihren angemessenen Schutz und Respekt. Kraft ihres Glaubens an den Gott, der die ganze Schöpfung und die Menschheit ins Leben ruft, sie aufrechterhält und erneuert, glauben die Kirchen, dass Maßnahmen, die internationale Rechtsordnung und Sicherheit zu gewährleisten und einzurichten, begleitet sein müssen von einer grundsätzlichen und tiefgehenden Anerkennung einer gemeinsamen Menschlichkeit, welche die Kirchen als Gabe Gottes anerkennen.

18. August 2006
Das Präsidium der GEKE

## 3.3 Liebfrauenberg Erklärung zu den Herausforderungen von Migration und Flucht in Europa

**Herausforderungen von Migration und Flucht in Europa**

1) Migration geschieht. Sie gehört zur Menschheitsgeschichte und zur Geschichte des europäischen Kontinents. Migrantinnen und Migranten haben zu allen Zeiten Wichtiges zum Aufbau der europäischen Gesellschaften, ihrer Kultur und Wertegemeinschaft geleistet. Auch die Zukunft wird ihrerseits wieder neu von Migration geprägt sein. In den Prozessen der Globalisierung bildet Migration ein konstitutives Merkmal pluraler, moderner Gesellschaften, von deren Mitgliedern ein immer höheres Maß an Flexibilität und Mobilität erwartet wird.
2) Migration hat vielfältige Gründe. Die Zahl der Migrantinnen und Migranten wird weltweit auf circa 175 Millionen geschätzt[11]. Beschleunigte Globalisierungsprozesse tragen zunehmend dazu bei, dass Menschen nicht mehr nur in einem

[11] International Organisation of Migration (IOM), Migration Policy Issues, März 2003.

Staat leben und arbeiten. Eheschließungen und Familiengründungen finden vermehrt über die Grenzen hinweg statt. Die demographische Entwicklung in den europäischen Ländern wird dazu führen, dass die Staaten der erweiterten EU verstärkt neue Migrantinnen und Migranten aus außereuropäischen Staaten anwerben, um den mit der demographischen Entwicklung steigenden Arbeitskräftebedarf zu decken. Armut, fehlende Existenzbedingungen und mangelnde Zukunftsperspektiven sind zentrale Faktoren, weshalb Menschen in andere Regionen und Staaten abwandern.

3) Flucht geschieht nicht freiwillig. Weltweit sind etwa 20 Millionen Menschen auf der Flucht[12]. Verfolgung aufgrund der politischen oder religiösen Überzeugung, der ethnischen Herkunft, der Zugehörigkeit zu einer bestimmten Gruppe (sozialen Gruppe oder Geschlecht), aber auch Kriege und Bürgerkriege, Umwelt- oder Existenzzerstörungen und schwere Menschenrechtsverletzungen zwingen Menschen, Schutz außerhalb ihrer Heimat zu suchen. Diese Gründe machen überdeutlich, dass die Bemühungen zur Überwindung von Menschenrechtsverletzungen, Gewalt, Armut und sozialer Ungerechtigkeit erheblich verstärkt werden müssen.

4) Migration ist vielschichtig. Während die Aufnahmeländer von Migration profitieren, verlieren die Herkunftsländer nicht selten initiative und gut ausgebildete Menschen. Andererseits tragen Transferzahlungen teilweise ganz erheblich zur wirtschaftlichen Entwicklung dieser Länder bei. Die Kirchen nehmen wahr, wie die Industriestaaten versuchen, sich gegen Migration abzuschotten, und die Flucht für Flüchtlinge immer schwieriger wird. Gleichzeitig nimmt die Zahl der irregulären Migrantinnen und Migranten mehr und mehr zu. Migrationsbiographien sind häufig äußerst erfolgreich. Migrationserfahrungen sind aber nicht selten auch mit Enttäuschungen und Heimatverlust verbunden. Während Migration bei der

---

12 Personen, die unter das Mandat des UNHCR fallen, darunter auch 4,6 Mio. intern Vertriebene, 2,4 Mio. Rückkehrer und 1 Mio. Asylsuchende, UNHCR 2002 Population Statistics.

aufnehmenden Gesellschaft Ängste vor Überfremdung auslösen kann, erleben Migranten und Migrantinnen nicht selten Ausgrenzung und Ablehnung.

5) Migration braucht Integration. Zugewanderte Menschen müssen sich in der aufnehmenden Gesellschaft ein neues Leben aufbauen. Die »Einheimischen« müssen für die neu ansässigen Mitglieder Anschlussmöglichkeiten an den Prozess der gesellschaftlichen Weiterentwicklung gewährleisten. Die Erfahrung in der Migrationsarbeit zeigt, dass schon mit der Einreise in das Aufnahmeland in ausreichendem Umfang Angebote bereitgestellt werden müssen, die den gegenseitigen Integrationsprozess nachhaltig unterstützen. Wichtig ist deshalb die rasche Status-Klärung bei der Einreise, die Zulassung zum Arbeitsmarkt, Hilfe zum Erwerb der Sprache des Aufnahmestaates, die Herstellung der Familieneinheit sowie der Zugang zu den Bildungs- und Sozialsystemen, damit Kompetenzzugewinn bzw. Integration in der Aufnahmegesellschaft gelingen können.

6) Migration braucht ein Konzept. Die Herausforderungen der Migration brauchen nachhaltige Regelungen und Maßnahmen auf internationaler Ebene. Auf europäischer Ebene sind dies die Regelungen des Europarates und der Europäischen Union. Sie sind im Sinne der Menschenwürde durch die Mitglieder des Europarates und der Europäischen Union zu entwickeln.

## Biblische Botschaft und kirchliche Verantwortung

7) Das Evangelium »macht die Christen frei zu verantwortlichem Dienst in der Welt ... Sie treten ein für irdische Gerechtigkeit und Frieden zwischen den einzelnen Menschen und unter den Völkern.« (LK 11) In besonders herausgehobener Weise ruft die biblische Botschaft die Kirchen in die Verantwortung für Flüchtlinge und Migranten. Die Fremdenliebe und die daraus folgende Ethik sind Wesensmerkmale des Gottesvolkes in der Welt. Unter den biblischen Geboten gibt es nur wenige, die dem Schutzgebot gegenüber Fremden an Gewicht und Eindeutigkeit gleichkommen. »Wenn bei dir ein Fremder in

eurem Land lebt, sollt ihr ihn nicht unterdrücken. Der Fremde, der sich bei euch aufhält, soll euch wie ein Einheimischer gelten, und du sollst ihn lieben wie dich selbst; denn ihr seid selbst Fremde in Ägypten gewesen.« (Lev 19,33f.) Das Neue Testament erhebt die Liebe zum Nächsten zu einem die Grenzen der Fremdheit überwindenden Gebot (Lk 10,25–37). Weil Gott nicht auf den »Stand« einer Person schaut, sondern Menschen aller Völker und gesellschaftlichen Gruppen in sein Reich ruft (Apg 10,34f; Röm 2,10f.), geht von der christlichen Gemeinschaft ein weltumspannender Impuls aus, der auch bisher Fremde einbezieht und ein enges, national beschränktes Denken und Handeln überwindet.

8) Für die Kirchen begründet die biblische Botschaft Menschenwürde und Menschenrechte. Aus der Bestimmung des Menschen als Ebenbild Gottes und der daraus abgeleiteten Würde entfalten sich die wesentlichen Grundlagen für das Zusammenleben. (Gen 1,26f.) Danach ist jeder Mensch seinem Wesen nach Person und als solcher ursprünglicher Träger von Grundrechten. Diese wurzeln in der Menschenwürde und sind deshalb von besonderen Bestimmungen des Menschen (z.B. Geschlecht, Rasse, beruflicher Status, Vermögensverhältnisse, Gesundheit, Familienstand, Zugehörigkeit zu einer Gemeinschaft oder einem Staat) unabhängig. Die Grundrechte werden daher auch durch keine innerweltliche Instanz »verliehen«. Aus diesem Grund ist den beteiligten Kirchen besonders wichtig, dass nach der Genfer Flüchtlingskonvention Menschen einen Anspruch auf Schutz haben, die wegen ihrer ethnischen Zugehörigkeit, ihrer Religion, ihrer Nationalität, ihrer Zugehörigkeit zu einer bestimmten sozialen Gruppe oder wegen ihrer politischen Überzeugung in der Unversehrtheit von Leib, Leben und Freiheit bedroht sind.

9) Die Familie ist die Grundform menschlichen Zusammenlebens in Gemeinschaft und gegenseitiger Verantwortung. Sie bedarf daher eines besonderen Schutzes. Der Mensch kann nur durch das Leben in einer Gemeinschaft zur Entfaltung seiner Persönlichkeit kommen. Dazu gehören das Recht der

Familie, zusammenzuleben, und das Recht der Eltern, ihre Kinder zu erziehen. Nach Artikel 8 der Europäischen Menschenrechtskonvention stehen Ehe und Familie unter einem besonderen Schutz. In Flucht und Migration sind diese Rechte der Familie gefährdet und bedürfen deshalb besonderer Beachtung.

10) Die Bibel setzt Grenzen und überwindet Grenzen (Dtn 5,6–21; Gal 3,26–28). Jedem Menschen kommt die gleiche personale Würde zu. Über alle nationalen Grenzen und Kontinente, über Unterschiede von Hautfarbe oder ethnischer Zugehörigkeit, von Sprache und Kultur und Religion, von sozialer und wirtschaftlicher Entwicklung sowie über alle Grenzen hinweg bilden die Menschen eine Einheit mit gleichem Anspruch auf Würde und Rechte. Jede Gruppe muss den Bedürfnissen und berechtigten Ansprüchen anderer Gruppen und Völker Rechnung tragen. Die Verantwortung aller Menschen für die ihnen anvertraute Schöpfung verpflichtet sie zu einer weltweiten Solidarität. So finden sich die Kirchen nicht ab mit Gewalt, Ausgrenzung und Eigensucht. Sie setzen sich dafür ein, dass die Perspektive der Versöhnung, die sich im Glauben an Jesus Christus erschließt, im Zusammenleben der Menschen sichtbar wird.

11) Die Kirchen und ihre diakonischen Einrichtungen, einzelne Kirchengemeinden sowie ehrenamtlich engagierte Christinnen und Christen unterstützen seit vielen Jahrzehnten Migrantinnen, Migranten und Flüchtlinge. Es entspricht dem biblisch begründeten Auftrag, die Stimme zu erheben, wenn Rechte und Würde von Flüchtlingen und Migranten verletzt werden. Die Erfahrungen dieses Engagements sind gemeinsam mit den Betroffenen dort einzubringen, wo es zum Beispiel darum geht, Migration zu gestalten und dabei die gesetzlichen Rahmenbedingungen zu verändern.

Aus diesen Gründen formuliert die *Konferenz der Kirchen am Rhein* im Blick auf die besondere gemeinsame Verantwortung für ihre Region zusammen mit den in der *Gemeinschaft evangelischer Kirchen in Europa / Leuenberger Kirchengemeinschaft* verbundenen Kirchen ihre Erwartungen an die Regelungen zum

Schutz von Migrantinnen, Migranten und Flüchtlingen in der Europäischen Union und der Schweiz.[13]

### Erwartungen der Kirchen an die Regelungen der Europäischen Union

12) Europa wächst zusammen. In einem gemeinsamen Raum der Freiheit, der Sicherheit und des Rechts, in dem sich Menschen frei bewegen können, kann das Flüchtlings- und Aufenthaltsrecht nur gemeinsam und in gemeinsamer Verantwortung gestaltet werden. Mit dieser Begründung hat im Amsterdamer Vertrag am 1. Mai 1999 die Europäische Union den Auftrag erhalten, im Bereich des Flüchtlings- und Aufenthaltsrechts bis Mai 2004 Gemeinschaftsrecht zu setzen. Dieser Zeitpunkt veranlasst die beteiligten Kirchen zu einer Zwischenbilanz zum Stand dieser gegenwärtig noch nicht abgeschlossenen Rechtssetzung.

13) Die Kirchen erwarten, dass der Europäische Rat bereits 2004 von seiner Möglichkeit Gebrauch macht, entsprechend den Bestimmungen im Amsterdamer Vertrag zur Entscheidungsfindung mit qualifizierter Mehrheit und zum Mitentscheidungsverfahren überzugehen. Die Kirchen begrüßen nachdrücklich die Bestimmungen im vereinbarten Entwurf einer Verfassung der Europäischen Union, die für die europäische Asyl- und Migrationsgesetzgebung das normale Gesetzgebungsverfahren vorsehen. Der Übergang zur Mehrheitsentscheidung im Rat und vor allem eine verstärkte Rolle des Europäischen Parlaments kann dazu beitragen, Einigungen auf dem kleinsten gemeinsamen Nenner zu verhindern. Flucht und Migration bedürfen demokratisch legitimierter europäischer Regelungen mit hohem Schutzniveau.

---

[13] In der Schweiz ist derzeit beabsichtigt, das Schweizer Asyl- und Ausländerrecht an die EU-Standards anzupassen. Der Einfachheit halber werden im Folgenden die Anforderungen an die Regelungen der EU formuliert; diese beziehen sich auch auf die Schweiz.

**Flüchtlingsschutz**

14) Die beteiligten Kirchen begrüßen, dass der Europäische Rat am 15./16. Oktober 1999 in Tampere die »uneingeschränkte und allumfassende Anwendung der Genfer Flüchtlingskonvention« beschlossen hat. Sie erwarten, dass dieser Beschluss auch die Einzelheiten des zukünftigen europäischen Rechts prägt. Folgerichtig ist daher die Klarstellung in der Richtlinie über die Anerkennung von Flüchtlingen und von Personen, die anderweitig internationalen Schutz benötigen, dass auch Opfer der sogenannten nicht-staatlichen Verfolgung den Flüchtlingsstatus erhalten müssen. Einer Flüchtlingsanerkennung bedürfen u. a. darüber hinaus auch Deserteure und Kriegsdienstverweigerer, die es ablehnen, an bewaffneten Konflikten teilzunehmen, sowie die Opfer geschlechtsspezifischer Verfolgung.

15) Die Kirchen halten es für dringend geboten, den subsidiären Schutzstatus weiter zu verbessern. Die Europäische Menschenrechtskonvention verpflichtet die EU und ihre Mitgliedstaaten zum Schutz des Lebens und der Gesundheit, sie verbietet die Abschiebung von Zuflucht suchenden Menschen bei drohender grausamer, erniedrigender und unmenschlicher Behandlung. Soweit diese Personen nicht unter die Genfer Flüchtlingskonvention fallen, benötigen sie einen subsidiären Schutzstatus, der dem von anerkannten Flüchtlingen gleichkommt. Personen mit subsidiärem Schutzstatus sollen das Recht zur Aufnahme einer Erwerbstätigkeit haben und den gleichen Arbeitsbedingungen und sozialen Schutzstandards unterliegen wie eigene Staatsangehörige. Sie sollen ein Recht auf Teilnahme an Integrationsmaßnahmen und auf Familiennachzug haben wie anerkannte Flüchtlinge. Die Familienangehörigen sollen ebenfalls den subsidiären Schutzstatus erhalten.

16) Die »uneingeschränkte und allumfassende Anwendung« der Genfer Flüchtlingskonvention setzt transparente, faire und gerechte Asylverfahren mit ausreichend hohen Schutzstandards voraus. Die zentralen Elemente eines fairen Verfahrens sind:

- die *professionelle Verfahrensberatung* des Asylsuchenden vor Beginn des Asylverfahrens. – Eine möglichst umfassende, unabhängige Beratung verschafft dem Asylsuchenden die notwendige Transparenz für das bevorstehende Verfahren und vermeidet so, dass wesentliche Aussagen erst verspätet in das Verfahren eingeführt werden.
- die *qualifizierte individuelle Anhörung* des Asylsuchenden unter Anwesenheit eines geeigneten Dolmetschers und die Erstellung einer individuellen Gefährdungsprognose auf der Grundlage aller verfügbaren Erkenntnismittel. Dies muss auch in Fällen greifen, in denen vermutet wird, es könnten keine Asylgründe vorliegen.
- *effektiver Rechtsschutz* gegen alle Ablehnungsentscheidungen durch eine Überprüfungsinstanz mit richterlicher Unabhängigkeit, der sich auf eine volle Überprüfung aller Tatsachen- und Rechtsfragen erstreckt.
- die *aufschiebende Wirkung des Rechtsschutzes* als Regelfall. Zumindest muss der Asylsuchende die Möglichkeit haben, die aufschiebende Wirkung bei der Überprüfungsinstanz mit richterlicher Unabhängigkeit zu beantragen. Bis über diesen Antrag entschieden ist, soll das Verfahren aufschiebende Wirkung haben.
- *uneingeschränkter Zugang der Asylsuchenden zu Rechtsanwälten, Kirchengemeinden und Nichtregierungsorganisationen* in allen Stadien des Verfahrens und uneingeschränkter Zugang dieser zu den Asylsuchenden. Dies soll auch gelten, wenn diese an der Grenze oder in Gewahrsamseinrichtungen festgehalten werden.
- *das Recht von Rechtsanwälten und anderen Beiständen des Asylsuchenden, an Anhörungen und Verhandlungen teilzunehmen und Akteneinsicht zu bekommen.*
- *das Recht auf Bewegungsfreiheit.* Weder die Asylantragstellung noch die Herkunft aus einem bestimmten Ursprungsland noch das Ausmaß der Begründetheit eines Antrages oder die Tatsache der »illegalen« Einreise rechtfertigen es, den Asylsuchenden während des Verfahrens in Haft zu nehmen.

Die Asylverfahrensrichtlinie wird diesen Mindeststandards nicht gerecht und bedarf daher erheblicher Nachbesserungen.

17) Die Kirchen widersprechen entschieden den Plänen der EU, die Verantwortung zur Flüchtlingsaufnahme auf ärmere Staaten außerhalb der EU zu delegieren.[14] Die Möglichkeit, Nicht-EU Staaten zu sogenannten »sicheren Drittstaaten« oder »Dritt-Asylländern« zu erklären, verlagert die Verantwortung, Flüchtlinge zu schützen, einseitig auf wesentlich ärmere Staaten. Dies könnte für andere Staaten den Anstoß geben, ihre Verpflichtungen aus der Genfer Flüchtlingskonvention ebenfalls zu vernachlässigen und Verantwortung wiederum an andere zu delegieren. »Kettenabschiebungen« in den Verfolgerstaat sind damit vorprogrammiert. Die genannten Pläne widersprechen der Genfer Flüchtlingskonvention und den Prinzipien des internationalen humanitären Rechts. Sie zerstören den Grundgedanken des Rechts auf Asyl.

18) Die Kirchen begrüßen, dass bedürftige Asylsuchende in der gesamten EU in Zukunft einen Anspruch auf Mindestaufnahmebedingungen – Unterkunft, Ernährung, Kleidung, medizinische Versorgung und Schulbesuch – haben und fordern eine konsequente Umsetzung dieser Richtlinie. Die tatsächliche Situation entspricht oft nicht den Standards der Richtlinie. Besonders in den Blick zu nehmen ist dabei die Situation von besonders schutzbedürftigen Personen. Dazu zählen unbegleitete minderjährige Flüchtlinge, Behinderte, ältere Menschen, Schwangere, Alleinerziehende mit minderjährigen Kindern und Menschen, die Folter, Vergewaltigung oder sonstige schwere Formen psychischer oder physischer Gewalt erlitten haben. Ergänzt werden müsste die

---

[14] Die Vorschläge des britischen Premierministers Blair wurden von der EU-Kommission in einem Strategiepapier »Für leichter zugängliche, gerechtere und besser funktionierende Asylsysteme« vom 3. Juni 2003 teilweise übernommen.

Richtlinie dahingehend, dass auch Asylsuchende mittelfristig die Möglichkeit erhalten, eine Erwerbstätigkeit aufnehmen zu dürfen. Die Integration in den Arbeitsmarkt fördert die psychische Stabilität der Betroffenen. Dies erleichtert die Akzeptanz der Aufnahmegesellschaft und fördert den Erwerb beruflicher Kompetenz, die auch bei einer möglichen Rückkehr in das Herkunftsland von Nutzen sein kann.

**Migration**

19) Die Erweiterung der EU kann Frieden, Stabilität, Wohlstand und Freiheit aller Bürgerinnen und Bürger Europas fördern. Die Unionsbürgerschaft sollte künftig uneingeschränkte Freizügigkeit gewährleisten und das Wahlrecht im jeweiligen Wohnsitzstaat ermöglichen. Die EU und ihre Mitgliedstaaten, die Regionen, die Gemeinden, Organisationen und die Kirchen sind aufgerufen, für die Akzeptanz der EU-Erweiterung zu werben, zwischenmenschliche Begegnungen und den Austausch der Menschen zu fördern.

20) Die Familie steht zu Recht unter besonderem staatlichen Schutz. Die beteiligten Kirchen protestieren dagegen, dass die in der Familienzusammenführungsrichtlinie enthaltenen Schutzbestimmungen aufgeweicht wurden. Insbesondere müssen Kinder das uneingeschränkte Recht haben, mit ihren Eltern zusammenzuleben. An die Stelle von Restriktionen beim Familiennachzug sollte eine Politik treten, die die Potentiale der zusammengeführten Familie fördert, um den im Integrationsprozess gestellten Anforderungen gerecht zu werden. Die Kirchen hoffen, dass auch Flüchtlingen mit subsidiärem Schutzstatus ein Rechtsanspruch auf Familienzusammenführung gewährt wird.

21) Die Kirchen fordern die EU und ihre Mitgliedstaaten auf, umgehend die Internationale Konvention zum Schutz der Rechte aller Wanderarbeitnehmer und ihrer Familienangehörigen zu unterzeichnen, zu ratifizieren und in der Praxis anzuwenden.

22) Die Rechtsstellung von aufenthaltsberechtigten Drittstaatsangehörigen bedarf einer deutlichen Verbesserung. Der neu geschaffene Anspruch auf einen Aufenthaltsstatus Drittstaatsangehöriger nach fünf Jahren weist in die richtige Richtung. Dieser Status sollte auch dann gewährt werden und darf nicht entzogen werden, wenn Betroffene aus gesundheitlichen oder ähnlichen Gründen nicht unabhängig von öffentlichen Leistungen leben können. Migrantinnen und Migranten, die auf Dauer in der EU leben, sollten insbesondere beim Zugang zur Erwerbstätigkeit, beim Zugang zur Bildung, im Sozialrechtsschutz und beim Wahlrecht EU-Bürgern gleichgestellt sein.

23) Die Situation irregulärer Migrantinnen und Migranten bedarf humanitärer Verbesserungen. Unentgeltliche Beratung und Begleitung von irregulären Personen darf nicht mit Strafe bedroht sein. Kinder von irregulären Migranten und Migrantinnen müssen uneingeschränkt die Möglichkeit haben, die Schule zu besuchen. Die Rechte aus der UN-Kinderrechtkonvention gelten unabhängig vom Status für alle Kinder. Um sicherzustellen, dass akute Krankheits- und Schmerzzustände rechtzeitig behandelt werden, benötigen »irreguläre« Migranten einen ungefährdeten Zugang zum Gesundheitssystem. Schließlich muss es auch möglich sein, dass »Irreguläre« Straftaten anzeigen und als Zeugen aussagen können, ohne dass dies zu aufenthaltsbeendenden Maßnahmen führt. Für Opfer von Menschenhandel und organisierter Kriminalität sollten die Zeugenschutzprogramme deutlich verbessert werden.

24) Die Kirchen fordern Bleibemöglichkeiten für Menschen, die sich seit vielen Jahren in Europa aufhalten, um diesen eine angemessene Lebensperspektive zu ermöglichen.

## Gaben und Aufgaben für Kirchen und ihre Diakonie

25) »Wer dem Evangelium vertraut … lebt in täglicher Umkehr und Erneuerung zusammen mit der Gemeinde im Lobpreis Gottes und im Dienst am anderen, in der Gewissheit, dass Gott seine Herrschaft vollenden wird. So schafft Gott neues

Leben und setzt inmitten der Welt den Anfang einer neuen Menschheit.« (LK 10) Dankbar erinnern sich die Kirchen, dass sie in ihrer eigenen Geschichte als einzelne, als Gruppen oder Kirchen aus Unterdrückung und Verfolgung heraus die Erfahrung von Zuflucht, Schutz und offener Aufnahme erlebt haben. Für manche Kirchen sind diese Migrationserfahrungen in weit zurückliegender oder neuerer Zeit grundlegend. Gleichzeitig erkennen die Kirchen aber auch immer wieder deutliche Vorbehalte gegen Fremde und Flüchtlinge in den Reihen der eigenen Kirchenmitglieder.

26) Eine Kultur der Begegnung, der Gastfreundschaft und des herzlichen Willkommens für Migrantinnen, Migranten und Flüchtlinge setzt greifbare Zeichen des gegenseitigen Respekts und der Anerkennung. Initiativen in diese Richtung und interreligiöse Begegnungen sollen durch die Kirchengemeinden zusammen mit anderen Religionsgemeinschaften und Verantwortlichen im kommunalen Bereich in gezielter Weise gefördert werden. Im Horizont von Glauben, Hoffnung und Liebe soll dies deutlicher als bisher in Elementen einer Theologie der Begegnung und der Konvivenz Ausdruck finden. Einheimische und eingewanderte Christinnen und Christen gehören alle zu dem einen Leib Jesu Christi und damit zur weltweiten Ökumene. Unverständnis und Verunsicherungen werden nicht ausbleiben, wo Gemeinden sich in dieser Weise für Migrantinnen, Migranten und Flüchtlinge öffnen. Dies ist ernst zu nehmen und sensibel zu bearbeiten.

27) Die Kirchen und ihre Gemeinden können entscheidend dazu beitragen, ein Klima der Akzeptanz und Toleranz zu schaffen, zu erhalten und Vorurteile abzubauen. Die beteiligten Kirchen danken allen, die durch ihren persönlichen Einsatz bereits in diesem Sinne gelebt und gewirkt haben. Wortverkündigung, Kasualien und Seelsorge, Bildungs-, Jugend-, Frauenarbeit und weitere Formen des Gemeindelebens bieten dazu in besonderer Weise Gestaltungsräume. Die Kirchengemeinden können Orte der Begegnung schaffen, um

gegenseitiges Lernen zu ermöglichen. Die Kirchen sehen sich herausgefordert, deutlicher als bisher Migrantinnen, Migranten und Flüchtlinge einzuladen, den Dialog mit anderen Konfessionen und Religionen zu fördern und sich interkulturell zu öffnen. Die Anwesenheit von Migrantinnen und Migranten bietet sowohl die Chance, jeweils den eigenen Glauben besser kennenzulernen, als auch gemeinsam neue Inspirationen aufzunehmen. Kirchengemeinden sollen Migrantengemeinden Räume zur Verfügung stellen und Kontakte zum Austausch gezielt fördern. Migrantinnen, Migranten und Flüchtlinge sind wichtige Gesprächspartner im konziliaren Prozess »Gerechtigkeit, Frieden und Bewahrung der Schöpfung«.

28) Die Kirchen mit ihren Kirchengemeinden und ihrer Diakonie stehen vor der Aufgabe, sich stärker als bisher interkulturell zu öffnen und dabei kulturelle Festschreibungen zu überwinden. Die in den ökumenischen Zusammenschlüssen und Werken gemachten Erfahrungen sollten in diesem Prozess nutzbar gemacht werden. Gleichberechtigung und gleiche Teilhabe setzen voraus, dass Menschen mit Migrationshintergrund in den Kirchengemeinden und kirchlichen Einrichtungen in gleicher Weise mitarbeiten und sich einbringen können wie Einheimische. Aus-, Fort- und Weiterbildung erhöhen die interkulturelle Kompetenz von Mitarbeitenden. In den Einrichtungen können interkulturelle Teams zu qualifizierten Lernprozessen beitragen, Konfliktpotentiale entschärfen, zur Mediation und zum interreligiösen Dialog befähigen und gemeinsam Neues entwickeln.

29) Die Kirchen treten ein gegen Rassismus, Fremdenfeindlichkeit und Antisemitismus. Mit ihren Gemeinden und ihrer Diakonie nehmen sie Fälle von Rassismus und Fremdenfeindlichkeit im Gemeinwesen aufmerksam wahr, bringen diese öffentlich zur Sprache und unternehmen gezielte Schritte, um ein offenes und tolerantes Zusammenleben zu fördern.

30) Die Kirchen und ihre Diakonie haben ihre anwaltliche Funktion wahrzunehmen, wo Flüchtlinge und Menschen mit Mi-

grationshintergrund in ihren Rechten verletzt werden. Flüchtlinge, Asylsuchende und Migrantinnen und Migranten sind häufig in besonderer Weise von sozialer und rassistischer Ausgrenzung betroffen. Die Kirchen sehen sich in der Verantwortung, diakonische Dienste bereitzustellen, die Asylsuchende, Flüchtlinge und Migrantinnen und Migranten in Zusammenarbeit mit Ehrenamtlichen praktisch begleiten. Kirchengemeinden sind aufgefordert, sich für Asylsuchende, Flüchtlinge und Menschen mit Migrationshintergrund zu engagieren und diese in das Gemeinwesen zu integrieren.

31) Die Kirchen und ihre Diakonie sehen es als ihre Aufgabe, die Zusammenhänge zwischen Ungerechtigkeit, Umweltzerstörung, Krieg und den Erscheinungsformen von Migration und Flucht in die Gesellschaft hinein zu vermitteln. Sie arbeiten hier eng mit den Partnerkirchen in der weltweiten Ökumene zusammen und wollen in den grenznahen Regionen verstärkt die Möglichkeiten grenzüberschreitender Zusammenarbeit nutzen. Die Charta Oecumenica – Leitlinien für die wachsende Zusammenarbeit unter den Kirchen Europas – wird hier als ermutigende Grundlage und hilfreiche Orientierung dankbar aufgenommen.

Die beteiligten und gleichzeitig in der *Gemeinschaft evangelischer Kirchen in Europa / Leuenberger Kirchengemeinschaft* verbundenen Kirchen verpflichten sich, den Herausforderungen von Migration und Flucht ihrer biblisch begründeten Verantwortung entsprechend angemessen Rechnung zu tragen. Sie werden dafür eintreten, dass im europäischen Rechtsetzungsprozess und in der nationalen Rechtsumsetzung die Haltung der Kirchen öffentlich wahrgenommen wird und nach Möglichkeit Berücksichtigung findet. Sie werden ihre Kirchenbezirke, Gemeinden und diakonischen Einrichtungen bitten, die genannten Aufgaben in verantwortungsvoller Weise wahrzunehmen.

Die beteiligten Kirchen bitten den Exekutivausschuss der *Gemeinschaft Evangelischer Kirchen in Europa / Leuenberger Kir-*

*chengemeinschaft*, das Konsultationsergebnis den 103 Signatarkirchen in geeigneter Weise weiterzugeben und dieses über deren Kirchenleitungen und Synoden in den jeweils eigenen Verantwortungsbereich zu vermitteln.

Liebfrauenberg, den 12. Mai 2004

# 3 Responsibility in society

## 3.1 Human Rights

### 3.1.1 Human rights and Morality

*A response of the Community of Protestant Churches in Europe (CPCE) – Leuenberg Church Fellowship – to the principles of the Russian Orthodox Church on »Human Dignity, Freedom and Rights«.*

In summer 2008 the Russian Orthodox Church published its principles on human rights. It argued for an understanding of human rights which on the one hand corresponds to its own biblical and ecclesiastical positions and on the other takes note of the prime importance of national cultural traditions. In its statement the Russian Orthodox Church invites other Christian churches to study and discuss its doctrine. The CPCE is grateful to the Russian Orthodox Church for this invitation to ecumenical dialogue. We see it as a sign of the reciprocal trust, which has grown up in recent decades through the close collaboration of the churches in Europe. We are sending this statement to the Russian Orthodox Church as a response to its document of June 2008 and combine with it an invitation to continue the joint dialogue on the importance of human rights. The textual basis of this statement is the English translation of the doctrine of human dignity, freedom and rights, which was published on 11 September 2008 on the web page of the Russian Orthodox Church.

*I The theological foundation: the inalienable dignity of human beings*

In the first section of its statement the Russian Orthodox Church explains its understanding of human dignity in connection with Gen 1:26. Here the statement makes a distinction between an »ultimative value« of human beings because they are in the image of God and a »dignity« of the human being still to be achieved which rests on a similarity to God. This similarity to

God consists in overcoming sin through God's grace and achiving moral purity and virtue.

From a Protestant perspective, too, that human beings are in the image of God is the central point for the foundation of their unique dignity and the inviolability of human rights. The unassailable and inalienable dignity of human beings is grounded in the fact that God has created them »in his image«, as the creation story declares (Gen 1:27). Therefore the Reformers always understood human dignity relationally as an expression of human dignity over against and in relation to God. Thus human dignity is not governed by a person's own achievements but solely by God's grace, a precondition which is simply quite outside his or her disposal.

This is reflected in the New Testament doctrine of justification. Paul writes: »For we hold that man is justified by faith apart from the works of the law« (Rom 3:28). In principle, therefore, human dignity grounded in God's righteousness cannot be put in question by the sinfulness of human beings. Thus according to the Christian conviction a soteriological orientation of human dignity is added to its foundation in the theology of creation. This christological foundation is lacking in the statement of the Russian Orthodox Church. Thus the statement lacks an essential theological element in the basis for human rights. That is also regrettable because this christological foundation of human dignity is already developed in the early church (e. g. in Clement of Alexandria or Gregory of Nyssa) and it forms a common tradition of all churches.

In the statement of the Russian Orthodox Church this leads to a misunderstanding of human rights. As the Russian Orthodox Church develops human dignity only as a moral criterion, it cannot understand the dignity as the foundation of an unconditional protection against human encroachments. Thus human dignity does not stand for a taboo which categorically resists any reification and instrumentalisation of human beings but becomes a distinction which human beings must acquire through their actions and therefore can also forfeit.

*II Human rights and morality*

Starting from the differentiation between the value and dignity of human beings, the concept of human dignity in the statement of the Russian Orthodox Church is transformed into a moral category (»a direct link between human dignity and morality« ch. I.5.): moral action gives human beings dignity, immoral action robs them of it. Therefore it is important that worthy and unworthy behaviour are clearly distinguished (»that things dignified and undignified should be clearly distinguished in the life of a person« ch. I.2.).

Morality – in the sense of »the ideas of sin and virtue« (ch. III.1.) – precedes rights. Therefore human rights must be brought into accord with clear »Christian values« (»It is necessary to give a clear definition to Christian values with which human rights should be harmonized« ch. III.1.). Here human rights have no precedence over »spiritual values« (»Human rights cannot be superior to the values of the spiritual world.« ch. III.2.). Accordingly the Russian Orthodox Church absolutely rejects an understanding of human rights as »the ultimate and universal foundation of societal life to which religious views and practice should subjected« ch. III.2.). Here the text presupposes a confrontational relationship between human rights and Christian morality which culminates in the thesis that the observation of human rights would compel Christians to think and act »in contrary« (preamble, ch. I.4.) to the divine commandments. This basic dissent runs through the whole text.

In the Protestant churches the question of the sanctification of Christian life plays a great role.

The churches of the Reformation have always attached great importance to Christians leading their lives in the right way. The aim of Protestant education is to put people in a position to lead a consciously responsible life in the face of God and neighbour. We see this as an important contribution of the churches to strengthening moral values in society.

However, the sanctification and morality of human lives are to be distinguished from the definition of the tasks of human rights. Unfortunately the statement of the Russian Orthodox

Church refrains from such a legal ethical clarification of human rights. As a result there is no clear differentiation between human rights on the one hand and moral ideas and religious convictions on the other.

Human rights are rights of protection and participation, which put human actions and their sphere of living under the rule of law and guarantee a framework for the co-existence of human beings together.[1] In this sense the Protestant churches value the positive contribution of human rights. »The Protestant churches, with their orientation on the distinction between law and gospel and the relationship between them, can take up the notions of human rights constructively and deepen them critically. There is a relationship of similarity and difference between the modern form of human rights and the basic substance of Christian faith: In the face of an exclusive claim of theology to be the foundation of human rights, the secular character of human rights must be taken seriously. The concept makes it necessary to think of them in universal terms and to seek possible ways of linking them up with the cultural traditions of humankind. In the framework of the doctrine of the preservative function of the ›law‹, Protestant theology relates the concern of human rights to God's will for preservation, without denying their secular character. Historical and theological insights forbid us to identify an ethic which has been formulated directly with God's law.«[2]

### *III Freedom and responsibility*

As is elaborated in the second section on »freedom of choice and freedom from evil«, the human challenge consists in dealing rightly with the freedom given by God. With a reference to Rom 7:15ff. the relativity of freedom is emphasized, because

---

1 Law and Gospel, also with reference to decision-making in ethical questions. The result of a study process of the Community of Protestant Churches in Europe (CPCE), edited on behalf of the Council of the CPCE by M. Bünker and M. Friedrich, Frankfurt am Main 2007, 11.1.1.

2 Ibid., 11.2.1.

we human beings are not capable of bringing about the good by ourselves. Only those are really free »who take the path of righteous life and seek communion with God« (ch. II.2.). Without this reference freedom is »distorted« (ch. II.2.), as »absolutely vicious things such as abortion, suicide, lechery, perversion, destruction of the family, the worship of cruelty and violence« (ch. II.2.) show. The Russian Orthodox Church makes »(t)he weakness of the human rights institution« (ch. II.2.) responsible for such social developments, which with the defence of freedom »tends to increasingly ignore the moral dimension of life and the freedom from sin« (ch. II.2.).

As in the Orthodox churches, so too according to the Protestant understanding freedom is never without ties, but orientated on responsibility and love. As Martin Luther wrote in his work on the freedom of a Christian, a Christian is on the one hand »the most free lord of all and subject to none«, but on the other »the most dutiful servant of all and subject to everyone«. We find this connection between freedom and responsibility in the common foundation of our faith over and above all confessional traditions: »Everything is permissible but not everything is useful,« writes the apostle Paul. The criterion for a decision is the question what serves our fellow human beings, goodness and peace (1 Cor 10:23 ff.).

The classical declarations of human rights (the Universal Declaration of Human Rights of 10. 12. 1948, the European Convention for the Protection of Human Rights and Fundamental Freedoms of 4. 11. 1950 and the International Covenant on Economic, Social and Cultural Rights of 19. 12.1966) reflect the connection between freedom and responsibility. Personal rights to freedom, rights to social participation and the rights to development, peace and the protection of the environment thus supplement one another, albeit in a relationship of tension.[3] The Protestant churches therefore see human rights not as a threat to morality but as foundations for peaceful and respectful coex-

[3] Ibid.

istence in freedom in a pluralistic society. To restrict such rules which apply to all in favour of particular interests goes against the common concern of the churches to strengthen the responsibility of all for society, love of neighbour and respect for those who think otherwise and their convictions.

The statement of the Russian Orthodox Church mentions »abortion, suicide, lechery, perversion, destruction of the family, the worship of cruelty and violence« (ch. II.2.) as examples in which human rights endanger the morality of Russian society. We cannot go along with these examples. In fact the declarations of human rights emphasize the protection of life and the inviolability of the person,[4] the protection of private life and the family.[5] We also cannot see from the argument why human rights in particular, which have been created as the »foundation for freedom, justice and peace in the world«[6] should be responsible for the promotion of cruelty and violence.

*IV Human rights and relations with the state*

The statement demands that human rights do not contradict »love for one's homeland and neighbours« (ch. III.4.). The Orthodox tradition derives patriotism from Jesus' words: »Greater love has no man than this, that he lays down his life for his friends« (John 15:13). The conflicts between private and public interests can be overcome only when human rights and human freedoms coincide with »moral values« (ch. III.4.) on the basis of love. Finally, human rights may not be at the cost of the environment and natural resources. So that human rights can serve good ends, to sum up, »the implementation of human rights should not come into conflict with God-established moral norms and traditional morality based on them. One's human rights cannot be set against the values and interests of one's homeland, community and family. The exercise of human rights should not

---

4 Universal Declaration of Human Rights, Art. 3.

5 Ibid., Arts. 12, 16.

6 Cf. the preamble to the Universal Declaration of Human Rights.

be used to justify any encroachment on religious holy symbols things, cultural values and the identity of nations.« (ch. III.5.)

The presupposed harmony between state and church leads to the question of a critical attitude of the church to the state order. Where in this connection does appear the prophetic ministry of the church to the secular order which is indicated in Acts 5:29 and is broadly developed in the theology of the early church? Starting from Rom 13 the two *civitates* doctrine of Augustine and the two kingdoms doctrine of Luther differentiate between the tasks of church and state and at the same time make possible the positive relationship which has prepared the modern understanding of law and state. In our perception this is a common biblical category for the relation between law and gospel which in the Orthodox churches too has been taken up to define relations with the state (especially in the controversy with the totalitarian state).

In that the saying of Jesus in John 15:14 addressed to all human beings is related only to the national level, the universal claim of the Christian message which overcomes all national, ethnic and cultural boundaries is lost. The statements of the Russian Orthodox Church in this sphere are open to misunderstanding and could also be interpreted in terms of nationalism and ethnocentrism. The argument runs the risk of fundamentally putting in question the legitimacy of the modern constitutional state and subordinating state law to religion. In our view this contradicts the essence of the church. It is certainly not the concern of the Russian Orthodox Church that critical discussion of human rights can be misused for ideological purposes alien to the church.

### *V On particular rights*

In the fourth section of the statement the fundamental human rights are elaborated and explained: the right to life, freedom of conscience, freedom of opinion, freedom of art, freedom of education, civil and political rights, social and economic rights and finally collective rights. Here there is a wide sphere of the protection of human dignity which is taken for granted in all the churches. At this point we would refer to joint statements of all the churches like the Charta Oecumenica, the concluding declarations of the three European Ecumenical Assemblies or also the joint representation of church concerns in the Church and Society Commission of the Conference of European Churches. Against this background of a far-reaching common basis we want to go into some individual questions on which in our view clarification is needed:

In the case of the right to life the indirect acceptance of the death penalty (the church has merely the »duty of intercession« ch. IV.3.) is inconsistent. The churches have time and again stressed the task of protecting human life independently of personal misdemeanours. That also applies to the death penalty. With regard to armed conflicts for many years the churches have argued together for the absolute priority of conflict prevention and the non-violent resolution of conflicts.

The achievements of freedom of faith and conscience, for which the churches have fought for many centuries, particularly in Europe, should not be relativized by the church's invitation to bear witness to the truth and reject false doctrine, giving rise to a legal restriction of freedom of conscience and freedom of opinion. Many European churches are minority churches in their particular context. For them this protection of freedom of faith and conscience is an existential question.

Freedom of opinion and freedom of art: the Executive Committee of the CPCE has grappled intensively with these questions in connection with the dispute over the Muhammad cartoons and in so doing has emphasized the responsibility of the churches to support freedom of opinion. »This includes a responsible way of dealing with freedom generally. The churches support dialogue with believers and for conversation with people without religious confession. It is the common task of all to contribute to a peaceful and just society through dialogue. That applies especially where there are conflicts and differences of opinion.«[7]

---

7 Cf. the statement of the Executive Committee of the Community of

Civil and political rights: the Russian Orthodox Church emphasizes its support for the preservation of social unity on the basis of lasting moral values. A person can be put under surveillance to defend the homeland, preserve good morals, protection of health, rights and legitimate personal interests or to solve and condemn crime. In view of the restriction of civil and political rights in Russia and also in many other states we miss in this statement anything about the protection of the individual from state encroachments like political persecution, political murder, discrimination against minorities, the undermining of democratic proceedings and structures, social injustices, state spying or illegal dealings with critical persons and groups. From a Protestant perspective the churches have an important task in opposing the misuse of state power precisely in these questions. This is a central doctrine which the church have arrived at from the controversy from totalitarian regimes.

*VI Conclusion*

According to the Protestant understanding, »human rights« are such rights as accrue to all human beings on the basis of their God-given dignity. Just as they cannot be bestowed by any inner-worldly authority, so they cannot be denied by any authority; they are unassailable, inalienable and indivisible. They form »basic rights« of the individual person with binding force on for state action.

»It has proved that the concept of human dignity can be derived with a special focus from the gospel of the justification of the sinner by grace alone. But ›human rights are not the gospel‹; for Christians a political praxis orientated on human rights is one of the works which follow faith.«[8] It follows from this that

Protestant Churches in Europe on the topic of freedom of religion and opinion: »The truth must be striven for not by force but with the Word alone,« Budapest 8.4.2006 (in this volume 393–396).

8 Law and Gospel 11.2.2.

the concrete form of human rights must be discussed and developed further. The Charter of Fundamental Rights of the European Union which was adopted in 2000 is a good example of this, since it takes up questions of information technologies and biotechnology which do not yet come into view in the Universal Declaration of Human Rights.

In spring 2007 the Russian Orthodox Church together with the Church and Society Commission of the Conference of European Churches agreed in a joint communiqué »that the consequence of the present debate on human rights within the Russian Orthodox Church and among the European churches will be to strengthen the confession of the churches on human rights, as they are maintained for example in the Universal Declaration of Human Rights, the European Convention on Human Rights, the European Social Charter and the documents of the link conferences of the Organization for Security and Cooperation in Europe.«[9]

In the present document we see this concern above all in the last section, which describes the activities of the Russian Orthodox Church in pastoral care and in the caring for those who are threatened. We invite the Russian Orthodox Church to continue the dialogue with other churches for which it explicitly issues an invitation in its document, in a continuation of the 2007 consultation, and understand this statement as a contribution to this dialogue.

Vienna, May 2009
The CPCE Presidium

### 3.1.2 The protection of human rights is a common task for the churches

The Presidium of the Community of Protestant Churches in Europe (CPCE) is commemorating the 60th anniversary of the Universal Declaration of Human Rights on 10 December and speaks

[9] http://www.cec-kek.org.

out emphatically against any limitation of human rights for religious reasons.

The wording of the Declaration is as follows: From a Christian perspective »human rights« are those rights which serve to protect the dignity given to all human beings by God, regardless of their religion or world-view. Just as they are not given by any authority in this world, so they cannot be denied by any authority either; they are unassailable, inalienable and indivisible. The CPCE regards it as an important achievement that in 1948 in the Universal Declaration of Human Rights the states committed themselves to binding fundamental rights, democracy and constitutional states founded on the rule of law. Human rights are an obligation in state action. They form a viable basis on which people from different cultures can live together in one society.

In their doctrinal conversation on »Law and Gospel«, the Protestant churches in Europe grappled intensively with the relationship between human rights and religion. They recall that the right to the free practice of religion is one of the roots of human rights. Therefore the churches in particular should take a stand against the undermining of human rights. In the Protestant understanding, when men and women live together in a democratic society they should not be restricted by cultural traditions and legal views which violate the principle of equality. This carries with it the danger that in future any social group could limit the universal application of human rights on the basis of its specific interests.

Human rights formulate unassailable and equal rights of freedom, protection and participation for each person. Therefore human rights do not belong to a state, an organization or institution but to each individual. They form the basis for men and women to live together in solidarity in peace, freedom and justice. Reflection on human rights must take place from the perspective of those to whom they are refused.

Even 60 years after the Universal Declaration of Human Rights, all over the world there are people who are denied their fundamental rights. The CPCE notes with concern that increasingly religious arguments are brought forward as basis for restricting human rights. The protection of human dignity, human rights and especially religious freedom forms a common task of the churches gathered together in the ecumenical world. The European churches have committed themselves to this in the Charta Oecumenica: »On the basis of our Christian faith, we work towards a humane, socially conscious Europe, in which human rights and the basic values of peace, justice, freedom, tolerance, participation and solidarity prevail.«

Berne, 8 December 2008
The CPCE Presidium

### 3.1.3 Defending truth, not with force, but with the power of the Word alone

*The CPCE Executive Committee expresses its views on the issue of freedom of religion and freedom of expression*

*Introduction*
The conflicts over the printing of cartoons of the Prophet Mohammed raise basic questions about the handling of basic human rights in our societies. Freedom of expression, along with freedom of the media and the arts, is a key element of a human community of values, as much as freedom of thought, conscience and religion.

The Community of Protestant Churches in Europe – The Leuenberg Church Fellowship – (CPCE) stresses that churches have a responsibility to advocate freedom of expression. This calls for a responsible handling of freedom in general. Churches commit themselves to dialogue with believers as well as non-believers. It is the common task of all to contribute to the building of a peaceful and just society by means of dialogue. This is especially important where there is conflict and difference of opinion.

*Basic rights*

Basic human rights constitute a generally recognised legal framework in secular law. This includes the right to free expression. The same is true of the right to freedom of thought, conscience and religion, and protection from discrimination (cf. The Universal Declaration of Human Rights of 10/12/1948, The European Convention on the Protection of Human Rights and Basic Freedoms of 4/11/1950, and The International Pact on Economic, Social and Cultural Rights of 16/12/1966). The basic rights safeguard pluralism, tolerance, justice, solidarity and non-discrimination in European societies. The CPCE Executive Committee notes with concern tendencies to restrict the exercise of basic rights on religious grounds.

*Freedom*

Freedom of expression and freedom of religious practice should not be played off against one another. Freedom of belief and conscience, free speech and respect for human dignity are not dependent on any human quality or achievement. They are based on the fact that human beings are created by God, through God's unconditional love and free grace.

Freedom of religion includes the right to freedom of worship and the public exercise of religion as well as the right to criticise religion. Many religions have arisen on the grounds of new theological insights arising from critical debate with existing religions. This applies to Islam as well as Christianity. The churches of the Reformation in particular have emerged from a movement for religious freedom and from a critique of existing Church situations and teachings. It follows that the right to freedom of expression enjoys a particular status in our churches. The claim of religions to be able to criticise other religions or social conditions must include a readiness to let themselves be called into question by all permissible means of free expression. A religion that keeps itself safely immune from all criticism is totalitarian. It disregards the difference between itself and its transcendental basis, between God and the faith that bears witness to God.

*Responsibility*

It is a Protestant understanding that freedom is never without commitment; it is associated with responsibility and love. In the words of Martin Luther, a Christian is on the one hand »a free lord over all things and subject to nobody« and on the other »a ministering servant to all things and subject to everyone.« The same relationship between freedom and responsibility is found in the New Testament. The apostle Paul wrote: »all things are lawful but not all things are beneficial.« The criterion for discernment is the question: what serves the best interests of one's fellow human beings, goodness and peace? (1 Cor 10:23 f) This question is also raised with regard to media freedom and the exercise of freedom of expression. It follows that there can be good reasons, based on love of one's neighbour, willingly to abstain from exercising one's rights to freedom.

Freedom of expression, the freedom of the media and the arts, are limited by their setting within the framework of acts of state, where they may be misused for the purposes of vilifying men and women and discriminating against them. The CPCE rejects all discrimination against men and women on religious, ideological, ethnic, or social grounds on the pretext of freedom of expression or artistic freedom; it also rejects any attempts to erode the freedom of public expression of opinion, including the arts, by an abusive reference to the protection of religious confessions.

*Rights of minorities*

Many CPCE member churches are in minority situations in their own countries. They know from their own experience how readily they can be exposed to discrimination as religious minorities. They are also familiar with the problem that a limited access to the media can restrict the exercise of their right to free expression of opinion. That being the case, Protestant churches understand how Muslims in a minority situation might feel that their religious sensibilities have been violated by the publication of the Mohammed cartoons.

Christians too, time and again, have seen their Christian faith disparaged and their religious sensibilities violated. This is true, not only in secular Europe, but also in those countries of Islamic domination where freedom of religion is respected only to a limited extent. Protestant churches are concerned that in many countries where Islam is the dominant religion, freedom of religion for Christians is guaranteed, if at all, only to a limited degree. An appeal to basic human rights, however, affirms that no differentiation should be made for reasons of the legal or international standing of the country or region to which a person belongs, and that this takes precedence over national provisions (cf. Art. 2 of The Universal Declaration of Human Rights).

*Peace and reconciliation*
Public order is to be valued alongside individual freedom. When one exercises one's right to free expression of opinion and freedom of the media, one has to take care that public order is not jeopardised.

In conflict situations, the safeguarding of basic human rights is the task of the state. If people feel that their fundamental rights are violated by expressions of public opinion or artistic presentations, they are given the opportunity to claim protection by the responsible public bodies. Furthermore, it is possible to draw public attention to these irregularities and to protest against them. The CPCE denounces expressly the violent riots and arson attacks on public facilities as well as the death threats against cartoonists and journalists.

The CPCE urges the Protestant churches in Europe to find every possible means to contribute to dialogue and reconciliation; to promote understanding and respect amongst people of different cultures; and to exercise greater sensitivity in dealing with religious feelings. As a community of Protestant churches in Europe, we rely on the power of the Word. We must defend truth, not with force, but with the Word alone. It is precisely for this reason that the fundamental rights to freedom of opinion and freedom of religion are to be safeguarded: from a Protestant perspective, they are very precious.

Berlin, 8 April 2006
CPCE Executive Committee

### 3.1.4 Statement of the Executive Committee of the Leuenberg Church Fellowship on the Draft Charter of Fundamental Rights of the European Union

The Executive Committee of the Leuenberg Church Fellowship, to which 96 Protestant churches in Europe belong on the basis of the Leuenberg Agreement of 1973, dealt with the Draft Charter of Fundamental Rights of the European Union (Convent 28) at its meeting held in Belfast from 15 to 18 June 2000. From this place where the task of reconciliation in Europe between humans and confessions is of particular significance, we welcome and support expressly the intention of the European Union to strengthen the protection of fundamental rights by means of a charter. Such a charter will contribute to making tangible a common basis of fundamental human rights.

As representatives of the Leuenberg Church Fellowship we would like to comment on Article 14 (freedom of thought, conscience and religion). We are of the opinion that the freedom of religion should be guaranteed not only at an individual but also at a corporate level. With this in mind, we would like to suggest the following wording:

»Everyone has the right to freedom of thought, conscience and religion. The freedom of religion includes the freedom to adhere to any confession in public or private, individually or collectively as well as the right of churches and religious communities to set out their order and administer their affairs within the framework of the laws of the member states.«

This wording insures the insertion of the collective freedom of religion and the inclusion of not only individuals but also communities and corporations in the range of influence of the European Union. In addition, it draws upon the decisions of the European Human Rights Commission, in which churches and religious communities, on their own right, have increasingly been granted the resort to Article 9 of the European Convention on Human Rights.

On account of many different regulations regarding the State-Church relations, Article 14 would also have to refer to an inner-state right.

This statement has been made in a close partnership with the statements of the Conference of European Churches (CEC) whose Protestant members also belong to the Leuenberg Church Fellowship, and the Evangelical Church in Germany (EKD), a signatory member of the Leuenberg Agreement.

Belfast, 18 June 2000
Executive Committee of the Leuenberg Church Fellowship

## 3.2 Peace-keeping, Human Security and the Use of Armed Force

*A Reconsideration of the Concept of »Just Warfare«*

**I Introduction**

In the Leuenberg Agreement, the signing churches committed themselves »to stand up for temporal justice and peace between individuals and nations.« (art. 11) They agreed that this would make it necessary to join with others in seeking common and appropriate criteria and play their part in applying these criteria, (ibid.) and that the struggle for justice and peace in the world would increasingly demand of the churches the acceptance of a common responsibility (art. 36)

The churches assumed this common responsibility to be an integral part of the credibility of the churches' being one in their witness and service to the world, and that this involves a responsibility to examine carefully current issues of disagreement, (art. 29, 40).

CPCE has addressed the issue of international peace and armed conflict as an important aspect of its general work on Protestant responsibility and ethical action in the world. In 1989, churches in Leuenberg Church Fellowship responded to a proposal presented by the Federation of Evangelical Churches in the GDR on »Just warfare? CA 16 and our responsibility for peace«, which sought to reinterpret and actualise the notion of »just warfare« as presented in CA 16. Realising the actual historical context of the cold war and an accelerating nuclear armament, reflections on the implications that modern warfare and existing means of mass destruction may have for the concept of »just warfare« were welcomed. The texts also reaffirmed the churches' steadfast commitment to justice, peace and responsible dealing with creation. They underlined the essential import of an international code of law to realise and protect human rights and just peace, yet acknowledged the need for instruments of power to maintain such an order, as well as the importance of the churches' possibility to make ethical judgements and counsel the consciences of their members on the use of force even in the event of hostilities[10].

Today CPCE reaffirms these commitments, yet realises how the political context of international conflict and peace has changed, calling for renewed consideration of issues of international peace and human security, and the role of armed force.

## II Current situation and challenges

A number of changes have taken place regarding international politics of peace and security:

- The 1989 fall of the Iron Curtain and ending of the cold war, together with ongoing integrating processes along different traces, have made armed conflicts between European nations highly unlikely.
- But at the same time we have also witnessed severe internal conflicts, especially in the Balkan region, with the Yugoslavian civil war, the Kosovan war, and recurring armed conflicts in the Caucasus region.
- This escalation of intra-state conflicts, rather than inter-state conflicts occurs also at a larger international level, as well as the problem posed by areas with no legislative, executive or legitimate order in place.

---

[10] Wilhelm Hüffmeier (Hg.): Evangelische Texte zur ethischen Urteilsfindung. Leuenberger Texte 3, Frankfurt a. M. 1997.

- Confined, armed assaults by non-state agents within and across national borders, with international and global implications.
- The threat to peace and human security posed by international terrorism.

Implications for international politics of peace, conflicts and security:
- Civilian populations are endangered not only as a result of conflicts between states, but increasingly also as a result of internal conflicts, lack of legislative and political order and stability.
- Threats are allegedly posed not only by state agents but also non-state agents, they are not only imminent, identifiable threats posed by escalating armed force directly across borders, but by less imminent, less identifiable and more confined causes, possibly originating in areas far away.
- Intra-state conflicts might have »spill-over« effects across borders and affect international order, such as flow of refugees, and escalation of armed conflicts into border areas with weak state control and law enforcement. Given the geopolitical structure of today's world these problems are likely to first hit areas and states already strongly burdened politically, economically, environmentally etc.

These developments have evoked new responses in international politics:
- On the European level:
  - The decision of the heads of states and governments of EU member states at the EU 1999 summit in Cologne that »the Union must have the capacity for autonomous action, backed by credible military force, the means to decide to use them, and the readiness to do so, in order to respond to international crisis without prejudice to actions by NATO.«
  - The introduction of a common European Security Strategy (December 2003) based on »a strategic culture that fosters early, rapid, and when necessary, robust intervention«, when the first line of defence is located outside the EU-area.

- The establishment of a European Defence Agency in July 2004, enhancing military capacities, being able to respond militarily also beyond the European area.

- On NATO level:
  - The introduction of a new strategic concept in 1999, which involved the principle of so-called »non article 5 operations«, out of area-operations.
  - The decision of the NATO summit 2003 in Prague to take steps to establish its response-force, creating deployable and operational defence systems, able to respond effectively to »new types of threats«.

- On UN level:
  - The UN is in the middle of a process of thorough reform of its own organisation, also with the explicit intent of adapting the organisation to the current situation of international security, realising how many threats are interlinked, that development, peace, security and human rights are mutually reinforcing (UN Summit 2005 A/RES/60/1 Ch. III Peace and collective security), in order to uphold the UN as a supreme instrument in international order and peace, and to restructure the Security Council as a more representative organ for international law in today's international community.

## III Basic theological principles

The Church has been called to an unremitting commitment to work for peace. Created in the image of God, every human being possesses the fundamental value of basic dignity and equal worth. As the one who sustains and renews creation, God summons human beings to stewardship for all God's creation and to protection of human life from violations and infringements against this fundamental value and dignity. As the Church lives by the gift of peace and reconciliation it receives from Christ, it has also been called to engagement in and commitment to peace and reconciliation.

Realising that the full biblical vision of peace, as the perfect, harmonious and just living together of all creation in community with God is an eschatological reality yet to come as a work of God, the Church also realises how this vision inspires and nurtures a worldly, temporal responsibility for peace. This responsibility invites the Church to work unceasingly for the protection of human life and God's creation, and to counter vehemently all kinds of victimisation of human life and usurpation by worldly powers.

The continuous commitment to justice, peace and integrity of creation – elaborated in the Ecumenical concepts of »just peace« – is an essential part of the Church's realisation of this responsibility, imaginatively and creatively seeking new ways of responding to the reality received through God's promise of a new heaven and a new earth. To this belongs the encouragement, even in a sinful world, to seek to settle conflicts justly and peacefully without receding into use of force and violence, but instead to explore the powerful message of reconciliation that Christ has left his Church as a gift.

Some of the churches see this as the only means Christ has willed his Church to exploit in its work for peace and justice, and therefore reject the use of means such as armed force. For them, the use of armed force is sinful and unfair in any way, even when urged by a sense of responsibility. Other churches do not draw this conclusion of complete abstention from use of force. However to all churches this message of reconciliation is a powerful inspiration to explore fully the possibilities of mitigating conflicts through other means than violence and force. This also includes the coming to terms with past wrongs and guilt, through reconciling processes and healings of memories that can remedy and rectify a history of conflicts.

Having received this message and promise of reconciliation as a gift in Christ, as part of its belonging to Christ as the Lord of the Church, churches of CPCE are especially committed to resisting any instrumentalisation of religion in political conflicts. Its faith in Jesus Christ, and the justification the Church receives from God through God's grace, encourage it to worldly effort and responsibility, yet this is not a political means that can be recurred to in situations of conflict. CPCE member churches acknowledge how they are invited to explore their own tradition as a source of peaceful mitigation of conflicts, and to self-critically avoid and discard ways of appropriating and formulating its tradition that might heighten conflicts. They strongly believe that this potential for reducing and mitigating conflicts is present in all major religious traditions, and encourage such traditions to engage in this joint, self-critical effort to bring out religions' conflict-resolving and peaceful potential more clearly.

In its steadfast commitment to peace and reconciliation, the Church acknowledges that total and comprehensive peace, as described in the biblical vision of shalom, cannot be achieved through political means in this world, but remains an eschatological reality given through God's promise alone. This implies de-ideologising self-constraint on political action, resisting utopian abuse of politics.

## IV Concrete responses

How does this theological basis invite churches to respond to recent developments and changes in international politics of security and peace?

Recalling a comprehensive concept of peace, the widened understanding of security, as implying human security and not national and state security only, must be welcomed as congenial to a fundamental responsibility for protection of human life.

This widened concept of security also draws attention to the composite picture of potential threats to this security. Correspondingly, an expanded range of responses to address the sources of threats is required. Human security is not sufficiently protected only by peace in the sense of absence of inter-state conflicts. It requires sustainable peace that includes justice and fundamental human welfare in respect for integrity of creation. International peace building projects and trust building measures are therefore a vital element of war prevention. This also accords with a theological image of peace. Security thus understood, therefore, fundamentally requires measures that adequately address issues of poverty, injustice, environmental damage, governance, political and economic stability, etc. By recognising and responding adequately and timely to these root dimensions of human security the need for responding with violence through armed force can be highly reduced, perhaps eliminated. Time and again we have seen how the international community's failure to respond adequately with peaceful means at an earlier point eventually leads to the call for employment of armed force at a later point to resolve conflicts. Preventive measures in order to address issues of security and to strengthen the capacities of the civil society to facilitate peace and justice are therefore of vital importance. Establishing agencies such as a »European Peace-building Agency« is to be highly approved. Under no circumstances should such preventive measures include armed interventions unauthorised by institutions of international law.

Efforts to reduce military tension and remove causes of direct threats are especially important. It is essential to counter proliferation of weapons of mass destruction. Maintaining international treaties, such as the nuclear non-proliferation treaty, committing its parties to reduction and non-acquisition of nuclear weapons respectively, as binding instruments respected by its parties is vital to this end. Signs that the treaty is increasingly undermined by some of its parties are worrisome and destructive of international security, stability and peace. Likewise effective and comprehensive international instruments regulating export of anti-personnel mines and small arms should be in place. On a global scale expenditures for military purposes have increased steadily for many years. Churches must persistently draw attention to this fact and address its grave injustice as well as its unfavourable consequences to peace and security.

However, where conflict escalates in spite of early warning and a wide repertoire of responses, endangering populations and eroding international order, there is a need to respond also when means abstaining from use of force remain without effect. In such situations the question arises whether the use of armed force can be justified. Churches find themselves especially challenged by the question of use of military force in terms of armed intervention against a state to protect an endangered civilian population or avert a pending genocide. The changes in international politics described at the beginning have given these questions a different framing and new conditions. States are no longer the only relevant agents of armed conflicts. Armed conflict is not necessarily a question of »declared war« of one state against another, and changes in the international power balance since 1989 have changed the conditions and possibilities for employing military force in conflicts in other countries.

Within the churches there is a long-standing tradition of approaching matters like this in terms of »just war« tradition. Several of the doctrinal confessions of CPCE churches contain references to this tradition (CA 16; Conf Helv Post 30, Irish Religious articles from 1615, Art. 62, Erlauthaler confession from 1563, Art. 36 (37). Similar provisions can also be found in Methodist tradition or in the Waldensian Church). Their main objective, however, is to determine whether it is at all allowed for a Christian to hold certain public offices that entail the state's use force against its citizens, such as soldier, rather than to determine the criteria for acceptable warfare. On the one hand, the just war tradition contains principles that are still essential, on the other, changed conditions of international politics of security also require reconsideration of this tradition in order to provide an adequate understanding of it and when it can be ethically defended to intervene in another state in order to protect its population.

It must be underlined that state sovereignty is an important instrument to protect citizens, and a correspondingly essential principle in international law only to be overruled on very strict conditions (UN charter art. 1 and 42, based on decisions in UN Security Council). An international order where state sovereignty is gradually eroded through lowered thresholds against intervention in a sovereign state is not necessarily in the best interest of citizens or conducive to protection of human security. There should, therefore, be a priority for maintaining and respecting state sovereignty, but accompanied by strengthened efforts to support democratic and legal structures.

Still, there might be situations where a state is unwilling or unable to ensure sufficient protection and security of its citizens. There could be situations where it can be ascertained that a regime is planning or about to commit genocide or other large scale atrocities, where a local regime refrains from assisting or allowing assistance of its population after big disasters such as famines, or in cases of »failed states«, i. e. where no effective political order is in place and massive internal conflicts emerge. Under such circumstances the international community cannot dismiss responsibility for an endangered civilian population of another state. Still, these situations do by no means automatically legitimise armed intervention. Also in these situations, the possibility of non-military means should be fully depleted. When military force appears as the only possible response in order to alleviate situations like this, it requires legitimate authority to employ it and restrictive use of criteria. In the current state of international order the UN Security Council is the institution authorised by the international community to intervene militarily against a state in situations where »international peace and security are threatened«. Although itself an arena for political power, the Security Council is still the instrument of international law best able to ensure legitimacy of armed interventions. Compared to the currently alternative model of »coalitions of the willing« it has the formal legitimacy of the world community, and is better suited to avoid the dominance of one set of interests over another.

Yet although it cannot be ruled out that situations like this might allow use of armed force as the lesser evil to avoid an even worse evil, it is necessary to be aware of the danger of escalation in use of military force to solve problems of conflicts and security. The restructuring of international defence alliances and organisations for international cooperation, in order to enhance military capacities, making them more efficient and better able to engage in international operations other than self-defence, makes this point especially relevant. There is a risk that the focus on military capabilities will also redirect attention towards military responses to international conflicts rather than strengthening exploration of non-armed responses at an earlier point. The churches have a specific responsibility for being attentive towards this danger and to advocate for non-violent conflict solutions.

Likewise there is a need to be aware of the dangers of human self-aggrandizement in a sinful world. There should be a critical awareness of the danger of disguising national or regional self-interest (economically, politically, culturally, natural resources etc.) as concern for the common good or for a persecuted civilian population. For this reason as well, use of armed force should only be accepted when applied according to rules and decisions of international law. It is true that principles of international law must be backed by force, but it is even more true that force must be applied according to principles of international law.

## V Security, reconciliation and trust

Means of force can never be a fully sufficient or adequate safeguard of peace and security nor can military actions overcome terrorism. Peaceful coexistence between people and peoples basically requires attention to and acknowledgement of fundamental features of the human condition. Unless these features thrive and are given space, peace in its more full sense will not thrive either. Unless distrust is transformed into trust as the fundamental and indispensable ingredient to human interaction and community, peace and justice will not thrive. Likewise, attempts at eradicating human vulnerability through political and even military measures will ultimately turn into its destruction. Vulnerability is, like trust, an essential and unavoidable ingredient to human community, cooperation and interaction. True enough a political order and the force to back it is necessary to protect vulnerable persons against exploitation and violations, but equally true attempts at removing vulnerability entirely will in effect be de-humanising. The strength of a stable and secure international order is not to be found in eradication and denial of vulnerability, but in its adequate protection and respect. By virtue of their belief in God who creates, sustains and renews the whole creation and all mankind, churches therefore assert that measures to ensure and establish international order and security must be accompanied by a fundamental and deep-seated recognition of a common humanity, which the churches recognise as the gift of God.

18 August 2006
The CPCE Presidium

## 3.3 Liebfrauenberg-Declaration on the challenges of Migration and Asylum in Europe

### The challenges of migration and asylum in Europe

1) Migration is a reality. It is a part of the history of humanity and of the history of the European continent. Migrants have always contributed to building up European societies, their cultures and their common values. The future will continue to be characterised by migration. In the globalisation process, migration forms an integral part of pluralist, modern societies, the members of which are expected to show an increasing degree of flexibility and mobility.
2) There are many different reasons for migration. The number of migrants worldwide is estimated at approximately 175 million.[11] Owing to ever more rapid globalisation processes, people no longer live and work in one state alone. They increasingly cross borders to marry and found a family. Demographic development in the countries of Europe will cause member states of the enlarged EU to recruit new migrants from non-European states, in order to cover the rising demand for labour resulting from their own population development. Poverty and a lack of livelihood or future pros-

[11] International Organisation of Migration (IOM), Migration Policy Issues, March 2003.

pects are central reasons why people migrate to other states and regions.

3) People do not flee their homes voluntarily. There are about 20 million refugees worldwide.[12] They are forced to seek protection outside their home region or country due to persecution for their political or religious beliefs, ethnic origin, membership of a social group, or their gender. Other reasons are wars and civil wars, environmental degradation or loss of livelihood, and grave human rights violations. This clearly shows the need for a considerable increase in efforts towards overcoming human rights violations, violence, poverty and social injustice.

4) Migration is multi-facetted. Quite often the countries of origin lose innovative and well educated people while the receiving countries benefit from this migration. On the other hand, remittances contribute considerably to the economic development of the countries of origin. The churches observe how the industrial states are trying to close themselves to migration and refugees are encountering more and more barriers. At the same time the number of undocumented migrants is increasing. The personal histories of migrants are often success stories. However, the experience of migration is frequently connected with disappointment and the loss of a sense of home. While – in the receiving society – migration may give rise to fears of being »flooded with foreigners, the experience of the migrants themselves is often one of exclusion and rejection.

5) Migration calls for integration. Immigrants have to make a new life for themselves in the receiving societies. The indigenous population must create possibilities for the new members to be involved in the process of social development. Experience gained in working with migrants shows that adequate integration programmes need to be provided for

---

[12] People falling under the competence of the UNHCR, including 4.6 million internal refugees, 2.4 million returnees and 1 million asylum seekers, UNHCR 2002 Population Statistics.

people as soon as they enter the receiving country, in order to provide sustained support for the mutual process of integration. It is therefore important to quickly clarify their status on entering the country, allow access to employment, assistance in learning the language of the receiving country and to enable family reunions and access to the educational and social systems. This way, migrants can gain social skills in their host societies, and be more easily integrated.

6) Migration calls for a plan. The challenges of migration require sustainable rules and interventions at the international level. At the European level, it is the Council of Europe and the European Union that establish these rules. They must go about this with due respect for human dignity.

**The biblical message and the responsibility of the churches**

7) The Gospel sets Christians free for responsible service in the world. They stand up for temporal justice and peace between individuals and nations. (Leuenberg Agreement 11). The biblical message calls the churches to responsibility for refugees and migrants in a particularly prominent way. Love of strangers and the consequent ethic are essential features of the people of God in the world. There are very few biblical commands that have the same weight and clarity as the instruction to protect strangers. When a stranger resides with you in your land, you shall not oppress the stranger; you shall love the stranger as yourself, for you were strangers in the land of Egypt.« (Lev 19:33). The New Testament raises love of the neighbour to a command overcoming the borders of difference (Lk 10:25–37). Since God does not look at a person's status«, calling people of all nations and societal groups into the Kingdom (Acts 10:34f; Rm 2:10f), the community of Christians sends a signal around the world, embracing those who were strangers and overcoming any narrow, nationalist thinking and action.

8) For the churches, the biblical message is the basis of human dignity and human rights. Defining people as made in the

image of God with their resultant dignity lays the foundation for our life in community (Gen 1:26f). Everyone is by nature a human person and as such enjoys fundamental rights. These are rooted in human dignity and are therefore independent of specific definitions of people (e.g. gender, race, occupation, wealth, health, civil status, membership of a community or state). Fundamental rights are therefore also not granted by any worldly authority. For this reason, it is important to the signatory churches that, according to the Geneva Convention relating to the Status of Refugees, people have a right to protection when their physical integrity, their lives or their freedom are threatened due to their ethnic background, religion, nationality, membership to a particular social group, or political convictions.

9) The family is the basic form of human community and mutual responsibility. It therefore requires special protection. People can only fulfil themselves through life in community. That includes the family's right to live together and the right of the parents to raise their children. According to Article 8 of the European Convention on Human Rights, marriage and the family enjoy special protection. When people flee and migrate, these rights are threatened and therefore call for special consideration.

10) The Bible sets boundaries and overcomes borders (Dt 5:6–21; Gal 3:26–28). The same personal dignity is attributed to everyone. Human beings form a unity that transcends all national borders and continents, differences or colour or ethnic origin, of language and culture and religion, of social and economic development. They can lay claim to the same dignity and the same rights. Each group has to take account of the needs and justified claims of other groups and peoples. The responsibility of all people for the Creation entrusted to them commits them to worldwide solidarity. The churches cannot condone violence, exclusion and greed. They work to make visible in human life the prospect of reconciliation that unfolds with faith in Jesus Christ.

11) The churches and their diaconal organisations, individual parishes, and Christians acting in a voluntary capacity have been supporting migrants and refugees for many decades. Our mission, founded in the Bible, is to raise our voice when the rights and dignity of refugees and migrants are violated. With them, we must voice the experience gained in this commitment, for example when it comes to shaping migration policy and thereby changing the legal framework.

For these reasons, and in view of its particular responsibility for its region, the Conference of Rhine Churches has joined with member churches of the Community of Protestant Churches in Europe / Leuenberg Church Fellowship in expressing their expectations regarding the legislative acts of the European Union and Switzerland.[13]

**Expectations of the churches regarding EU legislation**

12) Europe is becoming ever more united. In a common area of freedom, security and law, in which people can move freely, refugee and residence law can only be established together and in joint responsibility. It is on these grounds that the Amsterdam Treaty commissioned the European Union on 1 May 1999 to adopt community legislation on refugee and residence law by May 2004. This date has prompted the signatory churches to establish a progress report on the situation of this legislative process which is not yet completed.

13) The churches expect that the European Council will, from 2004, make use of its ability to take decisions by qualified majority and to go over to co-decision, as laid down in the Amsterdam Treaty. The churches expressly welcome the provisions in the Draft Treaty establishing a Constitution for Europe that provide for the normal legislative procedure. The move towards majority decisions in the Council and

[13] In Switzerland there are currently plans to adapt the Swiss asylum and alien law to EU legislation. For reasons of simplicity, the expectations set out below also apply to Switzerland.

above all a greater role of the European Parliament may contribute to preventing agreements on the lowest common denominator. Refugees and migrants need democratically legitimised European rules with a high degree of protection.

**Refugee protection**

14) The signatory churches welcome the fact that the European Council held in Tampere on 15 to 16 October 1999 opted for the full and inclusive application of the Geneva Convention. They expect this decision to be instrumental in defining the details of future European law. The proposal for a Directive on the recognition of third country nationals as refugees or as persons who otherwise need international protection is therefore only consistent when it stipulates that victims of persecution by non-State actors must likewise receive refugee status. Deserters and conscientious objectors refusing to take part in armed conflicts must also obtain recognition as refugees, along with the victims of gender-specific persecution.

15) The churches consider the further improvement of subsidiary protection status an urgent matter. The European Convention on Human Rights commits the EU and its members states to protect life and health; it prohibits the deportation of people seeking refuge from the threat of cruel, degrading and inhuman treatment. To the extent to which these persons do not fall under the Geneva Convention on refugees they need subsidiary protection status equivalent to that of recognised refugees. Persons with subsidiary protection status should have the right to take up paid employment and enjoy the same working conditions and standard of social protection as European nationals. They should have the same right to participation in integration measures and family reunion as recognised refugees. The family members should likewise receive subsidiary protection status.

16) Asylum procedure must be transparent, just and fair. The full and inclusive application of the Geneva Convention presupposes fair and just asylum procedures with ade-

quately high standards of protection. The central elements here are:

- *Professional advice on procedure* for asylum seekers before their asylum procedure begins. Comprehensive, independent advice gives asylum seekers the necessary transparency for the imminent procedure, thereby avoiding a situation where fundamental statements are only introduced into the procedure at a later stage.
- *A competent individual interview* of the asylum seeker in the presence of a suitable interpreter and the establishing of an individual assessment of risk on the basis of all available evidence. This must also apply in cases in which no grounds for asylum may be presumed.
- *The right to effective legal protection* against negative decisions by an appeal body with judicial independence, extending to a full review of all matters of fact and law.
- *The suspensive character of appeal* as the rule. The asylum seeker must at least be able to apply for legal protection from the appeal authority with judicial independence. Pending a decision on this appeal, the procedure should be suspended.
- *Non-restricted access by asylum-seekers to lawyers, congregations and nongovernmental organisations* in all stages of the procedure and unrestricted access of these groups to the asylum seekers. This should also apply when the latter are detained at the border or have been taken into custody.
- *The right of the asylum seekers lawyers and other supporting persons to attend interviews and proceedings and to obtain access to files.*
- *The right to freedom of movement.* Neither the application for asylum, nor the fact of coming from a certain country, nor the extent of the justification of an application, nor the fact of »illegal entry justifies the detention of the asylum seeker during the procedure.

The amended proposal for a Directive on minimum standards on procedures in Member States for granting and withdrawing refugee status does not do justice to these minimum standards, and therefore requires considerable further amendment.

17) The churches are resolutely opposed to the EU project to delegate the responsibility for receiving refugees to poorer states outside the European Union.[14] The possibility of declaring non-EU states »safe third countries or first countries of asylum« unilaterally transfers the responsibility for protecting refugees to much poorer states. This could encourage other states also to neglect their responsibilities from the Geneva Convention and to pass responsibility in turn to others. Chain deportations to the persecutor state would be the natural consequence of this. The above plans are in contradiction to the Geneva Convention and the principles of international humanitarian law. They destroy the basic idea of the right to asylum.

18) The churches welcome the fact that needy asylum seekers have a right to a minimum level of protection in future in the whole of the EU accommodation, food, clothing, medical care and schooling and call for the consistent implementation of the Directive on reception conditions for asylum seekers. Its standards are often not observed in practice. Particular attention should be given the situation of people requiring special protection. They include unaccompanied minors, persons with disabilities, elderly people, pregnant women, lone parents with young children and people who have suffered torture, rape or other serious forms of mental or physical violence. The Directive should be amended to allow asylum seekers the opportunity to work in the medium term. Integration into the labour market fosters their mental stability. It makes it easier for the host society to accept them and promotes the acquisition of skills that

---

[14] The proposals of Britain's Prime Minister Blair were in part adopted by the Commission in a Communication entitled »Towards more accessible, equitable and managed asylum systems« of 3 June 2003.

may be useful in the event of their returning to their country of origin.

**Migration**

19) EU enlargement may promote peace, stability, prosperity and freedom of all its citizens and of the whole of Europe. EU citizenship should in future guarantee unlimited freedom of movement and the right to vote in the country of residence. The European Union and its members states, the local and regional authorities, organisations and churches are called upon to promote the acceptance of the new members of the EU and foster exchanges between people.
20) The family rightly enjoys special state protection. The signatory churches protest that the protective provisions contained in the Directive on reuniting families have been watered down. Children, in particular, must have the unrestricted right to live with their parents. Instead of restrictions on family reunion there should be a policy to promote the potentials of the families once brought together, in order to do justice to the requirements raised by the integration process. The churches hope that refugees with subsidiary protection status will be granted a legal right to family reunion.
21) The churches call upon the European Union and its Member States without further delay to sign, ratify and implement the International Convention on the Protection of the Rights of All Migrant Workers and the Members of their Families.
22) The legal position of permanently resident third-country nationals should be considerably improved. The new right of such people to a residence permit after five years is a step in the right direction. This status should also be granted and must not be withdrawn when persons cannot live independently of public benefits for health or other reasons. Migrants living permanently in the European Union should have the same status as EU citizens in terms of access to work, education, protection of social rights and the right to vote.

23) The situation of migrants in irregular situations calls for humanitarian improvements. Free advice and support for such persons must not be subject to sanctions. Children of migrants in irregular situations must be able to attend school without any restriction. The rights enshrined in the UN Convention on the Rights of the Child apply to all children, independently of their status. In order to guarantee that acute illness and pain are dealt with in time irregular migrants require risk-free access to the health system. Finally, it must also be possible for them to report crimes and testify as witnesses without this leading to the end of their residence. Programmes for the protection of witnesses should be considerably improved for victims of human trafficking and organised crime.

24) Where people have been shown to have lived in Europe for many years the churches call for solutions allowing them to stay, enabling them to have appropriate future prospects.

**Opportunities and assignments for the churches and their diaconal agencies**

25) »Whoever puts his/her trust in the Gospel lives within the fellowship in praise of God and service to others, in the assurance that God will bring his kingdom in all its fullness. In this way God creates new life and plants in the midst of the world the seed of a new humanity.« (Leuenberg Agreement 10) The churches remember with gratitude the shelter, protection and open-hearted acceptance they met with when, in the course of their own history, they suffered oppression and persecution as individuals, groups or institutions. These experiences of migration in distant or recent times have been constitutive for the lives of some churches. At the same time, however, we repeatedly notice visible prejudices against strangers and refugees amongst our own members.

26) A culture of encounter, hospitality and cordial welcome for migrants and refugees sends visible signals of mutual respect and recognition. Initiatives in this direction and in-

terreligious encounters should be fostered by congregations in conjunction with other religions and the local authorities. Further, the expectations Christians cherish in the context of faith, hope and love, both now and for the future, should be expressed more clearly in a kind of theology of encounter and conviviality. Christians, both local and from abroad, belong to the same Body of Jesus Christ and to universal communion. Wherever congregations open themselves up in this way to migrants and refugees there will be feelings of uncertainty. These are to be addressed seriously and sensitively.

27) The churches and their parishes can make a crucial contribution to creating and sustaining a climate of acceptance and tolerance, and to removing prejudices. The signatory churches thank all those who have already lived and worked in this spirit through their personal commitment. Opportunities for action here are offered in preaching, ceremonial gatherings (baptisms, confirmations etc.), pastoral care, Christian education, youth and women's work, and other forms of community life. Church congregations can create places of encounter to enable mutual learning. The churches feel challenged to extend more invitations to migrants and refugees, to promote dialogue with other denominations and religions, and to open up to intercultural interchange. The presence of migrants offers us the opportunity to get to know our own faith better and to discover together new sources of inspiration. Parishes should make premises available to migrant communities and promote opportunities for exchange. Migrants and refugees are important partners for sharing in the conciliar process for Justice, Peace and the Integrity of Creation (JPIC).

28) The churches, with their congregations and diaconal agencies, are challenged to open up to more intercultural exchange, and thus to overcome cultural stereotypes. In this process they should draw on the experience already gained by ecumenical organisations and mission agencies. Equal rights and equal participation presuppose that people with

a migrant background can make their own contribution in the life of parishes and church organisations in the same way as local people. Education and training can be enhanced by intercultural teams. These can also encourage learning processes, defuse potential conflicts and enable mediation.

29) The churches oppose racism, xenophobia and anti-Semitism. They also note and denounce cases of racism and xenophobia in the community, raise them in public and take deliberate steps in order to promote an open and tolerant life together.

30) The churches and their diaconal agencies have an advocacy role when the rights of refugees and migrants are violated. Refugees, asylum-seekers and migrants are frequently particularly affected by social and racist exclusion. The churches see themselves as responsible for providing diaconal services to provide practical assistance to asylum seekers and migrants in cooperation with volunteers. Parishes are called upon to engage in advocacy for asylum seekers, refugees and migrants, and to integrate them into the community at large.

31) The churches and their social service agencies see it as their task to communicate the connections between injustice, environmental degradation, war and the phenomena of migration and exile. They work closely with partner churches in the worldwide ecumenical movement and seek to make use of opportunities for cross border cooperation in border regions. The *Charta Oecumenica – Guidelines for the Growing Cooperation among the Churches in Europe* – is gratefully received as an encouraging basis and helpful orientation in this context.

The signatories, the Conference of Rhine Churches and the member churches of the Community of Protestant Churches in Europe / Leuenberg Church Fellowship commit themselves, in keeping with their responsibility founded in the Bible, to seek appropriate responses to the challenges posed by migration and asylum issues. They will endeavour to make their position publicly known and, if possible, have it considered in the process of European legislation and transposition of directives into national law. They will ask their church districts, parishes and diaconal organisations to show a responsible concern for the activities outlined above.

The signatory churches request the Executive Committee of the Community of Protestant Churches in Europe / Leuenberg Church Fellowship to pass on the conclusions of this consultation to the 103 signatory churches in an appropriate manner, and to forward them via their governing bodies and synods to the competent authorities in their own area.

Liebfrauenberg,
12 May 2004

# Mitglieder Fachkreis Ethik von 2006 bis 2012/ Members of the Expert Group on Ethics from 2006 to 2012

**Prof. Dr. Heinrich Bedford-Strohm**
Deutschland/Germany

**Laura Casorio**
(bis 2009/until 2009)
Italien/Italy

**Prof. Dr. Sándor Fazakas**
Ungarn/Hungary

**Frank-Dieter Fischbach**
(ab 2011 Geschäftsführung des Fachkreises/
since 2011 coordination of the expert group)

**Dr. Dieter Heidtmann**
(bis 2010 Geschäftsführung des Fachkreises/
until 2010 coordination of the expert group)

**Univ. Prof. Dr. Dr. h.c. Ulrich H. J. Körtner**
Österreich/Austria

**Prof. Dr. Parush R. Parushev**
Tschechische Republik/Czech Republic

**Prof. Sergio Rostagno**
Italien/Italy

**Prof. Dr. theol. Ulla Schmidt**
Norwegen/Norway

**Prof. Dr. Jurjen Wiersma**
Belgien/Belgium

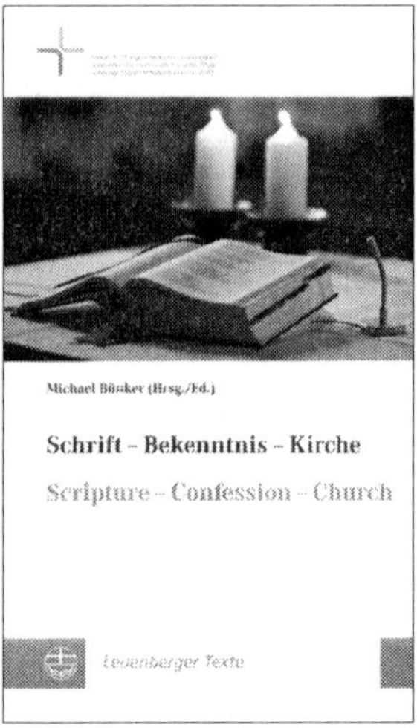


Michael Bünker (Hrsg./Ed.)

**Schrift – Bekenntnis – Kirche**

**Scripture – Confession – Church**

*Leuenberger Texte (LT) | 14*

78 Seiten | Paperback
ISBN 978-3-374-03365-2
EUR 9,80 [D]

Dieser Band dokumentiert ein Lehrgesprächsergebnis, das die Vollversammlung der GEKE sich 2012 zu eigen machte. In ihm bringen die europäischen evangelischen Kirchen gemeinsam zum Ausdruck, was über das Verständnis des Wortes Gottes, die Schrift als Zeugnis des Redens Gottes, die Auslegung der Bibel und ihr Verhältnis zur Tradition und zu den Bekenntnissen heute gesagt werden kann. Das Dokument setzt einen Impuls zur Positionsbestimmung des Protestantismus im ökumenischen Dialog und zur Verbindlichkeit des gemeinsamen Zeugnisses und Dienstes der GEKE.